W0180689

John F. White

U-BOOT-TANKER
1941–1945

Unterwasser-Versorger für
die Wolfsrudel im Atlantik

John F. White

U-BOOT-TANKER
1941–1945

Unterwasser-Versorger für
die Wolfsrudel im Atlantik

Koehler Verlagsgesellschaft • Hamburg

FOTOGRAFIEN UND KARTEN

Es ist von den Leuten, die Fotografien von U-Booten sammeln, festgestellt worden, daß es keine sehr guten Fotos von den »Milchkühen« gibt. Mir selbst ist dies auch aufgefallen, und die Fotos, die in diesem Buch zu sehen sind, wurden alle mit Hilfe eines Computers bearbeitet, um die Qualität zu verbessern. Ich bedanke mich nochmals bei Horst Bredow, Fritz Vogel, Wilhelm Kraus, Gerd Thater, dem Bundesarchiv (Bonn) und dem Imperial War Museum (London).

Die Karten 3-1, 4-1, 11-1 und 13-1 sind mit der freundlichen Erlaubnis des Aufsichtsbeamten des H.M.S.O. wiedergegeben. Sie wurden mit Hilfe eines Computers bearbeitet, um Punkte, die in diesem Buch erwähnt werden, hervorzuheben. Die Zeichnungen entsprechen ansonsten den Originalen, die von dem Luftfahrtministerium erstellt wurden und unter der Signatur AIR. 15861 archiviert sind.

Die U-Boot-Abzeichen auf Abbildung 14-1 wurden aus »Embleme/Wappen/Malings deutscher U-Boote 1939–1945« entnommen (1. Ausgabe 1984; Koehler/Mittler, Hamburg) mit der freundlichen Genehmigung von Georg Högel, München (2. Ausgabe erschienen 1996).

Ein Gesamtverzeichnis der lieferbaren Titel der
Verlagsgruppe Koehler/Mittler schicken wir Ihnen
gern zu. Sie finden es aber auch im Internet unter:
www.koehler-mittler.de

Copyright 1998 John F. White
Erstausgabe in England durch Airlife Publishing Ltd.

Die Deutsche Bibliothek – CIP-Einheitsaufnahme
White, John F.: U-Boot-Tanker 1941 - 1945 :
Versorger für die Wolfsrudel im Atlantik / John F. White.
Übers. von Carsten Wenke. - Hamburg : Koehler, 2000
Einheitssacht.: U-boat tankers 1941 - 1945 <dt.>
ISBN 3-7822-0790-4

ISBN 3-7822-0790-4

© für die deutsche Ausgabe,
Koehlers Verlagsgesellschaft, Hamburg
Alle Rechte vorbehalten
Layout und Produktion: Bettina Schumacher
Druck und Bindung: Druckerei zu Altenburg
Printed in Germany

INHALT

Im Andenken an

ERNEST (GUS) BRITTON, MBE

Geboren am 9. September 1922   Verstorben am 21. Juli 1997

Gus Britton trat 1938 in die Royal Navy ein und diente als Signalmaat und Funker bei den Unterseebooten von 1941 bis 1953. Er nahm unter anderem an 17 Feindfahrten, hauptsächlich im Mittelmeer, teil.

Ich traf ihn bei seiner späteren Tätigkeit als Archivar des Royal Navy Submarine Museums in Gosport, wo er mir viele umfangreiche Fragen über Unterseeboote aus aller Welt beantwortet hat.

Gus war eine wirkliche »Persönlichkeit« mit der ausgeprägten Gabe, mit jedem gut auszukommen und Freunde zu finden. Er hat Geschichtsforschern, auch mir, immer sehr geholfen.

Er hat auch verschiedene aufsehenerregende Aktionen durchgeführt, wie einen Fallschirmabsprung, als er schon über 70 Jahre alt war. Damit wollte er die Wohlfahrtseinrichtungen der Marine unterstützen. 1996 wurde ihm der MBE (Orden »Member of British Empire«) zuerkannt.

Gus war einer der ersten, die nach dem Krieg früheren U-Boot-Fahrern freundschaftlich die Hand reichten. Er sah sie als ehrenhafte Männer an, die einen sauberen Krieg geführt hatten. Er war in Deutschland sehr bekannt, wie ich dort feststellen konnte. Er war Mitglied der Vereinigung der Überlebenden von U-616 und nahm oft an den Besatzungstreffen teil.

Die »Schaltung Küste« (Zeitschrift der U-Boot-Fahrer) hat ihm, nach seinem Ableben, einen ganzseitigen Nachruf gewidmet, eine Würdigung, die eigentlich nur hochrangigen Mitgliedern ihrer eigenen Vereinigung zuteil wird.

Gus Britton war direkt und indirekt verantwortlich für viele der Beziehungen und Informationsquellen, die in diesem Buch verwendet wurden. Er ermöglichte es mir auch, wichtige Bücher in dem Archiv des Museums einzusehen.

Sein Tod ist ein schwerer Verlust für die Marinegeschichtsschreibung.

DANKSAGUNGEN

Viele Menschen haben mich bei der Herausgabe dieses Buches unterstützt. Es ist mir eine Freude, besonders den sehr umfangreichen Beitrag von Fritz Vogel zu würdigen, der mir einen ausführlichen schriftlichen Bericht seiner Einsatzfahrt auf U-461 und seiner Mitarbeit beim deutschen Marine-Geheimdienst (B-Dienst) zur Verfügung stellte. Er lieh mir Karten und Fotografien und unterstützte mich bei der Suche nach anderen Überlebenden der »Milchkühe.«

Besonderer Dank für ähnlich umfassende Mitarbeit steht in gleicher Weise auch Wilhelm Kraus zu, der mir einen detaillierten Bericht von zwei späteren Einsatzfahrten auf U-461 zukommen ließ, prompt viele Fragen beantwortete und mich auch mit verschiedenen Fotografien versorgte.

Ein weiterer sehr ausführlicher Beitrag kam von Günther Paas, der als Fähnrich eine Einsatzfahrt auf U-461 erlebte, bevor er auf ein anderes Boot versetzt wurde. Er verglich viele Augenzeugenberichte der Versenkung von U-461 mit denen anderer Überlebender und den Berichten der Besatzungen der alliierten Flugzeuge. Dazu erstellte er eine vollständige Liste der U-Boote, die von U-461 versorgt wurden, mitsamt ihren späteren Schicksalen und steuerte persönliche Erfahrungen bei.

Gus Britton vom englischen U-Boot-Museum in Gosport stellte mir Zusammenstellungen von U-Boot-Einsätzen und auch Fotografien sowie andere Einzelheiten des Unterseeboot-Krieges zur Verfügung. Er stellte auch die Verbindung zwischen mir, der Zeitschrift »Schaltung Küste« und dem U-Boot-Archiv Horst Bredows in Cuxhaven her.

Fregattenkapitän a. D. Günther Hartmann, Präsident des VdU, der die »Schaltung Küste« herausgibt, veröffentlichte in sehr großzügiger Weise eine Anzeige in dieser Zeitschrift, in der nach Überlebenden der Milchkühe gesucht wurde, und berechnete nichts.

Ernie Gayston, Nachbar und ehemaliger U-Boot-Mann, sah eine erste Kopie des Manuskripts durch und machte viele hilfreiche Vorschläge. Er half mir auch, mit Gus Britton (und damit auch den anderen oben genannten Helfern) in Verbindung zu kommen.

Bob Coppock vom »Naval Staff Duties« (Abteilung Auswärtige Dokumente) des Verteidigungsministeriums in London erlaubte mir freundlicherweise, in seinem Büro einige der U-Boot-Kriegstagebücher einzusehen und teilte mir Einzelheiten über neuere Nachforschungen bezüglich des Verlustes von U-460 mit. Er stellte auch eine Kopie seiner nicht veröffentlichten Untersuchung mit dem Titel »Ursprünge und Entwicklung des U-Boot-Typs XIV« (FDS 245/81) sowie viele hilfreiche Korrekturen für den Text zur Verfügung.

7

DANKSAGUNGEN

Horst Bredow leistete wertvolle Unterstützung während meines Aufenthalts in seinem U-Boot-Archiv und fertigte die Zeichnungen der U-Boote der Typen XB und XIV an, die in diesem Buch wiedergegeben sind.

Abschließend danke ich all den vielen Freunden und Kollegen, die sich der Qual des Lektorats der Entwürfe unterzogen haben, für ihre Kommentare und Verbesserungsvorschläge. Sollten noch Fehler vorhanden sein, so sind es meine eigenen.

John White, Wokingham

VORWORT

Ich freue mich sehr, daß mein Buch über das deutsche Versorgungssystem für die U-Boote deutschsprachigen Interessenten zur Verfügung gestellt wird. Ich möchte dem Übersetzer, Carsten Wenke, meinen Dank für seine umfangreiche Arbeit und seine genaue Wiedergabe vieler englischer Ausdrücke und Satzstellungen, mit denen ich das Verständnis der ursprünglichen englischen Ausgabe schwierig gemacht habe, aussprechen. Es war kaum vermeidbar, daß durch meine Übersetzungen der deutschen Satzstellungen in die englische Umgangssprache Dinge ins Deutsche einiges an Genauigkeit verloren haben ist. Deutsche Aufzeichnungen und Zusammenfassungen, auf die in dieser Übersetzung Bezug genommen wird, müssen nicht unbedingt wortgetreu den deutschen Originalunterlagen entsprechen.

Diese Ausgabe enthält einige Ergänzungen und Berichtigungen der englischen Ausgabe.

Die Geschichte der deutschen U-Boot-Tanker ist sogar in Deutschland kaum bekannt, obwohl sie von dem U-Boot-Oberkommando sehr wohl anerkannt worden war. Großadmiral Dönitz betonte in einem Brief, den er am 20. Mai 1972 an den englischen Autor Geoffrey Jones (»Under Three Flags«, Corgi Books, 1975) schrieb: »Die deutschen Versorgungsschiffe im Zweiten Weltkrieg haben einsatzbereit ihre wichtige und stets gefahrvolle Aufgabe ausgezeichnet erfüllt. Ihre Leistungen im Interesse unserer Seekriegführung waren groß!«

John White
Wokingham, England
Februar 2000

Die Geschichte von Deutschlands U-Boot-Tankern, die allgemein auch als »Milchkühe« bekannt wurden.

Die deutsche Kriegsmarine war im Zweiten Weltkrieg die einzige Marine der Seekriegsgeschichte, die jemals U-Boote als Tanker eingesetzt hat. Die Boote waren das Ergebnis der Erkenntnis, daß sich eine Versorgung auf See bei der alliierten Übermacht auf herkömmliche Weise nicht mehr durchführen ließ. Durch ihre Fähigkeit, sich der Entdeckung durch Tauchen zu entziehen, konnten die U-Tanker diesen Nachteil, zumindest zeitweise, ausgleichen.

Jeder Bericht von U-Boot-Schicksalen im Zweiten Weltkrieg ruft beim Leser unweigerlich ein Gefühl der Bedrücktheit hervor. Bei Kriegsende hatten die Deutschen 30.000 gefallene und 5000 gefangengenommene U-Boot-Fahrer zu beklagen. Bei einer Gesamtstärke der U-Boot-Waffe von 41.000 Mann war das die höchste Verlustrate, die eine Waffengattung jemals im Einsatz erlitten hat. Der englische Geheimdienst war seit 1943 bis zum Ende des Krieges in der Lage, die meisten der vielen Funksprüche der Milchkühe mitzuhören und zu entschlüsseln. Die erschreckende Verlustrate der U-Boote muß hauptsächlich auf diese Tatsache zurückgeführt werden. Zeitweise wußte die britische Admiralität mehr über die U-Boot-Bewegungen als die Deutschen selbst.

Man kann sich nur darüber wundern, warum die Deutschen nie festgestellt haben, daß ihr Verschlüsselungssystem nicht sicher war. Der deutsche Marine-Funkschlüssel basierte auf der »Enigma«, einem mechanischen Gerät, daß mit austauschbaren Schlüsselwalzen arbeitete. Die Deutschen wußten sehr wohl, das die Meldungen abgehört wurden. Die verschlüsselten Meldungen wurden im großen Umfang als Funksprüche gesendet, so daß die britischen Kryptographen viel Material hatten, mit dem sie arbeiten konnten. Das Vertrauen der Deutschen in die Sicherheit ihrer Schlüsselmaschine beruhte darauf, daß die Einstellungen täglich geändert und jeden Monat neue Walzen eingebaut wurden. Man kann sich vorstellen, daß dieses System im Grunde nur dadurch hätte geknackt werden können, wenn es durch Zufall erbeutet worden wäre (was gelegentlich vorkam). Dann hätten sowohl die Einstellungen als auch die Ersatzwalzen zur Verfügung gestanden. Die Engländer unternahmen daher auch mehrere Enterversuche bei aufgegebenen U-Booten, um an die »Enigma« und die Schlüsselunterlagen zu gelangen. Hauptsächlich vertrauten die Engländer jedoch auf den Einsatz einer der ersten elektronischen Rechenanlagen der Welt, um die Schlüssel durch die Suche nach den allgemeingültigen Algorithmen zu knacken.

In den veröffentlichten Erinnerungen der wenigen überlebenden U-Boot-Kommandanten, die ab Mitte 1943 im Einsatz waren, wird deutlich, daß die Männer auf See erkannt hatten, daß auf jeden Funkspruch sofort ein gegnerischer Angriff folgte; ein Problem, daß durch die Genauigkeit der alliierten Peilausrüstung hervorgerufen wurde. Diese wurde eingesetzt, um die Position des funkenden U-Boots genau zu bestimmen. Die erfahrenen Boote sendeten ihre Meldungen verdeckt mit Bezeichnungen, die nur der Empfänger verstehen konnte, wenn sie überhaupt ihr Funkgerät benutzten. Der Befehlshaber der Unterseeboote fuhr jedoch fort, Funkbefehle an die Boote zu senden, sobald sie den Hafen verlassen hatten, anstatt ihnen »versiegelte Anweisungen« mitzugeben, die erst auf See zu öffnen waren. Es ist wahr, das viele U-Boote zufällig versenkt wurden, so zum Beispiel Boote, die bei Nacht unerwartet von mit Radar ausgerüsteten Flugzeugen angegriffen wurden, während sie aufgetaucht in der Biskaya oder sogar im Mittelatlantik fuhren. Die ständigen Änderungen der Funkschlüssel für die U-Boote zeigten jedoch an, daß die Deutschen ihre Bedenken über die Sicherheit ihres Schlüssels hatten.

Es hätte offensichtlich werden müssen, daß eigentlich jeder U-Tanker, der nach Mitte 1943 U-Boote versorgen sollte, umgehend versenkt wurde, obwohl man die abgelegensten Seegebiete als Treffpunkte ausgesucht hatte. Heute erscheint es unverständlich, daß der Befehlshaber der Unterseeboote (BdU) die U-Boote nicht mit schriftlichen Befehlen zum Anlaufen eines entfernten Teils des Ozeans hinausschickte, dann wiederholt verschlüsselt von Frankreich aus funkte, daß die Versorgung in einem vorbezeichneten Gebiet stattfinden würde, und dann die U-Boote zur Rückmeldung über die Durchführung aufforderte. Mehrere U-Boote, die zum Treffen mit einer Milchkuh im Mittelatlantik befohlen waren, meldeten zum Stützpunkt, daß sie nur Zerstörer am Treffpunkt gesichtet hatten. Die U-Tanker waren spurlos verschwunden.

Zweifellos lag ein Teil des Problems im Wunschdenken, weil jegliche Beeinträchtigung des Funkverkehrs die gesamte Grundlage der »Wolfsrudel«-Taktik, bei der viele Boote (per Funk) an einen Geleitzug herangeführt wurden, lahmgelegt hätte. Es bleibt nur zu hoffen, daß unsere heutigen Marineplaner nicht das gleiche unbedingte Vertrauen in ihre maschinellen Verschlüsselungssysteme setzen, wie die deutsche Kriegsmarine es tat – insbesondere im Hinblick auf die weithin bekannten Fortschritte bei der computergestützten Entschlüsselung.

Zur Erklärung für jüngere Leser, die gewohnt sind, an Unterseeboote zu denken, die in der Lage sind, lange Zeit (Monate) unter Wasser durchzuhalten, sollte erwähnt werden, daß im Zweiten Weltkrieg das durchschnittliche »Unterseeboot« in Wirklichkeit nur ein Tauchboot war. Es war dafür vorgesehen, in der Art und Weise eines mit Torpedos ausgerüsteten Zerstörers an der Oberfläche zu operieren – mit wesentlich weniger Artilleriebewaffnung –, jedoch mit dem unschätzbaren Vorteil, tauchen zu können, um nicht entdeckt zu werden.

Über Wasser fuhren die U-Boote mit Dieselmotoren. Sie ermöglichten eine Geschwindigkeit von siebzehn bis achtzehn Knoten, und damit war das U-Boot über Wasser viel schneller als die Geleitzüge und sogar schneller als viele Begleitfahrzeuge der Geleitzüge. Sobald das U-Boot tauchte, schaltete es auf seine elektrischen Hauptbatterien um. Diese ermöglichten mit den E-Maschinen eine Höchstgeschwindigkeit von sieben Knoten für gerade mal eine Stunde oder für Schleichfahrt von einem Knoten für bis zu achtundvierzig Stunden, bevor die Batterien entladen waren. Wenn es erst einmal getaucht war, verlor das U-Boot all seine Beweglichkeit, und selbst der langsamste Geleitzug konnte ihm davonlaufen. Mehr noch: das U-Boot konnte keine größeren Entfernungen zurücklegen ohne aufzutauchen, um die Diesel für den Antrieb einzusetzen und die Batterien wieder aufzuladen (ein Vorgang, der einige Stunden in Anspruch nahm).

In der Regel mußten die Milchkühe auf ihrem Weg zwischen ihren Stützpunkten an der Westküste Frankreichs und dem Nordatlantik nicht tauchen, außer, um Flugzeugen auszuweichen oder als generelle Vorsichtmaßnahme. Deshalb fanden die Geschehnisse, die in diesem Buch beschrieben sind, hauptsächlich an der Wasseroberfläche statt.

1944 stellten die Deutschen die ersten Muster eines »echten« Unterseebootes in Dienst, die in der Lage waren, wochenlang unter Wasser zu bleiben. Es waren die »Elektro-U-Boote« des Typs XXI und XXIII, welche die Entwicklung von Unterseebooten von 1945 an revolutionierten. Die Elektroboote sind jedoch nicht Gegenstand dieses Buches.

EINLEITUNG

Im Alter von zehn Jahren entdeckte ich zum ersten Mal die deutsche Marine, als ich ein Projekt für die Arbeit in der Schule vorbereitete, das sich mit dem Zweiten Weltkrieg befaßte. Ich arbeitete die Erfahrungen eines englischen Seemannes, den ich gut kannte, aus. Er gab mir einen detaillierten Augenzeugenbericht der alliierten Landung in der Normandie im Juni 1944. Zwei Jahre später, nun auf der weiterführenden Schule, stolperte ich zufällig über meine alten Projektunterlagen und bekam Interesse daran zu erfahren, wie die deutsche Kriegsmarine auf die Invasion in der Normandie reagiert hatte. So entstand eine Faszination für das ganze Leben, die dazu führte, daß ich, noch nicht zwanzig Jahre alt, eine riesige handgeschriebene Datensammlung besaß, die alles über die Kriegsmarine enthielt, dessen ich habhaft werden konnte.

Es ergab sich im Verlauf der Aufzeichnung über die U-Boot-Waffe während des Zweiten Weltkriegs, daß ich auf die verstreuten Hinweise über die deutschen Unterseeboot-Tanker, die »Milchkühe«, stieß. Ich stellte diese Hinweise 1975 in brauchbarer Form zusammen, und mir wurde klar, daß ich eine bisher zwar vernachlässigte, aber doch außerordentlich interessante Facette des U-Boot-Krieges entdeckt hatte. Die Freigabe von bis dahin geheimgehaltenen Informationsmaterials durch den britischen Geheimdienst gab der Sache einen neuen Antrieb.

Die Geschichte der deutschen Unterseeboot-Tanker ist eine wirkliche Schreckensgeschichte, die den erfundenen Berichten der legendären »Hammer«-Studios gleichkommt. Die deutschen Milchkühe mußten mit gestoppten Maschinen, geöffneten Luken und mit lang ausgelegten Versorgungsschläuchen neben dem zu versorgenden Boot liegen; das alles bei alliierter Luft- und Seeherrschaft. Seit 1943 waren den Alliierten zusätzlich noch die Versorgungstreffpunkte durch Entschlüsselung bekannt.

Mein Beweggrund zum Verfassen dieses Buches war deshalb der, dem geneigten Leser einiges von dem Schrecken und der Furcht der U-Tanker-Einsätze zu vermitteln, aber auch, um von dem außerordentlichen Mut und der Gelassenheit ihrer Besatzungen zu berichten. Das Buch soll keine technische Abhandlung über die Versorgung auf See sein, auch keine Aufzählung der Boote, die versorgt wurden. Wir werden aber sehen, wie die deutschen Tankerbesatzungen mit ihren Einsätzen unter Bedingungen begannen, die fast der Normalität im Frieden entsprachen. Aber dann kehrten ein oder zwei Milchkühe nicht zum Stützpunkt zurück, und die Einsätze wurden schwerer und noch schwerer …

Bei der Vorbereitung dieses Buches habe ich alle die »offiziellen« Berichte über den Seekrieg zu Rate gezogen. Roskills »War at Sea« und Dönitz' »Zehn Jahre und zwanzig Tage« sind hierbei als wichtigste zu nennen sowie Brasseys »Fuehrer

Conferences on Naval Affairs«. Ich habe soviel wie möglich Augenzeugenberichte verarbeitet. Ich habe ferner die Geheimunterlagen der britischen Admiralität und des Luftfahrtministeriums aus diesem Zeitraum durchgekämmt, die nun beim »Public Records Office« in Kew, London, lagern. Ich habe alle verfügbaren Kriegstagebücher der Milchkühe durchgesehen; auch sie sind 1977 zur öffentlichen Einsicht freigegeben worden. Ich habe die Kriegstagebücher des Befehlshabers der Unterseeboote (BdU) gelesen. Ich habe als Forscher das berühmte »U-Boot-Archiv« von Horst Bredow in Cuxhaven besucht. Dieses Archiv ist heute eine zentrale Sammelstelle für alle Informationen, die den U-Boot-Krieg betreffen, geworden. Es enthält viel Einzigartiges, insbesondere von den Erzählungen Überlebender. Ich habe auch nach Überlebenden der Besatzungen von Milchkühen gesucht. Ihr Opfergang ließ es als sicher erscheinen, daß es nur wenige solch glücklicher Männer geben konnte; auf einen Aufruf in dem Nachrichtenblatt für ehemalige U-Boot-Fahrer, der »Schaltung Küste« 1995, meldete sich gerade mal ein Überlebender.

Zusatz:

Nach Herausgabe dieses Buches in England (1998) hat sich der Verfasser, Dr. John White, weiterhin mit der Forschung im Hinblick auf die U-Tanker befaßt. Der Übersetzer hat im Auftrag des Autors und in Abstimmung mit ihm die erweiterten Erkenntnisse in die deutsche Ausgabe eingearbeitet.

Carsten Wenke, Dezember 1999

DIE ENTSTEHUNG
DES U-TANKERS

1926 bis August 1940

Nachdem sich die deutsche Flotte 1919, kurz nach Ende des Ersten Weltkriegs, in Scapa Flow selbst versenkt hatte, untersagte England den Deutschen den Wiederaufbau einer starken Flotte. Es war Deutschland lediglich erlaubt, veraltete Kriegsschiffe durch Neubauten bis zu einer festgelegten Größe, deren Verdrängung in Tonnen begrenzt war, zu ersetzen. Sieben Jahre lang spielte die Reichsmarine nur im Küstenbereich eine Rolle.

1926 stand jedoch der Ersatz der veralteten Linienschiffe ins Haus. Im selben Jahr verfaßte Vizeadmiral Wolfgang Wegener eine Denkschrift mit dem Titel »Strategie des Weltkrieges«. Er schrieb darin, daß, wenn Deutschland je wieder eine Großmacht werden sollte, es sich früher oder später mit England auseinandersetzten müsse. Für diesen Fall müßte man entweder ein Bündnissystem mit anderen europäischen Kräften anstreben, um die englische Vormachtstellung bei den Handelsverbindungen auszuhebeln, oder man müßte eine starke, ausgewogene Flotte aufbauen und Marinestützpunkte außerhalb der englischen Blockade unterhalten. Durch eine solche Blockade der Nordsee wurde die deutsche Hochseeflotte in den Jahren zwischen 1914 und 1918 nämlich in der Falle gehalten.

Diese These von Wegener wurde von vielen hochrangigen Marineoffizieren abgelehnt, die glaubten, daß Deutschland um keinen Preis wieder in einen Krieg mit England verwickelt werden dürfe. Es wurde das Panzerschiff DEUTSCHLAND (in England »Pocket-Battleship« = »Westentaschenschlachtschiff« genannt) gebaut. Die Verdrängung von 12.100 Tonnen überschritt die Grenze von 10.000 Tonnen, die nach dem Versailler Vertrag für deutsche Großkampfschiffe erlaubt waren. Die Deutschen gaben jedoch die Verdrängung mit 10.000 Tonnen an, um Auseinandersetzungen zu vermeiden. Der Entwurf des Schiffes mit seiner starken Bewaffnung versetzte es in die Lage, jeden schnelleren Gegner zu besiegen und jedem stärkeren Gegner davonzulaufen. Mit ihrem großen Aktionsradius war sie eindeutig für Einsätze im Atlantik gegen England oder, was für wahrscheinlicher gehalten wurde, für Einsätze gegen Frankreichs Seeverbindungen ausgelegt.

Hitler gelangte 1933 an die Macht. Er versprach Admiral Raeder, dem Oberbefehlshaber der deutschen Marine seit 1928, daß es nicht vor 1948 zu einem Krieg mit England kommen würde. Man rechnete damit, daß zu diesem Zeitpunkt die Aufrüstung der deutschen Marine abgeschlossen sei. Der »Z«-Plan der Marine beinhaltete die Entwicklung einer modernen, starken Flotte, die ein ernstzunehmender Gegner für die Royal Navy gewesen wäre. Der Schwerpunkt des Plans lag eindeutig bei den schweren Überwasserstreitkräften, aber es wurden auch Vorbereitungen für den Bau einer Flotte von 233 U-Booten getroffen. Diese sollten hauptsächlich aus dem Hochsee-U-Boot des Typs VII für den Einsatz im Nordatlantik und dem größeren Typ IX für den ozeanischen Einsatz bestehen. Beide Typen trugen Torpedos als Hauptbewaffnung.

Ein weiterer Bestandteil des »Z«-Plans war die Konstruktion von Unterseebooten mit großer Reichweite als Minenleger, um entfernte feindliche Häfen zu blockieren. Das Konstruktionsbüro der U-Boot-Inspektion (Marinekonstruktionsamt), bekannt unter der Bezeichnung »K«, erhielt die Aufgabe, geeignete U-Minenleger aus den Typen des Ersten Weltkrieges weiterzuentwickeln, jedoch mit der Fähigkeit, größere Minen aufnehmen zu können. Insbesondere forderte man von diesen U-Minenlegern, daß sie die neue »Sonder-Mine A« (SMA) tragen konnten, eine Mine mit 350 kg Sprengstoff und magnetischer Abstandszündung.

Nach einer Reihe von Fehlversuchen wurde der mächtige U-Minenleger des Typs XB genehmigt, und die Konstruktion eines Versuchsmusters begann im Oktober 1938. Ein wichtiges Merkmal des Entwurfs war, daß die Minen »naß« befördert werden konnten, das heißt, die Minenschächte während des Betriebes normalerweise geflutet waren. Dadurch konnten die alten Probleme vermieden werden, welche die früheren Ausführungen mit »trockenen« Minenschächten beeinträchtigt hatten. Da nur zwei Hecktorpedorohre eingebaut werden sollten, konnte viel Gewicht eingespart werden. Dadurch wurde es möglich, bessere Dieselmotoren einzusetzen, die eine hohe Überwassergeschwindigkeit ermöglichten. Von 1937 an wurden auch U-Kreuzer mit großer Reichweite und hoher Geschwindigkeit geplant, wiederum als Weiterentwicklung der Typen aus dem Ersten Weltkrieg.

Karl Dönitz, ein U-Boot-Kommandant aus dem Ersten Weltkrieg, der 1938 zum Führer der U-Boote ernannt wurde, gelangte ab 1935 mehr und mehr zu der Überzeugung, daß es wahrscheinlich schon bald zum Krieg mit England kommen würde. Er forderte daher den sofortigen Bau von 300 U-Booten. Aufgrund von Erfahrungen bei Kriegsspielen glaubte er, daß es mit diesen 300 Booten möglich sein müßte, die englischen Seehandelswege abzuschnüren. Er spürte, daß die lange Bauphase, die für die Großkampfschiffe des »Z«-Plans erforderlich war, von den Engländern nicht unbemerkt bleiben würde und es zu einem Rüstungswettlauf führen würde, den Deutschland nicht gewinnen konnte. Das Wetteifern zwischen den beiden Marinen beim Bau von Großkampfschiffen in den ersten Jahren des Jahrhunderts war einer der Hauptgründe für den Ersten Weltkrieg. Dönitz behauptete, daß nur die schnelle Fertigstellung der relativ leicht zu bauenden U-Boote Deutschland die Fähigkeit verleihen würde, die atlantische Lebensader Großbritanniens zu bedrohen. Die Führung der deutschen Kriegsmarine war jedoch nicht bereit, alle ihre Hoffnungen auf eine einzige Waffe zu setzen, zumal sich die Engländer damit brüsteten, gegen diese Waffe bereits eine Antwort zu haben: ASDIC, eine Unterwasser-Ortungseinrichtung, deren Leistungsfähigkeit den Deutschen nicht bekannt war.

Im englisch-deutschen Flottenabkommen von 1935 wurde die deutsche Kriegs-schiffstonnage auf 35% der englischen beschränkt. Die U-Boot-Waffe durfte bis zu 45% der englischen Unterseebootflotte betragen und konnte unter besonderen Umständen auf 100% ausgebaut werden. Das schien für England wegen der Erfahrungen mit seiner U-Boot-Waffe im Ersten Weltkrieg kein großes Problem darzustellen. Unterseeboote sind im Grunde genommen eine Angriffswaffe. Die Aufgabe der Royal Navy war die Verteidigung der Seewege und hatte daher wenig Bedarf an Unterseebooten. Demzufolge konnte Deutschland, in absoluten Zahlen gesehen, auch nicht viele U-Boote bauen. Die Tatsache, daß Deutschland nur wenige Tage nach der Unterzeichnung des Flottenvertrages seine neuen U-Boote vorstellte, obwohl es vor diesem Zeitpunkt gar keine Unterseeboote hätte bauen dürfen, hätte den britischen Politikern eigentlich Stoff zum Nachden-ken geben müssen. Es gibt aber kaum Hinweise darauf, daß sie diesen Umstand überhaupt zur Kenntnis nahmen.

Hitler führte den russischen Unterseebootbau als Grund dafür an, daß die Kriegsmarine ihre U-Boot-Stärke auf die der englischen anzuheben habe. Im April des folgenden Jahres hob Hitler das Flottenabkommen sinnloserweise auf, aber ohne nennenswerten Einfluß auf den relativ langsam voranschreitenden U-Boot-Bau. Die Boote besaßen gegenüber den anderen im Bau befindlichen Kriegsschif-fen noch immer eine geringe Priorität. Deshalb war es reiner Zufall, daß die deut-sche U-Boot-Waffe im September 1939 57 Boote umfaßte; genau dieselbe Anzahl, wie England sie besaß. Von diesen waren nur 22 für den HochseeEinsatz geeignet, und eins davon lag vorübergehend nach einem Unfall auf dem Meeres-grund. Dieses Boot wurde gehoben und gegen Ende 1939 wieder in Dienst gestellt.

Als England im September 1939 den Krieg erklärte, besaß die Kriegsmarine nur einen Bruchteil ihrer vorgesehenen Stärke. Alle Arbeiten an den Überwasserschif-fen des »Z«-Plans wurden eingestellt, auch an denen, die kurz vor der Fertigstel-lung standen. Die höchste Priorität erhielt nun der Bau von U-Booten. Man hatte erkannt, daß sie als einzige Waffe der Kriegsmarine in der Lage waren, den See-krieg gegen England zu führen. Am 8. September sandte Dönitz eine Denkschrift an das Oberkommando der Marine (OKM), in der er seine Forderungen für die Durchführung des U-Boot-Krieges umriß. »Was wir benötigen«, schrieb er, »sind: Kampfboote (Typen VII und IX); weitreichende Minenleger (Typ XB); U-Kreu-zer (Typ IXD2) und U-Boot-Tanker.« Damit genehmigte Dönitz den Weiterbau der Minenleger des Typs XB und der U-Kreuzer, die schon auf Kiel gelegt wor-den waren.

Der »U-Boot-Tanker« (später zu »U-Tanker« abgekürzt) war eine Idee, die vom OKM immer wieder erwogen wurde. Das OKM befürchtete, daß England Deutschland wieder von See aus blockieren könnte, so, wie es im Ersten Welt-krieg geschehen war. Deshalb glaubte man, daß es notwendig sei, tauchfähige Tanker zu schaffen, um unsichtbare Stützpunkte für die U-Boote im Atlantik zur Verfügung stellen zu können. Der erste Vorschlag für ein Unterseeboot als Tanker war 1934 vom Allgemeinen Marineamt gekommen und führte zur Vorlage von zwei Entwürfen für ein »tauchfähiges Versorgungsschiff« vom Marinekonstruktionsamt (»K-Amt«) am 20. September 1934. Dies geschah zu einer Zeit, als die Marinen überall Versuche mit großer Geschützbewaffnung auf Unterseebooten machten. Beide Typvorschläge waren dafür vorgesehen, eine, am internationalen Standard gemessen, kümmerliche Bewaffnung von drei 105-mm-Geschützen sowie ausreichend Reservebrennstoff für die Versorgung von bis zu sechs U-Booten aufzunehmen. Für einen Typ war auch der Einbau von zwei Torpedorohren geplant, um es für Kampfaufgaben einsetzen zu können.

Diese Planungen hatten jahrelang geruht, aber die sich verschärfenden internationalen Spannungen führten 1938 zu einer erneuten Prüfung des Entwurfs. Es waren Befürchtungen aufgekommen, daß eine englische Blockade die U-Boote betreffen könnte, die von deutschen Häfen in den Atlantik vordringen wollten. Zunächst schlug Admiral Carls im September 1938 vor, daß »tauchfähige schwimmende Stüzpunkte« eingesetzt werden könnten, um die U-Boote zu versorgen und sie bei ihren Kampfeinsätzen zu führen. Dann, im April 1939, schlug Kpt z. S. Fürbringer, ein ehemaliger U-Boot-Kommandant des Ersten Weltkriegs und zu der Zeit Chef der statistischen Abteilung der Kriegsmarine, den Einsatz von »U-Transportern« vor, wie es in ähnlicher Weise von Admiral Carls angedacht war. Fürbringer war besonders pessimistisch im Hinblick auf den Einsatz von Überwassertankern für die Versorgung von U-Booten.

Dönitz hatte bis dahin wenig Interesse an Unterwassertankern gezeigt. In einer Denkschrift vom 23. Mai 1939 legte er seine Ansicht dar, daß U-Boot-Tender von größerem Wert für die U-Boot-Waffe wären. Der Zustand der Maschinen eines U-Bootes war letztendlich entscheidend für den Einsatz, und nur Tender verfügten über die notwendigen Instandsetzungskapazitäten. Das OKM begegnete dem am 3. August mit dem Argument, daß Brennstoff viel schneller als alle anderen Verbrauchsgüter eines U-Boots aufgebraucht wäre. Deshalb wäre ein einfacher Unterwassertanker ausreichend, um die Seeausdauer der anderen U-Boote zu erweitern.

Zwei Tage nach Dönitz' Denkschrift vom 8. September forderte das OKM drei tauchfähige Tanker auf der Grundlage der Spezifikation von 1934 an. Innerhalb einer Woche hatte Dönitz auf Veranlassung von Raeder einen neuen Entwurf vorgelegt. Dönitz und die Seekriegsleitung kamen bei einer Zusammenkunft am 30. November überein, Aufträge für einen dritten, kleineren Vorentwurf zu erteilen. Dieser Entwurf wurde im Dezember fertiggestellt und von Raeder am 2. Januar 1940 genehmigt. Die neuen U-Tanker sollten mit Werkstätten ausgerüstet sein und Brennstoff, Schmieröl, Proviant, Ersatztorpedos und eine Lazarettgruppe mit sich führen. Die Tanker sollten keine Geschütze außer Flugabwehrbewaffnung tragen, hatten keine Torpedorohre und würden somit keine Möglichkeiten zur Durchführung von Angriffen haben.

Dönitz' Forderungen führten zu weiterführenden Konstruktionsarbeiten durch das K-Amt. Die Form des angehenden Tankers, der nunmehr die Bezeichnung

Typ XIV trug, wurde von einem Boot des Typs IX genommen, jedoch verkürzt und verbreitert, um mehr Brennstoff befördern zu können. Schleppversuche mit dem Rumpf im Februar 1940 führten zu Änderungen im Bugbereich, und der Typ wurde am 15. April als ausgereift angesehen.

Da der zu befördernde Treibstoff leichter als Munition und Wasser war, konnte eine stärkere Stahlkonstruktion gewählt werden, so daß der U-Tanker tiefer als das vergleichbare Kampf-U-Boot tauchen konnte. Dies war ein deutlicher Vorteil für ein Fahrzeug, das ansonsten keine ernstzunehmende Bewaffnung trug. Die meisten anderen Bauteile wurden den bestehenden Kampfbooten der Typen VII und IX entlehnt, um einen möglichst hohen Grad der Vereinheitlichung zu erreichen. Deshalb beinhalteten die U-Tanker viele Merkmale, die bei den Booten des Typs VII vorhanden waren, behielten aber den Turm des Typs IX, auf dem die Entwicklung aufgebaut war. Der zusätzliche Brennstoff wurde in einer Ausbauchung, einer zweiten Hülle, untergebracht, die außen am Hauptrumpf angebracht war.

Der erste Auftrag über vier Tanker wurde am 14. Mai 1940 an die Deutschen Werke in Kiel vergeben. Am 23. November erfolgte die Kiellegung von U-459. Wegen ihrer größeren Komplexität benötigten die U-Tanker und U-Minenleger eine längere Bauzeit als die anderen Typen: etwa zehn Monate für die U-Tanker.

Dönitz bestand darauf, so viele alliierte Handelsschiffe wie möglich zu versenken. Sein Stab hatte überschlägig ermittelt, daß England zur Aufgabe gezwungen wäre, wenn die Versenkungen durch alle Kampfhandlungen (auch die der Luftwaffe) 700.000 Tonnen pro Monat überschreiten würden. Die durchschnittliche Tonnage eines Frachters zu jener Zeit betrug 5100 Tonnen.

Im Hinblick auf die höchstmögliche Wirksamkeit seiner begrenzten Anzahl von U-Booten war es für Dönitz wichtig, diese so lange wie möglich in See zu halten. Er leitete die Einsätze der Boote über Funk von seinem Hauptquartier aus. Er führte sie an die Geleitzüge heran, die von der Luftaufklärung, Funküberwachung oder durch Sichtung von einem U-Boot entdeckt worden waren. So mußten die Boote in See weniger Zeit damit vergeuden, ihre eigenen Ziele zu suchen. Als die französischen Häfen an der Küste der Biskaya nach der Kapitulation Frankreichs im August 1940 für die U-Boote zur Verfügung standen, hatte sich der Anmarschweg zu dem wichtigsten Kampfgebiet, dem Nordatlantik, drastisch verringert. Diese Häfen blieben bis nach der alliierten Invasion im Juni 1944 Stützpunkte für Atlantik-Einsätze der U-Boote. Die Stützpunkte wurden nach und nach in riesige, mit Beton überdachte, bombensichere U-Boot-Bunker verwandelt.

Ein Weg zur Steigerung der Wirksamkeit der U-Boote bestand darin, ihre Einsatzgebiete so nah wie möglich an die Stützpunkte der U-Boote zu legen. Eine andere Methode bestand darin, die Hafenliegezeit jedes Bootes zu verkürzen. Nach Beendigung jeder Feindfahrt mußte ein U-Boot etwa drei Wochen lang überholt werden, die Besatzung war während dieser Zeit in Urlaub. Es folgte eine weitere halbe Woche für die Vorbereitung der Besatzung auf den neuen Einsatz. Aus diesem Grund kämpfte Dönitz während des ganzen Krieges dagegen, daß Werftarbeiter zur Wehrmacht eingezogen wurden, und er kritisierte immer wieder die Abstellung so vieler Arbeiter für die Instandhaltung der Überwasserflotte. Dönitz hatte bei Kriegsbeginn 300 U-Boote verlangt. Er ging davon aus, daß jeweils 100 in der Überholung, 100 auf dem Weg vom oder ins Einsatzgebiet und 100 im Einsatzgebiet wären. Im Laufe der weiteren Entwicklung zeigte sich, daß seine Schätzung des Anteils der U-Boote, die wirklich in ihren Einsatzgebieten tätig waren, recht genau war.

Die dritte Methode zur Erhöhung der Wirksamkeit der U-Boote lag darin, sie in oder nahe bei ihren Einsatzgebieten mit Brennstoff und Verbrauchsgütern zu versorgen. Tatsächlich war das die logische Erweiterung des zuerst beschriebenen Weges, nämlich den Stützpunkt näher an das Einsatzgebiet zu bringen. Die Versorgung von U-Booten auf See sollte zu einer der Hauptaufgaben des BdU werden.

Die »North-Western Approaches«

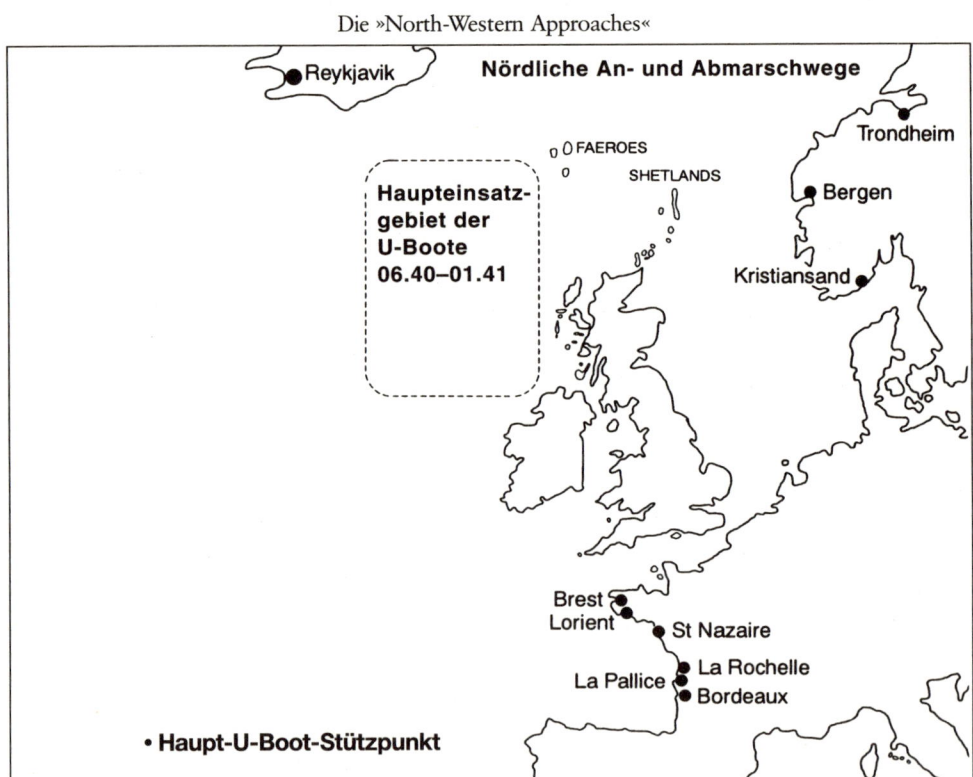

Herbst 1940
Karte 1-1

In den ersten zwölf Monaten des Krieges jedoch konnten die U-Boote noch leicht Ziele dicht unter der englischen Küste finden, wo eine Versorgung auf See wegen der Gefahr von Überraschungsangriffen nicht in Frage kam. Zu Beginn wurden die U-Boote hinausgeschickt, um vor wichtigen englischen Häfen Minen zu legen, dann griffen sie einzeln fahrende Handelsschiffe mit Geschützen und

Torpedos an. Es stellte sich heraus, daß das englische »Asdic«-Gerät eine weitaus geringere Bedrohung für die U-Boote darstellte, als ursprünglich erwartet worden war, obwohl es während des Krieges verbessert wurde. Der Norwegenfeldzug Anfang 1940 brachte die Rückführung fast der gesamten U-Boot-Flotte in die Nordsee mit sich, um die deutschen Landungen in Norwegen zu schützen. Die Kapitulation Frankreichs verursachte eine Verlegung der U-Boote um die englische Nordküste herum zu den gerade besetzten Häfen an der französischen Atlantikküste.

Im Herbst 1940, eine Zeit, die von den U-Boot-Kommandanten als die »Glückliche Zeit« bezeichnet wurde, operierten die U-Boote von Frankreich aus in einem Gebiet westlich des Nordkanals, das als die »North-Western Approaches« bekannt war (siehe Karte 1-1). Dort waren Ziele in Form von Einzelfahrern oder kaum geschützten Geleitzügen so leicht zu finden, daß ein U-Boot erwarten konnte, alle seine Torpedos binnen vierzehn Tagen zu verschießen und dann zum Stützpunkt zurückzukehren. Unter diesen Umständen bestand kaum die Notwendigkeit, die Boote auf See zu versorgen, da ihre Stützpunkte so nah waren. Darüber hinaus erachtete es Dönitz als unnötig, U-Boote in entferntere Gebiete zu entsenden, da die Versenkungsergebnisse in diesem nahen Gebiet zufriedenstellend waren.

Dönitz wollte alle seine U-Boote zu den »North-Western Approaches« schicken, wo die kritische Kennzahl »versenkte Tonnage pro U-Boot und Seetag« auf einem Höchstwert gehalten werden konnte. Die Seekriegsleitung bestand jedoch darauf, daß einige U-Boote in andere Gewässer entsandt wurden, um die Verteidigungskräfte der englischen Geleitzüge so weit wie möglich auseinanderzuziehen. Der Gedanke war vernünftig, aber er widerstrebte Dönitz' Vorstellungen vom Tonnagekrieg. Er versuchte, es aus dem englischen Blickwinkel zu sehen, und fragte sich, ob es (für die Engländer) besser wäre, viele Schiffe in einem Seegebiet zu verlieren oder weniger Schiffe auf dem ganzen Weltmeer, was sie wiederum zur Einführung des Geleitzugsystems weltweit zwingen würde, anstatt nur auf dem Nordatlantik, wie es 1940 der Fall war. Dönitz ging davon aus, daß England möglichst wenige Schiffe verlieren wollte, und fühlte sich deshalb selbstverständlich dazu verpflichtet, so viele wie möglich zu versenken.

Untersuchungen nach dem Krieg haben ergeben, daß Dönitz wahrscheinlich falsch gedacht hat. Man hat überschlägig ermittelt, daß durch die Einführung des Geleitzugsystems ebensoviel Transportkapazität verlorenging wie durch Schiffe, die von U-Booten versenkt wurden. Das Geleitzugsystem bedeutete, daß alle Schiffe mit der Geschwindigkeit des langsamsten Schiffes fahren mußten und daß in den Häfen Gedränge herrschte, wenn die Geleitzüge sich sammelten und eintrafen, während die Häfen anschließend leer waren.

Dönitz einigte sich mit der Seekriegsleitung. Ein großes U-Boot, in Deutschland für die Türkei gebaut, war beschlagnahmt worden und als U-A in Dienst gestellt. Bei Erprobungsfahrten stellte sich heraus, daß es zu unhandlich für Geleitzugeinsätze war. Deshalb wurde U-A (Kptlt Cohauß) zunächst im Mai 1940 für den

Transport von leicht brennbaren und explosiven Materialien für die Luftwaffe in das kürzlich besetzte Norwegen eingesetzt; eine Aufgabe, die weder bei der Bootbesatzung noch bei den Schiffen, die in der Nähe von U-A festmachen mußten, sonderlich beliebt war. Im Juni wurde es nach Süden geschickt. U-A versenkte zwei Schiffe im Südatlantik und wurde im Juli von dem Hilfskreuzer *Pinguin* versorgt. Dabei stellte sich heraus, daß U-A für die Versorgung auf hoher See schlecht vorbereitet war, weil Einrichtungen für die Übernahme von Torpedos und Versorgungsgütern fehlten. U-A versenkte anschließend vier Einzelfahrer und kehrte im September nach Deutschland zurück.

Im Herbst und Winter 1940 wurden auch U-65 und U-37 nach Süden entsandt. Sie erzielten aufsehenerregende Einzelerfolge, aber die überaus wichtige Kennziffer »versenkte Tonnage pro U-Boot und Seetag« war geringer als die, die von anderen U-Booten bei weniger erfolgreichen Feindfahrten im Nordatlantik erzielt wurde. Dieser Umstand lag in der langen Zeit für den Marsch in den Südatlantik begründet.

DIE
VERSORGUNGSSCHIFFE
September 1940 bis Mai 1941

Man stelle sich den Einsatz eines großen U-Bootes des Typs IXB in einem entfernten Seegebiet wie etwa dem Mittelatlantik vor. Die Reichweite dieses U-Boot-Typs lag bei 9000 Seemeilen. Die Entfernung von einem Hafen an der Biskaya bis Freetown, einem wichtigen Hafen in Westafrika für den Handel mit dem Fernen Osten, beträgt etwa 3000 Seemeilen. Deshalb konnte ein U-Boot des Typs IXB, das von Frankreich aus zu einem Einsatz vor Freetown bestimmt war, nur 3000 Meilen im Einsatzgebiet zurücklegen, bevor es zur Versorgung zum Stützpunkt zurückkehren mußte. Wenn andererseits ein U-Boot in der Nähe der Kapverdischen Inseln mit Brennstoff und anderen Verbrauchsgütern versorgt werden könnte, würde sich sein Einsatzradius auf etwa 12.000 Seemeilen erweitern; eine wesentliche Verbesserung der Wirksamkeit.

Zwei Überwassertanker, die CHARLOTTE SCHLIEMANN und die CORRIENTES, waren seit Ausbruch des Krieges in Las Palmas auf den Kanarischen Inseln, die zu Spanien gehören, stationiert. Diese Schiffe waren für ihre Versorgungsaufgaben von der spanischen Gruppe einer geheimen deutschen Versorgungsorganisation mit dem Namen »Etappendienst« ausgerüstet worden. Die Existenz dieser Organisation war nach der Niederlage der Deutschen im Ersten Weltkrieg nicht entdeckt worden. Die beiden Tanker versorgten dort in Las Palmas mit Billigung der spanischen Behörden regelmäßig U-Boote bei Nacht. Die Boote legten bei den Tankern an, übernahmen Brennstoff und Versorgungsgüter und schlichen sich dann vor Tagesanbruch wieder davon. Die meisten U-Boote, die sich dieser Möglichkeit bedienten, waren aus deutschen Stützpunkten ausgelaufen. Durch die später folgende Verfügbarkeit der Stützpunkte an der Biskaya verlor dieser Versorgungsposten an Bedeutung.

Die deutsche Überwasserflotte besaß eine Anzahl von großen, schnellen, eigens für die Versorgung großer Kriegsschiffe auf See gebaute Tanker. Im Herbst 1940 lag einer davon, die ERMLAND, im Fernen Osten, die andern drei befanden sich in der Ostsee. Am 18. Oktober lief der Tanker NORDMARK (10.847 Tonnen, Kpt Grau) aus, vier Tage später gefolgt von dem Panzerschiff ADMIRAL SCHEER, das von der NORDMARK versorgt werden sollte. Beide Schiffe durchbrachen erfolgreich die englische Blockadestellung in der Dänemarkstraße (zwischen Island und Grönland) und liefen nach Süden. Gegen Ende März 1941 kehrte die ADMIRAL SCHEER nach einer Feindfahrt im Südatlantik und im Indischen Ozean, bei der sie 113.000 Tonnen alliierten Schiffsraums versenkt hatte, in deutsche Gewässer zurück. Die NORDMARK blieb im Südatlantik.

Dönitz entschied in dieser Zeit, einige der größeren Boote des Typs IX wieder in die Gegend von Freetown zu entsenden. Der Grund dafür war, daß die Versenkungsrate an alliierten Schiffen im Nordatlantik zurückging und außerdem nun genügend U-Boote des mittleren Typs VII zur Verfügung standen, um den Kampf gegen die nordatlantischen Geleitzugrouten zu übernehmen

U-105, U-106 und U-124 erzielten im März beträchtliche Erfolge im Südatlantik. Sie begannen damit, daß sie sich bei der CORRIENTES (die im Kriegstagebuch des BdU immer CULEBRA genannt wurde) zwischen dem 4. und 6. März mit Brennstoff versorgten. U-124 übernahm später, am 19. März, weit im Süden Brennstoff vom Hilfskreuzer KORMORAN, während U-105 und U-106 am 30. März bzw. am 8./9. April vor Freetown von der NORDMARK versorgt wurden. U-124 kehrte kurz danach zum Stützpunkt zurück. Die beiden anderen U-Boote dieser »ersten Südatlantik-Welle« wurden von fünf weiteren verstärkt, darunter erneut U-124 und U-A, das im März unter dem Kommando von Korvkpt Eckermann von Deutschland nach Frankreich überführt wurde und im April die Gegend von Freetown erreichte. Diese sieben Boote führten eine Reihe von langen Feindfahrten durch, wobei sie von der NORDMARK und in einigen Fällen von der EGERLAND (siehe unten) versorgt wurden.

Im Zeitraum von März bis Juli 1941 wurden nicht weniger als 79 Einzelfahrer versenkt, und U-107 führte die erfolgreichste Feindfahrt dieses Krieges durch, bei der es vierzehn Schiffe (86.699 Tonnen) versenkte. Das brachte seinem Kommandanten Hessler das Ritterkreuz des Eisernen Kreuzes ein. Die englische Admiralität leitete alle Schiffe aus diesem Gebiet um und schickte See- und Luftstreitkräfte dorthin. Damit bestätigte sie die Vorhersage der Seekriegsleitung. U-69 legte derweil Minen im Golf von Guinea, die ein Schiff zum Sinken brachten und dafür sorgten, daß die Häfen von Lagos und Takoradi geschlossen werden mußten. Trotz dieser Erfolge war Dönitz noch immer der Ansicht, daß die kritische Zahl »versenkte Tonnage pro Boot und Seetag« geringer war als die, die von den Booten erzielt wurde, die im Nordatlantik im Einsatz waren. Ab August sollten keine U-Boote südlich der Azoren mehr eingesetzt werden.

Die NORDMARK kehrte im März 1941 nach Frankreich zurück, nachdem sie sechs Monate auf 05°N, 31°W (»Punkt Rot«) stationiert war. Während dieser Zeit hatte sie fünfundvierzig deutsche Schiffe versorgt. Sie wurde durch die EGERLAND ersetzt, die eigentlich insbesondere für die Unterstützung von U-Booten vorgesehen war und Anfang Mai von Frankreich auslief.

Um den 21. herum hatte die Egerland U-38, U-103, U-105, U-106 und U-107 versorgt und verfügte über keine Reservetorpedos mehr. Dönitz vermerkte in seinen Aufzeichnungen, daß ein neues Versorgungsschiff hinausgeschickt werden müsse. Die gesteigerte Wirksamkeit der englischen Verteidigung der Geleitzüge bewegte Dönitz dazu, seine U-Boote immer weiter im Westen des Atlantiks aufzustellen, wo der Geleitschutz am schwächsten war. Im Mai 1941 wurde auf 40° West der Geleitzug HX.126 angegriffen, während er ohne Geleitschutz war. Er verlor neun Schiffe. Sofort richtete die Admiralität eine durchgehende Nahsicherung der Geleitzüge auf dem ganzen Weg über den Atlantik ein.

Die immer größeren Entfernungen, welche die U-Boote nun zu ihren Einsatzgebieten zurücklegen mußten, führten erneut dazu, daß die Kennzahl »versenkte Tonnage pro Boot und Seetag« zurückging. Wieder wurden Schritte unternommen, um die U-Boote in abgeschiedenen Gebieten auf See zu versorgen. Dies geschah gleichzeitig mit einer steigenden Anzahl von Vorstößen deutscher Überwasserstreitkräfte, die sich ebenfalls die Verfügbarkeit der Stützpunkte an der Biskaya zunutze machten.

Während des Frühjahrs des Jahres 1941 hatte die Seekriegsleitung eine Anzahl von Überwasser-Versorgungsschiffen in entfernten Gebieten der Ozeane zur Unterstützung von deutschen Kriegsschiffen stationiert, die Einsätze im Nord- und Mittelatlantik durchgeführt hatten. Einige der Versorgungsschiffe waren auch für die Versorgung von U-Booten in diesen Gebieten vorbereitet. Die BELCHEN bezog eine Position südlich von Grönland in Erwartung einer Kampfgruppe, bestehend aus dem Schlachtschiff BISMARCK und dem Kreuzer PRINZ EUGEN. Die LOTHRINGEN lag im Mittelatlantik und die GEDANIA nördlich der Azoren. Zusätzlich wurde eine Anzahl weiterer Tanker, Versorgungsschiffe und Wetterbeobachtungsschiffe hinausgeschickt, um den Einsatz der BISMARCK zu unterstützen. Die KOTA PENANG erhielt den Befehl, aus einem Biskayastützpunk in den Südatlantik auszulaufen. Sie hatte die Aufgabe, einen geplanten Vorstoß der U-Boote tief in diesen Teil des Ozeans zu unterstützen.

Inmitten dieses Aufmarsches der Kriegsmarine im Atlantik versuchten die Deutschen noch zusätzlich, einige »Blockadebrecher« nach Hause zu bringen. Wie der Name bereits sagt, waren dies Handelsschiffe, die vom »Etappendienst« aus verschiedenen neutralen Häfen in Marsch gesetzt worden waren. Sie hatten den Befehl, mit ihren wertvollen industriellen Rohstoffen, insbesondere Gummi und seltene Metalle, die englische Seeblockade zu durchbrechen, um diese Güter nach Deutschland zu bringen. Was die Deutschen zu diesem Zeitpunkt nicht wußten, war, daß die Briten in einige wichtige Marine-Funkschlüssel eingebrochen waren.

Aufstellung der Versorgungsschiffe
Juni 1941
Karte 2-1
(Mit freundlicher Genehmigung des Aufsichtsbeamten, H.M.S.O.)

ULTRA – DER EINBRUCH IN DEN DEUTSCHEN FUNKSCHLÜSSEL

Mai bis Juni 1941

Um ihren militärischen Funkverkehr vor der alliierten Funkaufklärung zu schützen, hatten die Deutschen ein raffiniertes mechanisches Gerät, bekannt als »Enigma«, eingeführt. Dies war im Grunde genommen eine mechanische Schreibmaschine mit verschiedenen Walzen und veränderbaren Einstellungen über Steckverbindungen. Immer dann, wenn eine Meldung in diese Maschine eingegeben wurde, sorgte eine Reihe elektrischer Impulse dafür, daß mit Hilfe der Walzen die Meldung in ein unlesbares Durcheinander verwandelt wurde. Die »Enigma« erforderte keine besondere Ausbildung für das Bedienungspersonal, man mußte nur wissen, wie die Walzen und Stecker einzustellen waren. Diese Einstellungen wurden in regelmäßigen Abständen verändert.

Es gab mehrere Ausführungen der »Enigma« mit einer unterschiedlichen Anzahl von Walzen. Bei den Ausführungen, die von der deutschen Marine benutzt wurden, waren meist drei Walzen eingesetzt, obwohl für die Ausführung der U-Boote die Möglichkeit bestand, eine vierte Walze einzubauen. Die Walzen auf den U-Booten wurden monatlich gewechselt, manchmal aber auch öfter, wenn es einen Grund zu der Vermutung gab, daß dem Feind der ursprüngliche Schlüssel bekannt geworden war. Die Einstellung der Walzen wurde entsprechend der Anweisungen vom BdU täglich geändert.

Den Deutschen war klar, daß es dem Feind durchaus gelingen könnte, eine vollständige »Enigma«-Ausrüstung zu erbeuten, obwohl es genaue Anweisungen gab, daß diese Maschine im Falle einer drohenden Erbeutung als erstes zu zerstören war. Trotz alledem gingen sie davon aus, daß dies allenfalls zur Entschlüsselung der Meldungen für den laufenden Monat führen könnte, weil anschließend die Walzen gegen neue ausgetauscht wären. Sie vertrauten auf die Tatsache, daß die Millionen und Abermillionen von Kombinationen, die mit wenigen Einstellungen der Walzen möglich waren, die gegnerischen Kryptographen überfordern würden. Auch wenn es dem englischen Geheimdienst gelingen sollte, die Meldungen durch Probieren zu entschlüsseln, so würde es doch viele Jahre dauern, bis die erste Meldung entschlüsselt worden wäre. Der Informationsgehalt der Meldung wäre dann jedoch wertlos, und außerdem wären bereits neue Walzen und Einstellungen im Einsatz.

England bekam seine erste »Enigma«-Maschine vom polnischen Geheimdienst bei Ausbruch des Krieges geliefert, kurz bevor dieses unglückliche Land vom Blitzkrieg überrollt wurde. Das Gerät wurde sofort untersucht und ausgewertet. Gegen Mitte des Jahres 1940 konnte man einige wenige wichtige Meldungen der Luftwaffe abhören und entschlüsseln. Die Funksprüche der deutschen Kriegsmarine hatten jedoch einen viel höheren Geheimhaltungsgrad, und die Schiffe der Royal Navy erhielten den Befehl, alle Anstrengungen zu unternehmen, um eine betriebsfähige Marine-»Enigma« mitsamt der gültigen Schlüsselunterlagen zu erbeuten. Man erkannte schnell, daß die deutschen Kommandanten den Befehl hatten, ihre Schiffe selbst zu versenken, sobald sie gestellt worden waren, um zu verhindern, daß der Feind eine solche Beute machen konnte. Die Admiralität gab einen Sonderbefehl heraus: Allen aufgebrachten deutschen Schiffen sollte signalisiert werden, daß, wenn die Mannschaft das Schiff selbst versenken würde, sie im Wasser zurückgelassen werden würde. Wenn die Besatzung das Schiff trotzdem selbst versenkte, sollten sie dennoch aufgenommen werden. In der Praxis kam diese Idee nie zur Durchführung, weil die deutschen Besatzungen gewöhnlich schon die Selbstversenkung einleiteten, bevor sie die Nachricht verstanden hatten.

Als Folge davon wurden von der Admiralität mehrere Kommando-Unternehmungen geplant. Bei einem Kommandoeinsatz auf den Lofoten vor Norwegen im Februar 1941 wurden einige verwertbare Unterlagen sichergestellt, aber der große Erfolg kam im Mai. Zuallererst, am 7. Mai, konnte das Wetterbeobachtungsschiff MÜNCHEN westlich von Jütland im intakten Zustand gekapert werden. Nur zwei Tage später wurde U-110 (Kptlt Lemp) von seiner Besatzung aufgegeben, nachdem es während eines Geleitzugangriffs beschädigt wurde und zu sinken begann. Auf dem britischen Zerstörer kannte man den Wunsch der Admiralität, Unterlagen zu erbeuten, und schickte sofort ein Enterkommando hinüber. Im letzten Moment erkannte der deutsche Kommandant die Gefahr und versuchte mutig, wieder auf sein Boot zu gelangen. Er wurde erschossen, und eine Vielzahl wichtiger Papiere, darunter alle derzeit gültigen U-Boot-Schlüssel sowie eine vollständige, betriebsbereite »Enigma«-Maschine, konnten beschlagnahmt werden. Die deutschen Überlebenden waren mittlerweile gerettet und unter Deck gebracht worden, wo sie die Kaperung des U-Boots nicht beobachten konnten. U-110 sank kurze Zeit später, als es nach Island geschleppt werden sollte. Niemand der deutschen Besatzung hatte etwas von der Erbeutung der Schlüsselmittel erfahren.

Dieser wertvollen Beute folgte am 29. Mai 1941 die Kaperung eines weiteren Wetterbeobachtungsschiffs, der AUGUST WRIEDT, mit dem Ergebnis, daß der englische Geheimdienst von nun an bis zum Ende des Krieges fast immer in der Lage war, zumindest teilweise die deutschen Meldungen zu entschlüsseln. Oft wurden die Entschlüsselungen zu spät fertig, um noch von Nutzen zu sein, aber sie versetzten die Admiralität doch in die Lage, sich einen Überblick über das deutsche Vorgehen zu verschaffen. Theoretisch hätte man jeden Monat neue Walzen herstellen müssen, jedoch konnte das vielfach durch einige wenige Hinweise umgangen werden.

Schon sehr früh, am 18. April, hatte Dönitz seine Beunruhigung über die Kenntnisse ausgedrückt, die der Feind offensichtlich von seinen U-Boot-Aufstellungen hatte. Die Anzahl der Personen, denen die jeweiligen Standorte der U-Boote bekannt sein durften, wurde stark eingeschränkt, und die Luftwaffe ließ man nun völlig im dunkeln. Gleichzeitig war die Forderung nach einem besonderen U-Boot-Schlüsselsystem vom Oberkommando der Marine gebilligt worden. Die deutsche Kriegsmarine setzte verschiedene Schlüssel auf ihren »Enigma«-Maschinen ein, einige mit höherer Sicherheit als die anderen. Der selten benutzte Sonderschlüssel 100, der von Hilfskreuzern und Blockadebrechern eingesetzt wurde, die normalerweise Funkstille bewahrten, ist nie geknackt worden. Der »Hydra«-Schlüssel jedoch, der von den U-Booten benutzt wurde, konnte wiederholt aufgedeckt werden. Es gab jedoch eine große Lücke fast während des ganzen Jahres 1942, nachdem die U-Boote damit begonnen hatten, den neuen Schlüssel »Triton« zu benutzen, bei dem kein dauerhafter Einbruch möglich war.

Die englische Admiralität stand zunächst ganz unter dem Eindruck der frei auf dem Atlantik herumfahrenden BISMARCK. Zwar gab es hier keine brauchbaren Entschlüsselungsergebnisse, trotzdem wurde die BISMARCK am 27. Mai aufgrund der Kombination aus guter Geheimdienstarbeit und gesunder Spekulation zur Strecke gebracht. Der Schwere Kreuzer PRINZ EUGEN, der entlassen worden war, um Handelsschiffe im Mittelatlantik zu jagen, wurde ständig von Treibstoff- und Maschinenproblemen geplagt, lief von Versorgungspunkt zu Versorgungspunkt und wurde schließlich nach Frankreich zurückbefohlen, wo er am 1. Juni eintraf.

Dies gab den Startschuß für die Jagd auf seine Versorgungsschiffe, deren Standorte durch die Entschlüsselungsarbeit bekannt waren (siehe Karte 3-1). Das erste, das erwischt wurde, war die BELCHEN, am 3. Juni südlich von Grönland. Sie war gerade damit fertig geworden, zwei U-Boote mit Brennstoff zu versorgen, als die Kreuzer AURORA und KENYA sie angriffen. Die BELCHEN wurde schnell versenkt, und die Kreuzer verließen sofort den Schauplatz, um sich der drohenden U-Boot-Gefahr zu entziehen. U-93 (Kptlt Korth) tauchte dann auf und nahm 93 Überlebende an Bord. Völlig überbelegt mit Leuten lief U-93 direkt zum Stützpunkt zurück. Korth verschwieg seine Absicht und erhielt dafür einen strengen Verweis. Er hatte das Angebot abgelehnt, seine »Passagiere« an ein anderes Versorgungsschiff zu übergeben, bei der Begründung, daß er nicht mehr genug Brennstoff haben würde, sollte das Treffen ausfallen. Am nächsten Tag wurden die ESSO HAMBURG, die GONZENHEIM und die GEDANIA fast gleichzeitig aufgespürt. Zwei Schiffe versenkten sich selbst gemäß der Anweisungen, aber HMS MARSDALE kaperte die GEDANIA in betriebsfähigem Zustand.

Die deutsche Marine hatte von Anfang an Planquadratkarten für alle Seegebiete der Welt vorbereitet mit der Absicht, jede Position genau bezeichnen zu können (siehe Anhang 5, Marine-Planquadratkarte). Zu dieser Zeit jedoch war es noch erforderlich, daß sich deutsche Schiffe in einem vorher festgelegten Seegebiet zur Versorgung treffen mußten (wie »Punkt Weiß«). Die Kaperung der GEDANIA offenbarte das

System den Engländern, und der Wert dieser Beute wurde durch die Schlüsselunterlagen erhöht, die noch an Bord waren. Wenn man den deutschen Aufzeichnungen Glauben schenken darf, haben die Engländer allen deutschen Versorgungsschiffen Anweisungen gefunkt, in bestimmte Seegebiete zu laufen, wo sie von englischen Kriegsschiffen erwartet wurden. Auf englischer Seite finden sich jedoch keine Unterlagen, die dieses Vorgehen bestätigen würden.

Am 5. Juni versenkten zwei Kreuzer das U-Boot-Versorgungsschiff EGERLAND südlich der Kapverdischen Inseln auf der gleichen Position, die vorher von der NORDMARK besetzt war. Vier weitere Tanker und Versorgungsschiffe, die LOTHRINGEN, FRIEDRICH BREME, BABITONGA und ALSTERTOR, wurden am 23. im Atlantik versenkt oder gekapert. Die Kaperung der LOTHRINGEN offenbarte einer dankbaren Admiralität die fortgeschrittenen Techniken mit zusammenlegbaren Gummischläuchen, welche die Deutschen für ihre Treibstoffversorgung einsetzten. Im englischen Netz verfingen sich auch ein Blockadebrecher aus Japan (die ELBE) und ein anderer aus Südamerika, die LECH. Obwohl die Funkschlüssel der Blockadebrecher sicher waren, konnte der englische Geheimdienst ihr Vorhandensein aus den Befehlen an die U-Boote ableiten, in denen die Kommandanten auf diese Schiffe aufmerksam gemacht wurden.

Die Verluste der Versorger wurden von den Deutschen nicht sofort erkannt. Am 7. Juni meldete U-38, daß es die EGERLAND nicht finden konnte und knapp an Brennstoff war. Dieses und andere U-Boote, die vor Freetown im Einsatz waren, wurden angewiesen, sofort zum Heimatstützpunkt zurückzukehren, wobei sie, wenn erforderlich, bei der CORRIENTES auf den Kanarischen Inseln nachbunkern sollten. Drei Tage später befahl Dönitz den U-Booten in dem Gebiet, sich bei der LOTHRINGEN am »Punkt Weiß« zu versorgen. Trotzdem sollten sie den Brennstoffvorrat so einteilen, daß sie die CORRIENTES im Zweifelsfall erreichen konnten, wenn die LOTHRINGEN auch nicht mehr da wäre. »Der Bedarf für unsere eigenen U-Tanker und Versorgung von Land aus wird im Hinblick auf die Verluste der Überwassertanker immer dringlicher«, schrieb Dönitz. Als die LOTHRINGEN ausgefallen war (ihr Verschwinden wurde am 22. Juni von U-103 gemeldet), blieb nur noch die CORRIENTES als Tanker in der Nähe.

Einige wenige deutsche Schiffe überlebten und kehrten nach Frankreich zurück. Nachdem sie die PRINZ EUGEN versorgt hatte, erhielt die KOTA PENANG sofort die Anweisung, nach Süden zu laufen, um die U-Boote zu versorgen, die im Südatlantik eingesetzt werden sollten (es war ein Angriff auf Kapstadt geplant). Diese Änderung der Befehle hat das Schiff wahrscheinlich gerettet. Sein Einsatz im Südatlantik wurde kurzfristig abgebrochen, und die KOTA PENANG kam unbehelligt nach Frankreich zurück. Auch ein weiteres Versorgungsschiff, die SPICHERN, schaffte es, nach Frankreich zurückzukehren. Beide Schiffe schlossen sich dem Flottentanker ERMLAND an, der im April aus Japan zurückgekommen war. Zwei Blockadebrecher wählten den kurzen, aber gefahrvollen Kurs von den Kanarischen Inseln aus, und ein weiterer Blockadebrecher, die REGENSBURG, kam aus dem Fernen Osten mit seiner wertvollen Ladung an.

Zu spät dachte die Admiralität darüber nach, welche Schlußfolgerungen die Deutschen wohl aus dem plötzlichen Verlust derart vieler Schiffe in einem so großen Seegebiet ziehen würden. Man kam zu der Einsicht, daß man nie wieder die geheimen Informationen zu einem derartig offensichtlichen Einsatz benutzen würde. In Zukunft sollten alle Einsätze, die eigentlich aufgrund von entschlüsselten Funkmeldungen ausgelöst wurden, so dargestellt werden, daß auch eine andere Erklärung möglich oder plausibel war. Wenn zum Beispiel ein deutscher Geleitzug mit Hilfe entschlüsselter Meldungen gefunden wurde, schickte man immer ein Flugzeug los, um diesen Geleitzug zu »entdecken«.

Die Deutschen richteten in der Tat ihre Nachforschungen hauptsächlich auf die Gründe für den Verlust ihrer Versorgungsschiffe sowie den der BISMARCK. Sie gingen davon aus, daß das Auslaufen der Schiffe aus ihren Heimatstützpunkten von Agenten beobachtet worden war. Der Standort der BISMARCK wurde durch einen Funkspruch entdeckt, der etwa eine halbe Stunde dauerte und von der BISMARCK gesendet wurde. Auf der BISMARCK hatte man irrtümlich angenommen, daß die Position den Engländern bereits bekannt gewesen wäre. Der Verlust der Versorgungsschiffe im Mittel- und Südatlantik wurde unzutreffenderweise dem Erfolg der »Freetown«-U-Boote zugeordnet, die irgendwo eine Versorgungsmöglichkeit haben mußten.

Man leitete eine Untersuchung ein, um festzustellen, ob die Engländer in das deutsche Verschlüsselungssystem eingedrungen sein könnten. Diese Untersuchung, von einem Nachrichtenfachmann geleitet, führte zu der Gewißheit, daß dies nicht möglich sein könnte. Die Schuld für die Entdeckung der Schiffe wurde dem sagenumwobenen englischen Geheimdienstnetz in Europa zugeordnet. Darüber hinaus stellte man schlüssig fest, daß die Kaperung des einen oder anderen Versorgungsschiffes die Lage der vorbereiteten, genau bezeichneten Versorgungsbereiche verraten hätte und daß dieses System daher aufzugeben sei. Am 16. Juni schrieb Dönitz, daß »im Hinblick auf die Verschlüsselung der den Einsatz der U-Boote betreffenden Befehle Bezugspunkte eingeführt werden«. Letztendlich wurde erwartet, daß die neue Einstellung der »Enigma«-Walzen für Juli jeden Schaden beseitigen würde, der durch die Erbeutung einer »Enigma« entstanden sein könnte.

Trotz alledem war der englische Geheimdienst auch nach dem monatlichen Wechsel der Walzen noch immer in der Lage, den U-Boot- und andere »Enigma«-Schlüssel zu lesen. Der BdU konnte nie durchgreifende Änderungen seines Schlüssels einführen, ohne die Boote, die schon auf See waren, von den Änderungen zu informieren, wobei der immer bestehende Schlüssel benutzt werden mußte.

Es ist eindeutig, daß der Einbruch in die »Enigma«-Schlüssel zum größten Teil aus Versuchen und Ausprobieren bestand, indem man die verschlüsselte Meldung mit vermuteten (Ziel-)Aussagen verglich. Wenn erst einmal eine Übereinstimmung gefunden war, konnten auch andere unbekannte Meldungen mit den Walzeneinstellungen entschlüsselt werden, die für die »Ziel«-Aussage ermittelt worden war. Grundsätzlich hätten alle Meldungen entschlüsselt werden können, aber das Vertrauen der Deutschen in die »Enigma« war in der Tatsache begründet, daß es fast unendlich viele Einstellungsmöglichkeiten gab. Es würde Jahre dauern, diese von Hand zu ermitteln. Die Deutschen ließen jedoch die Möglichkeit außer acht, daß ein elektronisches Gerät entwickelt werden könnte, um die Suche nach der Einstellung automatisch durchzuführen. Eine derartige schnelle elektronische Einrichtung für den Untersuchungsvorgang hätte das Ende für den sinnvollen Einsatz der »Enigma« bedeutet. Die »Enigma« wurde von allen Teilen der deutschen, italienischen und japanischen Streitkräfte eingesetzt, da die Deutschen, als gute Kaufleute, sie auch dorthin verkauft hatten.

Im Februar 1942 führten die Deutschen das neue »Triton«-Schlüsselsystem auf ihren U-Booten ein. Hier erwies sich die Entschlüsselung jedoch als ungleich schwerer. Deshalb gab es fast während des ganzen Jahres 1942 keine ausreichenden Informationen, um verschlüsselte Meldungen in ausreichender Weise mit vermuteten Aussagen vergleichen zu können. Die Alliierten hatten daher den Befehl, die Erbeutung einer neuen, betriebsfähigen »Enigma«-Maschine anzustreben.

Die Gelegenheit ergab sich am 30. Oktober 1942, als U-559 im östlichen Mittelmeer schwer beschädigt zum Auftauchen gezwungen wurde. Seine Besatzung verließ das Boot, als es zu sinken begann, aber ein Enterkommando von einem der englischen Zerstörer schaffte es, an Bord zu klettern und die Schlüsselunterlagen zu retten. Zwei englische Seeleute verloren ihr Leben, denn das Boot ging unter, während sie versuchten, die Schlüsselmaschine auszubauen. Die Unterlagen wurden eilig zum Hauptquartier des englischen Geheimdienstes, nach Bletchley Park, geschafft, wo die Arbeit am 24. November begann. Am 13. Dezember war der »Triton«-U-Boot-Schlüssel endgültig gebrochen.

Um den Vergleichsvorgang zwischen verschlüsselten Meldungen und angenommenen »Ziel«-Aussagen zu unterstützen, wurden kleine elektromechanische Geräte, sogenannte »Bomben«, gefertigt, mit denen der Vergleichsvorgang halbautomatisch durchgeführt werden konnte. Ein wichtiger Durchbruch war die Erkenntnis, daß es nicht mehr erforderlich war, Ersatzwalzen mit den neuen Einstellungen herzustellen und in die »Enigma«-Maschinen einzubauen. Statt dessen konnten die Walzen und ihre Einstellungen insgesamt elektronisch nachgestellt werden. Es gab immer zu wenige dieser »Bomben«, was gegen Mitte 1943 zu unvertretbaren Verzögerungen im Vergleichsprozeß führte. Infolgedessen wurde die Entschlüsselung der »Triton«-Meldungen der U-Boote im November in die USA nach Washington abgegeben. Dadurch war Bletchley Park frei, mit Hilfe seines neuen »Colossus«-Rechners die geheimsten Codes von all, denen, die von den militärischen Oberkommandos der Achsenmächte benutzt wurden, zu entziffern. Obwohl die englischen und amerikanischen Stellen, die mit Entschlüsselungen beschäftigt waren, sofort jeden Erfolg beim Einbruch in deutsche Schlüssel untereinander austauschten, werden in diesem Buch die Leistungen der Alliierten in der Entschlüsselung dem »britischen Geheimdienst« zugeordnet, um dessen führende Rolle herauszustellen.

Wie kam man an die »Ziel«-Meldungen für die Entschlüsselungen? Eine Anzahl verschiedener Methoden wurde angewandt. Eine der wichtigsten war, daß man sich eine unvorsichtige Angewohnheit der Deutschen zunutze machte, nämlich Wetterberichte kaum verschlüsselt an die Luftwaffe zu senden, dann aber für die U-Boote auf See dieselben Meldungen mit »Triton« zu verschlüsseln. Die Berichte der Luftwaffe konnten leicht entschlüsselt werden, so daß diese Meldungen die »Ziel«-Meldungen darstellten, aufgrund derer man mit den »Bomben« nach dem U-Boot-Schlüssel suchen konnte. Es war sogar so, daß, als die Royal Air Force erfuhr, daß deutsche Seefernaufklärer Wetterberichte aus der Gegend nördlich von Schottland sendeten, es den Jagdpiloten der RAF verboten wurde, diese Flugzeuge ohne triftigen Grund abzuschießen. Heutzutage ist bekannt, daß der erste Einbruch in »Triton« im Dezember ein direktes Ergebnis der Auswertung von Wetterberichten war.

Die Deutschen standen auch vor der Schwierigkeit, daß bei Änderungen ihrer Schlüssel die U-Boote, die schon auf See waren, unter Einsatz des bestehenden Schlüssels von den Änderungen unterrichtet werden mußten. Es wäre viel klüger gewesen, alle U-Boote in zwei Gruppen aufzuteilen, solche mit neuen Schlüsselunterlagen und solche, die diese noch nicht hatten. Dazu hätte man sicherzustellen, das keine dieser Gruppen von den gültigen Schlüsselunterlagen der anderen wußte; ein Vorgehen, daß jedoch vom BdU nie in Erwägung gezogen wurde.

Der Autor kann sich auch ein anderes System für den Vergleich verschlüsselter Meldungen mit »Ziel«-Vorgaben vorstellen. Gewöhnlich sprach der BdU die Boote auf See mit den Namen ihrer Kommandanten an. Viele dieser Namen waren recht deutlich zu unterscheiden. Wenn beispielsweise französische Agenten gemeldet hatten, daß U-463 (Wolfbauer) gerade ausgelaufen war, brauchte der britische Geheimdienst die verschlüsselten U-Boot-Meldungen nur mit dem Namen »Wolfbauer« zu vergleichen, um die derzeit gültigen Schlüsseleinstellungen mit den »Bomben« herauszufinden.

Weitere Einzelheiten über »Colossus« wurden 1990 freigegeben. Er war der erste elektronische Rechner der Welt und begann am 8. Dezember 1943 zu arbeiten. »Colossus« wurde nicht zur Entschlüsselung von U-Boot-Meldungen eingesetzt und ist nicht Teil unserer Geschichte. Der Duke von Kent stellte am 6. Juni 1996 einen funktionsfähigen Nachbau in Originalgröße vor, der in dem ursprünglichen Raum in Bletchley Park, jetzt als Museum eingerichtet, steht.

Ergänzung des Autors (Ende 1999):

Diese Darstellung ist nicht ganz vollständig. Die Deutschen setzten nicht nur die »Enigma« ein, um ihre Meldungen zu verschlüsseln, sie hatten auch ein Buch mit »Kurzsignalen«. Mit diesen Kurzsignalen konnten viele allgemeine Meldungen mit Gruppen von vier Buchstaben übermittelt werden. Es gab auch ein Verzeichnis der Kurzsignale für die Bezeichnung der einzelnen U-Boote und ab 1942 ein »Adreßbuch« für die Verschlüsselung von Treffpunkten der U-Boote. Keines dieser Kurzsignale konnte durch Kryptographie ermittelt werden. Ihre »Entschlüsselung« basierte ausschließlich auf den erbeuteten Unterlagen von gekaperten U-Booten (auch die von U-505, dessen Kaperung am Anfang von Kapitel »Das Ende der Milchkühe« beschrieben wird). Die Deutschen schienen diese Kurzsignale außerordentlich ungern ändern zu wollen, wenn sie erst einmal eingeführt waren. Deshalb konnten die erbeuteten Unterlagen von den Alliierten rund 1–3 Jahre lang benutzt werden, bevor man sich Ersatz beschaffen mußte. Der Gebrauch des Namens des Kommandanten für die Ansprache eines U-Boots konnte den englischen Geheimdienst nicht lange verwirren. Der Gebrauch des Kommandantennamens sollte den U-Boot-Typ verschleiern, der anhand der U-Boot-Nummer offensichtlich geworden wäre. Allerdings wurde das auch vom BdU nicht immer konsequent eingehalten und die Boote auf See oft auch mit der Bootnummer angesprochen. Die Zeit für die Entschlüsselung von U-Boot-Funksprüchen war während des Krieges unterschiedlich, lag aber normalerweise bei ein bis drei Tagen. Deshalb standen die entschlüsselten Informationen über U-Boot-Treffen auf hoher See den Alliierten oft rechtzeitig genug zur Verfügung, um daraufhin zu handeln.

ENTFERNTE GEBIETE

Juli 1941 bis Februar 1942

Ende Juni 1941 gab es mehrere U-Boote im Freetown-Gebiet, die Brennstoffergänzung benötigten, aber nur die CORRIENTES stand zur Verfügung. Drei Boote bedienten sich dieser Möglichkeit, aber das ging nicht unbemerkt vonstatten. England übte im Juli 1941 starken diplomatischen Druck auf Spanien aus mit dem Ergebnis, daß es den U-Booten nach dem 16. Juli nicht mehr erlaubt war, sich innerhalb der Kanarischen Inseln versorgen zu lassen. Als Folge davon hatten die Boote keine zufriedenstellenden Möglichkeiten mehr zur Versorgung außerhalb ihrer Stützpunkte, obwohl vereinzelt versucht wurde, Versorgung durch Hilfskreuzer zu gewährleisten, wenn diese im Mittelatlantik im Einsatz waren. Die Deutschen versuchten auch, mit Vichy-Frankreich eine Übereinkunft im Hinblick auf einen Stützpunkt für Versorgungsschiffe in Dakar in Afrika zu treffen. Die Verhandlungen führten jedoch zu keinem Ergebnis.

U-109 und U-331 schlichen sich Ende Juli und Anfang August in den spanischen Hafen Cadiz, um sich aus dem Tanker THALIA zu versorgen. Das war eine Maßnahme, die auf Notfälle begrenzt blieb. U-Boote waren gezwungen, sich zu treffen, um sich gegenseitig zu versorgen, so daß die Stehzeiten im Südatlantik verlängert werden konnten*. Im September tauchte wieder eine Handvoll von U-Booten auf diesem Kriegsschauplatz auf, nachdem er zwei Monate lang vernachlässigt worden war (Dönitz war von den geringen Erfolgen der letzten Boote in diesem Seegebiet enttäuscht gewesen). Deutsche U-Boote suchten weiterhin die deutschen Tanker, die in spanischen Häfen lagen, die BESSEL in Vigo und die THALIA in Cadiz, auf. Diese Besuche fanden zwischen September und Dezember 1941 statt, bis die Vorräte der Tanker an U-Boot-Versorgungsgütern erschöpft waren. Eine vollständige Liste dieser Besuche, den Kriegstagebüchern der U-Boote entnommen, ist am Schluß dieses Buches angefügt.

---

* Dieser Gedanke war nicht neu. In den letzten Monaten des Ersten Weltkrieges hat SM-Kreuzer U-140, der von Amerika zurückkehrte, das auslaufende U-117 während der Nacht des 12./13. September 1918 nahe den Färöern mit 21 cbm Treibstoff versorgt. Das Treffen war mit Hilfe primitiver Funktelegraphie zustande gekommen.

Ein Treffen von drei U-Booten, U-67, U-68 und U-111, war bei St. Antoa, der nördlichsten Spitze der Kapverdischen Inseln, für die Nacht des 27./28. September vereinbart. U-111 sollte seine überschüssigen Torpedos an U-68 übergeben und Treibstoff von U-67 übernehmen, bevor es nach Frankreich zurückkehrte. Die Vereinbarung für dieses Treffen wurde von den Engländern abgehört und entschlüsselt. Sie stellten das U-Boot CLYDE, das auf dem Weg nach Westafrika war, ab, um den U-Booten an ihrem Treffpunkt aufzulauern. Die CLYDE schoß zwei Torpedos auf die nebeneinanderliegenden U-68 und U-111. Beide Torpedos gingen vorbei (ein häufiger Fehler englischer Torpedos in der ersten Zeit des Krieges). Die Explosionen der fehlgegangenen Torpedos am Strand schreckten die U-Boot-Besatzungen auf, die sowieso schon wegen der Anwesenheit portugiesischer (neutraler) Truppen am Strand mißtrauisch waren.

Zu diesem Zeitpunkt kam U-67 aufgetaucht heran und rammte in der Dunkelheit versehentlich das ebenfalls aufgetauchte englische Unterseeboot. Beide Fahrzeuge wurden beschädigt, und die CLYDE flüchtete. U-67 war zu schwer beschädigt, um seine Unternehmung fortsetzen zu können. Das Ergebnis war, daß U-68 auch von U-67 Versorgungsgüter übernahm, unter anderem Schmieröl, Torpedos und Frischwasser. U-68 war dadurch in der Lage, seine Feindfahrt bis weit in den Südatlantik auszudehnen, während die beiden anderen U-Boote in Richtung Frankreich liefen. U-111 wurde bei einem Artilleriegefecht mit einem englischen Trawler versenkt, U-67 kam sicher an. Auch die CLYDE kehrte sicher zu ihrem Heimatstützpunkt (Gibraltar) zurück.

Wieder einmal fragten sich die Deutschen, wie der Treffpunkt St. Antoa entdeckt werden konnte. St. Antoa war eine verlassene Insel, und die Deutschen hatten sie vorher nie als Treffpunkt benutzt. Dönitz betonte, daß die CLYDE unmöglich nur zufällig dort gewesen sein konnte, und er forderte die Seekriegsleitung auf, »das Verschlüsselungsmaterial besser zu schützen« (28. September). Zum Glück für die Engländer war U-570 im August im Nordatlantik aufgebracht worden. Der BdU kam, als er von der Kaperung erfuhr, irrtümlicherweise zu dem Schluß, daß die Schlüsselunterlagen erbeutet worden waren. Diese Annahmen sind in dem von der Seekriegsleitung rekonstruierten Kriegstagebuch von U-570 vom 18. Oktober und in den Unterlagen des BdU vom 5. November festgehalten. Die Deutschen glaubten jedoch, daß die erbeuteten Schlüsselunterlagen innerhalb eines Monats wertlos sein würden.

Als Vorsichtsmaßnahme wurden ab September 1941 alle Planquadratangaben über Treffpunkte doppelt verschlüsselt, offenbar mit Hilfe von Tafeln, die jedes U-Boot beim Auslaufen mit sich führte. Der mögliche Erfolg dieser Maßnahme wurde jedoch dadurch zunichte gemacht, daß die Forderung bestand, zu bestimmten Anlässen ungetarnte Planquadratangaben zu senden, wenn beispielsweise das U-Boot seine Position verlassen wollte. Seit dem

Frühjahr war die Anzahl der deutschen Stabsangehörigen mit der »Befugnis zur Kenntnis« über die U-Boot Lage und -bewegungen stark eingeschränkt worden.

Zu diesem Zeitpunkt standen dem BdU fünf Überwasser-Versorgungsschiffe für die Unterstützung von U-Booten zur Verfügung. Diese waren die BULLAREN, die EURLAND, die KOTA PENANG, die NORDVARD (ein früheres norwegisches Schiff, das vom Hilfskreuzer PINGUIN gekapert und als Prise nach Frankreich geschickt worden war) und die PYTHON.

Die immer stärker werdende englische Luftaufklärung über allen Teilen des Atlantik und die allgegenwärtige Anwesenheit von Aufklärungskräften der Royal Navy gestalteten den Einsatz von Überwassertankern zu einem zunehmend gefährlichen Unternehmen. Die Versorgung auf See konnte nur in einsamen Seegebieten durchgeführt werden, und die U-Boote hatten Anweisung, kein Schiff in der Nähe eines Treffpunktes mit einem Tanker anzugreifen.

Dönitz hatte in diesem Stadium des Krieges nie genug U-Boote zur Verfügung, und die Lage wurde nicht einfacher, als Hitler darauf bestand, Boote in das Mittelmeer zu entsenden. Diese sollten dazu beitragen, das im Angesicht der immer stärker werdenden englischen Seestreitkräfte wankende Regime von Mussolini in Italien militärisch und moralisch zu unterstützen. Nachdem Dönitz' vehemente Einwände abgelehnt worden waren (die starke Strömung, die in das Mittelmeer hinein steht, bedeutete, daß U-Boote, die hineingeschickt wurden, nie wieder in den Atlantik zurückkehren konnten), kamen die ersten Boote im Oktober dort an, und Mitte des Monats war kein einziges U-Boot gegen die nordatlantischen Geleitzugrouten mehr im Einsatz!

Das Verschwinden leichter Ziele im Nordatlantik ließ Dönitz allerdings darüber nachdenken, wieder U-Boote in das Seegebiet um Kapstadt zu entsenden. Er war mit den früheren Ergebnissen unzufrieden gewesen, was hauptsächlich an ihren fehlenden Versorgungsmöglichkeiten gelegen hatte. Für diese Unternehmung war es erforderlich, daß die Boote unterwegs Treibstoff übernehmen konnten. Im Oktober wurden die KOTA PENANG und die PYTHON in den Südatlantik entsandt. Dies geschah im Hinblick auf den bevorstehenden Angriff auf südatlantische Gewässer durch die Kapstadt-Gruppe, bestehend aus U-A, U-68, U-124 und U-129.

Wieder einmal entschied die britische Funkaufklärung das Spiel, und das Auslaufen der KOTA PENANG aus Bordeaux wurde entdeckt. Die Kreuzer KENYA und SHEFFIELD erhielten den Befehl, von Gibraltar aus auf die Suche zu gehen. Am 3. Oktober sichtete die KENYA die KOTA PENANG und versenkte sie unverzüglich. Die gesamte 119 Mann starke Besatzung der KOTA PENANG wurde von ihrem Begleiter, U-129 (Kptlt Clausen), gerettet. U-129, ein neues Boot des Typs IXC, war auf seiner zweiten Feindfahrt (die erste war abgebrochen worden, nachdem ein Fall von Diphtherie bei einem Besatzungsmitglied Clausen veranlaßt hatte, zum Hafen zurückzukehren).

Wir werden noch sehr viel von U-129 erfahren, einem glückhaften Boot, das allen Widrigkeiten trotzte, bis es im August 1944 außer Dienst gestellt und im Hafen versenkt wurde. Zwischenzeitlich wurde U-129 davon unterrichtet, daß es viel zu gefährlich sein würde, mit einer derartigen Überbelegung den Marsch durch die Biskaya fortzusetzen. Man traf zusätzliche Maßnahmen, um die »Passagiere« bei El Ferrol an der Nordküste Spaniens an Land zu setzen. Clausen meldete, daß er seine Passagiere an einen spanischen Schlepper abgegeben hatte, und U-129 kam am 8. Oktober sicher in Frankreich an.

Die PYTHON (Kapitän Lüders) entging den britischen Suchanstrengungen und erreichte den Südatlantik. Mittlerweile war dort auch der Hilfskreuzer ATLANTIS (Kapitän z. S. Rogge) auf seinem Rückweg nach Frankreich im Südatlantik eingetroffen. Er hatte eine Feindfahrt im Atlantik, im Indischen Ozean und im Pazifik hinter sich, die ihm eine Beute von 144.000 Tonnen alliierten Schiffsraums eingebracht hatte. Am 13. November versorgte die ATLANTIS U-68 südlich von St. Helena, nachdem der zuerst festgelegte Treffpunkt verlegt worden war. Dieser erste Treffpunkt war zum Erstaunen der Kommandanten der beiden beteiligten Schiffe von der Seekriegsleitung mitten auf einem vielbefahrenen Seeweg zwischen Freetown und Kapstadt festgelegt worden. Die ATLANTIS erhielt dann den Befehl, zum »Blumenpunkt Lilie 10« zu marschieren, um U-126 zu versorgen.

Wieder einmal wurde die Meldung abgehört. Während der Brennstoffübergabe an das U-Boot erschien der englische Kreuzer DEVONSHIRE. Die Schläuche wurden gekappt, und U-126 tauchte, während sein Kommandant noch auf dem Hilfskreuzer war. Das Bordflugzeug der DEVONSHIRE war in der Luft und sichtete das U-Boot, als es tauchte. Das mißtrauische Kriegsschiff hielt sich gut außerhalb der Geschützreichweite der ATLANTIS, als es nach seiner Identifizierung fragte. Letztere behauptete, das englische Schiff POLYPHEMUS zu sein, aber auf dem englischen Kreuzer war man in der Lage, festzustellen, daß die POLYPHEMUS unmöglich in der Gegend sein konnte, und eröffnete das Feuer auf große Entfernung.

Zwischenzeitlich hielt sich der unerfahrene Wachoffizier, der das Kommando auf U-126 hatte, dicht bei dem deutschen Schiff. Er erwartete, daß die DEVONSHIRE näher herankommen würde. Kurz darauf sank die ATLANTIS, und die DEVONSHIRE entfernte sich. U-126 tauchte nun auf, wurde wieder von seinem zornigen Kommandanten übernommen und fischte so viele Überlebende wie möglich aus dem Wasser. Die übrigen wurden in den Rettungsbooten zu einem neuen Treffpunkt, der mit der PYTHON vereinbart war, geschleppt. Die PYTHON übernahm die Überlebenden am 29. und setzte ihre Fahrt in Richtung Süden zu ihrem Versorgungsgebiet fort.

Andere U-Boote in dem Gebiet erhielten die Anweisung, soviel wie möglich an Versorgungsgütern von der PYTHON zu übernehmen, die dann in die Heimat zurückbeordert werden sollte. Funkstille und ein Verbot aller

U-Boot-Angriffe galten für einen Umkreis von 400 Seemeilen um den Treff-punkt. Der BdU war beunruhigt wegen des Verlustes der ATLANTIS, auch wenn man meinte, daß ein Einbruch in den Funkschlüssel »nicht in Frage käme«. Aber wieder einmal wurde der Funkspruch über den Treffpunkt abgefangen und entschlüsselt. U-124 und U-129 füllten ihre Vorräte am 20. November ohne besondere Vorkommnisse auf. Aber am 1. Dezember, während die PYTHON vollauf mit der Versorgung von U-68 und U-A (auf 28°N, 04°W) beschäftigt war, erschien der englische Kreuzer DORSETSHIRE auf der Bildfläche. Nach einer Reihe von Salven versenkte die Besatzung der PYTHON ihr Schiff und ging in die Rettungsboote, während sich die ATLANTIS-Besatzung damit abfinden mußte, zum zweiten Mal Schiffbruch zu erleiden. Auf den U-Booten hatte man nicht die Zeit gehabt, vor dem Tauchen wieder den richtigen Trimm herzustellen. Sie führten unter Wasser eine Reihe von unkoordinierten Manövern mit nur geringen Aussichten für einen erfolgreichen Angriff auf die DORSETSHIRE aus. U-A feuerte zwar einen Fächer von vier Torpedos ab, die aber alle weit vorbeigingen. Die DORSETSHIRE entfernte sich dann klugerweise wieder.

Beide U-Boote tauchten nun auf und fanden zwei Schiffsbesatzungen im Wasser. Dönitz befahl den beiden anderen Booten der Kapstadt-Gruppe, U-124 und U-129, bei der Rettung zu helfen, und die Überlebenden wurden irgendwie an Bord der vier U-Boote untergebracht, die dann Richtung Heimat liefen. Das italienische Unterseebootkommando Atlantik (Betasom) ließ zusätzlich vier Unterseeboote aus Bordeaux auslaufen, um die Rettungsaktion zu unterstützen. Beide U-Boot-Gruppen trafen sich bei den Kapverdischen Inseln. Die »Gäste« wurden gleichmäßig auf die U-Boote verteilt, und die gesamte Flottille kehrte sicher nach Frankreich zurück, wo sie noch vor dem Jahresende 1942 ankam. Es war die längste Enfernung, über die eine Rettungsaktion auf See in der Seekriegsgeschichte durchgeführt worden ist.

Der Verlust der PYTHON bedeutete, daß »jede Möglichkeit zur Versorgung im Atlantik nunmehr ausgeschaltet ist. Es wird kaum möglich sein, die Versorgung im Atlantik mit Überwasserschiffen wiederaufzunehmen. Die Zeit für solche Unternehmungen gehört der Vergangenheit an.« (Kriegstagebuch des BdU, 1. Dezember) Die englische Überwachung auch entfernter Seegebiete machte es immer schwieriger für die Tanker, unentdeckt zu bleiben. Immer häufiger flog ihre Tarnung bei der Überprüfung durch britische Kriegsschiffe auf. Ein Schiffserkennungssystem, das als »Checkmate« bekannt war, wurde kurzfristig im Atlantik und danach auf den anderen Weltmeeren eingeführt. Mit Hilfe dieses Systems konnte ein britisches Kriegsschiff bei der Admiralität in London die Einzelheiten über jedes verdächtige Schiff erfragen. Auch konnte es Informationen über den Standort desjenigen Schiffes erhalten, daß das verdächtige Schiff zu sein behauptete. Wenn die Einzelheiten und der Standort übereinstimmten, erlaubte man dem verdächtigen Schiff weiterzufahren, wenn dies nicht der Fall war, wurde es aufgebracht oder versenkt.

Dönitz setzte nun seine Hoffnungen in drei neue U-Boot-Typen, die alle 1941 vom Stapel gelaufen waren und in der Ostsee erprobt wurden. Dies waren der Unterseeboottanker des Typs XIV, unbewaffnet bis auf Flugabwehrgeschütze, aber mit einer Kapazität von rund 700 cbm Brennstoff, der riesige (1763 Tonnen) U-Minenleger des Typs XB und der U-Kreuzer des Typs IXD2, dessen enorme Reichweite von fast 32.000 sm ihn für Einsätze im Indischen Ozean prädestinierte. Später sollten die Japaner den Deutschen erlauben, die Marinebasis Penang im jetzigen Malaysia zu benutzen, doch die U-Boote machten erst Mitte 1943 Gebrauch von diesem Hafen.

Der Vorteil der Unterseeboottanker gegenüber den Überwassertankern war einfach ihre Fähigkeit wegzutauchen, um der Entdeckung oder Bedrohung durch alliierte Flugzeuge oder Schiffe zu entgehen. Ein Überwassertanker, der von einem Flugzeug gesichtet worden war, konnte wenig tun, um zu entkommen. Er konnte nur versuchen, mit höchster Geschwindigkeit, die selten mehr als fünfzehn Knoten betrug, abzulaufen oder auf seine Tarnung zu vertrauen. Gegen Ende 1941 waren diese beiden Möglichkeiten nur noch mit sehr viel Glück wirksam. Andererseits war der U-Tanker, wenn er erst einmal unter Wasser war, sicher vor Flugzeugen, und nur mit Asdic ausgerüstete Kriegsschiffe hatten die Möglichkeit, ihn zu finden. Die Treffpunkte wurden so ausgesucht, daß sie so weit wie möglich von den Geleitzugrouten entfernt waren, denn nur auf den Geleitzugrouten bestand die Gefahr, Kriegsschiffen zu begegnen, die mit Asdic ausgerüstet waren. Die ersten sechs U-Tanker waren noch nicht vom Stapel gelaufen, als spät im Jahr 1941 eine zweite Serie von vier Booten dieser Art in Auftrag gegeben wurde. Die ersten beiden U-Tanker liefen am 13. September vom Stapel, aber bei Versuchen stellte sich heraus, daß sie nicht gut geradeaus liefen; eine sehr schlechte Eigenschaft für ein Boot, das aufgrund seiner Aufgaben eng mit anderen zusammen fahren mußte. Durch eine kleinere Änderung am Heck wurde das Problem allerdings weitestgehend behoben, und die Boote sahen ihrer Indienststellung entgegen.

In der Zwischenzeit wurden zwei weitere Überwassertanker für den Einsatz als Versorgungsschiffe vorbereitet. Sie sollten U-Boote bei einem für Februar 1942 geplanten Angriff auf Kapstadt versorgen. Der erste war die BENNO, die im Dezember 1941 aus einem Biskaya-Hafen auslief. Die BENNO war die frühere OLE JACOB, ein norwegischer Tanker, der von der ATLANTIS als Prise genommen, nach Japan geschickt und dann mit einer Ladung Dieselöl sicher durch die englische Blockade gebracht worden war. Als sie diesmal durch die Biskaya lief, sichtete ein Flugzeug des englischen Coastal Command die BENNO und griff sie an. Die Wasserbomben des SUNDERLAND-Flugbootes (es hatte keine »richtigen« Bomben an Bord) beschädigten den Tanker trotz der Anwesenheit von Flugzeugen und

U-Booten als Geleitschutz. Sie wurde dann von englischen Zerstörern und wiederholten Luftangriffen verfolgt, bis sie schließlich vor der spanischen Nordwestküste den Torpedos eines Flugzeuges zum Opfer fiel.

Diese Mißgeschicke (siehe Karte 4-1) gegen Ende des Jahres 1941 veranlaßte den BdU endgültig dazu, auf den Einsatz von Überwassertankern für die Versorgung der U-Boote im Atlantik generell zu verzichten. Das geplante Auslaufen des Tankers CHARLOTTE SCHLIEMANN aus Las Palmas auf den Kanarischen Inseln in der letzten Februarwoche 1942 wurde daraufhin abgeblasen.

Im nachhinein kann man vermuten, daß die folgenden Ereignisse, die sich binnen drei Monaten abspielten, die Versorgung der U-Boote maßgeblich beeinflußt haben. Erstens erklärte Deutschland am 11. Dezember 1941 den Vereinigten Staaten den Krieg. Während der nächsten sechs Monate gab es leichte Beute für die U-Boot-Waffe vor der Ostküste Amerikas. Zweitens wurden die ersten der neuen U-Tanker des Typs XIV (U-459 und U-460) am 15. November bzw. am 24. Dezember in Dienst gestellt. Der erste Minenleger des Typs XB, U-116, war am 26. Juli in Dienst gestellt worden, seine Schwesterboote, U-117 und U-118, wurden im Oktober und Dezember abgeliefert. Drittens bedeutete die Einführung des neuen U-Boot-Schlüssels für den Nordatlantik im Februar 1942, daß es den Engländern für die kommenden 10 Monate nicht mehr möglich war, den U-Boot-Funkverkehr zu entschlüsseln. Es sollte trotzdem erwähnt werden, daß die Meldungen der U-Boote, die zwischen Deutschland und Norwegen unterwegs waren, und von denen, die in Frankreich ankamen, noch immer aufgefangen werden konnten. Das versetzte den englischen Geheimdienst zumindest in die Lage, den Überblick über das allgemeine Muster der Bootbewegungen zu behalten, wenn die Boote zum atlantischen Kriegsschauplatz ausliefen oder von dort zurückkehrten. Aufgrund der Entschlüsselung des Küsten-Funkverkehrs wurde auch die Verlegung eines der ersten Minenleger des Typs XI nach Norwegen entdeckt.

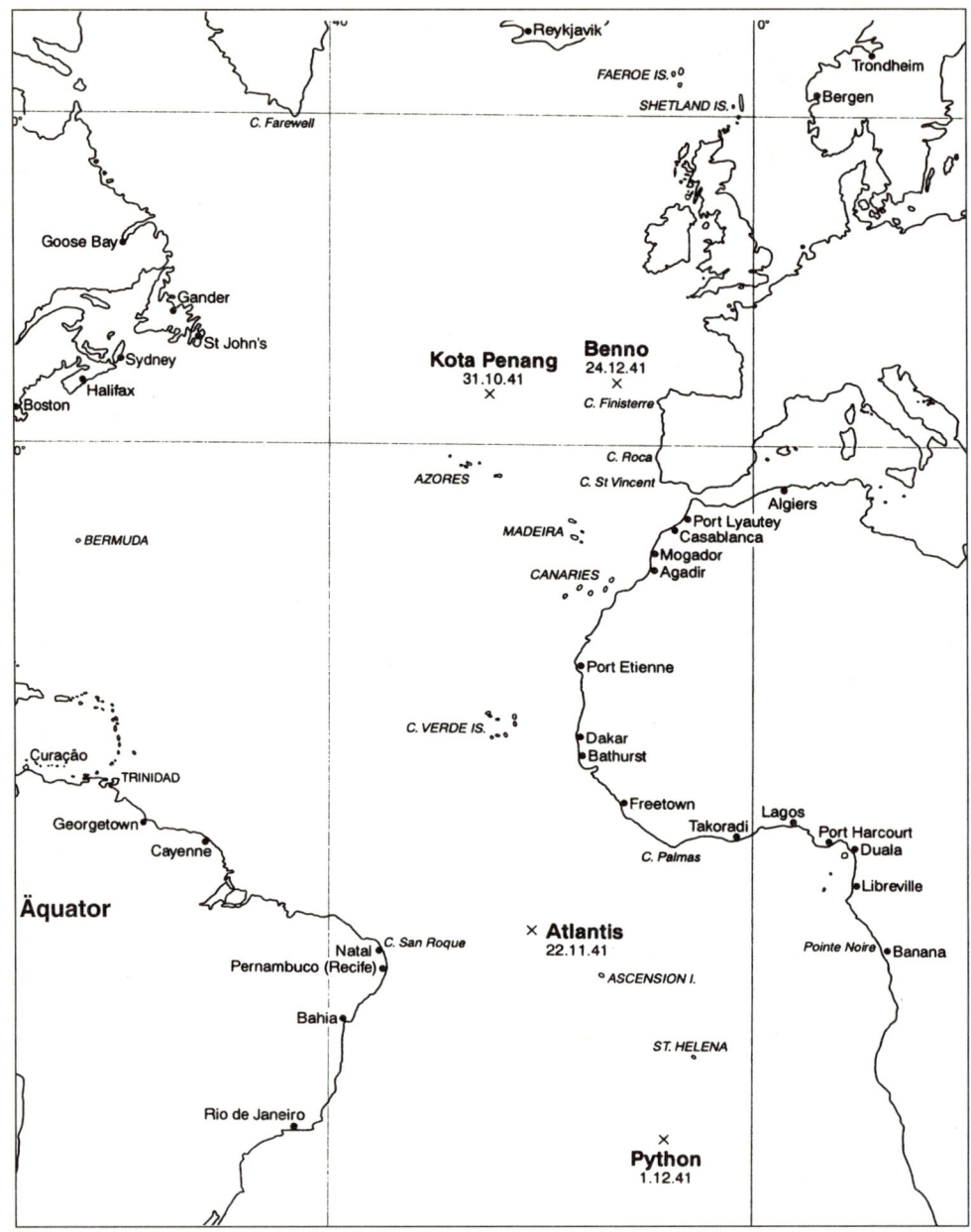

Das Ende der Versorgungsschiffe
Dezember 1941
Karte 4-1
(Mit freundlicher Genehmigung des Aufsichtsbeamten, H.M.S.O.)

»PAUKENSCHLAG« GEGEN AMERIKA

Januar bis Juni 1942

önitz hatte schon seit längerem Pläne für einen Schlag gegen die USA geschmiedet, weil es viele Anzeichen dafür gab, daß ein Krieg unvermeidlich war. Deutsche U-Boote und amerikanische Zerstörer hatten sich schon gegenseitig beschossen, und von Mitte 1941 an begleiteten amerikanische Kriegsschiffe viele englische Geleitzüge. Der Angriff auf die amerikanische Schiffahrt hatte den Decknamen »Operation Paukenschlag« erhalten. Zwischen dem 16. und 25. Dezember liefen sechs Boote des Typs IX aus den Häfen an der Biskaya aus und erreichten Mitte Januar ihre Einsatzgebiete vor der amerikanischen Ostküste (siehe Karte 5-1).

Ostküste der USA
Karte 5-1

Sie fanden eine Schiffahrt vor, die ihren normalen Handelsrouten folgte. Es gab keine Geleitzüge oder Verdunkelungsmaßnahmen. Die Seeverteidigung war schlecht ausgebildet und sehr schwach, trotz der Tatsache, daß die Amerikaner einen ganzen Monat Zeit hatten, um sich vorzubereiten. 1941 hatten sie extra eine Delegation nach England entsandt, um sich über Maßnahmen gegen U-Boote zu informieren, aber sie hatten offensichtlich nichts gelernt.

Nun begann das »amerikanische Schützenfest«. Startzeit für den »Paukenschlag« war 00.00 Uhr am 12. Januar. Von da an bis zum 29. versenkten die U-Boote der »Ersten Welle« 25 Schiffe mit über 150.000 Tonnen. Die Verteidigungskräfte behelligten die U-Boote so wenig, daß sich diese sorgfältig die besten Ziele für ihre wertvollen Torpedos aussuchen konnten. Die Opfer waren hauptsächlich Tanker. Die Nachrichten von der leichten Beute verbreiteten sich in der gesamten U-Boot-Waffe, und jeder wollte an dem Schlachtfest teilnehmen.

Der Aktionsradius der U-Boote des Typs VII wurde zwar als nicht ausreichend für einen erfolgversprechenden Einsatz vor der Ostküste der USA angesehen, aber die begeisterten Besatzungen stopften alle erreichbaren Ecken und Winkel ihrer Boote mit Brennstoff, Frischwasser und Proviant voll, um ihre Reichweite so weit wie möglich auszudehnen. Es stellte sich heraus, daß viel Brennstoff gespart werden konnte, wenn man bei der Durchquerung des Nordatlantiks unter Wasser fuhr und damit die Batterien so lange wie möglich nutzte. Die Unterwassergeschwindigkeit in der ruhigen Tiefe war fast genauso hoch wie die Überwassergeschwindigkeit an der sturmgepeitschten Oberfläche. Die »Zweite Welle« von acht Booten des Typs VII operierte zunächst vor Neufundland, mußte aber feststellen, daß die Schiffahrt von den Engländern dort gut geschützt wurde. Die Boote verlegten nach Süden in die Gewässer vor Halifax (Kanada), aber wieder hielten die Engländer sie in Schach. Im März wandten sie sich weiter in Richtung Süden auf die Höhe von New York. Mittlerweile war auch die »Vierte Welle« von Booten des Typs VII eingetroffen, um sich ihnen anzuschließen.

Die »Dritte Welle« von größeren Booten des Typs IX war von Beginn an, von Februar bis März, vor der amerikanischen Ostküste im Einsatz. Ab dem 16. Februar trugen einige Boote den »Paukenschlag« in die Karibik, versenkten viele Schiffe und beschossen mit ihren Geschützen sogar Öleinrichtungen auf einigen der Inseln. Die Schiffahrt wurde überall vor der Ostküste der USA hingemetzelt, und es lag nur an dem Mangel an U-Booten, daß es nicht zu einer noch größeren Katastrophe kam. Die wütenden Engländer mußten zusehen, wie die Schiffe, die auf dem gesamten Weg über den Atlantik scharf bewacht worden waren, kurz vor ihren Zielhäfen versenkt wurden.

Es war dem Oberkommando der Kriegsmarine klar, daß es wichtig war, die U-Tanker so schnell wie möglich in Dienst zu stellen, um die Fähigkeit der U-Boote zu dauerhaften Ferneinsätzen aufrechtzuerhalten. Dies galt besonders für die Boote des Typs VII, die ihren Treibstoff im Einsatzgebiet innerhalb weniger Tage verbrauchten, bevor sie sich auf den langen Heimweg nach Frankreich machen mußten. Das Kriegstagebuch des BdU verzeichnet eine Handvoll von Plänen zum Einsatz von Front-U-Booten zur Treibstoffversorgung anderer Boote, die knapp an Brennstoff waren. Alle diese Pläne wurden aber letztendlich aus dem einen oder anderen Grund verworfen, üblicherweise, weil der »Versorger« selbst nicht ausreichend viel Brennstoff besaß. Es wurden auch Zweifel laut über den

Nutzen, die U-Boote hinter schnellen Geleitzügen unter hohem Treibstoffverbrauch herjagen zu lassen. Dies zwang die Jäger dann dazu, direkt zum Stützpunkt zurückzukehren. In einem Versuch, einige dieser Probleme zu lösen, wurde das beschlagnahmte, ehemals türkische U-Boot U-A (Korvkpt Cohauß war kürzlich wieder zu seinem Kommandanten ernannt worden) zu einem Versorgungstanker umgerüstet und am 12. Februar auf eine Einsatzfahrt geschickt. Der Plan mußte jedoch aufgegeben werden, da bei U-A ein Schaden am Steuerborddiesel auftrat und es noch am nächsten Tag nach Lorient zurückkehren mußte.

März und April bildeten den Höhepunkt, als die »Fünfte Welle« eintraf. Dennoch betrug die Anzahl der Boote, die gleichzeitig im Einsatz waren, nie mehr als acht. Einhundertneunzehn Schiffe wurden binnen zwei Monaten in amerikanischen Gewässern versenkt, und eine neue Generation von U-Boot-»Assen« war herangewachsen. Die meisten ihrer Opfer wurden zwischen Cape Hatteras und New York versenkt. Vor dem Cape erwischten die Amerikaner endlich auch ihr erstes U-Boot, U-85, versenkt von dem Zerstörer ROBEY.

Während dieser zwei Monate gab es zwei neue Entwicklungen. Einerseits begannen die Amerikaner im April verspätet damit, ihre Schiffe zu Geleitzügen zusammenzufassen, was sofort zu einer drastischen Verringerung der Anzahl der versenkten Schiffe in dem Gebiet führte. Währenddessen vertrieben verstärkte amerikanische U-Jagd-Patrouillen die U-Boote langsam aus den flachen Gewässern, in denen sie sich auf die Lauer gelegt hatten und durch die der amerikanische Schiffsverkehr hauptsächlich geführt wurde. Andererseits war U-A wieder zu einem erneuten Versuch in seiner jetzigen Aufgabe als Versorgungstanker ausgelaufen. Das Kriegstagebuch führt aus, daß diese Unternehmung dazu gedacht war, Erfahrungen bei der U-Boot-Versorgung für die Nachfolger (die neuen Typen XB und XIV) zu sammeln. U-A verließ Lorient allein am 14. März und lief direkt zu seinem ersten Treffpunkt außerhalb amerikanischer Gewässer. Zwischen dem 24. März und dem 3. April versorgte das Boot U-84 und U-203, die auf dem Weg nach Amerika waren, und das heimkehrende U-202 mit Verpflegung und je etwa 20 bis 30 cbm Treibstoff. Dies war die erste Versorgung von U-Booten durch einen für diesen Zweck eingesetzten U-Boot-Tanker im Krieg. Die Treffen fanden östlich und südlich von Neufundland statt. U-A wurde schon nach der dritten Versorgung umgehend nach Bergen zurückbefohlen. Ein altes Ölleck, das wieder aufgetreten war, Verluste in schwerer See bei der Treibstoffübergabe und die begrenzte Kapazität für Brennstoff (174 cbm), zusammen mit dem erneuten Auftreten des Schadens am Diesel zwangen U-A dazu, seine Unternehmung abzubrechen. Zwei Unterwasserangriffe auf einzeln fahrende Handelsschiffe während des Rückmarschs schlugen fehl. Nachdem es Bergen erreicht hatte, kehrte U-A direkt nach Deutschland zurück, wo es am 24. April eintraf. Es wurde am 1. Mai aus dem aktiven Dienst genommen und dann in der Ostsee als Schul-U-Boot eingesetzt. Die Einführung des Geleitzugsystems vor der Ostküste von Amerika veranlaßte die U-Boote dazu, sich wieder der Karibik zuzuwenden. Dort gab es keinen Mangel an Einzelfahrern, und gegen Mitte April waren drei U-Boote in diesen

Gewässern im Einsatz. Zunächst hatten jedoch nur die größeren Boote des Typs IX die Reichweite, um dort eingesetzt zu werden. Dann traf der erste für diesen Zweck gebaute U-Tanker ein. U-459, ein Boot des Typs XIV, lief direkt zu seinem Versorgungstreffpunkt, etwa 500 Seemeilen nördlich von Bermuda, den es am 18. April erreichte.

Die Ausbildung für U-459 in der Ostsee war beschleunigt worden. Die üblichen sechs Monate Ausbildungszeit für eine U-Boot-Besatzung wurde auf nur vier Monate verkürzt. U-459 hatte seine Übungsfahrten in der Ostsee während des bitterkalten Winters 1941/42 durchgeführt und mußte sich auf See mit Packeis auseinandersetzen. Der erste Versuch zur Treibstoffübergabe war schon am 11. Dezember mit U-704 durchgeführt worden, kaum einen Monat nach der Indienststellung von U-459. Weitere Versuche fanden am 7. Januar mit U-408 statt. Der Kommandant von U-459, Kptlt von Wilamowitz-Möllendorf, war zu der Zeit neunundvierzig Jahre alt, viel älter als die Kommandanten von Front-U-Booten, und er war bis vor kurzem für vierzehn Monate Kommandant des Küsten-U-Bootes U-2 gewesen.

Mitte März war U-459 der 10. U-Boot-Flottille zugeteilt worden. Es verließ Kiel am 22. zusammen mit einem Sperrbrecher und einem Flak-Sicherungsschiff mit Kurs auf Helgoland. Am 26. mußte es wegen eines Lecks an einem Treibölbunker nach Kiel zurückkehren.

Am Tag nach dem Auslaufen von U-459 gab der BdU Richtlinien für die Treibstoffübernahme an alle Flottillenchefs heraus, damit die Boote, die versorgt werden sollten, die richtigen Vorgehensweisen bei der Treibstoffübernahme kannten. Diese verspätete Information war vermutlich durch die allgemeinen Einschränkungen der Informationsverteilung im Hinblick auf die U-Boot-Lage verursacht worden. U-459 lief am 29. März erneut aus Kiel aus, begleitet von U-702, um die erste Versorgungsunternehmung für Front-U-Boote durch einen U-Tanker anzutreten. Es hatte ein Mitglied des Erprobungskommandos für Kriegsschiffneubauten an Bord, der den Fortschritt ihrer Entwicklung beobachten sollte. Wilamowitz (wir haben die Praxis des Befehlshabers der Unterseeboote übernommen, der seinen Namen so bei Funksprüchen abkürzte) war sich offensichtlich seiner Stellung in der Geschichte bewußt oder jedenfalls der Stellung in den Augen des Befehlshabers der Unterseeboote, weil sein erstes Kriegstagebuch außerordentlich ausführlich war. Dies mag für den Historiker ermüdend sein, aber es wurde von Dönitz sehr begrüßt, der Wilamowitz im Hinblick auf seine Aufmerksamkeit für Einzelheiten und die Hilfe, die das für die Kommandanten zukünftiger Milchkühe sein würde, beglückwünschte.

Am 1. April stand U-459 bereits weit in der Nordsee. Ein Tauchversuch auf »A+120 Meter« (200 Meter, dies ist wahrscheinlich ein Schreibfehler im Kriegstagebuch für A+20 = 100 Meter) verlief ohne besondere Vorkommnisse, also marschierte der Tanker weiter und verzichtete auf einen Zwischenhalt in Norwegen für Reparaturen. Am nächsten Tag tauchte U-459 vor einem Flugzeug und wich erfolgreich dessen Bomben aus.

Die Anwesenheit des ersten echten U-Tankers auf See hatte eine unmittelbare Auswirkung auf die U-Boot-Lage. Bisher waren U-Boote dazu gezwungen, ihre Einsatzgebiete nicht nur mit genügend Treibstoff für die Heimreise zu verlassen, sie mußten auch noch ausreichend Reserve für unvorhergesehene Zwischenfälle haben. Am 8. April informierte der Befehlshaber der Unterseeboote die Boote in den amerikanischen Gewässern, daß sie im Bedarfsfall auf U-459 zurückgreifen konnten. Deshalb war es nicht mehr erforderlich, die Notreserve an Treibstoff zurückzubehalten, und die Boote konnten länger in ihren Einsatzgebieten bleiben. Vier Tage später sollte sich Dönitz begeistert über die Aussichten in amerikanischen Gewässern äußern, die sich den U-Booten nach der Versorgung durch U-459 eröffneten.

Der BdU befahl U-459, sich am 10. April östlich von Cape Hatteras mit U-108 und U-98 (Scholz) zu treffen. Man hatte berechnet, daß der U-Tanker zu der Zeit 500 cbm Treiböl für Versorgungszwecke und 140 cbm für den eigenen Bedarf an Bord hatte. Vier Tage später wurden Scholz und Cremer (U-333) zu einem geänderten Treffpunkt befohlen und mußten eine bestimmte Menge an Brennstoff und Proviant übernehmen. Auf diese Weise wurden die Entscheidungen der Kommandanten vor Ort vom Befehlshaber der Unterseeboote übergangen.

Wilamowitz schrieb am 18. April, daß seine Bordbäckerei mit der Arbeit für die zu versorgenden Boote begonnen hatte. Zwischenzeitlich wurde der Tanker durch schweren Seegang aufgehalten. Er kam jedoch am selben Tag auf seinem ersten Versorgungstreffpunkt (39°N, 52°W, 500 Seemeilen nordöstlich von Bermuda) an und sendete Peilzeichen für U-108. Am nächsten Tag versorgte der Tanker U-108 (Typ IXB) mit Treibstoff und Schmieröl, mußte aber einige Schwierigkeiten verzeichnen. Der Kontakt mit U-108 ging während der Nacht verloren, und es mußten erneut Peilzeichen gesendet werden.

U-98 und U-333 (beides Boote des Typs VIIC) waren nun in Sicht und wurden während der nächsten beiden Tage versorgt. Diese ersten Versorgungen gingen noch sehr langsam vonstatten, und Wilamowitz schrieb gewissenhaft auf, daß die Ölübernahme bei den VIIC-Booten langsamer ablief als bei den größeren des Typs IX.

Zwei hell erleuchtete neutrale Schiffe wurden in den frühen Stunden des 22. gesichtet, und die U-Boote entfernten sich etwas. Hier schlossen sich U-583 und U-564 (beide vom Typ VIIC) ihnen an. Erst am nächsten Tag, als das Wetter schlechter wurde, konnten U-98 und U-333 den Treffpunkt verlassen.

Diese erste Versorgung so vieler U-Boote durch einen speziellen U-Tanker ist von Marinehistorikern oft als hervorragende deutsche Leistung dargestellt worden. Es war die erste von vielen Versorgungsunternehmungen. Die allgemeine Sichtweise unterscheidet sich möglicherweise von Dönitz' anfänglicher Begeisterung, die er in seinen Erinnerungen niedergeschrieben hat, da der U-Boot-Schlüssel zu jener Zeit noch nicht entschlüsselt worden war. Das Kriegstagebuch des BdU verzeichnete in seiner Zusammenfassung am Ende des Aprils, daß »die Versorgung durch den ersten U-Tanker hervorragend verlaufen ist«, schlug aber vorsichtigerweise vor, die Rückkehr von U-459 abzuwarten, um alle Einzelheiten kennenzulernen.

In der Tat verdeutlicht das Kriegstagebuch von U-459 sehr gut die aufgetretenen Schwierigkeiten. Abgesehen von den Schäden, die vorher schon erwähnt wurden, verursachte Feuchtigkeit einen Elektrobrand an einer der E-Maschinen. Wilamowitz beklagte die mangelhafte Leistung dieser Maschine, als er in den Stützpunkt zurückgekehrt war. Andere unvorhergesehene Schwierigkeiten wurden durch das schlechte Wetter verursacht. Weil die Treibstoffübernahme der U-Boote so langsam vor sich ging, gab es eine Ansammlung von wartenden Booten in einem kleinen Gebiet. Als er davon erfuhr, ordnete Dönitz sofort an, daß die Boote, die auf Versorgung warteten, den Tanker an der Grenze der Sichtweite umkreisen sollten, um so etwas wie eine Fernsicherung zu bilden. Er war überzeugt, daß dieses Problem in Zukunft nicht mehr auftreten würde. Im Kriegstagebuch von U-459 wird festgestellt, daß diese erste Reihe von Versorgungen mit mehreren U-Booten gleichzeitig durchgeführt wurde. Der Tanker brachte so viele Schläuche aus, wie er bedienen konnte, während Proviant mit Hilfe von Beibooten (Schlauchbooten) zu den anderen U-Booten befördert wurde. Während der Versorgung von U-582 und U-571 verzeichnete Wilamowitz erneuten Ärger mit der Steuerbord-E-Maschine. U-459 lief am 26. April zu seinem ursprünglichen Versorgungstreffpunkt zurück. Dort wurden weitere fünf U-Boote versorgt, was im Durchschnitt pro Boot vier Stunden für die Treibstoffübergabe und zwei Stunden für die Proviantversorgung in Anspruch nahm. Die letzten »Kunden« waren U-751 und U-107 (Typ IXB) am 1. und 2. Mai.

U-459 war nun »ausverkauft«, nachdem es zwölf U-Boote des Typs VII und zwei Boote des Typs IXB für einen Einsatz in der Karibik versorgt hatte. Letztgenannte Boote hatten eine wesentlich größere Reichweite als die des Typs VII und wurden etwa zu dieser Zeit durch die Ausführung IXC ersetzt. Die ersten Boote des Typs IXC40 wurden 1942 in Dienst gestellt und hatten eine noch größere Reichweite. Sie waren besser für Einsätze in entfernten Gebieten gegen starke Verteidigungskräfte geeignet als die U-Kreuzer des Typs IXD2 mit ihrer immensen Reichweite. Wilamowitz schickte einen langen Funkspruch an den BdU, indem er diesem mitteilte, daß die Brennstoffvorräte aufgebraucht seien. U-459 erhielt die Anweisung, Proviant an U-253 abzugeben, was am 5. Mai durchgeführt wurde. Dann lief es seinen neuen Heimathafen, St. Nazaire an der französischen Westküste, an. Es kam dort ohne besondere Vorkommnisse am 15. Mai an, nachdem es 7027 Meilen auf See zurückgelegt hatte; davon 431 unter Wasser.

Nachdem es Frankreich erreicht hatte, berichtete Wilamowitz, daß die Versorgung zwischen eineinhalb und fünf Stunden pro Boot gedauert hatte und daß man für die Proviantübergabe drei bis vier Stunden pro Boot benötigte. Einige Boote mußten abgewiesen werden, weil deren Besatzungen keine Erfahrungen mit der Vorgehensweise bei der Treibstoffübernahme hatten. Die Boote des Typs IX waren mit 35 cbm pro Stunde betankt worden, die des Typs VII mit 30 cbm pro Stunde. U-459 hatte insgesamt 13,1 Tonnen Proviant abgegeben. Reservetorpedos (U-459 führte vier davon mit) wurden nur einmal übergeben. Wilamowitz war besonders besorgt darüber, daß seine Besatzungsmitglieder zahlreiche Stunden in schwerer See arbeiten mußten. Das Ausbleiben schwerer Unfälle war seiner Meinung nach nur auf reines Glück zurückzuführen.

Wilamowitz unterbreitete eine Reihe von technischen Verbesserungsvorschlägen. Er bemängelte insbesondere die E-Maschinen, die bei schwerer See zu schwach waren, und auch das schwerfällige Verhalten des U-Tankers in getauchtem Zustand. Andererseits stellte er fest, daß der Tanker sich aufgetaucht bei schlechtem Wetter gut verhielt. Die Schlauchboote jedoch, mit denen Versorgungsgüter von Boot zu Boot transportiert wurden, waren jedoch überfordert und bedurften der Überarbeitung. Dieses Thema (d. h. die Leistungsfähigkeit der Schlauchboote) zieht sich durch alle Kriegstagebücher der Milchkühe, sobald sie zum Einsatz kamen.

Dönitz gab zwei Erklärungen zu der Leistung von U-459 ab. Erstens hätten Kommandant und seine Besatzung ihre Sache gut gemacht. Ihre aufgeschriebenen Erfahrungen würden sowohl für die Besatzungen der Milchkühe als auch für die der zu versorgenden U-Boote wertvoll sein. Zweitens habe sich deutlich die Notwendigkeit herausgestellt, daß die Besatzungen der Front-U-Boote für die Versorgung auf See ausgebildet werden mußten, bevor sie auf ihre erste Feindfahrt gingen.

Zwischenzeitlich war nach U-459 ein weiteres Versorgungsboot in Dienst gestellt worden. U-116 (Typ XB, Korvkpt von Schmidt) war einer der neu gebauten U-Minenleger, dessen ursprünglicher Einsatz zeitweise aufgegeben worden war, so daß das U-Boot als Unterseebootversorger dienen konnte. Die Spezialminen des Typs SMA, die der Minenleger befördern sollte, litten unter verschiedenen »Kinderkrankheiten«, darunter einer Neigung zur Frühzündung. U-116 wurde deshalb angefordert, um einen besonderen Minenlegeversuch im Skagerrak durchzuführen, bevor es seine Versorgungsaufgabe fortsetzen konnte. Von Schmidt war ein hoch angesehener Offizier, sechsunddreißig Jahre alt, der schon eine hervorragende Karriere gemacht hatte. Er war unter anderem, zwischen 1935 und 1939, Chef von zwei U-Boot-Flottillen. Trotzdem war dies seine erste Kommandantenzeit auf einem U-Boot, und er mochte gedacht haben, daß für seine weitere Karriere etwas Erfahrung auf See notwendig wäre.

U-116 war am 26. Juli 1941 in Dienst gestellt worden. Die Ausbildung fand in Kiel und Danzig bis zum 1. März 1942 statt, und das Boot wurde dann der 1. U-Boot-Flottille für eine »Sonderaufgabe« zugeteilt. Am 3. März lief es aus der Elbe zu dem befestigten Stützpunkt auf der Insel Helgoland. Am folgenden Tag war es für weitere Versuche in der Nordsee vorgesehen, aber Anfangsschwierigkeiten mit diesem neuen Typ eines U-Minenlegers führten am 17. März zur Rückführung des Bootes zur Bauwerft (Germania-Werft, Kiel), während von Schmidt seiner Verärgerung über die Verzögerung in seinem Kriegstagebuch Ausdruck verlieh. Einige der Besatzungsmitglieder warteten schon seit einem Jahr darauf, sich ihren Kameraden bei den Erfolgen im Atlantik anzuschließen.

Am 26. April lief U-116 mit fast 200 cbm Treiböl für die Übergabe an andere U-Boote wieder aus. Es ging in den Nordatlantik, wobei es Anfang Mai nicht weniger als fünf Luftangriffen ausgesetzt war. Einer dieser Angriffe führte dazu, daß der U-Minenleger eine deutliche Ölspur hinter sich herzog, deren Ursache man nicht feststellen konnte. Die Besatzung unternahm wiederholte, aber erfolglose Versuche, die Leckage zu beseitigen. Von Schmidt entschloß sich daraufhin, seinen Versorgungseinsatz im Atlantik abzubrechen und einen französischen Stützpunkt anzulaufen. Auf dem Weg dorthin entdeckte und meldete U-116 einen Geleitzug westlich von Kap Finisterre.

U-116 lief am 4. Mai in die Biskaya ein, überstand einen weiteren Luftangriff und machte am folgenden Tag in Lorient an der französischen Westküste fest. Das Kriegstagebuch des Kommandanten verzeichnet seine Ansichten von dieser ersten Feindfahrt eines U-Minenlegers des Typs XB. Das Boot hatte sich bei Seegang und bei Manövern gut verhalten, zeigte ein befriedigendes Verhalten beim Tauchen, und die Besatzung war gut. Bei der Durchsicht des Kriegstagebuchs äußerte sich Dönitz nur zum Abbruch der Unternehmung, der durch Luftangriffe verursacht worden war. Es liefen jedoch schon mehrere U-Boote aus dem Stützpunkt zu Einsätzen im Atlantik aus, und Dönitz hatte bereits entschieden, die Gruppe »Hecht« zu bilden, die von U-116 versorgt werden sollte, sobald es wieder in See war.

U-116 lief kaum vierzehn Tage später am 16. Mai mit Geleitschutz wieder aus Lorient aus. Es hatte nur fünf Torpedos an Bord, was das Boot in die Lage versetzte, mehr Proviant mitzunehmen als vorher. Eine erneute Leckage hatte innerhalb von drei Tagen zum Verlust von sechzehn cbm Brennstoff geführt, aber diesmal fand man den Schaden und behob ihn innerhalb von 24 Stunden.

Die erste Versorgungsaktion fand etwa 600 Meilen südlich von Cape Race statt (Planquadrat CC6555). Die Gruppe »Hecht« hatte am 23. Mai vom Befehlshaber der Unterseeboote die Anweisung erhalten, sich vom 26. Mai an bei U-116 zu versorgen. Zwischen dem 26. und 29. Mai versorgte U-116 sechs U-Boote (U-106, U-94, U-590, U-96, U-124 und U-569) mit jeweils 30 bis 45 cbm Brennstoff, Proviant für zwei Wochen, Zigaretten, Eiern, frischem Brot, Frischfleisch und Schokolade. U-116 führte die Abgabe von 215 cbm Treiböl bei Windstärke 5 und starker Dünung durch. Der begeisterte Dönitz ließ am 30. Mai an von Schmidt funken: »An Schmidt. Versorgung gut durchgeführt.«

Weitere U-Boote wurden in der ersten Woche des Juni versorgt. Dann kehrte U-116, selbst knapp an Treibstoff, nach Lorient zurück, wo es am 9. Juni einlief. Das Kriegstagebuch des Kommandanten enthielt viele Erläuterungen über die Versorgungsunternehmung mit Verbesserungsvorschlägen. Es wurde von Dönitz kommentiert mit: »Einsatzfahrt kurz und gut durchgeführt.«

Zwischen Mitte April und Mitte Juni wurden 20 der 37 U-Boote, die in der Karibik eingesetzt waren, vor der Heimfahrt zu ihren Stützpunkten versorgt, während die Boote der Gruppe »Hecht« ihren Einsatz vor Neufundland fortsetzen konnten. Man traf die politische Entscheidung, daß italienische Unterseeboote, die in dem

Gebiet im Einsatz waren, ebenfalls versorgt werden sollten. Dies erforderte eine Übereinkunft im Hinblick auf Funkfrequenzen und Verschlüsselungsunterlagen.

Im Mai und Juni stiegen die Versenkungszahlen in der Karibik steil an. Allein in diesen zwei Monaten wurden 212 Schiffe in amerikanischen Gewässern versenkt, die meisten davon in der Karibik. Das war die Folge des kaum vorhandenen Geleitschutzes, nicht vorhandener Geleitzüge und der steigenden Zahl von U-Booten, die durch die Versorgung auf hoher See zur Verfügung standen. Aber dann fingen die Amerikaner endlich an, Geleitzüge zusammenzustellen, und es gab keine Einzelfahrer mehr. Die U-Boote durchkämmten leere Seegebiete, und U-Boot-Abwehrkräfte vertrieben sie von den Geleitzugrouten des Golfs von Mexiko. Als Folge dieser Maßnahmen gingen die Versenkungszahlen im Juli dramatisch zurück.

Diese aufsehenerregenden Erfolge in diesem Ausmaß (siehe Tafel 5-1) wurden im wesentlichen durch die unterstützende Tätigkeit von U-459 und U-116 ermöglicht. Am 14. Mai konnte Dönitz dem Oberkommando der Kriegsmarine berichten, daß die Anwesenheit der Versorgungsboote es den U-Booten des Typs VII ermöglicht hatte, für vierzehn Tage bis nach Kamerun (Afrika) und Bahia (Brasilien) vorzustoßen. Die Boote des Typs IX mit ihrer größeren Reichweite konnten nun den Rio de la Plata und Kapstadt erreichen, wenn es erforderlich war. Neue U-Boote konnten darüber hinaus von deutschen Gewässern direkt zur amerikanischen Küste laufen, ohne daß ein Umweg über Frankreich zum Nachbunkern nötig war. Das ersparte ihnen zwei bis drei Wochen, um die Einsatzgebiete zu erreichen. Trotzdem hielt Dönitz es für sinnvoll, diese Boote auf ihrer Ausreise versorgen zu lassen, so daß, falls die Versorger ausfallen sollten, die anderen U-Boote noch immer heimkehren konnten.

Beide Versorgungsboote kehrten im Mai bzw. Juni nach Frankreich zurück. Sie wurden so schnell wie möglich (in knapp einem Monat) überholt und auf den neuesten Stand gebracht. Dann gingen beide Boote wieder in See. U-459 lief in das Gebiet des Nordatlantiks, das noch nicht unter alliierter Luftüberwachung lag, um die U-Boote der Rudel zu versorgen, die Geleitzüge im Nordatlantik bekämpften. Der Gedanke von Dönitz, daß U-459 wieder die U-Boote in amerikanischen Gewässern versorgen sollte, schien aufgegeben worden zu sein. Ein anderer Auftrag in Richtung Südwesten erwartete U-116 (siehe Kapitel »Angriff auf die Gleitzüge«).

Zusammen mit U-437 verließ U-459 St. Nazaire, am 6. Juni, gerade einmal zwei Wochen nach seiner Rückkehr von der ersten Einsatzfahrt. Nach einer Fahrt durch die Biskaya ohne besondere Vorkommnisse meldete es einen Geleitzug nordöstlich der Azoren und erzielte dadurch einen unerwarteten Zusatzerfolg zu seiner eigentlichen Aufgabe. Am 13. Juni erreichte U-459 seinen neuen Versorgungstreffpunkt weit nördlich der Azoren, aber schwerer Seegang verzögerte die Versorgung von U-558.

Danach wurde eine ganze Reihe von U-Booten versorgt, hauptsächlich die Boote des Typs VII. Dabei verlegte man die Treffpunkte in kurzen Abständen von einem Punkt zum anderen. Eines dieser Boote war am 18. Juni U-203, das von

Tafel 5-1
Operation »Paukenschlag«

Zeitraum (1942)	Versenkungen durch U-Boote in amerikanischen Gewässern	Versenkungen durch U-Boote im gesamten Nordatlantik	Bemerkungen
Januar	23	48	Erstschlag
Februar	55	70	
März	62	70	
April	57	60	Geleitzüge vor der Küste der USA
Mai	108	123	Verlegung in die Karibik
Juni	104	122	
Juli	51	59	Geleitzüge in der Karibik

dem »As« Kptlt Mützelburg befehligt wurde. Alle Vorhaben wurden von einer Flut von Funksprüchen des BdU begleitet.

Insgesamt sechzehn U-Boote waren bis zum 8. Juli betankt worden, und U-459 kehrte nach Frankreich zurück. Es gab dreimal Fliegeralarm, aber keine Angriffe, und das Boot legte am 19. Juli in St. Nazaire an. In seinem Bericht gab Wilamowitz seiner Zufriedenheit mit dem Boot und seinen Maschinen, auch den E-Maschinen, Ausdruck. Alle Boote, die versorgt wurden, konnten ohne den Einsatz von Peilsignalen angelaufen werden. Er hatte, was von großer Bedeutung war, am 5. Juli Peilsignale von dem neuen Tanker U-460 aufgefangen, die angeblich nur auf kurze Entfernung zu hören sein sollten. U-459 wurde im Westatlantik durch seine Schwesterboote U-460 und U-461 ersetzt. Beide kamen direkt aus Deutschland und waren auf ihrer Jungfernfahrt. Der zweite U-Tanker des Typs XIV (U-460, Kptlt Schäfer) war am 24. Dezember 1941 in Kiel in Dienst gestellt worden. Die Spezialausbildung für die Milchkühe wurde in der Ostsee durchgeführt und dauerte fünf Monate, wesentlich länger als die Zeit, die man U-459 zugestanden hatte. Offensichtlich wollte der BdU sehen, wie sich der Vorgänger bewährte, bevor man den nächsten Tanker hinausschickte. Schäfer war, wie Wilamowitz, 49 Jahre alt und ein alter Hase. Er hatte als U-Boot-Kommandant im Ersten Weltkrieg gedient und war bei Kriegsanfang von seinem Schreibtischposten versetzt worden, um seine Erfahrungen im Dienst auf den gerade beschlagnahmten holländischen U-Booten U. D-4 (auf dem er IWO war) und U. D-1 (als Kommandant) einzubringen.

U-460 begann seine Jungfernfahrt am 7. Juni von Kiel aus und lief am nächsten Tag Kristiansand an, um seine Tanks nochmals nachzufüllen. Hierbei entstand ein Problem, denn die Wassertiefe an der Ölpier betrug nur sechs Meter – für einen U-Tanker des Typs XIV nicht ausreichend. Am nächsten Tag, dem 9., fuhr U-460 im Geleit von M 1101 wieder in See und führte einen Tauchversuch bis auf 168 Meter Tiefe durch, bevor es weiterfuhr. In der Nordsee mußte es wiederholt tauchen, um Flugzeugen auszuweichen. Bei einem dieser Tauchvorgänge fiel der U-Tanker unkontrolliert auf 146 Meter Tiefe durch, bevor er abgefangen werden konnte. Störungen bei der Trimmung und an der Ruderanlage sollen dazu geführt haben.

Die Umstände wurden auch während der nächsten Woche nicht besser, als man zunächst nicht weniger als zwölf Treibminen im Verlauf eines einzigen Tages ausweichen mußte und dann eine Reihe kleinerer Reparaturen erforderlich wurde. Schäfer sorgte sich wegen seines langsamen Fortkommens um Nordengland herum, so daß er es für erforderlich hielt, dem Befehlshaber der Unterseeboote seinen Standort zu melden.

Kurze Zeit später erhielt U-460 seine Versorgungsbefehle und lief direkt zu seinem Treffpunkt mitten im Ozean (Planquadrat AK6566) weit südöstlich von Grönland, wo es am 19. Juni eintraf. Zwei »Kunden« tauchten auf und übernahmen früh am 20. Treibstoff und Proviant. Gegen Mittag jedoch kamen Flugzeuge und die Masten eines Geleits in Sicht. Alle Boote tauchten bei diesem Alarm, und U-460 ging auf 120 Meter Tiefe. Die erschrockene Besatzung stellte fest, daß der Geleitzug direkt über das Boot lief. U-460 ging auf Schleichfahrt, und Schäfer brachte den Tanker auf seine maximale Tauchtiefe von 210 Metern, während ringsherum das »Ping« von Asdic-Impulsen zu hören war. Dann detonierten plötzlich vier gut liegende Wasserbomben um das Boot herum, und einige Instrumente wurden beschädigt. Schäfer stieß drei »Bolde« (vor kurzem eingeführter Asdic-Köder, der unter Wasser Luftblasen und Streifen aus Metallfolie abgab) aus, und er schaffte es wirklich, sich weiterer Verfolgung zu entziehen.

Die Geleitfahrzeuge drehten schließlich nach mehr als vier Stunden ab. Das geschüttelte U-460 blieb vorsichtshalber noch weitere drei Stunden auf Tiefe, bevor es auftauchte. Die anderen Boote waren wieder klar für die Versorgung, aber die wurde verschoben, weil der U-Tanker seine Batterien aufladen und seine Luft erneuern mußte.

Man vereinbarte einen neuen Treffpunkt weiter im Süden, den die U-Boote am 21. Juni erreichten. Drei Boote, unter ihnen die ersten »Kunden«, wurden in den nächsten Tagen versorgt. Dann fuhr U-460 weiter zu einem anderen Treffpunkt im Süden nördlich der Azoren. Auf dem Weg dorthin wurden die Befehle geändert, und U-460 traf am 29. auf seinem neuen Treffpunkt südöstlich von Neufundland ein, wo U-576 wartete. Dessen IWO (Erster Wachoffizier) war schwer erkrankt und benötigte medizinische Betreuung durch den Schiffsarzt des Tankers. Diese Gelegenheit wurde auch genutzt, um das U-Boot mit Treibstoff und Proviant zu versorgen.

Der BdU machte nun den derzeitigen Standort von U-460, süd-südöstlich von St. Johns, zum Haupttreffpunkt für andere U-Boote in dem Gebiet. Als die anderen Boote eintrafen, wurde das Wetter jedoch schlechter und behinderte die Versorgung. Am 4. Juli mußte der Schiffsarzt des Tankers nicht weniger als sieben Besatzungsmitglieder auf U-173, einem Boot des neuen Typs IXC, behandeln. Trotzdem stellte Schäfer fest, daß im allgemeinen der Gesundheitszustand der

U-Boot-Besatzungen recht gut war, obwohl vier Mann des Maschinenpersonals auf U-584 offenbar unter dem Frischluftmangel litten.

Am nächsten Tag lief U-460 wieder eine kurze Strecke nach Norden zu einem neuen Treffpunkt, wo weitere U-Boote versorgt wurden. Zu diesem Zeitpunkt fing U-459, das weit nördlich der Azoren lag, die Peilzeichen auf, die von U-460 gesendet wurden. Nun verlegte der BdU U-460 mit wiederholten kurzen Aufenthalten, um eine Reihe anderer U-Boote zu treffen. Einige von ihnen verlangten Peilzeichen, um den Tanker bei schlechtem Wetter finden zu können.

Bis zum 17. Juli hatte U-460 vierzehn U-Boote versorgt und verfügte nur noch über zehn cbm Reservebrennstoff. Schäfer war sich nicht sicher, ob er diesen selbst für seine Heimreise benötigen würde, falls der Seegang noch stärker werden sollte. Deshalb bat er U-508, nachdem er einen kranken Seemann von diesem Boot übernommen hatte, abzulaufen und die Lage von U-460 an den Befehlshaber der Unterseeboote zu funken. Dabei wurde betont, daß U-459 bald in dem Gebiet zurückerwartet wurde (Schäfer verwechselte wahrscheinlich U-459 mit U-461, das im Anmarsch auf seine Position war).

Am nächsten Tag antwortete der BdU, U-460 solle nach St. Nazaire zurückkehren. Schäfer erreichte die Biskaya mit dem beruhigenden Gefühl, daß wegen des zunehmend guten Wetters weniger Brennstoff als erwartet verbraucht worden war. Aber am 29. stolperte U-460 kurz vor Kap Finisterre wieder in einen Geleitzug mit seinen Geleitfahrzeugen. Das unbewaffnete U-460 ging sofort auf Tiefe, und es gab keinen Zerstörerangriff wie beim ersten Mal.

Am 30. Juli sah man ein Flugzeug, was zu einem weiteren Tieftauchen Anlaß gab, aber nach einer ereignisreichen Einsatzfahrt konnte Schäfer am 31. Juli endlich im Geleit von Minensuchern in den U-Boot-Bunker von St. Nazaire einlaufen. Dönitz war erfreut über diesen ersten Einsatz. Kptlt Schäfer verließ nun den Tanker und wurde durch den jungen Oblt z. S. Schnoor ersetzt.

Es scheint so, daß die Erfahrungen von Schäfer zu wertvoll waren, um nicht genutzt zu werden, denn er wurde nun Kommandant von U-A, um dort bis zum März 1943 Besatzungen für Versorgungsaufgaben auszubilden. Dann kam er bis zum November 1944 als neuer Kommandant zurück auf U. D-4, auf dem er vorher IWO gewesen war. Verschiedene Landkommandos folgten, und Schäfer überlebte den Krieg.

Der dritte U-Tanker der Serie, U-461, war von dem erfahrenen Kptlt Bernbeck im Januar 1942 in Dienst gestellt worden. Im April wurde er jedoch als Kommandant auf U. D-4 versetzt. Anstelle von Bernbeck übernahm der fünfunddreißigjährige Kptlt Stiebler das Kommando über U-461. Er hatte vorher, zwischen 1939 und Mitte 1940, nicht weniger als vier U-Boote befehligt und dann bei einem Küstenkommando gedient.

Man hatte U-461 mit einer Sonderaufgabe betraut. Bevor es am 21. Juni Kiel zu seiner Jungfernfahrt verließ, hatte es drei Funk-/B-Dienst-Experten (Geheimdienstleute) an Bord genommen und zur Ostküste der USA befördert. Dort hörten sie über drei Tage (11. bis 14. Juni) unter strenger Geheimhaltung amerikanische Funkfrequenzen ab. Offensichtlich waren diese Frequenzen in Deutschland nicht bekannt. In seinem Buch »Walker, RN« (Pan, 1956) hat Terence Robertson spekuliert, daß diese

Aufgabe eine vorbereitende Maßnahme für einen Kommandoangriff auf amerikanische Funkstationen gewesen sei; ein Plan, der aber nie umgesetzt wurde. Die Quelle dieser Information ist nicht bekannt, da der deutsche Schlüssel zu dieser Zeit noch sicher war. Einer der Funkexperten, Fritz Vogel, hat dem Verfasser 1996 bestätigt, daß die grundsätzliche Absicht einfach die war, Informationen über die Frequenzen zu sammeln. Zu diesem Zweck wurde ein Telefunken-Breitbandempfänger zusammen mit einem erbeuteten Skyraider-Funkempfänger eingesetzt.

Stiebler selbst wußte wenig vom Inhalt der Mission, obwohl die Besatzung die B-Dienst-Leute bei ihrer Arbeit durch die Glasscheibe ihres Funkraums beobachten konnte. Es gibt nur eine einzige Eintragung (am 15. Juli) im Kriegstagebuch von U-461 im Hinblick auf die B-Dienst-Gruppe, die selbst direkt mit Deutschland Funkkontakt hatte. U-Boot-Kommandanten, die, während ihre Boote versorgt wurden, U-461 einen Besuch abstatteten, wurden schnell in die Offiziersmesse gebracht. Obwohl es den Geheimdienstleuten gestattet war, sich unter die Besatzung zu mischen, gab es nur wenige Gespräche.

Nach drei Tagen verkündete die B-Dienst-Gruppe, daß sie ihre Arbeit beendet hatte; U-461 konnte seinen Versorgungseinsatz fortsetzen. Es lief weit nach Süden und löste U-460 am 18. Juli in dem Gebiet südwestlich von St. Johns (Kanada) zwischen 36° und 39°N sowie 48° und 49°W ab.

Gegen Ende Juli waren die nächsten beiden Tanker der Serie, U-462 und U-463, auf dem Weg zu ihren Versorgungsgebieten im Atlantik. So, wie es für alle U-Tanker auch für das beschädigte U-116 vorgesehen war, wurden die U-Tanker direkt von Deutschland aus über die Nordroute um Schottland herum auf ihre erste Versorgungs-Einsatzfahrt in den Atlantik geschickt.

Im August setzte man die letzte Welle von U-Booten in die Karibik in Marsch. Sie fanden den Knotenpunkt einiger Geleitzugrouten in der Nähe von Trinidad und versenkten viele Schiffe, wobei allerdings auch drei U-Boote verlorengingen.

Mittlerweile neigte sich die »Operation Paukenschlag« ihrem Ende zu. Im Juli zog Dönitz die meisten U-Boote des Typs VII zurück, um sie im Nordatlantik einzusetzen. Er begründete es damit, daß er nun auch in der Karibik mit Geleitzügen zu rechnen hatte und daß es besser für die U-Boote wäre, Geleitzüge in einem näher gelegenen Gebiet zu bekämpfen. U-462 und U-463 blieben jedoch noch als Tanker im Westen des Atlantiks stationiert, so daß Versorgungsstellen für U-Boote auf beiden Seiten des Ozeans verfügbar waren.

In den sechs Monaten seit dem Auslaufen der »Ersten Welle« zur Operation Paukenschlag wurden 585 alliierte Schiffe von den U-Booten der Achsenmächte versenkt; die überwiegende Anzahl in amerikanischen Gewässern.

Das brasilianische Problem

Die U-Boot-Offensive gegen die USA ließ das Problem der Beziehungen zwischen Deutschland und den neutralen Ländern in Südamerika offenbar werden. Schon am 16. Mai 1942 hatte Dönitz den Angriff auf bewaffnete südamerikanische Handelsschiffe freigegeben, mit Ausnahme derjenigen aus Ländern, die als »freundlich« angesehen wurden (d. h. Argentinien und Chile). Die Beziehungen zwischen Deutschland und Brasilien waren dagegen besonders angespannt. Brasilien hatte die diplomatischen Beziehungen zu Deutschland am 27. Januar abgebrochen und gestattete den USA kurz darauf, Flugzeuge von einem brasilianischen Flugplatz aus einzusetzen.

Dönitz setzte daraufhin alles auf eine Karte: Die U-Boote (U-126, U-128 und U-161, alle vom Typ IX) erhielten am 23. Mai den Befehl, vor der Nordostküste von Brasilien auf Jagd zu gehen, während vier italienische Unterseeboote vor der Südostküste eingesetzt wurden.

Am 1. Juni hatten die deutschen U-Boote jedoch berichtet, daß hier kein Schiffsverkehr stattfand. Sie wurden daraufhin beträchtlich näher an die erfolgversprechendere karibische Zone verlegt. Es war geplant, daß die Boote später von U-459, das zu der Zeit nach seiner ersten Versorgungsfahrt im Dock überholt wurde, versorgt werden sollten. Etwa zur gleichen Zeit kündigte Brasilien an, daß seine Flugzeuge jedes U-Boot, das vor der brasilianischen Küste entdeckt werden sollte, bekämpfen würden.

Am selben Tag forderte Dönitz mit Zustimmung von Hitler einen neuen »Paukenschlag« gegen Brasilien. Es standen jedoch keine U-Tanker zur Verfügung, um die notwendige Unterstützung zu gewährleisten. Dennoch waren die Aussichten auf leicht zu erzielende Erfolge für Dönitz verlockend. Er betrachtete das Versenken feindlicher Handelsschiffe unter dem Gesichtspunkt des reinen Tonnagekrieges; d. h., es war unerheblich, welche Schiffe mit welcher Ladung versenkt wurden. Wichtig war allein die Anzahl der Versenkungen.

Die Pläne für die Offensive waren am 6. Juni fertig ausgearbeitet. Der beabsichtigte Angriff sah einen plötzlichen Überfall auf die brasilianische Handelsschiffahrt und das Eindringen von U-Booten in brasilianische Häfen zwecks Verminung vor. Das Unternehmen erforderte jedoch mindestens einen U-Tanker, wenn es (wegen der zu bewältigenden Entfernungen) überhaupt eine Aussicht auf Erfolg geben sollte. U-459 würde zwar noch am selben Tag von Frankreich aus in See gehen, aber 80% seines Reservebrennstoffs war bereits für die U-Boote in amerikanischen Gewässern vorgesehen. U-460 sollte am nächsten Tag von Deutschland aus in See gehen, aber es konnte nicht vor Mitte Juli den Äquator erreichen. Zu dem Zeitpunkt würde es wegen seines eigenen Brennstoffbedarfs nur noch ausreichend Reservebrennstoff für zehn Boote haben. Dönitz lehnte darüber hinaus den Gedanken an einen Zwischenstopp von U-460 in Frankreich während der Einsatzfahrt ab, weil er dem Boot die unnötige Gefährdung in der Biskaya ersparen wollte. Darüber hinaus war U-460 schon für die Versorgung der Boote vorgesehen, die in amerikanischen Gewässern operierten. U-461 wäre das geeignete Boot gewesen, aber es konnte Deutschland nicht vor Ende des Monats verlassen. Es war also lediglich der Mangel an U-Tankern, der Brasilien vor einem massiven U-Boot-Angriff bewahrte. Dönitz blieb dadurch möglicherweise auch ein zusätzlicher Anklagepunkt beim Nürnberger Prozeß erspart.

Dönitz plante aber weiter. Am 20. Juni konnte er melden, daß man nunmehr bereit war, mit den U-Boot-Unternehmungen gegen dieses neutrale Land zu beginnen, aber das Oberkommando der Kriegsmarine veranlaßte am 26., daß diese Pläne gestrichen wurden.

Zwischenzeitlich wurde bei den drei U-Booten, die noch vor Brasilien operierten, der Treibstoff knapp. Ein anderes Boot, U-159, hatte seine Torpedos in der Karibik bereits verschossen und erhielt die Anweisung, seinen überschüssigen Treibstoff an das Brasilien-Boot U-161 abzugeben, bevor es in die Heimat zurückkehrte. Dies wurde am 20. Juni durchgeführt. Alle drei Brasilien-Boote erhielten anschließend den Befehl, ihre Einsatzgebiete so rechtzeitig zu verlassen, daß sie einen U-Tanker weit östlich der Bermudas (Planquadrat DE50) erreichen konnten. Aber auch dieser Plan wurde wieder aufgegeben; die Boote liefen weiter nach Norden, und im Juli waren alle auf Heimatkurs. U-126 wurde am 13. Juli von U-460, U-161 am 23. von U-461 südöstlich von Neufundland versorgt. Dönitz hielt am 2. Juli schriftlich fest, daß die »Operation Brasilien« aufgegeben worden sei, doch nur zwei Tage später wurde der Angriff auf alle brasilianischen Schiffe freigegeben.

Dann, im August, versenkte U-507 (Fregkpt Schacht) fünf brasilianische Schiffe und einen brasilianischen Segler binnen weniger Tage. Brasilien erklärte am 22. August Deutschland prompt den Krieg, und Schacht erhielt den Befehl, über seine Aktionen Meldung zu machen. Dönitz führte hierzu aus: »Schacht versenkte fünf brasilianische Schiffe und ein Segelschiff außerhalb der brasilianischen Hoheitsgewässer. Er folgte dabei den Anweisungen des OKW und des Außenministeriums. Die brasilianische Regierung nahm diese Versenkungen zum Anlaß, Deutschland den Krieg zu erklären.«

Mittlerweile nahm Dönitz die Gelegenheit wahr, auch die Versenkung von Schiffen des neutralen Uruguay zu erlauben. Er wurde aber von der Seekriegsleitung dazu gezwungen, den Befehl am 24. zu widerrufen, »weil sich Uruguay noch nicht im Krieg befand«. Darüber hinaus war es U-507 nicht einmal erlaubt, in brasilianische Häfen einzudringen – »aus politischen Gründen«, wie es hieß. Es scheint so, als ob die Seekriegsleitung den Eintritt Brasiliens in den Krieg mehr bedauerte, als Dönitz. Brasiliens lange Küstenlinie bot den Alliierten die geographischen Positionen für dringend benötigte Luft- und Marinebasen, um den ganzen Südatlantik überwachen zu können. Das sollte später wichtige Auswirkungen auf Zusammentreffen von U-Booten haben.

Schacht selbst enstanden keine Nachteile ob seines Handelns. Schon während seiner nächsten Feindfahrt erhielt er am 9. Januar 1943 das Ritterkreuz und fiel im Kampf, als U-507 nur fünf Tage später versenkt wurde.

Südafrikanische Gewässer

Der Tanker DOGGENBANK (5154 Tonnen, Kapitän Schneidewind) war eine frühere Prise der ATLANTIS, die ehemalige SPEYBANK. Sie ging am 21. Januar zusammen mit dem VIIC-Boot U-432 (Kptlt H. Schulze) als Geleit durch die Biskaya in See. Nach einer sicheren Durchfahrt füllte die DOGGENBANK die Tanks seines Begleiters bei schwerem Schwell mit 40 cbm Dieselöl auf. U-432 konnte daraufhin mit beachtlichem Erfolg vor Cape Hatteras operieren. Die DOGGEN-BANK lief nach Süden. Ausgerüstet mit Minen und Versorgungsgütern für U-Boote, war sie ursprünglich dafür vorgesehen, einen Vorstoß der U-Boote nach Kapstadt zu unterstützen, aber nun lockte die amerikanische Küste alle U-Boote an. Die DOGGENBANK versorgte auf ihrer Reise nach Süden keine U-Boote. Während sie vor Kapstadt war, wurde sie drei Mal von englischen Kriegsschiffen abgefangen, aber jedesmal hielt ihre Tarnung der Überpüfung stand, und sie konn-te ihre Minen erfolgreich und wirkungsvoll legen. Zwei Schiffe wurden von den Minen versenkt und zwei weitere beschädigt.

Zunächst dachte der englische Geheimdienst, daß diese Versenkungen auf ein vorher nicht entdecktes U-Boot-Rudel zurückzuführen wären. Die Entschlüsse-lung der Funksprüche von Atlantik-U-Booten war zu diesem Zeitpunkt ja nicht möglich. Dann wurde jedoch ein Minenfeld entdeckt, und man erkannte, daß ein deutscher Minenleger am Werk gewesen war. Das dreimalige Versagen der Kriegsschiffe bei der Identifizierung der DOGGENBANK bewegte die Admiralität dazu, im Oktober das »Checkmate«-Schiffsidentifizierungssystem in östlichen Gewässern einzuführen. Danach versorgte die DOGGENBANK Hilfskreuzer im Südatlantik und im Indischen Ozean, um dann nach Japan zu gehen. Hier wurde sie zu einem Blockadebrecher umgerüstet. Sie hatte ein glückliches Dasein, das zweifellos auch durch die Tatsache begünstigt wurde, daß der englische Geheim-dienst fast während des ganzen Jahres 1942 im dunkeln tappte. Das Glück der DOGGENBANK fand ein jähes Ende, als sie im Atlantik auf ihrer Heimreise irr-tümlich von einem deutschen U-Boot versenkt wurde. Es gab nur einen Überle-benden.

Die Milchkühe

U-459 und U-460 waren die ersten einer Reihe von sechs U-Tankern des Typs XIV, die zwischen September und Dezember 1941 gebaut wurden. Weitere vier Boote (U-487 bis U-490) wurden später gebaut (1942–43). Alle diese Boote entstanden bei einer hoch angesehenen U-Boot-Werft, den Deutschen Werken in Kiel. Im September 1942 wurde der Typ grundsätzlich als ausgereift betrachtet. Der Auftrag für den Bau von sechs Booten erging, gefolgt von einem Auftrag über weitere acht Boote, am 17. April 1943. Diese vierzehn Aufträge wurden 1944, aus Gründen, die wir noch behandeln werden, storniert. Nur U-491, U-492 und U-493 waren zu dem Zeitpunkt schon auf Kiel gelegt, wurden aber nicht mehr fertiggestellt.

Die U-Tanker des Typs XIV wurden aus Teilen eines Standard-U-Bootes des Typs IX zusammengesetzt, hatten jedoch eine zusätzliche Hülle um den Rumpf. Aus diesem Grund war das äußere Erscheinungsbild eines aufgetauchten Tankers dem eines Bootes des Typs IX sehr ähnlich, da, wie bei einem Eisberg, der größte Teil der Form eines U-Bootes unter Wasser lag und nicht sichtbar war. Die Tanker waren jedoch bauchiger, und ihre Oberdecks lagen etwas höher über der Wasseroberfläche als die eines normalen Kampf-U-Bootes (siehe die Abbildungen 6-1 und 6-2, die die Darstellungen der Tanker zeigen). Die U-Tanker führten zwei getrennte Brennstoffvorräte mit sich, da sie noch immer die Brennstofftanks des U-Bootes hatten, aus dem sie entwickelt worden waren, während in der zweiten Hülle um ihren Rumpf zusätzlicher Treibstoff untergebracht war. Ihre Verdrängung (aufgetaucht) betrug 1688 Tonnen im Vergleich zu den 1120 Tonnen eines Bootes des Typs IXC. Ihre Reichweite wurde mit 12.350 Seemeilen angegeben, obwohl sie bei Bedarf erweitert werden konnte, wenn der U-Tanker seine Zusatzvorräte nutzte.

Die zweite Hülle um den Rumpf diente nicht nur zum Transport des zusätzlichen Brennstoffs, sie wurde auch für die Aufnahme der druckfesten Versorgungsgüter wie Torpedos und Ersatzteile genutzt. Da kein Bedarf für den Einbau von Torpedorohren, Nachladevorrichtungen für Torpedos oder Stauraum für schwere Geschützmunition bestand, waren die U-Tanker im Inneren wesentlich geräumiger als die normalen U-Boote des Typs IX, aus dem sie entwickelt worden waren.

Die U-Tanker führten 432 cbm Treibstoff zur Abgabe an andere U-Boote mit (insgesamt 700 cbm mit ihrem eigenen Brennstoff). Die Deutschen gaben die Treibstoffmengen immer in »cbm« (Kubikmetern) an. Schon 50 cbm an zusätzlichem Treibstoff versetzte ein Boot des Typs VII in die Lage, in die äußersten Ecken der Karibik vorzustoßen. Die Zeit, die ein Boot des Typs IXB im Einsatzgebiet bleiben konnte, wurde verdreifacht. 90 cbm zusätzlichen Treibstoffs erlaubte einem U-Boot des Typs IXC, vor Kapstadt zu operieren.

Die Bedeutung dieser U-Tanker war weder den Deutschen noch den Alliierten verborgen geblieben. Die Alliierten erklärten die Tanker zu ihren Hauptzielen, wann immer sie Gelegenheit dazu hatten. Die U-Tanker wurden daraufhin regel-

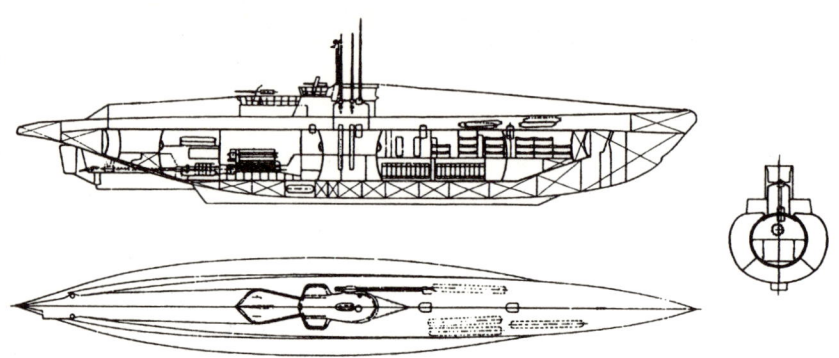

Abbildung 6-1

Generalplan eines U-Tankers des Typs XIV.
Man beachte den Turm und die typische Anordnung der Flakbewaffnung sowie die mächtige Hülle um den inneren Rumpf, der den Reservebrennstoff aufnahm. Vier Reservetorpedos (in druckfesten Zylindern) waren vorn an Oberdeck verstaut. (Horst Bredow)

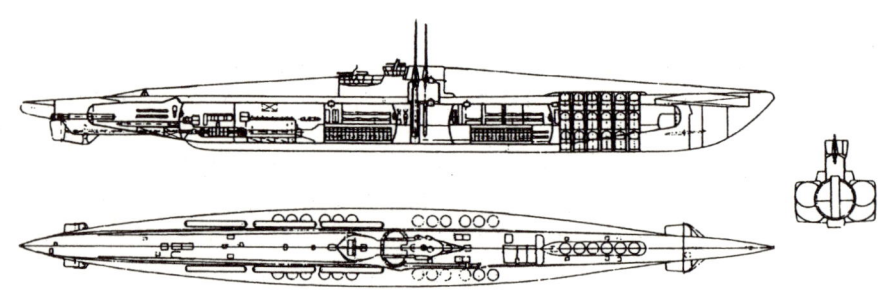

Abbildung 6-2

Generalplan eines U-Minenlegers des Typs XB.
Man beachte den Turm und die typische Anordnung der Flakbewaffnung sowie die zylindrischen Minenschächte, die jeweils drei Minen des Typs SMA aufnehmen konnten. Zwei Torpedorohre sind im Heck zu sehen. Keines der dargestellten Boote verfügte über einen Schnorchel. (Horst Bredow)

mäßig in abgelegenen Seegebieten stationiert, so zum Beispiel bei den atlantischen Inseln: den Bermudas, den Azoren oder den Kapverdischen Inseln, und immer in den »Air Gaps«, den Lücken der alliierten Luftüberwachung, solange diese noch vorhanden waren. Diese Lücken konnten von den landgestützten Flugzeugen der Alliierten nicht geschlossen werden. Im weiteren Verlauf des Krieges wurden diese Lücken wegen der Einführung von Flugzeugen mit größerer Reichweite immer kleiner. 1942 jedoch konnten die U-Tanker ihre Aufgaben im Mittelatlantik noch ohne Beeinträchtigung durch Luftstreitkräfte durchführen. Bei denen, die sie versorgten, wurden sie liebevoll als »Milchkühe« bezeichnet.

Die Milchkühe führten nicht nur Brennstoff mit sich, sondern auch Schmieröl und Frischwasser (beides konnte mit Schläuchen übergeben werden). Sie hatten Reservetorpedos, Nahrungsmittel, Munition und Ersatzteile an Bord, und sie verfügten über eine Werkstatt für Reparaturen. Sie hatten einen Arzt an Bord und konnten sogar einige ihrer eigenen Besatzungsmitglieder im Austausch gegen kranke oder verwundete U-Boot-Leute abgeben. Für kurze Zeit gehörte auch die Übernahme von kriegsgefangenen Offizieren der alliierten Handelsmarine von den Front-U-Booten zu ihren Aufgaben. Für eine Weile hatte man sich in deutschen Marinekreisen der Hoffnung hingegeben, daß die Angst vor einer solchen Gefangennahme Offiziere mit niedrigen Dienstgraden davon abhalten könnte, sich befördern zu lassen. Die Gefahr von Luftangriffen auf die Front-U-Boote, die diese Gefangennahmen durchführen sollten, machte diese Absicht bald zunichte.

Das Treffen wurde durch das U-Boot bestimmt, das in einem vorher festgelegten Gebiet zu dem Tanker kam. Nachdem jedoch die Gefahr von Luftangriffen sehr viel größer geworden war, näherten sich sowohl das U-Boot als auch der U-Tanker unter Wasser dem Treffpunkt und tauchten etwa eine Stunde vor Sonnenuntergang auf, um Sichtkontakt aufzunehmen.

Eines der größten Probleme war es, das U-Boot, das versorgt werden sollte, ausfindig zu machen. Vor dem Krieg hatte das Oberkommando der Marine alle Seegebiete der Welt aus Sicherheitsgründen und als Bezugspunkte in eine Vielzahl von Planquadraten aufgeteilt (z. B. DE8911). Der englische Geheimdienst hatte keine Schwierigkeit damit, diese Quadratangaben zu entschlüsseln, nachdem er eine Quadratkarte erbeutet hatte. Eine Planquadratkarte für U-Boote ist in Anhang 5 abgebildet. Der Befehlshaber der Unterseeboote gab ein bestimmtes Planquadrat als Treffpunkt sowohl an den Versorger als auch an das zu versorgende U-Boot weiter. Das Quadrat hatte jedoch sechs Seemeilen Seitenlänge, so daß Navigationsfehler auftreten konnten. So liefen beide Schiffe das vorgesehene Planquadrat an, mehr oder weniger genau, und kreuzten dann so lange aufgetaucht, bis sie sich gefunden hatten. Das ging zumindest so lange, bis das Hin- und Herfahren an der Oberfläche wegen der Gefahr plötzlicher Luftangriffe aufgegeben werden mußte.

Dieses einfache System versagte jedoch bei schlechtem Wetter oder wenn das Treffen bei Dunkelheit stattfinden mußte. In diesen Fällen konnte die Milchkuh schwache Peilsignale aussenden, was jedoch eine wenig beliebte Möglichkeit war. Eine andere Lösung in der Dunkelheit war das Abfeuern von Erkennungssignalen, obwohl die U-Tanker-Besatzung auch hierbei nie ganz sicher sein konnte, wer sich auf das Signal hin melden würde.

Eine besondere Eigenschaft jedes Unterseeboots besteht darin, daß es sehr wenig Reserveauftrieb hat. Das bedeutet, daß schon das Eindringen von geringen Mengen Wasser das Fahrzeug zum Sinken bringen kann. Während es für ein Unterseeboot wünschenswert war, daß es schnell tauchen konnte, bedeutet es andererseits, daß schon kleine Beschädigungen das Boot zum Sinken bringen können, insbesondere, wenn es mit Treibstoff beladen war. Die U-Tanker waren ziemlich schwerfällig und besaßen keine Angriffsbewaffnung. Als ihre Hauptfeinde wurden die Flugzeuge angesehen, sowohl auf dem Weg zum Einsatzgebiet als auch auf dem Rückweg und besonders an den Treffpunkten. In der Tat wurden die meisten Milchkühe von Flugzeugen versenkt. Deshalb trugen sie eine recht starke Flugabwehrbewaffnung, die ab 1943 noch verstärkt wurde.

Die Abläufe bei der Versorgung anderer U-Boote waren Gegenstand der Zusatzberichte zu den Kriegstagebüchern der Milchkühe, insbesondere nach den ersten Einsatzfahrten. Der erste Bericht kam von dem U-Tanker U-459, der im Mai 1942 nach Frankreich zurückkehrte. Der Tanker hatte während der Treibstoffübergabe im aufgetauchten Zustand seine E-Maschinen für das vorsichtige Manövrieren eingesetzt. Wegen der Unerfahrenheit auf den U-Booten, die versorgt werden sollten, wurden die Ölschläuche laufend beschädigt, verdreht oder verwickelt, während sich die E-Maschinen als zu schwach erwiesen, um in schwerer See genügend Fahrt halten zu können. Eine sehr ernst zu nehmende Schwierigkeit bestand in der Überbeanspruchung der Besatzung, die bis zu sechzehn Stunden am Tag arbeiten mußte, während sie, an Sicherheitsgurten hängend, ständig von der See überspült wurde. Die Übergabemenge für Treibstoff lag bei 30–35 cbm pro Stunde.

Der nächste Erfahrungsbericht kam von U-116. In einem Anhang zum Kriegstagebuch berichtete sein Kommandant über die Rolle des Minenlegers des Typs XB als Milchkuh und die Versorgung mit Treibstoff und Proviant sowie die Zeit, die beides in Anspruch genommen hatte.

Ein 20 cm starker Gewebeschlauch konnte bei Seegang bis zur Stärke fünf bis sechs für die Ölübergabe eingesetzt werden. Dieser Schlauch war an einer starken Stahltrosse befestigt, welche die eigentliche Verbindung zwischen den Booten darstellte. Es hatte sich herausgestellt, daß ein Boot des Typs XB bei schwerer See ruhiger lag als die meisten anderen U-Boot-Typen. Um die Verbindung aufrechtzuerhalten, lief die Milchkuh mit geringstmöglicher Fahrt gegen die See, um die Steuerfähigkeit zu erhalten, während das zu versorgende U-Boot mit gestoppten Maschinen hinter ihr blieb. Auf diese Weise nahm die Milchkuh das andere Boot in Schlepp, wobei die Zugkräfte von der Trosse und nicht von dem Schlauch aufgenommen wurden.

Proviant und andere Güter konnten während der Treibstoffübergabe abgegeben werden. Bei gutem Wetter wurde ein Drei-Meter-Schlauchboot für den Verkehr mit Personen und Versorgungsgütern eingesetzt (es gab auch ein Sechs-Meter-Boot für besondere Zwecke). Die Schlauchboote hatten sich auch bei anderen Milchkühen als außerordentlich wertvoll erwiesen. Bei späteren Einsatzfahrten wurden bis zu drei davon mitgenommen. Bei schlechtem Wetter war das Schlauchboot zu langsam oder zu gefährlich, und die Übergaben wurden deshalb in der Art einer Hosenboje mit Leinen, die zwischen den Booten hin- und hergezogen wurden, durchgeführt. Die U-Boote lagen dabei gestoppt etwa 80–100 Meter voneinander entfernt. In der Praxis konnten so drei bis vier

Ladungen (jede mit 100–150 kg) pro Stunde mit Hilfe der Leinenverbindungen übernommen werden.

Proviant mußte in wasserdichten Behältern befördert werden. Seine Übergabe stellte sich als doppelt so zeitaufwendig und schwierig heraus wie die Ölübergabe. In der Tat gab es laufend Verluste, wenn Seewasser in die »wasserdichten« Behälter eindrang. Von U-461 hörte man nach seiner ersten Einsatzfahrt ähnliche Klagen, und infolgedessen wurden andere Konstruktionen für die Behälter erprobt.

Das U-Boot, das den Brennstoff übernehmen sollte, gab das Signal »Klar zum Pumpen«, wenn die Schlauchverbindung hergestellt war. Dann begann man auf der Milchkuh zu pumpen und beendete das mit dem Signal »40 (Menge des übergebenen Brennstoffs) cbm übergeben«, Versorgung wird beendet mit dem Nachdrücken von Wasser, »Übergabe abgeschlossen«. Dann pumpte man auf der Milchkuh Wasser nach. Wenn man auf dem anderen Boot Wasser austreten sah, signalisierte man dort »Wasser kommt« und löste die Schlauchverbindungen. Auf der Milchkuh wurde zuletzt Luft in den Schlauch gepumpt, um ihn zum Verstauen klarzumachen. Auf U-116 stellte man fest, daß die durchschnittliche Übergabemenge zwischen 13 und 20 cbm pro Stunde lag.

Auf den U-Tankern des Typs XIV machte man ähnliche Erfahrungen, obwohl sich die Vorgehensweisen mit zunehmender Erfahrung leicht zu ändern schienen. So benutzte U-459 für die Ölübergabe Schläuche, die aus mehreren zusammengekuppelt waren. Der innere Durchmesser des Schlauches betrug 9 Zentimeter (ein dünnerer Schlauch wurde für die Übergabe von Schmieröl eingesetzt). Die beiden Enden der Schläuche waren zur Vermeidung von Verschleiß verstärkt. Die gesamte Schlauchlänge lag bei 150 Metern. Die Schläuche konnten auf drei verschiedene Arten zu dem zu versorgenden Boot hinübergebracht werden: Überfahrt auf dem Schlauchboot; eine Leine an einem Floß treiben lassen, das Front-U-Boot nahm dann das Floß und die Leine auf, oder eine Leine wurde mit einer Spezialpistole hinübergeschossen. Der Schlauch wurde dann an einer Leine hinübergeholt, die sowohl auf dem Versorger als auch auf dem zu versorgenden Boot an Klampen befestigt war. Die ursprüngliche Praxis, bei der die Milchkuh das zu versorgende Boot »in Schlepp« zu nehmen hatte, war aufgegeben worden, nachdem sich herausgestellt hatte, daß unerfahrene Kommandanten eines zu versorgenden Bootes den Ölschlauch und Schlepptrosse in die Schrauben des Versorgers manövrieren konnten. Die neue Vorgehensweise erforderte, daß die beiden U-Boote mit langsamer Fahrt nebeneinander gegen die See liefen, das kleinere Boot etwas zurückgesetzt in Lee des größeren (siehe Abbildung 6-3).

Auf U-461 stellte man fest, daß die Ölübergabe bei Seegang bis zu sechs (Windstärke sechs bis sieben) und »mittelhohen Wellen« durchgeführt werden konnte. Die größte Schwierigkeit in schwerer See war das Aufrechterhalten der Schlauchverbindung ohne übermäßige Spannung. Schmieröl, von dem die U-Tanker etwa fünfzehn Tonnen mitführten, wurde zu Anfang durch den Treibstoffschlauch übergeben, nachdem die Treibstoffübergabe abgeschlossen war. Später jedoch lei-

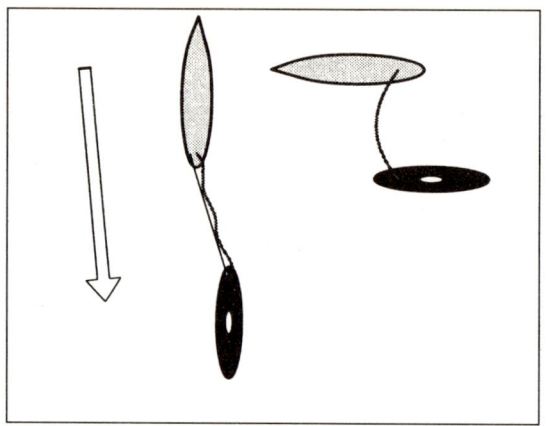

Abbildung 6-3

Treibstoffübergabe auf See
Der Pfeil zeigt die Richtung des Seegangs. Links ist die ältere Methode der Treibstoffübergabe dargestellt, rechts die neuere.

tete man das Schmieröl durch einen eigenen Schlauch, um den Vorgang schneller zu bewerkstelligen. Gelegentlich wurde ein U-Boot mit Brennstoff versorgt, während ein anderes Schmieröl übernahm, aber das war eher unüblich.

Auch Frischwasser konnte durch einen eigenen Schlauch übergeben werden, obwohl das selten vorkam und auch zu einer Verknappung der Trinkwasservorräte der Milchkuh führen konnte. Bei einer Gelegenheit ließ Metz auf U-487 die Wasserübergabe an ein Front-U-Boot, das zuviel haben wollte, abbrechen und benutzte die Ausrede, daß die Pumpe ausgefallen wäre.

U-461 war zu seinem ersten Versorgungseinsatz aus dem Stützpunkt ausgelaufen mit 735,41 cbm Treibstoff, 18.930 Litern Schmieröl, 10,4 cbm Trinkwasser und einem Vorrat an verschiedenen Ersatzteilen. Es versorgte während des Einsatzes dreizehn U-Boote mit Treibstoff (607 cbm), übernahm fünfzehn cbm Treibstoff von dem heimkehrenden U-43 und konnte Übergabeleistungen zwischen 15 und 38 cbm pro Stunde verzeichnen. U-461 hatte zusätzlich 31 Tonnen Proviant an Bord. Man hatte im Stützpunkt vier Tage zum Verladen gebraucht. Frischproviant hielt sich normalerweise vierzehn Tage, aber der U-Tanker verfügte über einen großen Kühlraum. So war es für ein Front-U-Boot durchaus üblich, Frischproviant für vierzehn Tage zu übernehmen, da er normalerweise solange halten würde. U-462 berichtete nach seiner ersten Versorgungsfahrt, daß es zwölf U-Boote mit Nahrungsmitteln für bis zu vierzehn Tagen ausgerüstet hatte, das aber nur eines Trinkwasser verlangt hatte.

Die Bordbäckerei auf U-462 lieferte 700 Brote, von denen 250 an andere U-Boote abgegeben wurden. Es dauerte durchschnittlich nur zwei bis drei Tage, bis auf einem U-Boot das Brot schimmelig wurde. U-Boot-Besatzungen waren allerdings daran gewöhnt, schimmeliges Brot zu essen. U-459 hatte früher berichtet, daß seine eigene Bordbäckerei ein hervorragendes Brot herstellte, das lange haltbar war und bei den Besatzungen, die damit versorgt wurden, sehr beliebt war. Insgesamt war der Standard der Lebensmittelversorgung auf einem U-Tanker außerordentlich gut, weil den U-Boot-Besatzungen in jedem Fall die beste Verpflegung aller Streitkräfte zur Verfügung gestellt wurde und die U-Tanker die Möglichkeit hatten, sie frisch zu halten. Schokolade war ein Luxus, den es fast kaum außerhalb der U-Boot Waffe gab, aber die U-Tanker führten Vorräte davon mit sich.

Die Wartung und Instandsetzung anderer U-Boote gehörte auch zu dem Aufgabenbereich der U-Tanker, vorausgesetzt, die Aufgabe hielt sich im Rahmen. U-461 berichtete, daß es drei U-Boote mit seiner Werkstatt bei Arbeiten an Tauchtanks und Torpedorohren unterstützen konnte. Vorgefertigte Ersatzteile wurden an neun U-Boote abgegeben. Der Kommandant von U-461 beklagte sich darüber, daß die Werkzeuge, die mühsam auf ein U-Boot hinübergeschafft worden waren, grundsätzlich nie die richtigen waren.

Alle U-Tanker hatten qualifizierte Ärzte an Bord, die ihre Besuche auf anderen Booten mit dem Schlauchboot machten. Kleinere Operationen und ärztliche Beratung wurden vor Ort durchgeführt, schwerere Fälle wurden auf den U-Tanker gebracht, entweder zur weiteren Behandlung oder, falls erforderlich, für den Rücktransport in die Heimat im Anschluß an die Einsatzfahrt. In ein oder zwei Fällen mußte der Patient sogar von anderen Besatzungsmitgliedern isoliert werden. Oftmals konnte der U-Tanker eines seiner Besatzungsmitglieder als Ersatz für den Mann, der das Front-U-Boot verlassen mußte, anbieten. Ein allgemeines Problem war, daß schlechtes Wetter den rechtzeitigen Besuch eines Arztes bei seinen Patienten auf einem anderen Boot verhinderte. Es ist aber kein Fall bekannt, bei dem dadurch ein Leben in Gefahr geriet. Die Anzahl der Fälle, die behandelt werden mußten, war überraschend hoch, etwa 10% der gesamten U-Boot-Besatzungen. Kleinere Operationen waren jedoch nur bei etwa einem Zehntel dieser Fälle erforderlich, und die Zahl der Kranken, die auf dem U-Tanker bleiben mußten, lag üblicherweise bei zwei bis vier je Einsatzfahrt.

Die ganze Versorgungsaktion konnte sehr gefährlich sein, abgesehen von der Gefahr eines plötzlichen feindlichen Angriffs. In schwerer See bestand die Gefahr, daß Besatzungsmitglieder über Bord gespült wurden, und es gab eine Reihe von Unfällen. Ein Mann von U-598 ertrank am 5. August 1942 während der Versorgung durch U-463 nahe der Karibik. Auch ein Offizier von U-117 ertrank, als der Minenleger am 8. November desselben Jahres versuchte, U-454 zu betanken. Der Tanker U-463 berichtete, daß am 27. Oktober 1942 drei Männer von U-706 von Bord gespült worden waren, aber alle konnten gerettet werden.

Die gefährlichen Einsätze forderten ihre Opfer. U-462 verlor am 3. Oktober ein Besatzungsmitglied durch einen schweren Unfall, während es im Hafen lag. Auf U-488 gab es während seiner zweiten Einsatzfahrt im Herbst 1943 zwei schwere Krankheitsfälle, darunter einen Herzanfall. Dies geschah zu einer Zeit, als die alliierten Angriffe auf die Versorgungstreffpunkte ihren Höhepunkt erreicht hatten.

Viele der Milchkühe bekamen Schwierigkeiten mit der anfänglichen Verteilung der mitgeführten Versorgungsgüter. Die meisten der U-Tanker berichteten, daß sie bei den ersten Versorgungsfahrten mit Lebensmitteln überladen waren und daß sie zum Stützpunkt zurückkehrten, ohne daß sie ihre vier Reservetorpedos abgeben konnten. Das größte Problem lag während der Feindfahrt in ihrem Gesamtgewicht, das Einfluß auf den Trimm und die Taucheigenschaften des Tankers hatte. Auf vielen der Milchkühe wurde festgestellt, daß sie beim Auslaufen aus Frankreich zu leicht, bei der Rückkehr dagegen zu schwer waren. Der Grund dafür war, daß das leichte Treiböl, wenn es abgepumpt war, durch schwereres Seewasser ersetzt wurde. Die Konstrukteure waren davon ausgegangen, daß die Abgabe von Lebensmitteln an andere U-Boote die Gewichtszunahme ausgleichen würde, aber tatsächlich wollten nur wenige Boote Lebensmittel haben. Stiebler (U-461) beklagte sich darüber, daß er den Booten das Zeug förmlich aufdrängen mußte, um es von seinem Boot loszuwerden. Bei späteren Einsatzfahrten wurden die U-Tanker beim Auslaufen mit schwerem Ballast aus abwerfbaren Eisenteilen versehen und nahmen weniger Lebensmittel mit.

Der BdU übermittelte am 15. März 1943 folgende Anweisung an die U-Boote: »Um den richtigen Trimm der U-Tanker zu erhalten, haben alle U-Boote, die versorgt werden, die Menge an Lebensmitteln zu übernehmen, die der Vergrößerung ihrer Reichweite durch die Treibstoffergänzung entspricht. Es ist beabsichtigt, die U-Tanker entsprechend auszurüsten.«

Ein Grundsatz bei der Versorgung war der, daß die Milchkuh aufgrund der Gefahr feindlicher Angriffe, insbesondere aus der Luft, zu jeder Zeit tauchklar bleiben sollte. Die Treibstoffübergabe an andere U-Boote wurde mit Hilfe von Schläuchen durchgeführt, die Schnellkupplungen hatten und durch die ein Telefonkabel lief. Auch so war ein Schnelltauchen ohne das Bergen von Schläuchen und Gerät kaum möglich, und dieser Fahrzeugtyp war auf jeden Fall wesentlich langsamer beim Tauchen als ein gewöhnliches Front-U-Boot. Es gab den ständigen Befehl, daß im Falle eines Luftangriffs kein U-Boot tauchen durfte, bevor nicht die Milchkuh getaucht war. Die Front-U-Boote sollten die Milchkuh mit ihren eigenen Flugabwehrwaffen verteidigen, bis sie sicher getaucht war. Natürlich war dann niemand mehr da, der die Kampf-U-Boote schützen konnte, aber diese konnten wesentlich schneller tauchen als die Milchkühe und wurden als weniger wertvoll angesehen. Es war weniger schlimm, ein Front-U-Boot zu verlieren, als eine Milchkuh, deren Verlust mehrere U-Boote in ihren Einsatzmöglichkeiten eingeschränkt hätte.

Dieser Befehl war bei den Front-U-Booten äußerst unbeliebt, insbesondere, weil ihre Besatzungen natürlich der Meinung waren, daß ihr eigenes Boot für den Kriegserfolg wichtiger war als die Milchkuh, die keine Angriffe fahren konnte. Vielleicht hatten sie recht. Es ist rechnerisch nachzuweisen, daß die Front-U-Boote mehr Seemeilen zurücklegen konnten, selbst wenn eine Milchkuh verlorenging, als wenn in regelmäßigen Abständen Boote bei der Verteidigung von Milchkühen versenkt worden wären. Das soll heißen, daß es möglicherweise besser wäre, zehn U-Boote mit je 9000 Seemeilen Reichweite ohne Versorgung im Einsatz zu haben, als fünf Boote mit je 12.000 Seemeilen Reichweite nach der Versorgung. Dies ist eine komplizierte Gleichung, bei der auch der Wert der Versorgung im Einsatzgebiet anstatt im Stützpunkt und die Lebensdauer eines Front-U-Bootes ohne Versorgung berücksichtigt werden muß.

Der BdU hatte richtig erkannt, daß ein U-Boot nicht unbegrenzt auf See versorgt werden konnte. Selbst wenn das U-Boot durchhalten würde, die Besatzungen konnten es nicht. Zu dieser Zeit hatte die plötzliche Erweiterung der U-Boot-Waffe dazu geführt, daß die Anzahl von ziemlich unerfahrenen U-Boot-Leuten auf See stark angestiegen war. Das Problem wurde noch verstärkt, weil viele der erfahrenen Besatzungen versenkt, gefangengenommen oder aus dem aktiven Seedienst ausgeschieden waren, um andere auszubilden. Dönitz schätzte, daß ein U-Boot durchschnittlich zwei Monate in See bleiben könnte, bevor die Leistungsfähigkeit der Besatzung nachzulassen begann. Viele der U-Boote des Typs VII, die eher mit den weniger erfahrenen Besatzungen fuhren, sahen sich im Rahmen der »Wolfsrudel«-Taktik von Angriff zu Angriff auf Geleitzüge gehetzt. Nach zwei oder drei Angriffen dieser Art, insbesondere, wenn Wasserbombenverfolgungen stattgefunden hatten, war die Besatzung erschöpft und brauchte eine lange Ruhepause, um sich zu erholen. Andererseits konnten U-Boote, die in dem wesentlich ruhigeren Südatlantik im Einsatz waren, ihre Feindfahrten weiter ausdehnen. Fahrten von bis zu fünf Monaten Dauer waren dort keineswegs ungewöhnlich.

Gegen Ende 1942 und am Anfang 1943 wurden alliierte Flugzeuge, die über der Biskaya nach aufgetauchten U-Booten suchten, umfassend mit Radar ausgerüstet (siehe nächstes Kapitel). Das bedeutete, daß die U-Boote ein einfaches Radar-Warngerät (entweder »Funk-Meß-Beobachtungsgerät« oder »Metox«) für Angriffe bei Nacht benötigten. Die Boote jedoch, die schon auf See waren und gerade von einer langen Feindfahrt zurückkehrten, hatten keinen solchen Empfänger. Eine Hauptaufgabe der Milchkühe war es, bevor die Boote zu ihren Stützpunkten an der Biskaya zurückkehrten, diese mit dem »Metox« auszurüsten oder ein bereits vorhandenes Gerät zu reparieren, da die ersten Geräte sehr unzuverlässig waren. Eine ähnliche Aufgabe bestand Anfang 1944 in der Ausrüstung der U-Boote mit den neuen »Naxos«- und »Borkum«-Funkmeß-Beobachtungsgeräten.

Die Milchkühe wurden vom Befehlshaber der Unterseeboote mit einer Flut von Funksprüchen überschüttet. Sobald sie in der Biskaya waren, wurden sie mit voller Fahrt zu dem Planquadrat für das Treffen befohlen. Dann wurden sie aufgefordert, von einem Gebiet zum anderen zu wechseln. In regelmäßigen Abständen erhielten die Milchkühe den Befehl, ihren derzeitigen Standort und den Treibstoffbestand zu melden. Diese Vorgehensweise verstieß gegen die vorsichtigere (und auch öfter angewandte) Praxis, einem der gerade versorgten U-Boote die Meldung zu übergeben, sich möglichst weit zu entfernen. Dann ließ man dieses Boot dem Befehlshaber der Unterseeboote funken, wie die Lage des U-Tankers am Treffpunkt war. Der BdU gab der Milchkuh häufig Anweisungen, wieviel Treibstoff jedem Abnehmer zugeteilt werden sollte. Andere

Befehle konnten eine Milchkuh dazu auffordern, schnell zu einem Treffpunkt zu fahren, um von einem anderen U-Boot ein krankes oder verletztes Besatzungsmitglied zu übernehmen. Sogar der Anlaufhafen wurde an die Milchkuh gefunkt, wenn sie ihre Heimreise antrat.

Wenn man bedenkt, daß nach Januar 1943 all diese Funksprüche von den alliierten Geheimdiensten entschlüsselt wurden, ist es ein Rätsel, wie überhaupt eine Milchkuh überlebte. Später, nach 1943, überlebten sie es nicht.

Der Einsatz des Minenlegers des Typs XB, U-116, als Milchkuh ist bereits erwähnt worden. Diese großen U-Boote (1763 Tonnen im aufgetauchten Zustand) waren etwa zur gleichen Zeit einsatzbereit wie die Tanker des Typs XIV. Die Minen des Typs SMA, die für sie entwickelt worden waren, erwiesen sich zu diesem Zeitpunkt als nicht zufriedenstellend für den Einsatz. Der Minentyp wurde später so weit entwickelt, daß die Mine auf dem Meeresgrund abgesetzt werden konnte oder an einer Trosse einige Meter unter der Wasseroberfläche verankert wurde. Darüber hinaus waren durch die Größe dieses U-Boots seine Einsatzmöglichkeiten gerade in beengten Gewässern und in der Nähe von Häfen eingeschränkt, wo die Minen am wirkungsvollsten gewesen wären. Wegen des dringenden Bedarfs an Versorgungs-U-Booten wurden einige Minenleger zum Dienst als Aushilfstanker zweckentfremdet. Die Minenleger nahmen 368 cbm Treibstoff mit, von denen etwa 200 cbm anderen U-Booten zur Verfügung gestellt werden konnte. Anders als die U-Tanker des Typs XIV besaßen sie auch eine Offensivbewaffnung, bestehend aus zwei Hecktorpedorohren und einem großen 105-mm-Deckgeschütz. Sie trugen auch die übliche Flugabwehrbewaffnung, die 1942 noch recht schwach war. Sie bestand nur aus einem 37-mm- und zwei 20-mm-Geschützen.

Die Minenleger des Typs XB waren die größten U-Boote, die für die deutsche Kriegsmarine gebaut wurden, und ihre Minenschächte gaben ihnen ein sehr besonderes Aussehen (siehe Abbildung 6-2 und die Fotografien). Wenn die Minen entfernt wurden, konnten die Minenschächte eine riesige Menge an Versorgungsgütern aufnehmen. Zwei dieser Fahrzeuge wurden später als Blockadebrecher auf der Fahrt in den Fernen Osten eingesetzt. Zusätzlich trugen die U-Minenleger sechs Druckbehälter auf dem Oberdeck. Diese waren eigentlich für die Unterbringung von Reservetorpedos gedacht, aber sie konnten auch für Fracht verwendet werden. Andere Boote, jedoch nicht die U-Tanker des Typs XIV, führten auch solche Behälter mit, aber es stellte sich heraus, daß sie bei Wasserbombenangriffen leicht Risse bekamen, die Wasser eintreten ließen. Die Behälter wurden nach dem Mai 1943 von den meisten U-Boots-Typen entfernt, doch die auf den Booten des Typs XB wurden auf besonderen Befehl darauf belassen. Erbauer aller acht fertiggestellten Boote dieser Klasse war die Germania-Werft in Kiel.

Auch zwei andere Typen von Versorgungs-U-Booten wurden in kleinen Stückzahlen gebaut. Zum einen waren das die Boote des Typs IXD1 mit großer Reichweite, der Vorgänger vom Front-U-Boot (U-Kreuzer) des Typs IXD2. Sie wurden als tauchfähige Transporter und weniger als U-Tanker eingesetzt. Zwei davon wurden gebaut und zu Einsatzfahrten zwischen dem Fernen Osten und Europa eingesetzt. Sie trugen lediglich Bewaffnung zu ihrer Verteidigung. Zum anderen waren es die Versorgungs-U-Boote des Typs VIIF. Diese wurden aus Sektionen des Standardtyps VIIC gebaut, es wurde jedoch eine zusätzliche Sektion hinter dem Bugtorpedoraum eingesetzt. Die Zusatzsektion nahm Versorgungsgüter oder üblicherweise Torpedos auf. Diese U-Bootklasse wurde hauptsächlich als Torpedotransporter eingesetzt, meist zum Fernen Osten, wo Nachschub schwer zu bekommen war. Sie konnten insgesamt 39 Torpedos befördern.

Die Klasse verfügte über die vollständige Angriffsbewaffnung des Typs VIIC, hatte aber aufgrund der Zusatzsektion und der Tatsache, daß die U-Boote ihren Treibstoff in Tanks außerhalb des Druckbehälters mitführten, eine größere Verdrängung (1181 Tonnen in aufgetauchtem Zustand). Sie konnten mehr Treibstoff mitnehmen als die VIIC-Boote, was den VIIF-Booten eine Reichweite von 14.700 Seemeilen gab. Die U-Boote des Typs VIIF gingen nicht vor Juni 1943 in die Ausbildung und kamen erst im nächsten Jahr zum Einsatz.

Luftangriff – der Kampf um Sekunden

Die Gefahr aus der Luft war immer die größte Bedrohung für ein U-Boot. Schon im Ersten Weltkrieg war beobachtet worden, daß kein Unterseeboot aufgetaucht blieb, um festzustellen, ob man es entdeckt hatte oder ob das Flugzeug Bomben trug. Wenn das Flugzeug rechtzeitig entdeckt wurde, tauchte das U-Boot immer weg, und zwar schnell. Zuerst brüllte die Brückenwache, die bei einem solchen Vorfall immer dem Geschehen am nächsten war, »ALAAARM« in den Turm hinunter. Während die Alarmglocken durch das Boot schrillten, sprang jeder Mann der Wache in den Turm und direkt hinunter in die Zentrale in die Arme eines der Besatzungsmitglieder, die dazu abgestellt waren, den hereinfallenden Mann aufzufangen, der dann buchstäblich aus dem Weg geworfen wurde, um rechtzeitig Platz für den nächsten zu schaffen. Während der letzten Monate des Jahres 1942 und der ersten des Jahres 1943, als die U-Boote noch mit einem »Metox« und der dazugehörigen Antenne, bestehend aus einem Holzrahmen und Antennendrähten, ausgerüstet waren, mußte dieses sperrige Gerät zuerst durch das Turmluk hinuntergeworfen werden, bevor die Brückenbesatzung einsteigen konnte. Es war so gut wie unvermeidlich, daß das »Biskaya-Kreuz«, wie es genannt wurde, dabei in Stücke ging und repariert werden mußte, bevor es wieder eingesetzt werden konnte.

Der letzte Mann, der einstieg, kletterte den Niedergang hinunter, machte das Turmluk zu, verriegelte es und schloß dann das Zentralluk. Der Kommandant des Bootes kam, wenn er nicht sowieso auf Wache war, schnell in die Zentrale und ließ sich von der Brückenwache berichten, welcher Art die Gefahr war. Wenn irgend jemand auf der Bordtoilette war, mußte er herauskommen, und zwar sofort.

Die Schnelligkeit, mit der jedes U-Boot tauchen kann, hängt von der Überwassergeschwindigkeit ab, die das Boot zum Zeitpunkt des Tauchens hat. Die Diesel werden auf volle Kraft gebracht, die Tiefenruder betätigt, um das Boot unter Wasser zu bringen, die Tauchtanks werden geflutet und die E-Maschinen anstelle der Diesel (die Luft zum Betrieb brauchen) in Betrieb gesetzt, kurz bevor die Lufteinlässe unter Wasser kommen. Um diesen Ablauf in Gang zu setzen, war es erforderlich, daß jedes Mitglied der Besatzung die ihm zugewiesene Aufgabe richtig ausführte. Unter Friedensbedingungen wurde jeder Folgeschritt erst dann eingeleitet, wenn die vorhergehenden Bediener gemeldet hatten, daß sie ihre Aufgabe richtig durchgeführt hatten. Unter den Bedingungen eines Luftangriffs jedoch mußte diese Vorgehensweise notwendigerweise beschleunigt werden, und die ist als »Alarmtauchen« bekannt. Schnellentlüftungen für die Tauchtanks wurden geöffnet, und jedes Besatzungsmitglied führte seine Aufgabe beim Tauchvorgang durch, ohne auf die Bestätigung anderer Männer zu warten, daß sie ihre erledigt hatten. Es wird angenommen, daß einige U-Boote auf diese Weise durch Unfälle verlorengegangen sind. Zumindest bei einer Gelegenheit war ein U-Boot schon ziemlich tief unter Wasser, als man bemerkte, daß ein Mitglied der Brückenwache fehlte. Das Boot tauchte wieder auf, die Seeleute befreiten den halb ertrunkenen Mann von seinem Sicherheitsgurt (alle Wachleute mußten sich auf der Brücke anschnallen, um nicht außenbords gespült zu werden), und das Boot schaffte es, wieder zu tauchen, als die Bomben bereits rundherum fielen.

Zwischenzeitlich brüllte der Bootsmann: »Alle Mann voraus!« Die Besatzungsmitglieder, die nicht auf den Tauchstationen benötigt wurden, rannten, kletterten oder wurden so schnell wie möglich in den Bugraum geschoben, um das Gewicht im Vorschiff zu erhöhen. Dadurch war sichergestellt, daß das U-Boot seine Tauchgeschwindigkeit durch einen steileren Anstellwinkel erhöhte, wobei es von den Maschinen getrieben wurde. Trotzdem war es wichtig, daß der Tauchwinkel nicht zu steil wurde, weil sonst die Schrauben des U-Boots aus dem Wasser kommen konnten. Dadurch hätte das U-Boot seine Vortriebskraft verloren und zu einem leichten Ziel für das herankommende Flugzeug werden können. Wenn es erst einmal unter Wasser war, änderte das U-Boot gewöhnlich seinen Kurs, so daß es in einer Art Korkenzieherbewegung auf Tiefe ging. Wenn notwendig, wurden die Maschinen auf Rückwärtsfahrt gebracht, um den Abstieg zu verlangsamen. Die kleineren U-Boote des Typs VII brauchten 30 Sekunden, um vollständig zu tauchen, 20 Sekunden, wenn die Besatzung sehr erfahren war. Die größeren Boote des Typs IX benötigten etwa 40 Sekunden. Die Tauchzeiten der Minenleger des Typs XB und der U-Tanker des Typs XIV lagen üblicherweise bei 50 bis 60 Sekunden.

Ein angreifendes Flugzeug konnte in fünfzig Sekunden eine ziemliche Strecke über See zurücklegen, und in der Regel galt, daß das U-Boot nicht mehr tauchen sollte, wenn das Flugzeug näher als 3000 Meter heran war. In späteren Jahren des Krieges hatten die U-Boote Anweisungen vom BdU, daß sie keinen

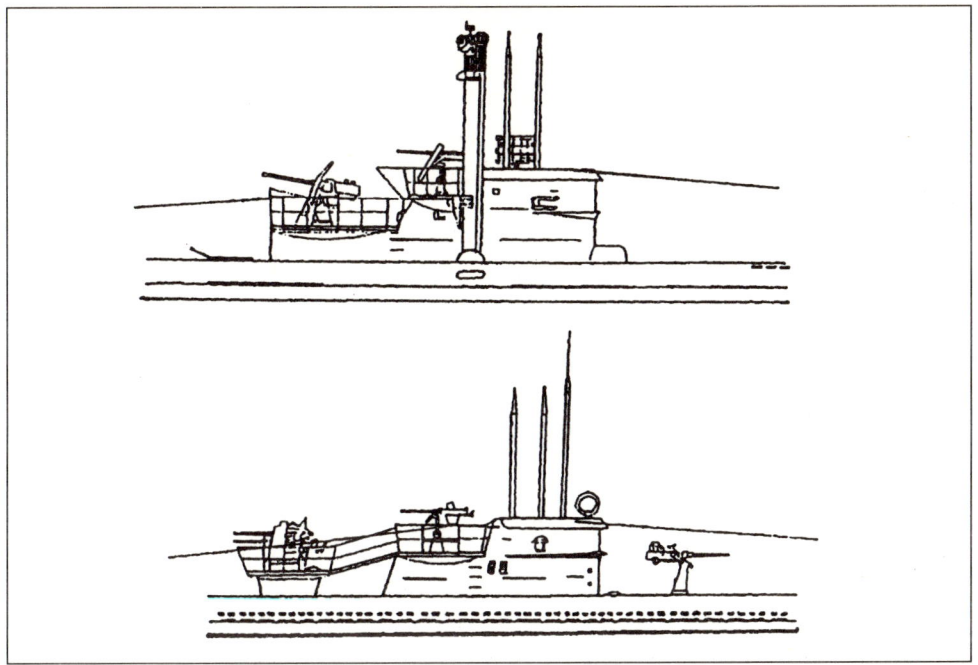

Abbildung 6-4

Endgültige Flak-Anordnungen auf U-234 und U-462
U-234 trägt eines der neu entwickelten 37-mm-Geschütze hinter zwei 20-mm-Geschützen mit Schutz-
schilden. Es ist auch als einziger von zwei Minenlegern/Versorgern (der andere war U-219) mit einem
Schnorchel ausgerüstet.
U-462 trägt einen »Vierling«, ein vierläufiges 20-mm-Geschütz auf einer eigenen Plattform, ein 20-mm-
Zwillingsgeschütz ohne Schutzschild und vor dem Turm ein älteres 37-mm-Geschütz. Der »Vierling«
hatte eine beeindruckende Feuergeschwindigkeit, aber es stellte sich heraus, daß er bei schwerer See
schnell beschädigt werden konnte.   (Horst Bredow)

Tauchversuch unternehmen sollten, wenn sie von einem Flugzeug überflogen
worden waren, das seine Bomben nicht abgeworfen hatte. Das Flugzeug konnte schneller zu einem zweiten Angriff wenden, als das U-Boot tauchen konnte.
Wenn das U-Boot aufgetaucht blieb, mußte es kämpfen. In den ersten Jahren des
Krieges war die Flugabwehrbewaffnung vergleichsweise harmlos, meistens ein
oder zwei 20-mm-Geschütze, aber 1943 trugen alle U-Boote sehr viel schwerere
Flugabwehrbewaffnung. Die Hauptaufgabe der Geschützmannschaften bestand
darin, einen Angriff abzuwehren, und weniger darin, das feindliche Flugzeug abzuschießen (ein U-Boot war sehr viel wertvoller als ein Flugzeug, es hatte also keinen Sinn, ein U-Boot für ein Flugzeug zu riskieren). Panzerbrechende Granaten
wurden mehr und mehr auf den U-Booten mitgeführt aufgrund der irrigen
Annahme, daß die Flugzeuge gepanzert seien (manche U-Boot-Besatzungen
behaupteten, daß sie gesehen hatten, wie Geschosse von angreifenden Flugzeu-

71

gen abprallten). In Wirklichkeit wurden Langstreckenflugzeuge so leicht wie möglich gebaut, um ihre Reichweite zu erweitern. So zeigte die Erfahrung auch, daß die Möglichkeiten, einem aufgetauchten U-Boot mit Bomben oder flach eingestellten Wasserbomben erhebliche Schäden zufügen zu können, sehr erfolgversprechend waren. Einen Zweikampf anzunehmen war daher nie eine gute Wahl für das U-Boot.

Wenn man die gerade dargestellten Tatsachen betrachtet, mag es vielleicht überraschend erscheinen, daß die Milchkühe so wenig Flugabwehrübungen durchführten, wenn sie auf See waren. Nur bei einer (U-460) wird im Kriegstagebuch über regelmäßige Übungen berichtet. Auf U-461 scheint es gemäß der Augenzeugenberichte indessen so zu sein, daß während der ersten drei Einsatzfahrten nur eine Flugabwehrübung durchgeführt wurde.

Geleit

Wenn sie aus den Häfen an der französischen Westküste ausliefen, wurde den U-Booten bis zu einem Punkt, an dem sie sicher tauchen konnten, ein Geleit mitgegeben. Das war gewöhnlich die 50-Meter-Linie. Verminung durch alliierte Flugzeuge war schon 1942 zu einem ernsten Problem geworden, und ein getauchtes alliiertes Unterseeboot konnte ohne Schwierigkeiten Magnetminen legen, die in flachem Wasser auf Grund abgesetzt wurden.

Aus diesem Grund bestand das typische Geleit für ein U-Boot aus folgenden Einheiten:

• Einem Sperrbrecher, einem stark gebauten Schiff, dessen Boden mit Zement verstärkt war, das vor dem U-Boot lief, dabei ein sehr starkes Magnetfeld ausstrahlte und Geräuschbojen benutzte, um alle Minen zu aktivieren, bevor das U-Boot sie erreichte.
• Bis zu drei Minensuchern (M-Booten).
• Ein oder zwei kleine Unterseebootjäger (UJ-Boote).
• Räumboote.

Es wurden aber (soweit dem Verfasser bekannt) nie Schnellboote eingesetzt. Die Milchkühe waren von besonderer Bedeutung und erhielten deshalb Geleit von Flottentorpedobooten oder sogar, später im Krieg, von einem oder zwei der schweren Zerstörer, die an der französischen Westküste stationiert waren. Allgemein wurde keine Luftsicherung eingesetzt.

Das Geleit konnte nicht zu weit in die Biskaya vordringen, weil es sich dann selbst alliierten Luftangriffen ausgesetzt sah. Die Boote liefen im Schutz der Dunkelheit aus, auch um die Gefahr der Entdeckung durch französische Agenten möglichst gering zu halten, und das Geleit ging bei Tagesanbruch in See.

U-Boote, die nach Frankreich zurückkehrten, konnten auf ihrer Heimreise die gleiche Art von Sicherung erwarten, es sei denn, sie waren beschädigt. Dann wurde auch der besondere Aufwand einer Luftsicherung betrieben. Ein Lotse kam immer an Bord der U-Boote, die, wie die in St. Nazaire und Bordeaux beheimaten Milchkühe, in den engen Trichtermündungen der Flüsse navigieren mußten.

Im Hafen

Wie alle U-Boote, die in ihren Heimathafen zurückgekehrt waren, wurden auch die Milchkühe einer Reihe von Instandsetzungsmaßnahmen unterzogen. Zuerst mußten die Boote Torpedos und Restproviant abgeben. Dann ging das Boot in Dock. Eine Hälfte der Besatzung konnte in Urlaub gehen, während die andere Hälfte beim Boot bleiben mußte. Die Werftarbeiter überholten das Boot und führten auch die notwendigen Wartungs- und Farbarbeiten aus. Neue technische Einrichtungen wurden eingebaut, wenn sie verfügbar waren (wie neue Radarwarngeräte oder neue Geschütze). Danach fand eine Probefahrt statt. Die Boote wurden entrostet und entmagnetisiert, um die Gefährdung durch Magnetminen möglichst gering zu halten. Am Ende rüstete man das Boot wieder aus. Dazu kam auch die restliche Besatzung wieder in den Hafen zurück. Im allgemeinen dauerte dieser Vorgang etwa einen Monat, obwohl alle Anstrengungen unternommen wurden, die Liegezeit im Stützpunkt zu verkürzen. U-Boote, egal, ob es Tanker oder Front-U-Boote waren, konnten nur dann zum Kriegserfolg beitragen, wenn sie auf See waren.

Die Alliierten trieben sehr viel Aufwand, um die U-Boote in ihren französischen Häfen zu bombardieren. Die Gefahr für die Boote wurde so groß, daß die Organisation »Todt« den Auftrag erhielt, riesige bombensichere Bunker aus Beton in den Biskayahäfen Brest, Lorient, St. Nazaire und La Rochelle zu bauen (wie auch in norwegischen, deutschen und Häfen am Mittelmeer). Der Bau am ersten Bunker in St. Nazaire begann schon im März 1941, und er wurde innerhalb von nur drei Monaten fertiggestellt, obwohl der Beton im Laufe der Zeit noch verstärkt wurde, da die Alliierten zunehmend schwerere Bomben einsetzten. Die Bunker schützten die Boote und die Arbeiter, die während ihrer Ruhezeiten nun hauptsächlich außerhalb der Stadt auf dem Land untergebracht waren.

Als die Besatzung von U-461 im Oktober 1942 nach St. Nazaire zurückkehrte, sah sie, daß die halbe Stadt dem Erdboden gleichgemacht war und ihre Unterkünfte von Bomben schwer beschädigt worden waren. Sie bezog dann Unterkünfte in La Baule, außerhalb der Stadt. Die immer weiter fortschreitende Zerstörung der französischen Städte durch die alliierten Bomber jedoch, die 1943 in einer Reihe von gezielten Angriffen versuchten, die Bunker zu zerstören, schien einen bleibenden Eindruck auf alle zu hinterlassen, die dies mit ansehen mußten. Der letzte dieser Angriffe fand in der Nacht vom 2. auf den 3. April statt, zu einer Zeit, als der Großteil der Zivilbevölkerung schon geflohen war.

Dönitz besuchte einen der französichen Stützpunkte gegen Mitte 1943, um eine Rede zu halten. Er erkannte, daß »die Städte St. Nazaire und Lorient als U-Boot-Stützpunkte ausgelöscht sind. Kein Hund, keine Katze ist in diesen Städten geblieben. Nichts ist geblieben – außer den U-Boot-Bunkern. Sie sind aufgrund der weitsichtigen Anordnungen des Führers gebaut worden.« Keiner der französischen Bunker ist jemals durch alliierte Bomben zerstört worden. Einige sind bis zum heutigen Tag in Betrieb und werden als Schutzeinrichtungen für Fischereifahrzeuge genutzt.

Die Besatzungen

Die Besatzungen der U-Boote waren alles Freiwillige, und sie wurden als Elite der deutschen Seestreitkräfte angesehen. Es wurde schon erwähnt, daß die U-Boot-Leute beste Verpflegung, auch Schokolade und Ananas, erhielten. Trotzdem konnten sich die Seeleute die Boote, auf denen sie Dienst tun sollten, nicht aussuchen. Diese Tatsache allein schon schließt einige Behauptungen aus, nach denen die Besatzungen der U-Tanker weniger Einsatzwillen zeigten als die der Front-U-Boote. Alle kamen aus derselben Gruppe von Freiwilligen. Bestimmte Männer konnten auch für verschiedene Aufgaben ausgebildet werden. Zum Beispiel wurde Wilhelm Kraus als Funker auf U-461 kommandiert, aber er diente auch als Horcher, als Taucher und als Sanitäter.

In den ersten Jahren des Krieges, als sich die U-Boot-Waffe sehr schnell vergrößerte, war es eine übliche Vorgehensweise, Besatzungen im »Rotationsverfahren« zu wechseln. Das bedeutete, daß die Hälfte der Besatzung eines heimkehrenden U-Bootes auf ein neues Boot versetzt wurde, das in der Ostsee Ausbildungsfahrten durchführte. Durch diese Vorgehensweise entwickelte sich ein sehr tiefes Zusammengehörigkeitsgefühl, ein Korpsgeist, da jeder ein oder zwei Leute auf jedem anderen Boot kannte. Gegen 1942 jedoch wurde diese Vorgehensweise aufgegeben, und sie schien bei den Milchkühen nie angewandt worden zu sein. Die Besatzungslisten der Milchkühe zeigen, daß nur die Offiziere, meist wegen ihres fortgeschrittenen Alters, auf andere Posten versetzt wurden. Die anderen Dienstgrade, die für ihre Versorgungs- und Minenlegeaufgaben sehr gut ausgebildet und erfahren waren, wurden nicht versetzt und blieben bis zum Ende auf ihren Booten.

Die Kommandanten der Milchkühe waren, zumindest in den ersten Jahren des Krieges, sehr erfahrene Leute mit einem vergleichsweise hohen Dienstgrad, meistens Korvettenkapitäne. Aber auch hier verringerte sich das Alter der Kommandanten, je weiter der Krieg fortschritt. Die älteren Kommandanten fielen, wurden gefangengenommen oder in höhere Positionen befördert. Einige von ihnen, wie etwa Schäfer, Wolfbauer und von Wilamowitz-Möllendorf, waren bereits im Ersten Weltkrieg auf U-Booten gefahren.

Andere hatten sich in den ersten Tagen des Krieges als Kommandanten von Front-U-Booten bewährt. Stiebler zum Beispiel hatte 1940 vier U-Boote des Typs II als Kommandant geführt und war dann bis zu seinem Kommando auf U-461 in einer Ausbildungseinheit tätig gewesen. Andere wiederum erhielten ihre Ausbildung als Offiziere auf Milchkühen oder beschlagnahmten ausländische Unterseeboote, die bereits im Einsatz waren. Insgesamt lagen die Erfahrung und das Alter der späteren Kommandanten jedoch deutlich unter dem ihrer Vorgänger.

Wenn sie auch bei der allgemeinen Ausbildung der Besatzung ihrer Milchkuh dabei sein sollten, wurde von allen Kommandanten erwartet, daß sie an Sonderausbildungen teilnahmen, während ihr Boot gebaut wurde. Dies konnte zwischen einem und vier Monaten dauern.

Auf See wurde die Bewegungsfreiheit der Besatzungsmitglieder notwendigerweise stark eingeschränkt. Rauchen war bei Dunkelheit nur im Turm (ein Licht-

schein von einem Streichholz oder Zigarettenglut war bei Nacht meilenweit sichtbar) und im Boot generell gar nicht erlaubt. Fotografieren war der Besatzung aufgrund von allgemeinverständlichen Geheimhaltungsgründen grundsätzlich verboten. Die einzelnen Besatzungsmitglieder wußten zwar, in welchem Seegebiet die
Milchkuh sich etwa befand, aber die genaue Position des jeweiligen Treffpunkts
wurde ihnen nicht mitgeteilt. Die Seeleute durften an Deck gehen, wenn die
Michkuh erst einmal außerhalb der Reichweite der landgestützten Bomber war,
und sie konnten zur Begrüßung rufen und winken, wenn ein Kameradenboot zur
Versorgung herankam. Sie durften jedoch nicht auf das andere U-Boot gehen, es
sei denn, daß ihre Aufgaben es erforderten.

Vermißte U-Boote

Jedes U-Boot, das während einer Feindfahrt vermißt wurde, ohne daß man einen
eindeutigen Nachweis dafür hatte, daß es verloren war, erhielt den »Ein-Stern-Vermißtenstatus« etwa einen Monat nach seiner letzten Meldung. Die sagte aus, daß
es »vermißt« war, und man fügte ein Sternchen (*) zu seiner Bootsnummer hinzu.
Nach etwa sechs Monaten erhielt das Boot den »Zwei-Stern-Vermißtenstatus«,
der bedeutete, daß man den Verlust des Bootes als wahrscheinlich annahm. So
war es zum Beispiel bei dem Tanker U-464, der von einem Flugzeug am 20.
August 1942 versenkt worden war. Er wurde am 23. September als »Ein-Stern«-
vermißt und am 8. Februar 1943 als »Zwei-Stern«-vermißt erklärt, obwohl entsprechende englische Presseberichte vorlagen, daß U-464 durch Luftangriffe versenkt worden war.

Sechs Monate mögen als eine ungewöhnlich lange Zeit erscheinen, die man
warten muß, bevor man davon ausging, daß ein U-Boot auf Feindfahrt verlorengegangen sei. Aber Funkgeräte konnten ausfallen, die Boote konnten keinen
Treibstoff mehr haben, und es gab einzelne Fälle von U-Booten, die unter Segeln
in den Hafen einliefen oder an einem Treffpunkt ankamen, obwohl man sich
schon lange vorher mit ihrem Verlust abgefunden hatte.

Name, Dienstgrad, Personalkennziffer

Gelegentlich wurden Besatzungen von versenkten U-Booten von den Alliierten
gerettet. Verhörspezialisten verwendeten eine Menge Zeit darauf, soviel wie möglich über den U-Boot-Einsatz herauszufinden, indem sie die Überlebenden von
versenkten U-Booten befragten. Diese Verhörspezialisten wandten keine uner-
laubten Methoden an. Das Kriegsvölkerrecht besagte, daß Kriegsgefangene auf
Verlangen nur ihren Namen, Dienstgrad und (militärische) Personalnummer zu
nennen hatten. Alle Streitkräfte geben ihrem Personal diesen Rat für den Fall der
Gefangennahme: »Sage nichts anderes als deinen Namen, Dienstgrad; Personalnummer. Die Preisgabe anderer Informationen kann unserer Sache nur schaden!«
Die Freigabe von amerikanischen Geheimdienstakten in den neunziger Jahren
(fünfzig Jahre nach Ende des Krieges) zeigte deutlich, wie wenig der gefangenge-
nommenen U-Boot-Leute sich an diese Regel hielten, die ihnen so fest eingepaukt

worden war. Zweifellos waren sie überglücklich, daß sie von alliierten Schiffen aus dem Meer gefischt worden waren (sie hatten kaum eine andere Möglichkeit, gerettet zu werden), und die Informationen, die sie weitergaben, versetzten die alliierten Geheimdienste in die Lage, sich ein genaues Bild vom U-Boot-Krieg zu machen. Die Offiziere waren meist wenig gesprächig, aber einige der geretteten Mannschaftsdienstgrade von den versenkten Milchkühen gaben außerordentlich genaue Berichte über ihre Einsätze (einiges davon wurde in diesem Kapitel verwendet). Überlebende von U-487, die im Juli 1943 gerettet wurden, gaben das Geheimnis des deutschen akustischen Torpedos preis, der gerade frontreif geworden war. Innerhalb von zwei Monaten verfügten amerikanische Jagdgruppen, die im Atlantik im Einsatz waren, über das Gegenmittel: eine lärmerzeugende Schleppboje, bekannt als »Foxer«.

In England hingegen ist es üblich, derartige Verhörergebnisse fünfundsiebzig Jahre lang unter Verschluß zu halten, um die Menschen, die freiwillig Informationen gegeben haben, während ihrer Lebenszeit zu schützen. Deshalb sind englische Aufzeichnungen noch nicht verfügbar.

Organisation

Nach der Auslieferung wurden mit nahezu allen Milchkühen, U-Transportern und U-Kreuzern Ausbildungsfahrten in der Ostsee unter dem Befehl der 4. (Ausbildungs-)U-Flottille durchgeführt. Ausnahmen waren die U-Transporter des Typs VIIF der Baureihe U-1059 bis U-1062 und ein einzelner U-Minenleger des Typs XB, U-234, die alle der in Kiel stationierten 5. U-Flottille unterstellt waren.

Die ersten beiden Minenleger des Typs XB (U-116 und U-117) wurden Anfang 1942 der 1. bzw. 2. U-Flottille unterstellt, die in Brest bzw. in Lorient stationiert waren. Die 10. U-Flottille (Lorient), die erst im Januar 1942 aufgestellt worden war, nahm die Tanker der ersten Serie des Typs XIV (U-459 bis U-464) und U-118 (Typ XB-Boot) auf. Dieser Flottille wurden auch die ersten drei U-Kreuzer zugeordnet. Die meisten dieser großen U-Boote wurden von St. Nazaire aus eingesetzt.

Die 12. U-Flottille wurde im Oktober 1942 unter dem Kommando von Korvkpt Scholz aufgestellt. Dieser unterstellte man alle U-Tanker, U-Minenleger (außer U-234), U-Transporter und U-Kreuzer, bis die Flottille im August 1944 aufgelöst wurde. Die alliierte Invasion in Frankreich gefährdete die Sicherheit der U-Boote in den Atlantikhäfen. Zu diesem Zeitpunkt waren allerdings bereits alle U-Tanker versenkt worden. Die Handvoll der übriggebliebenen U-Minenleger und U-Kreuzer des Typs IXD1 und IXD2 wurden in der 33. U-Flottille mit Sitz in Flensburg zusammengefaßt, die im September 1944 aufgestellt wurde.

Auch die beiden verbliebenen ehemals italienischen U-Boote, UIT-24 und UIT-25, die als Blockadebrecher zum Fernen Osten im Einsatz waren, wurden der 33. U-Flottille unterstellt. Vor dem September 1944 waren diese ehemals italienischen Unterseeboote, von denen es ursprünglich fünf gab, der 12. U-Flottille zugeordnet. Der U-Minenleger U-234 wurde ebenfalls der 33. U-Flottille als

Blockadebrecher unterstellt. Das Schwesterboot U-219, ebenfalls im Blockadebrechereinsatz, befand sich Ende 1944 im Fernen Osten.

Die erste Milchkuh, U-A, hatte zur 7. U-Flottille in St. Nazaire gehört, bis das Boot 1942 aus dem aktiven Dienst zurückgezogen wurde. Danach gehörte es zur 18. (Ausbildungs-)U-Flottille und später zur 24. (Ausbildungs-)U-Flottille in der Ostsee.

Operativer Einsatz

Die Milchkühe benutze unterschiedliche Routen, um die gefährliche Biskaya zu durchqueren. Dies war besonders 1942 und Anfang 1943 der Fall, um die Gefahr zu verringern, daß mehrere dieser wertvollen Einheiten gleichzeitig versenkt wurden. Die Unterseeboottanker änderten regelmäßig ihre Position auf See, selbst dann, wenn sie verhältnismäßig sicher vor Entdeckung waren. Einerseits beruhte das auf grundsätzlichen Sicherheitserwägungen, um etwa einen Treffpunkt nicht dadurch zu verraten, daß man zu lange dort liegen blieb; andererseits wurden Verlegungen durchgeführt, um die Entfernung zu einem Rudel von Front-U-Booten zu verringern, die diese bewältigen mußten, um nach einem Angriff versorgt werden zu können. Es gab sogar Fälle, bei denen eine Milchkuh den Befehl erhielt, einem Geleitzug in sicherer Entfernung zu folgen, so daß die Wolfsrudel, die am Geleit waren, nach einem Angriff schnell wieder versorgt werden konnten. In jedem Fall wurde Front-U-Booten, die bei einer zu langen Jagd auf einen Geleitzug knapp an Treibstoff waren, Unterstützung zugesagt.

Treffpunkte wurden immer in die »Air Gaps« gelegt, solange es diese noch gab. Dieses waren Gebiete, in die landgestützte Flugzeuge nicht vordringen konnten, weil sie sonst nicht genug Benzin für den Rückflug hatten. Ein sehr großer Teil der Treffpunkte wurde in der Nähe der Azoren eingerichtet. In der Tat fanden viele Versorgungen in dem Seegebiet statt, das als Planquadrat BD nördlich der Azoren gekennzeichnet war. Man hätte sich denken können, daß die Alliierten eigentlich nur eine Flugzeugträgergruppe in dieses Gebiet hätten entsenden müssen, um alle U-Boote dort auslöschen zu können. Die Fläche des Planquadrats BD erstreckte sich jedoch grob gesagt von 43° bis 51°Nord und 25° bis 38°West. Das umschloß ein Seegebiet von etwa 350.000 Quadratmeilen, ein weit größeres Gebiet als die kleine Zahl der Flugzeuge eines Geleitflugzeugträgers an einem Tag absuchen könnte. Außerdem konnten die U-Boote ihre Standorte während der Stunden der Dunkelheit oder getaucht wechseln. Daraus können wir schließen, daß die Versorgungsgebiete bei den Azoren ohne besondere Informationen darüber, in welchem genauen Planquadrat die Versorgung stattfinden sollte, nicht vollständig überwacht werden konnten.

Für die vielen U-Boote, die oft aus entfernten Gebieten zurückkamen, diente der U-Tanker auch als Zentrum für den Austausch von Nachrichten, wie z. B. Einzelheiten über alliierte Gegenmaßnahmen und andere wichtige Dinge. Die Nachrichten wurden auf der Milchkuh zusammengestellt und an die neuen Besucher übermittelt, viel zu oft per Funk (obwohl verschlüsselt). Manchmal wurden mitgeführte versiegelte Anweisungen dem Empfänger über Funk weitergegeben, wodurch der Sinn der Übergabe versiegelter Anweisungen zunichte gemacht wurde.

Die gezielte Aufstellung einer einzigen Milchkuh im Atlantik machte es möglich, daß gleichzeitig U-Boote, die in die Karibik, nach Brasilien und in den Südatlantik sowie später in den Indischen Ozean gingen, mit Treibstoff aufgefüllt werden konnten. Italienische Unterseeboote konnten auch versorgt werden; das geschah während der frühen Zeit der Versorgungstätigkeit, aber Schwierigkeiten mit Schlüsselunterlagen und Funkfrequenzen scheinen dazu geführt zu haben, daß dies Anfang 1943 aufgegeben wurde.

Neue Waffen der Alliierten

1942 bis 1943

All die U-Boote, die an der »Schlacht im Atlantik« teilnahmen, waren in Frankreich stationiert, in den geschützten Häfen an der Biskaya, und alle mußten die Biskaya durchqueren, um den Atlantik zu erreichen. Die Engländer hatten dies erkannt und ließen Langstreckenflugzeuge des Coastal Command (Küstenkommandos) über der Biskaya Suchflüge durchführen. Das taten sie mit der Hoffnung, daß sie ein aufgetauchtes U-Boot dann überraschend angreifen konnten, wenn es seine Dieselmotoren benutzte, um seine Batterien aufzuladen. Die Flugzeuge wurden so gut wie nie von der Luftwaffe belästigt, weil diese voll und ganz an der Ostfront eingesetzt war. Gleichwohl schaffte es das deutsche Marinekommando, Hitler ab und zu davon zu überzeugen, Göring den Befehl zu geben, einige Langstrecken-Jagdflugzeuge abzustellen, um die Bedrohung durch das Coastal Command abzuwenden.

Die U-Boote hatten die Verhaltensweise angenommen, bei Tag getaucht die Biskaya zu durchqueren und in der Nacht aufzutauchen, so daß die Diesel im Schutz der Dunkelheit eingesetzt werden konnten. Der erste Teil der Reise führte jedoch durch flaches Wasser, wo das Coastal Command zahlreiche Minen gelegt hatte. Die U-Boote durchquerten diese Zone aufgetaucht und wurden dabei von verschiedenen kleinen Geleitfahrzeugen geschützt.

1942 hatten die Engländer viele ihrer Flugzeuge des Coastal Command mit 150-cm-Radar ausgerüstet, und die U-Boote konnten nachts nicht mehr sicher durch die schwerbewachte Biskaya fahren. Jedes U-Boot, das leichtsinnig genug war, das zu versuchen, würde von dem Radar des Flugzeuges entdeckt werden, und das Flugzeug würde angreifen. In dunkler Nacht konnte das Flugzeug von den Ausgucks des U-Boots nicht gesehen werden, und das Geräusch des herankommenden Flugzeugs wurde von den Maschinen des Boots übertönt. Wenn der Flugzeugführer meinte, daß der richtige Augenblick gekommen war, schaltete er sein »Leigh Light« (ein am Flugzeug angebrachter Suchscheinwerfer) an, beleuchtete das U-Boot und blendete dessen Besatzung. Bis diese gemerkt hatte, was los war, hatte das Flugzeug sie überflogen, dabei das U-Boot mit seinen Bordwaffen beschossen und mit Bomben oder flach eingestellten Wasserbomben angegriffen.

Die deutsche Antwort auf diese Gefährdung war die Ausrüstung ihrer U-Boote mit einem Radar-Suchempfänger, genannt »Metox«, das zuerst von U-107 im

Einsatz erprobt wurde, als es die Biskaya kreuzte. Wenn die »Metox« die Radarimpulse eines Suchflugzeuges auffing, gab das Gerät ein Warnsignal, und das U-Boot ging mit Alarmtauchen auf Tiefe. Da das U-Boot jedoch mehrere Stunden aufgetaucht bleiben mußte, um seine Batterien nachzuladen, mußte es wieder auftauchen, um das Laden fortzusetzen. Die Biskaya war allerdings so schwer bewacht, daß das Boot mehrere Male in einer Nacht alarmtauchen mußte. Bei Tag blieben die U-Boote unter Wasser und fuhren mit ihren Batterien. Die Boote liefen mit ihren Dieseln jedoch viel schneller als mit ihren E-Maschinen. Infolgedessen bedeutete die alliierte Blockade der Stützpunkte an der Biskaya, daß die U-Boote mehr Zeit benötigten, um in ihre Einsatzgebiete zu gelangen. Dazu belastete die dauernde Gefahr eines Überraschungsangriffs bei Nacht die Besatzungen.

Auch alliierte Überwasserschiffe wurden mit dem 150-cm-Radar ausgerüstet. Die gewohnten Nachtangriffe aufgetauchter U-Boote auf Geleitzüge wurden eine gefährliche Taktik für die Boote. Die deutsche Radartechnologie lag weit hinter der englischen zurück. Radar für U-Boote sollte es erst in einem Jahr geben, und auch dann wurde es nur auf wenigen U-Booten eingebaut. Es erwies sich im Einsatz als zu empfindlich und störanfällig, um von großem Wert zu sein.

Die Einführung des Schiffsradars hatte wenig Einfluß auf die Tätigkeit der Milchkühe, die nur zu froh waren, sich von den Geleitzügen und ihren Begleitfahrzeugen fernhalten zu können. Andererseits war das Radar in Flugzeugen eine viel größere Bedrohung für die U-Tanker, die jetzt nicht mehr mit der Dunkelheit rechnen konnten, um unentdeckt zu bleiben. Solange es noch »Air Gaps« (Luftlöcher, Gebiete ohne feindliche Bedrohung aus der Luft) für die Treffen mit anderen U-Booten gab, beeinträchtigte die Einführung des Radars die Versorgungstätigkeiten nicht. Früher oder später jedoch mußten auch die Milchkühe selbst zum Stützpunkt zurückkehren, um ihre Vorräte aufzufüllen. Wegen ihrer langen Tauchzeit waren plötzliche Luftangriffe für die Milchkühe außerordentlich gefährlich, und auch, wenn sie Frankreich erreicht hatten, mußten sie beim Auslaufen wieder durch die Blockade der Biskaya aus der Luft hindurch.

Eine andere Entwicklung der Alliierten in 1942 war die schiffsgestützte Hochfrequenz-Peileinrichtung (High Frequency Direction Finding equipment, H/F-D/F), bekannt als »Huff-Duff«. Landgestützte H/F-D/F-Einrichtungen waren schon lange im Einsatz, um Funksprüche der U-Boote anzupeilen, und die Deutschen wußten das. Diese Geräte arbeiteten aber nicht präzise genug, um den genauen Standort des funkenden U-Boots bestimmen zu können. Der deutsche B-Dienst hatte schon im Februar 1941 eine englische Meldung über die Position eines funkenden U-Boots entschlüsselt. Die von Land aus durchgeführte Peilung des Bootes, dessen genauer Standort dem Befehlshaber der Unterseeboote bekannt war, stimmte nur auf etwa 50 Seemeilen. Die Wolfsrudel-Taktik erforderte den ständigen Austausch eines Stroms von Meldungen zwischen den U-Booten und ihrer Kommandostelle an Land. Im einzelnen: Das erste U-Boot, das einen Geleitzug entdeckte, hatte seinen Standort und Einzelheiten über den Geleitzug per Funk zu melden, während der Befehlshaber der Unterseeboote andere U-Boote für den Angriff in das Gebiet führte. Manchmal mußte das erste U-Boot sogar Peilzeichen oder Signale senden, um den anderen zu ermöglichen, den Geleitzug zu finden.

Das schiffsgestützte H/F-D/F hatte keine sehr große Reichweite, aber es lieferte eine genaue Peilung jedes U-Boots, das innerhalb eines Radius von 20 Seemeilen um ein Schiff mit dieser Ausrüstung Funksprüche sendete. Wenn ein anderes Schiff auch eine Peilung nahm, bezeichnete der Kreuzungspunkt der Peilungen die Position des U-Bootes. Kriegsschiffe konnten dann entsandt werden, um das U-Boot zu versenken oder zumindest zum Tauchen zu zwingen. Wenn das Boot erst einmal getaucht hatte, würde es den Kontakt zu dem Geleitzug verlieren, der dann dem Wolfsrudel entkommen konnte, bevor es herangekommen war. Der wirkungsvolle Einsatz des H/F-D/F war einer der wichtigsten Gründe für den Rückgang der U-Boot-Erfolge Anfang 1943.

Das schiffsgestützte H/F-D/F hätte möglicherweise auch wichtige Auswirkungen auf das Treffen mit einer Milchkuh haben können, weil der Funkverkehr zwischen dem Tanker und dem U-Boot, das versorgt werden wollte, angepeilt werden konnte. Diese Treffen wurden aber meist so weit entfernt von den Geleitzugrouten durchgeführt, daß man keine Maßnahmen gegen diese U-Boote ergreifen konnte, weil noch Mangel an Geleitfahrzeugen herrschte. Dieser Mangel sollte aber nicht mehr lange anhalten.

Einschätzung der Unterseeboottanker durch die Admiralität

Die englische Admiralität kam nur langsam zu der Erkenntnis, daß die Deutschen Unterseeboottanker einsetzten. Dies war hauptsächlich darauf zurückzuführen, daß man 1942 nicht in der Lage war, die Funksprüche der Atlantik-U-Boote zu entschlüsseln. Dem Küstenfunkverkehr (wie zum Beispiel in Norwegen) scheint man keine Beachtung im Hinblick auf die U-Tanker geschenkt zu haben, als diese durch norwegische Gewässer liefen. Man ging davon aus, daß sich U-Boote gelegentlich im Mittelatlantik trafen.

Die folgende Auflistung zeigt den Erkenntnisprozeß der Admiralität anhand der Geheimdienstakten:

März 1942:
Es wurde vermutet, daß ein Versorgungsschiff nordöstlich von Georgetown, Guayana, Südamerika, im Einsatz sei.

April 1942:
Starker Funkverkehr wurde 300 Seemeilen nördlich bis nordöstlich von Bermuda festgestellt. (Dies war tatsächlich auf die Ankunft von U-459 zurückzuführen).

Mai 1942:
Für den oben abgeführten Funkverkehr wurden folgende mögliche Erklärungen angeführt:
• Versorgungsoperationen
• Ein Täuschungsmanöver (wenige U-Boote sollten eine weit größere Anzahl vortäuschen)
• Erfolgsmeldungen von U-Booten
• Meldungen von U-Booten, daß sie einen bestimmten Längengrad passiert hatten

Später ging man davon aus, daß die U-Boote, die vor den USA im Einsatz waren, wegen Mangel an Treibstoff und Torpedos bald zu ihren Stützpunkten zurückkehren würden. Da dies nicht geschah, wurde in einem Bericht, der später im Mai verfaßt wurde, angenommen, daß die U-Boote sehr kurze Hafenliegezeiten haben mußten.

Juni 1942
Es wurden mehrere Hinweise auf Treffen von U-Booten auf See gefunden.

Juli 1942
Ein U-Boot mittlerer Reichweite (Typ VII) wurde letztendlich von der amerikanischen Luftwaffe vor Cape Hatteras versenkt. Daraus schloß man, daß dieser U-Boot-Typ eine Seeausdauer von mindestens 60 Tagen haben mußte.

August 1942
Es gab Hinweise dafür, daß ein Versorgungsschiff die U-Boote vor Freetown unterstützte (das war in der Tat U-116).

Am 20. August 1942
wurde die Milchkuh U-464 im Nordatlantik versenkt und die Überlebenden gerettet. Sie sagten aus, daß sie auf einem Unterseeboottanker gedient hätten. Dies war der erste wirkliche Beweis dafür, daß ein derartiges Fahrzeug existierte.

24. August 1942
Es gab Berichte über Aussagen von Kriegsgefangenen über »U-Tanker zwischen Grönland und Neufundland«. Fotografien von U-Booten »in Lorient« (Frankreich) zeigten, daß sie sehr breit waren. Ähnliche Fahrzeuge waren zuerst in Kiel Anfang April 1942 durch Luftaufklärung entdeckt worden. Als Folge davon wurden tauchfähige Tanker gelegentlich in den Geheimdienstberichten erwähnt. Im Oktober schätzte man, daß »etwa drei Versorgungs-U-Boote seit einiger Zeit in See stehen«. Die wirkliche Zahl war sechs (ohne U-464).

ANGRIFF AUF
DIE GELEITZÜGE
Juni bis Dezember 1942

Für die Rückkehr der U-Boote zu Rudelangriffen auf die Geleitzüge im Nordatlantik waren die Milchkühe genauso wichtig wie vorher. Durch die Versorgung der U-Boote auf See konnte die Anzahl der Boote im Rudel hoch gehalten und die gefährlichen Fahrten durch die Biskaya verringert werden. U-Boot-Rudel konnten in den atlantischen »Air Gaps« die Geleitzüge angreifen, wurden direkt im Anschluß von den Milchkühen versorgt und waren anschließend erneut bereit, den nächsten Geleitzug zu überfallen, bevor sie in ihre Stützpunkte zurückkehrten.

U-116 (Korvkpt von Schmidt) lief Ende Juni zu seinem zweiten Versorgungseinsatz aus Lorient aus. Es hatte eine B-Dienst-(Geheimdienst-)Gruppe an Bord, die sich als sehr wertvoll bei der Identifizierung von Schiffen auf See erwies. Am 8. Juli war das Boot im Mittelatlantik, als es einem neutralen schweizerischen Schiff, dem Motorschiff *Saentis,* begegnete. Die B-Dienst-Gruppe war es, die das Schiff aufgrund seiner Funksprüche auf der internationalen Kurzwelle identifizieren konnte. U-116 lief in das Seegebiet bei den Kapverdischen Inseln, wo es fünf U-Boote der Gruppe »Hai« unterstützte. Das waren die ersten Boote, die seit dem »Paukenschlag« wieder südlich der Azoren im Einsatz waren. Das Treffen mit der Gruppe »Hai« fand vom 8. bis zum 10. statt, beinhaltete jedoch keine Treibstoffversorgung.

Am nächsten Tag meldete U-116 einen Geleitzug (OS.33), den das Rudel angriff. Auch U-116 nahm an dem Angriff teil, da es Torpedos in seinen beiden Heckrohren bereit hatte und ein- oder zweimal nachladen konnte. Während es am Geleitzug Fühlung hielt, versenkte es einen Einzelfahrer, die SS CORTONA (7093 Tonnen) mit einem seiner Torpedos. Das Schiff wurde aufgrund seines Notrufs identifiziert. Am 12. versenkte U-116 die SS SHAFTESBURY mit einem weiteren Torpedo und nahm anschließend den Kapitän an Bord. Auch dieses Schiff konnte die B-Dienst-Gruppe anhand seiner Notsignale identifizieren. Dann sichtete U-116 am 22. ein Handelsschiff von 4000 Tonnen, tauchte und fuhr einen Unterwasserangriff. Der Torpedo ging am Ziel vorbei, deshalb tauchte U-116 auf und setzte mit äußerster Kraft nach, um mit seinen Deckgeschützen den Kampf aufzunehmen. Es gibt sehr wenig Erfreuliches in den Kriegstagebüchern der Milchkühe, aber man kann in diesem Fall den Ärger des Kommandanten gut nachvollziehen, als das feindliche Schiff ruhig und unbeschädigt davondampfte, nachdem U-116 das Dauerfeuer seiner Geschütze eingestellt hatte. Von Schmidt stellte dann zerknirscht fest, daß das Feuer beider Geschütze miserabel gelegen hatte und der Angriff erfolglos abgebrochen werden mußte.

Die U-Boote der Gruppe »Hai« wurden zwischen dem 26. Juli und 4. August erneut versorgt, und U-116 meldete »Versorgung abgeschlossen«. Die Boote hatten insgesamt 195 cbm Treibstoff und Proviant für 11 Wochen übernommen. Das Rudel fuhr dann gemeinsam in Richtung Freetown und zu weiteren Erfolgen. U-116 lief in Richtung Heimat. Am 7. August sichtete man ein weiteres einzeln fahrendes Handelsschiff, aber von Schmidt dachte an den letzten Geschützangriff und tauchte, bis das Schiff außer Sichtweite war. Als Grund gab er »noch fünfzehn Stunden bis zur Dunkelheit« und »die geringe Kampferfahrung der Besatzung« an. U-116 meldete auf seiner Heimfahrt einen Geleitzug westlich von Portugal, wich am 19. in der westlichen Biskaya einem Luftangriff aus und lief am 23. August in Lorient ein. Der einzige Kommentar von Dönitz über diesen Einsatz war: »Fünf U-Boote versorgt und zwei Schiffe versenkt, keine besonderen Vorkommnisse.«

Der neue Minenleger des Typs XB, U-119 (Kptlt Zech), fand zu dieser Zeit zum ersten Mal in den offiziellen Berichten Erwähnung. Anstatt den Spuren von U-116 zu folgen, wurde es für den Einsatz in deutschen Gewässern zurückgehalten. Es wurde für die ungewöhnliche Aufgabe des defensiven Minenlegens eingesetzt und sollte die deutschen Minenfelder verstärken, die dazu dienten, englischen Marinestreitkräften den Zugang zum Skagerrak zu verwehren. Dies war das erste richtige Minenfeld, das von einem Fahrzeug dieses Typs gelegt wurde. Es muß ein Test für das U-Boot des Typs XB und die neue SMA-Magnetmine (deren Einsatz noch immer nicht freigegeben war) gewesen sein, weil es keinen anderen Grund gab, daß nicht ein herkömmlicher Minenleger diese Minenfelder so dicht unter der deutsch besetzten Küste legte.

Zech, fünfunddreißig Jahre alt, war ein weiterer erfahrener Offizier, der zwischen Mai 1940 und Mai 1941 die 3. Minensuchflottille befehligt hatte. Er diente dann auf verschiedenen Landkommandos, bis er am 2. April 1942 U-119 in Dienst stellte. Nun wurde dieser »Wildhüter« zum »Wilddieb«, der die erste Minensperre mit einem für diese Zwecke gebauten Untersee-Minenleger legte.

U-119 nahm am 1. August die benötigten Minen an Bord und fuhr nach Kiel. Es lief dann am 4. weiter in Begleitung des Versuchsschiffs SUNDEWALL und einem Geleit ins Skagerrak. In der Nacht des 8. August legte U-119 vor der nordwestlichen Spitze von Dänemark eine gerade Reihe von Minen auf einem Kurs von 336°. Der Einsatz war erfolgreich, und diese Vorgehensweise wurde für alle zukünftigen Minenlege-Operationen mit dem Minenleger des Typs XB und der SMA-Mine vorgegeben. Die Minen wurden in Wassertiefen zwischen 50 und 350 Metern mit einem Abstand von 400 Metern gelegt. Allgemein bevorzugte man, wegen der tiefen Dunkelheit, die Neumondperiode.

U-119 war am 10. August mit einem anderen Geleit nach Kiel zurückgekehrt. Dönitz hatte keine Bemerkungen zu dem eigentlichen Minenlegen, aber er wies den verdutzten Zech darauf hin, daß Kriegstagebücher täglich zu führen und vom Kommandanten zu unterschreiben seien.

Das ist alles, was wir den offiziellen Aufzeichnungen über U-119 entnehmen können, bis es im Februar 1943 erneut auf Feindfahrt ging. In der Zwischenzeit blieb es in deutschen Gewässern. Das Vertrauen der Deutschen zu den SMA-Minen schien jedoch gefestigt zu sein. Obwohl der offensive Einsatz dieser Minen im September noch immer nicht freigegeben war, wurden beim BdU bereits Pläne für die Verminung der Ostküste der USA gemacht. Die Deutschen hatten auch eine Weiterentwicklung des U-Boots vom Typ VII geschaffen, den Typ VIID. Dieser übernahm die Rolle des U-Minenlegers, nachdem sich herausgestellt hatte, daß der Typ XB für viele Aufgaben einfach zu groß war. Ursprünglich waren sechs dieser 965-Tonnen-Boote auf Kiel gelegt worden, aber zwei gingen während des Einsatzes verloren, bevor sie ihre Minen legen konnten. Nun war geplant, daß die vier verbliebenen Boote die Gewässer um England verminen sollten, aber ein weiteres VIID-Boot wurde versenkt, bevor es eingesetzt werden konnte.

Wir haben das neue U-461 (Kptlt Stiebler) in seinem Versorgungsgebiet südöstlich von St. Johns verlassen, nachdem es seine geheime B-Dienst-Aufgabe beendet hatte. Sein erster »Kunde« war U-332 (Planquadrat CC8655) am 19. Juli. Drei Tage später füllte der Tanker U-161 auf, bevor er nach Osten lief. Dort versorgte er Ende Juli ein Rudel (U-71, U-437, U-43 und U-454) mit Proviant, nachdem das Rudel den Geleitzug ON.113 angegriffen hatte. Dann wurden weitere sechs U-Boote versorgt – alles innerhalb von vier Tagen. Von fünf der Boote mußte jeweils ein krankes Besatzungsmitglied zur Behandlung auf den U-Tanker gebracht werden.

U-43 verbrauchte anscheinend viel Treibstoff, denn es mußte am 5. August an einem anderen Treffpunkt erneut von U-461 und nochmals am 8. zusammen mit U-558 weiter östlich versorgt werden. Nun war U-461 endlich auf seiner Heimreise. Abgesehen von einem Fliegeralarm etwas westlich der Biskaya kam es ohne besondere Vorkommnisse in der Nacht des 16./17. August in seinem neuen Heimathafen St. Nazaire in Frankreich an. Hier verschwand die B-Dienst-Gruppe so heimlich, wie sie gekommen war (und bekam zwei Wochen Urlaub). Stiebler schrieb einen ausführlichen Bericht über seine Erfahrungen bei der Versorgung, die in Kapitel »Die Milchkühe« wiedergegeben sind.

U-462 hatte die Zeit von seiner Indienststellung am 5. März 1942 bis zum Juli mit Erprobungen und Ausbildung in der Ostsee verbracht. In Kiel wurde es mit Versorgungsgütern beladen, bevor es am 23. Juli zu seinem ersten Versorgungseinsatz auslief. Kommandant von U-462 war Oblt z. S. Vowe, der seit Kriegsbeginn meist auf Landkommandos diente und nur eine kurze, dreimonatige Dienstzeit auf dem erfolgreichen U-107 hinter sich hatte. Dies ist das erste Beispiel eines verhältnismäßig unerfahrenen Kommandanten einer Milchkuh. Er erwies sich dennoch als ein fähiger und energischer Kommandant, auch wenn sein Schreibstil im Kriegstagebuch pedantisch und wortreich war. U-462 kam am 24. in Kristiansand (Norwegen) an und ging kurz darauf mit dem Unterseebootjäger UJ 1711 als Geleit wieder in See.

Zahlreiche Flugzeuge und ein Zerstörer wurden gesichtet, als U-462 durch die Island-Färöer-Enge in den Atlantik lief, aber das Boot blieb unbehelligt. Am 2. August fand ein Treffen mit U-609 statt, um von diesem ein krankes Besatzungsmitglied zu übernehmen. Dann lief der U-Tanker mit Kurs Südwest zu seinem vorgesehenen Versorgungsgebiet. Auf dem Weg dorthin erhielt am 16. August auch U-558 Treibstoff und medizinische Hilfe, acht Tage nachdem U-558 sich mit U-461 getroffen hatte.

Zwei Tage später wurde U-108 mitten im Atlantik (Planquadrat DE54, etwa 31°N, 52°W, weit südlich von Neufundland) versorgt.

Nachdem sie die Geleitzüge SC.95 und ONS.122 angegriffen hatten, erhielt die Gruppe »Lohs« nun den Befehl, nach Süden zu verlegen. So konnte die Gruppe in diesem Gebiet Treibstoff von U-462 (sechs U-Boote) und von dem IXC-U-Boot, U-174 (drei Boote), übernehmen. Diese Boote wurden zwischen dem 29. August und dem 8. September mit jeweils 40 cbm Treibstoff versorgt. Ein Boot übernahm Torpedos. Eine Flut von Funksprüchen des BdU begleitete das Treffen. Nachdem die U-Boote von U-462 versorgt worden waren, bildeten sie eine neue Linie im westlichen Nordatlantik.

Dann kam am 10. September ein verzweifelter Funkspruch von U-203. Sein Kommandant, Kptlt Rolf Mützelburg, war schwer verletzt und benötigte dringend Hilfe. Der BdU befahl U-462 sofort, seinen Standort zu melden und mit Höchstfahrt auf U-203 zuzulaufen, daß U-203 dem Tanker auch mit Höchstfahrt entgegenkommen sollte. Kurz darauf hatte man den Treffpunkt berechnet; das Treffen wurde in das Planquadrat CF8455 gelegt, etwas östlich der Azoren.

Kptlt Mützelburg war ein U-Boot-»As« und hatte für seine Erfolge schon das Ritterkreuz mit Eichenlaub erhalten. An einem heißen, sonnigen Tag im Mittelatlantik, ohne jegliche Gefahr durch Luftangriffe, hatte er sich entschlossen, genau wie seine Besatzung, ein Bad im Meer zu nehmen. Er sprang kopfüber vom Turm seines Bootes und schlug auf dem halb unter Wasser liegenden Satteltank auf. Dabei erlitt er schwere Kopfverletzungen (in einem Bericht hieß es, daß er sich das Genick gebrochen hatte). Wegen dieses Unfalls wartete man nun verzweifelt auf U-462 und seinen Arzt.

Am 11. funkte U-203, daß Mützelburg gestorben sei. War das Treffen noch notwendig? Der BdU wies beide Boote an, wie geplant weiterzufahren, damit der Arzt von U-462 den Toten untersuchen konnte. Das Treffen fand am nächsten Tag statt, und Mützelburg wurde mit drei Schuß Salut aus dem 37-mm-Geschütz des U-Tankers auf See bestattet. U-203 erhielt keine Versorgung.

U-462 ging nun auf Heimatkurs und erhielt erst am 18. September die Anweisung, daß sein neuer Heimathafen in Zukunft St. Nazaire sein würde. Es kam am 21. dort an. Dönitz gratulierte Vowe zu einem »gut durchgeführten« Einsatz. Vowe übergab eine riesige Menge geschriebenen Materials über seine Erfahrungen bei der Versorgung, zusammen mit verschiedenen eigenwilligen Ergüssen (»Die Besatzung muß das Prinzip einer für alle – alle für einen begreifen«). Offensichtlich war das Verhalten der Besatzung jedoch sehr gut gewesen. Während der Hafenliegezeit kam jedoch ein Besatzungsmitglied unglücklicherweise bei einem Werftunfall zu Tode.

Der fünfte U-Tanker des Typs XIV, U-463, wurde am 2. April 1942 von dem erfahrenen Korvkpt Wolfbauer in Dienst gestellt. Wolfbauer, siebenundvierzig Jahre alt, war im Ersten Weltkrieg auf einem U-Boot gefahren und diente seit 1940 auf Landkommandos. Möglicherweise hielt man ihn für zu alt, um ein Front-U-Boot zu führen. Die Ausbildung wurde bis Ende Juni in der Ostsee durchgeführt, während U-463 in Kiel beheimatet war. Gerade einmal drei Monate nach der Indienststellung schickte man U-463 in See.

U-463 lief am 11. Juli zusammen mit U-592 und dem Tanker ORION aus Kiel aus und kam am nächsten Tag in Kristiansand an. Am 13. liefen U-463, U-592 und U-607 gemeinsam in Richtung Atlantik aus, obwohl man nicht beabsichtigte, sie im Verband fahren zu lassen. Der U-Tanker mühte sich mit wiederholten Fliegeralarmen teils über, teils unter Wasser durch die Island-Färöer-Enge und erreichte am 19. den Nordatlantik.

Die erste Versorgung durch U-463 fand am 31. Juli statt, als U-84 südlich von Neufundland auf etwa 35°W, 54°N betankt wurde. Der U-Tanker lief dann zu seinem Hauptversorgungsgebiet (28°N, 60°W, südöstlich von Bermuda), wo viele U-Boote auf dem Weg in die Karibik versorgt wurden. Dabei war auch U-510, das einen Handelsschiffskapitän aus Uruguay als Gefangenen übergab und etwa 85 cbm Treibstoff erhielt (die meisten U-Boote bekamen 40 bis 60 cbm). U-658 tauschte einen kranken Seemann gegen ein Besatzungsmitglied der Milchkuh. Anschließend kam U-598 an die Reihe. Während der Versorgung von U-598 ertrank ein Soldat bei Wartungsarbeiten an den Tiefenrudern und Schrauben des Bootes. Wiederbelebungsversuche des Bordarztes des U-Tankers blieben ohne Erfolg. U-463 nahm den Toten an Bord und übergab ihn der Tiefe. Ein Mann seiner Maschinenbesatzung wurde als Ersatz auf U-598 kommandiert.

U-463 versorgte insgesamt zehn U-Boote auf diesem Treffpunkt. U-600 erhielt eine »Schnellversorgung«. Unter den anderen Booten waren auch U-129 und U-505. Dann lief U-463 kurz in Richtung Südwest, wo U-164, U-217 (ein Minenleger des Typs VIID), U-511 (von dem ein Kranker übernommen wurde) und U-143 versorgt wurden. Eine Anmerkung in dem U-Boot-Lagebuch der englischen Admiralität bezeichnet das Boot als »möglicherweise U-134«. Im Verlauf dieser Operationen, die zwischen dem 11. und 13. August abliefen, gab es wegen schwerem Seegang im Batterieraum Nr. 2 der Milchkuh Schäden, die zu einem starken Austritt von giftigem Chlorwasserstoffgas führten. Der Raum mußte durchlüftet und gereinigt werden.

U-463 war nun »ausverkauft« und ging auf Heimatkurs. Am 27. August traf es U-594 nördlich der Azoren, um ein Ersatzteil und etwas (10 cbm) seines Reservebrennstoffs abzugeben. Es erfolgten mehrere Luftangriffe westlich und in der Biskaya. Bei einem wurde eine einzelne Bombe abgeworfen, bei einem anderen waren es vier. U-463 kam am 3. September sicher in seinem neuen Heimathafen St. Nazaire an und bekam lobende Anerkennung von Dönitz.

Der sechste U-Tanker des Typs XIV, U-464, war am 30. April 1942 bei der 10. U-Bootflottille in Dienst gestellt worden. Das Boot führte bis zum Juli die normalen Erprobungsfahrten in der Ostsee durch. Diese wurde abgekürzt, damit der Tanker sich den anderen Milchkühen im Atlantik anschließen konnte. U-464 (Kptlt Harms) wurde in Kiel für seinen ersten Versorgungseinsatz ausgerüstet. Harms, dreiunddreißig Jahre alt, war 1940 Kommandant von drei U-Booten gewesen, bevor er für ein Jahr als Lehrer auf eine U-Boot-Schule abkommandiert wurde.

U-464 lief am 4. August aus Kiel aus, mußte aber am 8. in Trondheim anlegen, weil einer seiner Brennstofftanks undicht war, möglicherweise als Folge seines überstürzten Auslaufens. Dadurch wurde eine eintägige Überführung nach Bergen zu Reparaturen erforderlich. U-464 lief am 10. August wieder in Richtung Nordatlantik aus. (So steht es in seinem rekonstruierten Kriegstagebuch. Gemäß eines Berichtes des englischen Geheimdienstes, der realistischer zu sein scheint, lief es am 14. August aus.) Der U-Tanker steuerte sein Versorgungsgebiet im Atlantik über die nördliche Durchfahrtsroute zwischen Schottland und Island an. Am 20. August wurde es von einem CATALINA-Flugboot der amerikanischen Marine auf 61°25'N, 14°40'W mit südwestlichem Kurs durch Radar erfaßt. Das Flugzeug griff an, U-464 erwiderte das Feuer, aber es wurde von fünf flach eingestellten Wasserbomben eingedeckt. Der U-Tanker stoppte und verlor Öl. Es gab einen weiteren Schußwechsel, aber mittlerweile führte das Flugzeug HMS CASTLETOWN zum Einsatzgebiet. Als das Schiff ankam, war U-464 schon gesunken. 53 Überlebende, unter ihnen der Kommandant, der das U-Boot als letzter verlassen hatte, wurden von einem kleinen isländischen Fischerboot gerettet. Die U-Boot-Leute wurden auf dem Vordeck des winzigen Schiffes zusammengehalten und mit einem Maschinengewehr bewacht. Es war ihnen deutlich gesagt worden, daß jeder, der die Markierungslinie überschreiten sollte, niedergeschossen werden würde.

Dann kam HMS CASTLETOWN heran und nahm die Gefangenen an Bord. Es gibt einige Fragen, die noch nicht endgültig gelöst sind. Es handelt sich darum, ob die vielen Deutschen es geschafft hatten, die Kontrolle über das isländische Fischerboot zu übernehmen. Dies ist aber als unwahrscheinlich anzusehen. Den Aussagen der Überlebenden, daß sie auf einer »Milchkuh« gedient hätten, wurde zunächst kein Glauben geschenkt. Aber nach und nach akzeptierte man die Erklärung; immerhin war es die erste Bestätigung dafür, daß derartige Fahrzeuge im Einsatz waren. Seltsamerweise hatte die Seekriegsleitung schon am 11. August geäußert, daß »man davon ausgehen muß, daß der Feind Kenntnis von den U-Tankern hat«.

Der BdU stellte fest, daß U-464 nach seiner Auslaufmeldung aus Bergen keinerlei Meldungen mehr gefunkt und auch den Aufforderungen zu Wetter-, Standort- und Treibstoffbestandsmeldungen am 19., 20. und 21. August nicht nachgekommen war. Man fing englische Nachrichtenmeldungen auf, nach denen U-464 am 20. August bei Island von einer CATALINA versenkt worden sei. Der U-Tanker wurde am 23. September für vermißt erklärt (Ein-Stern-Status) und erhielt am 8. Februar 1943 den Zwei-Stern-Status.

Genauso schnell wie sie in den Atlantik hinausgesandt worden waren, kehrten nun die leergepumpten Milchkühe in ihre Stützpunkte an der Biskaya zurück. Es dauerte nicht lange, bis die Deutschen merkten, daß sie die Fähigkeit der Milchkühe zur Versorgung der U-Boote überschätzt hatten. Das Ergebnis war, daß die Milchkühe stark überfordert wurden und nur die geringstmöglichen Hafenliegezeiten verzeichneten. Die U-Boote erhielten die Anweisung, sparsamer mit ihrem Treibstoff umzugehen. Einer Anzahl von Front-U-Booten wurde befohlen, das Tankerdefizit auszugleichen, indem sie bei passender Gelegenheit andere Front-U-Boote mit Treibstoff zu versorgen hatten. Der Ausfall von U-464 erforderte es, daß U-174 (Typ IX) am 29. August an U-432 und U-660 der Gruppe »Lohs« nördlich der Azoren Treibstoff abgeben mußte, um U-462 zu entlasten. Darüber hinaus wurden einige U-Minenleger des Typs XB, die noch in den deutschen Gewässern in der Ausbildung waren, für den Einsatz als Ersatztanker vorbereitet.

U-117 und U-118 (Minenleger des Typs XB) waren am 25. Oktober bzw. am 6. Dezember 1941 in Dienst gestellt worden und hatten Erprobungen und Ausbildung sowie auch Probeschießen und Minenlegeübungen in der Ostsee durchgeführt. Beide Boote wurden im September 1942 von den Ausbildungsflottillen zur 5. U-Flottille nach Kiel verlegt. Am Anfang des Monats wurden beide U-Boote in Swinemünde ausgerüstet.

Zwei ältere Offiziere befehligten diese wertvollen Fahrzeuge. U-117 erhielt Korvkpt Neumann als Kommandanten, sechsunddreißig Jahre alt, der Erfahrung auf U-72 gesammelt hatte. Er wurde dann von U-72 versetzt, um U-117 zu übernehmen. Der achtunddreißigjährige Korvkpt Czygan war 1939 bis 1940 auf dem Kreuzer BLÜCHER zur See gefahren. Nach dem Untergang dieses Schiffes durchlief er verschiedene Landkommandos, darunter auch eine Ausbildungseinheit. Bevor er auf U-118 kam, hatte er noch nie auf einem U-Boot Dienst getan.

U-118 lief als erstes von Deutschland aus, obwohl seine Abreise aus Kiel am 12. September verschoben werden mußte, weil sich zwei seiner Besatzungsmitglieder mit Diphtherie angesteckt hatten. Eine Woche später lief U-118 dann in die Nordsee aus und stand am 27. vor Island. Gegen Ende des Monats mußte das Boot mehrere Luftangriffe überstehen. Bei einem erlitt es durch zwei Bomben leichte Schäden an der elektrischen Anlage. Am 1. Oktober erhielt das Boot vom BdU den Befehl, mit der Versorgung zu beginnen, und Czygan wurde auch aufgefordert, Wettermeldungen abzugeben.

U-116 lief zu seiner dritten Versorgungsfahrt unter einem neuen Kommandanten aus. Von Schmidt hatte U-116 am 10. September nach zwei erfolgreichen Einsatzfahrten verlassen und setzte jetzt seine steile Karriere mit immer höheren Landkommandos fort und überlebte den Krieg. Von Schmidts Nachfolger, der fünfunddreißigjährige Kptlt Grimme, kam am folgenden Tag an Bord. Er war zunächst in der Verwaltung der Kriegsmarine tätig und dann acht Monate lang Kommandant des Front-U-Boots U-146 gewesen. U-116 verließ Lorient am 22. September und lief in Richtung Mittelatlantik aus.

U-117 (Korvkpt Neumann) wurde am 6. Oktober hinausgeschickt, verließ Kiel und lief Kristansand an. Danach ging es hinaus in den Nordatlantik, und das Boot kam am 22. Oktober vor der Nordküste von Island an. Es umfuhr den nördlichen Teil der Insel, bis es in der Nacht vom 27./28. Oktober im Planquadrat AE29 (an der nordöstlichen Küste von Island) mit dem Minenlegen beginnen konnte. Island war im Juli 1941 von den Alliierten besetzt worden und wurde als Flugzeugbasis sowie als Sammelpunkt für Geleitzüge genutzt; insbesondere für Geleitzüge, die um Nordnorwegen herum zur Unterstützung nach Rußland liefen. Nachdem er seine Aufgabe erfüllt hatte, wurde der U-Minenleger am 29. zur Milchkuh umfunktioniert.

U-460 stand unter dem Kommando des siebenundvierzigjährigen Oblt z. S. Schnoor. Auch dieser Kommandant hatte mit Verwaltungsarbeit begonnen, diente dann 1941 bis Anfang 1942 als Wachoffizier auf U-143 und U-108 und war drei Monate lang Kommandant von U-A, bevor er das Kommando am 9. August mit dem dienstälteren Schäfer tauschte. U-460 war am 27. August zusammen mit U-590 von St. Nazaire ausgelaufen, um die U-Boote der Gruppe »Iltis«, die vor Freetown im Südatlantik eingesetzt waren, zu versorgen. Am nächsten Tag tauchte der Tanker vor einem herankommenden Flugzeug. Dabei stellte sich heraus, daß es sich unter Wasser sehr merkwürdig verhielt. Man entdeckte ein Leck an den Bilgewasserzellen sowie eine Leckage an einer Brennstoffzelle. U-460 setzte einen Funkspruch ab, daß es zum Stützpunkt zurückkehren würde. Auf dem Weg gab es dreimal Luftalarm, aber am 29. erreichte U-460 wohlbehalten St. Nazaire. Am 1. September lief es wieder aus und mußte am 5. Reparaturen an einem Entlüfterventil durchführen. Im Anschluß daran wurde der Tanker zu einem günstigen Treffpunkt nördlich der Azoren geführt, wo U-510 dringend einen Arzt benötigte. Auf dem Weg nach Südwesten wurde U-155 am 7. September versorgt.

Weit südwestlich der Azoren setzte U-66 (Markworth) einen Funkspruch ab: »Benötigen dringend ärztliche Hilfe!« Innerhalb einer halben Stunde erhielt das zufällig in der Nähe stehende U-460 den Befehl, mit U-66 zusammenzutreffen. Am nächsten Tag trafen sich die Boote, und der erkrankte Zweite Wachoffizier von U-66 wurde zu dem U-Tanker hinübergebracht, operiert und nach etwas mehr als einer Stunde auf das Front-U-Boot zurückbefördert. Die beiden U-Boot-Kommandanten vereinbarten ein eigenes Treffen auf einer anderen Position. Das wurde planmäßig durchgeführt, und U-66 übernahm 31 cbm Brennstoff sowie Versorgungsgüter.

U-460 steuerte nun seinen nächsten Treffpunkt an, der ihm vom BdU zugewiesen worden war. Hier wurden zwischen dem 16. und 18. September weitere vier U-Boote versorgt. Dann lief U-460 weiter in Richtung Südwest zu seinem Treffpunkt mit der Gruppe »Iltis«.

U-109 war das erste Boot der »Iltis«-Gruppe, das versorgt wurde. Man traf sich am 20. September nordwestlich der Kapverdischen Inseln, wobei Schnoor ein System einführte, bei dem der Arzt und ein Ingenieur auf jedes zu versorgende Boot geschickt wurden. U-109 bekam 42 cbm Brennstoff, benötigte aber nur Verpflegung für fünf Tage. Noch immer lief U-460 nach Süden. Es traf U. D-5 (Mahn) am 23. und versorgte das ehemals holländische U-Boot mit 50 cbm Treibstoff. Nördlich der Kapverdischen Inseln warteten U-107, U-406 und U-333 (Cremer). Diese Boote wurden am 25. versorgt, und U-107 übernahm alle vier Reservetorpedos des U-Tankers. Für diese Übergabe benötigte man zweieinviertel Stunden. Während der Zeit wurden andere Boote mit Brennstoff versorgt, während ein krankes Besatzungsmitglied von U-406 übernommen werden mußte. Am nächsten Tag wurden auch U-87 und U-590 versorgt. Dann lief U-460 wieder nach Süden, wo am 28. September U-507 und der neue U-Kreuzer U-178 (Ibbeken) betankt wurden. U-460 hatte nun acht U-Boote in der Nähe der Kapverdischen Inseln versorgt, nachdem diese den Geleitzug SL.119 angegriffen hatten. Vier dieser Boote konnten daraufhin ihre Feindfahrt in Richtung Freetown fortsetzen.

Der Befehlshaber der Unterseeboote entschied nun, daß U-507 zusammen mit dem Tanker nach Frankreich zurückkehren sollte. U-507 bekam ein »Metox«, und ein krankes Besatzungsmitglied wurde durch einen Mann des Tankers ersetzt. Dann gingen beide Boote auf die Heimreise. Nur drei Tage später erhielt der U-Tanker eine dringende Meldung von U-507, das mittlerweile außer Sicht gekommen war. Eines seiner Besatzungsmitglieder war schwer erkrankt. U-460 drehte sofort auf den Standort des anderen Bootes ein, um zu helfen, aber der Patient starb, bevor der U-Tanker den Standort von U-507 erreichte. Beide Boote setzten gemeinsam ihre Heimreise nach Frankreich fort, wichen einigen Fliegerangriffen aus, und U-460 traf am 12. Oktober in seinem neuen Stützpunkt Bordeaux ein. Dort wurde es der vor kurzem aufgestellten 12. U-Flottille unterstellt. Die gesamte Einsatzfahrt hatte gerade mal sechs Wochen gedauert.

Dönitz hatte eine Strategie entwickelt, bei der er die großen Fern-U-Boote gezielt nach wenig geschützten Schwachstellen im Atlantik suchen ließ. U-Boote wurden in afrikanische, brasilianische oder andere erfolgversprechende Gewässer entsandt. Milchkühe wurden wiederum eingesetzt, um bei diesen langen Feindfahrten die Versorgung sicherzustellen. Es ist in der Tat nur auf die Verfügbarkeit der U-Tanker zurückzuführen, daß diese Strategie überhaupt durchgeführt werden konnte. Im Ergebnis führte diese Strategie jedoch immer dazu, daß die U-Boote einige schnelle und leichte Anfangserfolge erzielten, die Alliierten dann aber ihre örtlichen Verteidigungsmaßnahmen verstärkten. Wenn der Widerstand zu groß wurde, suchten die U-Boote nach neuen Jagdgebieten.

U-461 (Kptlt Stiebler) verließ St. Nazaire am 7. September zu seiner zweiten Einsatzfahrt. Während der nächsten drei Tage überstand es vier Flugzeugangriffe. Der dritte dieser Angriffe von einem SUNDERLAND-Flugboot, das drei Bomben warf, verursachte am 9. September kleinere Schäden, hauptsächlich an dem Radar-Warnempfänger. Die Schäden wurden am 11. dem BdU gemeldet, nachdem U-461 die Biskaya in Richtung Mittelatlantik durchquert hatte. Als es am 16. auf seinem Versorgungstreffpunkt (etwa 40°N, 45°W, östlich von Neufundland) angekommen war, hatte U-461 nicht weniger als zehn U-Boote der Gruppe »Vorwärts« und U-594 zu Gast. Diese Boote wurden im Laufe mehrerer Tage versorgt, und eines von ihnen war in der Lage, das Funkmeßbeobachtungsgerät von U-461 provisorisch wieder instand zu setzen.

U-171 und U-164 wurden am 24. versorgt. Dann lief U-461 in Richtung Südsüdwest, um dem Minenleger U-217 des Typs VIID Beistand zu leisten. Auf diesem Boot hatten mehrere Leute während einer Einsatzfahrt in der Karibik im August/September schwere Hitzschläge erlitten. Der Arzt wurde hinübergeschickt, und ein krankes Besatzungsmitglied mußte auf den U-Tanker übernommen werden. Es wurde Proviant für achtzehn Tage übergeben, die Übergabe dauerte fast zehn Stunden. U-558 erhielt am nächsten Tag seine Versorgung.

Anfang Oktober versuchte man auf U-461 noch immer, das Funkmeß-Beobachtungsgerät dauerhaft zu reparieren, bevor man die gefährliche Heimfahrt durch die Biskaya antreten mußte. Die Ersatzteile, die vorher von einem U-Boot des Typs IX zur Verfügung gestellt worden waren, funktionierten nicht richtig. Nach einem Treffen mit U-160 am 5. Oktober südwestlich der Azoren war U-461 nach Instandsetzung des »Metox« in der Lage, nach St. Nazaire zurückzukehren. Es erfolgten allerdings keine Luftangriffe. Nach seiner Ankunft am 17. Oktober wurde Stiebler von Dönitz für sein besonnenes Verhalten gelobt.

Wie bereits beschrieben, bestand für die Milchkühe die Möglichkeit, auf ihrem Kurs zu den Versorgungstreffpunkten (und auch auf dem Rückmarsch) Geleitzüge zu entdecken und zu melden. Das war ein zusätzlicher, nicht erwarteter Vorteil für den BdU. So war auch U-118 (das vorher bereits erwähnt wurde) am 29. September in der Lage, einen ON-Geleitzug zu melden. Die Gruppe »Luchs« erhielt den Befehl zum Angriff, sie fand jedoch statt dessen den Geleitzug HX.209 und griff diesen an.

U-116 (das nun auf seiner dritten Einsatzfahrt war) und U-118 erhielten dann Anweisung, jeweils vier Boote der Gruppe »Tiger« zu versorgen, die währenddessen einen erfolglosen Angriff auf den Geleitzug ON.131 durchgeführt hatten. Diese Gruppe sowie die Gruppe »Sturm« sollten im Planquadrat BD43 nordwestlich der Azoren versorgt werden. Schlechte Wetterbedingungen unterbrachen die Versorgungstätigkeit von U-118, und nur zwei von fünf U-Booten konnten mit Brennstoff versorgt werden (am 4. Oktober). Währenddessen wurde der Minenleger U-216 (Typ VIID) zur Versorgung zu dem U-Tanker U-463 geführt. Die versorgten U-Boote marschierten dann in Richtung Süden, wo sie östlich von Neufundland, zur Gruppe »Wotan« aufgestellt wurden.

U-118 (Korvkpt Czygan) meldete dem BdU am 12. Oktober, daß es Schwierigkeiten mit dem Funkverkehr gab und daß es nicht in der Lage war, Treffen mit anderen U-Booten durchzuführen. Czygan erhielt dann den Befehl zur Rückkehr nach Brest, wurde aber kurz darauf nach Lorient umgeleitet, wo er am 16. Oktober ohne Zwischenfälle eintraf.

U-116 (Kptlt Grimme) hatte mittlerweile alle seine Vorräte im Mittelatlantik abgegeben und ging am 4. Oktober auf Heimatkurs. Am 6. Oktober setzte es aus dem Planquadrat BD82 nördlich der Azoren eine Wettermeldung ab, dann hörte man nie wieder etwas von dem Boot. Es wurde am 6. November für vermißt erklärt. Seinem rekonstruierten Kriegstagebuch wurde der traurige Zusatz beigefügt, daß »über das Schicksal seiner Besatzung nichts bekannt sei«. Auch die Berichte der alliierten Geheimdienste geben keinen Aufschluß über den Verbleib von U-116.

U-463 (Korvkpt Wolfbauer) war am 28. September mit Geleitschutz zu seinem zweiten Versorgungseinsatz von St. Nazaire ausgelaufen, nachdem es nicht einmal vier Wochen zur Überholung im Hafen gewesen war. Am nächsten Tag hatte U-463 eine erstaunliche Glückssträhne. Nachdem ein Flugzeug erst entdeckt wurde, als es schon zu spät zum Tauchen war, harrte man der Dinge. Die Maschine überflog den U-Tanker, dessen 20-mm-Geschütz nach dem ersten Schuß Ladehemmung hatte. Erst jetzt tauchte der Tanker, aber es fielen noch immer keine Bomben. Am nächsten Tag entdeckte ein HAMPDEN-Bomber U-463 bei Dunkelheit, nachdem dessen »Metox«-Funkmeß-Beobachtungsgerät bereits zweimal gewarnt hatte. Der Tanker ging auf Tiefe, wurde aber von vier sehr gut liegenden Bomben schwer durchgeschüttelt. Die Beleuchtung ging aus, mehrere Brennstoffzellen rissen, und weitere Schäden entstanden. Trotz alledem entschied sich Wolfbauer, die Fahrt fortzusetzen. U-463 mußte am 3. Oktober noch vier weitere Bomben überstehen, die diesmal weit ab lagen. Es erreichte endlich seinen Versorgungsraum (Planquadrat BD 27, nördlich der Azoren) und begann mit der Treibstoffübergabe an U-216 (Typ VIID, Kptlt K. O. Schulz), das zuvor keinen Treibstoff von U-118 übernehmen konnte. Am 7. Oktober wurde ein Besatzungsmitglied von U-261 übernommen. Das war wahrscheinlich ein glücklicher Tag für ihn, da der U-Minenleger nur dreizehn Tage später südwestlich von Irland verlorenging. Es gab keine Überlebenden.

U-661 wurde während der nächsten drei Tage trotz schlechter Wetterbedingungen vollständig versorgt. Wolfbauer sprach seiner Besatzung anschließend lobende Anerkennung für ihre gute Arbeit aus. Die beiden versorgten Boote waren für die Gruppe »Wotan« bestimmt.

An seinem nächsten Treffpunkt angelangt, wetterte U-463 sieben Tage lang in einem Sturm ab, nachdem das erste eines Rudels von U-Booten der Gruppe »Panther« bereits am 14. Oktober in der Nähe des Tankers erschien. Bis zum 21. war es jedoch nicht möglich, die Gruppe zu versorgen, und der hungrigen Besatzung von U-620 mußte behelfsmäßig Brot übergeben werden. Dann, am 22., flaute der Sturm ab. U-620, das in großer Not war, erhielt als erstes die gewaltige Menge von 76 cbm Treibstoff sowie Verpflegung für sieben Wochen. In den nächsten drei Tagen wurden acht weitere U-Boote versorgt. Am 26. verschlechterte sich das Wetter wieder, und U-706 konnte nicht mehr aufgefüllt werden. Der nächste Tag sah zwar vielversprechend aus, aber dennoch wurden drei Mann von U-706 über Bord gespült. Alle wurden wohlbehalten wieder aufgefischt, aber nun kam ein Handelsschiff in Sicht, und beide Boote mußten tauchen, um nicht entdeckt zu werden. Am 29. wurde U-706 endlich versorgt.

Am folgenden Tag sichtete U-463 einen Zerstörer, aber er entkam ihm über Wasser. U-757 und U-575 vervollständigten die Liste der »Kunden«, bevor der U-Tanker endgültig »ausverkauft« war. U-463 wurde zusammen mit U-575 in die Heimat zurückbeordert, wobei der Tanker dem Front-U-Boot, das über kein »Metox« verfügte, Radarschutz geben sollte. Als U-463 seine kurze, aber gefährliche Reise in Richtung Biskaya antrat, war zu allem Überfluß das »Metox«-Kabel beschädigt. Durch immensen Arbeitseinsatz war das Funkmeß-Beobachtungsgerät aber am nächsten Tag repariert. Am 8. November wich U-463 in der Biskaya wieder einem Flugzeug aus, diesmal aber, indem es rechtzeitig tauchte. Es wurde dann angewiesen, den U-Boot-Stützpunkt in Brest anzulaufen. U-Boote steuerten die nördlichen Häfen der französischen Westküste, weil diese von englischen Flugzeugen gut überwacht wurden, nicht direkt an. Sie bewegten sich statt dessen zunächst in das Gebiet von St. Nazaire, bevor sie innerhalb des Schutzes durch eigene Flugzeuge und Geleitfahrzeuge in Richtung Norden liefen. U-463 kam am 11. November mit seinem Geleit in Brest an. Es hatte vierzehn U-Boote versorgt.

Der Minenleger des Typs XB, U-117 (Korvkpt Neumann), war kürzlich (am 29. Oktober) zum Reserve-U-Tanker bestimmt worden, nachdem er seine Minenlegeaufgabe vor der nordöstlichen Küste von Island beendet hatte. Auf dem Weg zu seinem Versorgungsgebiet begegnete er zwei neutralen Schiffen (einem schwedischen und einem irischen) und war gezwungen, sie laufen zu lassen. Dann kam es am 5. November genau in der Mitte des »Air Gap« in der Mitte des Atlantiks an (Planquadrat BD21, etwa 50°N, 33°W, weit nördlich der Azoren). Acht U-Boote erwarteten die Milchkuh, aber wegen schlechten Wetters konnten zunächst nur zwei bedient werden. Bis zum 11. waren jedoch alle Boote versorgt, und der Tanker übernahm ein krankes Besatzungsmitglied von U-521. Ein Unglück ereignete sich am 8., als Lt z. S. Schwenzel durch Seegang von Bord gerissen wurde. Der Bordarzt der Milchkuh konnte ihn nicht mehr wiederbeleben. Offensichtlich hatte sein Herz versagt. Lt Schwenzel wurde auf 49°30'N, 31°35'W auf See beigesetzt.

U-117 ging sofort auf Heimatkurs, kam am 22. November in Lorient an und erhielt große Anerkennung durch Dönitz für den von Neumann gut durchgeführten Minenlege- und Versorgungseinsatz. U-117 wurde nun der 12. U-Flottille in Bordeaux für seinen nächsten Einsatz unterstellt.

U-462 (Oblt z. S. Vowe) war am 18. Oktober zu seinem zweiten Versorgungseinsatz aus St. Nazaire ausgelaufen, um die U-Boote, die vor Freetown im Einsatz waren, zu unterstützen. Dreieinhalb Stunden lang hatte es ein Geleit von einem Sperrbrecher und zwei Vorpostenbooten, dann gingen die Geleitfahrzeuge auf Gegenkurs. Am westlichen Rand der Biskaya bekam Vowe ein Handelsschiff in Sicht und mußte tauchen, um nicht entdeckt zu werden (der Nachteil der fehlenden Angriffsbewaffnung). Dönitz machte Vowe später darauf aufmerksam, daß er eine Sichtungsmeldung hätte abgeben müssen, um andere U-Boote, die vielleicht in der Nähe waren, zu benachrichtigen. U-462 mußte im Anschluß daran jedoch noch mehrmals tauchen, um einem aufdringlichen Flugboot auszuweichen.

Auf dem Weg zu seinem Versorgungsgebiet entdeckte U-462 Wrackteile und Ladung eines versenkten Handelsschiffes. Es stellte sich heraus, daß darin amerikanische Schokolade, Corned beef und andere nützliche Dinge enthalten waren. Sein Schwestertanker U-459 kam am 26. Oktober eben südlich der Azoren in Sicht, und so fand eine nicht geplante Treibstoffversorgung (26 cbm) dieses Bootes statt. U-506 und U-125 wurden ebenfalls in diesem Gebiet versorgt. U-459 und U-506 waren gemeinsam auf dem Rückmarsch aus dem Südatlantik (wie wir im nächsten Kapitel sehen werden), und der U-Tanker selbst benötigte dringend Brennstoff.

U-462 erhielt dann die Anweisung, U. D-5 zu treffen, das nach einer langen Jagd knapp an Brennstoff war. Dieses Boot wurde am 31. Oktober nordwestlich der Kapverdischen Inseln angetroffen und erhielt 45 cbm Treibstoff. Weil es über eine »Freon«-Kühlanlage verfügte, benötigte U. D-5 keinerlei Proviant. Auch U-516 wurde versorgt.

Aufgrund einer Rückfrage vom BdU konnte U-462 berichten, daß es noch immer reichlich Brennstoff hatte, woraufhin es weiter in Richtung Süden zu einem Gebiet westlich der Kapverdischen Inseln beordert wurde. Nicht weniger als zehn U-Boote des Typs IX, die in dem großen Gebiet vor Freetown im Einsatz waren, wurden an diesem Treffpunkt zwischen dem 3. und 16. November versorgt. Darunter waren auch Hartensteins U-156 und U-128 (Heyse). Das Treffen mit U-128 mußte dreimal unterbrochen werden. Am 8. sichtete U-462 einen »Dampfer«, der sich bei näherer Betrachtung als Zerstörer herausstellte. Der U-Tanker tauchte und entging der Entdeckung. Am nächsten Tag sichtete man einen großen alliierten Tanker. U-128 jagte daraufhin den namenlosen Tanker (4000 Tonnen nach den Angaben von U-128, 10.000 Tonnen nach den Angaben von Vowe) und versenkte ihn durch Geschützfeuer. Die Besatzung der Milchkuh begrüßte U-128 mit drei »Hurras«, als es zurückkehrte. Am 10., als U-128 noch immer Versorgungsgüter übernahm, wurde ein weiterer, schwer bewaffneter Tanker beobachtet. U-128 jagte dem neuen Ziel, das auf 10.000 Tonnen geschätzt wurde, nach und versenkte es diesmal mit einem Torpedo. Der Kapitän ging mit seinem Schiff unter, aber der Erste Offizier und der Leitende Ingenieur wurden aus den Rettungsbooten geholt und gefangengenommen. U-128 kehrte zu seiner Milchkuh zurück, bekam nochmals drei Hurras und gab die Gefangenen an den U-Tanker ab.

U-128 und U-462 blieben während der nächsten drei Tage zusammen, und es wurden vier Torpedos und andere Versorgungsgüter übergeben. Heyse vermerkte in seinem Kriegstagebuch, daß die Übernahme der Torpedos ohne Schwierigkeiten durchgeführt worden war. Kurz darauf trafen U-332 und U-552 zur Versorgung ein. U-128 blieb in diesem Gebiet im Einsatz und wurde erneut im Dezember von U-461 versorgt.

Am 16. November meldete U-462 dem BdU, daß es noch 140 cbm Reservebrennstoff und drei Tonnen Schmieröl, dazu Reserveproviant für 44 Tage zur Verfügung hatte. Es erhielt die Anweisung, die Ankunft von U-505 (Zschech) und U. D-3 (Rigele) abzuwarten. Zwischenzeitlich fiel das Zuluftgebläse mehrfach aus. U. D-3 kam am 20. an und erhielt 55 cbm Treibstoff. U-332 und U-86 wurden nochmals mit Brennstoff bedient, und auch U-505 wurde am 22. versorgt, wobei einige Offiziere mit dem letzten Boot ausgetauscht wurden. U-462 war nun »ausverkauft«, und Vowe ging auf die lange Heimreise. Unterwegs wies der Befehlshaber der Unterseeboote U-462 an, zum U-Boot-Stützpunkt St. Nazaire zurückzukehren. Eine Fahrt ohne besondere Vorkommnisse durch die Biskaya, folgte und U-462 lief zusammen mit U-454 am 7. Dezember in St. Nazaire ein. Es erhielt wohlverdiente Glückwünsche von Dönitz.

Mittlerweile hatte sich das frisch versorgte U. D-3 südwestlich der Kapverdischen Inseln mit U-159 (Witte) getroffen und ihm acht seiner Torpedos übergeben. Rauhe See behinderte die Torpedoübernahme, aber am 27. und 28. November wechselten jeweils vier Torpedos den Besitzer. U-159 wurde später eines der erfolgreichsten U-Boote des gesamten Krieges.

Der Juli war für die U-Boote wenig ergiebig, nachdem sie vorher in der Karibik so viele Erfolge erzielt hatten. Im August jedoch versenkten sie 105 Schiffe, die meisten davon im nördlichen und westlichen Atlantik. Im September und Oktober gingen die Versenkungszahlen auf 97 bzw. 91 Schiffe zurück. Im November jedoch stieg die Zahl wieder auf 117 Schiffe an, und nur der Wintereinbruch führte zu einer Verringerung auf 95 Schiffe im Dezember. Es hatte den Anschein, daß das Ziel von Dönitz, Handelsschiffe schneller zu versenken, als sie gebaut werden konnten, in greifbare Nähe gerückt war. Im Juni wurde der Geleitzug PQ.17 auf seiner Fahrt nach Rußland in arktischen Gewässern von Flugzeugen und U-Booten nahezu aufgerieben. »Hören Sie die Schläge des Gongs?« fragte der deutsche Nachrichtensprecher, »er schlägt jede Sekunde. Eine Tonne von Nachschub versinkt bei jedem Schlag des Gongs ... Denkt daran, wenn Ihr nachts aufwacht!«

Die Erfolge gingen jedoch nicht ohne einige Verluste der U-Boot-Waffe vonstatten. Zwischen Juli und Dezember waren 48 U-Boote im Atlantik versenkt worden. Auch die Milchkühe waren davon betroffen. Die Versenkung von U-464 im August und der nicht geklärte Verlust von U-116 im Oktober wurden bereits erwähnt.

Ein anderes Problem ergab sich nach einer Reihe von Geleitzugschlachten im Oktober und November im Nordatlantik. Die Alliierten begannen im Oktober mit der Invasion Nordafrikas (Operation TORCH). Am 8. dirigierte Dönitz alle U-Boote, die noch genügend Brennstoff hatten, in ein Gebiet westlich von Gibraltar. Diejenigen Boote, deren Brennstoff nicht ausreichte, um Gibraltar zu erreichen, wurden zu einem Rudel zusammengefaßt, das ersatzweise den Geleitzug ONS.144 im Nordatlantik angreifen sollte. Nachdem sie fünf Schiffe und ein Begleitfahrzeug versenkt hatten, erhielten die U-Boote Anweisung, einzeln östlich von Neufundland zu operieren, bevor sie von U-460 (Oblt z. S. Schnoor) etwa 500 Seemeilen nordwestlich der Azoren versorgt wurden. Dies ist ein gutes Beispiel dafür, wie der BdU, in der Gewißheit gesicherter Versorgungsmöglichkeiten, selbst U-Boote, die an der Grenze ihrer Seeausdauer angekommen waren, noch auf lohnende Ziele ansetzen konnte.

U-460 war am 11. November von St. Nazaire ausgelaufen und durchquerte mühelos die Biskaya. Es hatte den Treffpunkt nordwestlich der Azoren im nordatlantischen »Air Gap« am 19. erreicht, wobei es von einer Flut von Anweisungen des BdU begleitet wurde, darunter die Erlaubnis, daß der U-Tanker Peilzeichen senden durfte. Das erste von neun Booten erschien am 21., und die Schläuche wurden angeschlossen.

Wenig später brach ein Sturm los. Schnoor meldete dem Befehlshaber der Unterseeboote am 22., daß die Versorgung wegen schweren Seegangs unterbrochen werden mußte. Fünf Tage lang konnten die U-Boote nichts übernehmen, und sie waren in ernsten Schwierigkeiten wegen ihrer geringen Treibstoffbestände. U-753 (von Manstein, Sohn des berühmten Panzergenerals) konnte den U-Tanker nicht finden und sendete immer verzweifeltere Funksprüche. Am 26. befahl der Befehlshaber der Unterseeboote Schnoor dann, keine Peilzeichen für U-753 mehr zu senden, um den Treffpunkt nicht preiszugeben. Auf einigen Booten dachte man sogar daran, Segel zu setzen, um den Treffpunkt zu erreichen. Als der Sturm am 26. abflaute, sah sich U-460 fast allein auf weiter See. Nur U-84 hatte es geschafft, den Kontakt aufrechtzuerhalten. Dieses Boot wurde sofort versorgt und bekam auch Besuch vom Bordarzt des Tankers. Dann erschienen zwei weitere U-Boote, eines davon war das verirrte U-753. U-460 lag mit gestoppten Maschinen in der jetzt ganz ruhigen See und versorgte alle neun wartenden U-Boote zwischen dem 26. und 30. November.

Anschließend lief U-460 etwas weiter nach Südwesten, wo zwei weitere U-Boote versorgt wurden. Am 4. Dezember gab der Befehlshaber der Unterseeboote eine Warnmeldung heraus, daß es zuviel »Geplapper« über Funk gäbe. Peilzeichen sollten erst dann von dem U-Tanker gesendet werden, wenn man viele Stunden lang ohne

Die *Nordmark* versorgt U-107 im Südatlantik, April 1941.   *Foto: Bundesarchiv*

U-461 klar zum Auslaufen aus Kiel im Juli 1942 *Foto: Fritz Vogel*

U-461 verläßt Kiel *Foto: Fritz Vogel*

Diese Schlauchboote wurden eingesetzt, um Personal und Versorgungsgüter zu befördern, und sie waren immer überbeansprucht. Oftmals fielen Besatzungsangehörige bei Versorgungseinsätzen in schwerer See über Bord. Der Tanker ist U-461.   *Foto: Horst Bredow, U-Boot-Archiv*

Übergabe von Versorgungsgütern an U-466 Mitte 1943   *Foto: Kommandant von U-466, Gerd Thäter*

Übergabe von Versorgungsgütern mit einer »Hosenboje« von U-459   *Foto: Bundesarchiv*

U-459. Der Tanker ist rechts im Bild. Andere Boote warten, bis sie an der Reihe sind.   *Foto: Bundesarchiv*

U-461. Flugabwehrübung im Mittelatlantik. *Foto: Wilhelm Kraus*

Auf U - 461   Offiziere :

Offiziere des Tankers U-461. Korvkpt Stiebler ist ganz links zu sehen. *Foto: Wilhelm Kraus*

Der U-Minenleger U-116 übergibt den Treibstoffschlauch an U-406. Die Ausbauchung, in der sich die Minenschächte befinden, ist deutlich sichtbar. U-116 verschwand bei seiner nächsten Einsatzfahrt spurlos im Mittelatlantik. *Foto: Horst Bredow, U-Boot-Archiv*

Ein »Kunde« kommt näher. Der Tanker ist U-461, und das herankommende Boot ist U-552, befestigt von dem »As« Oblt. z. S. S. Topp, der den Krieg überlebte und dann Admiral in der Bundesmarine wurde. *Foto: Fritz Vogel*

Der U-Tanker des Typs XIV, U-462, mit einem Versorgungsschlauch, der von seinem Achterschiff zu dem U-Boot ausgebracht ist, von dem aus das Foto gemacht wurde.   *Foto: Horst Bredow, U-Boot-Archiv*

Ein U-Boot liegt in Lee des U-Tankers U-460. Es wird bei schlechtem Wetter mit Treibstoff versorgt. Man beachte die Schlauchverbindung, die in einem Bogen im Schwell hinter den beiden Booten liegt.

Foto: Horst Bredow, U-Boot-Archiv

U-462 legt 1943 in Bordeaux an. Foto: Horst Bredow, U-Boot-Archiv

Dieser U-Minenleger des Typs XB, U-117, ist von U-516 aufgenommen, als es am 24. April 1943 versorgt wurde. Man kann das 105-mm-Geschütz auf dem Vorschiff und das ältere 37-mm-Flakgeschütz deutlich erkennen. Foto: Horst Bredow, U-Boot-Archiv

Erfolg Ausschau gehalten hatte. Insgesamt wurden an diesem Treffpunkt zwischen dem 3. und 7. Dezember sechs U-Boote versorgt. Dann lief Schnoor wieder nach Osten.

In seinem Buch »U-977« berichtet Heinz Schaeffer, wie sein U-Boot des Typs VII bei dem allerersten Versuch dieser Art unter Wasser mit Treibstoff versorgt worden war. In der englischen Ausgabe dieses Buches fehlen Einzelheiten wie die Nummer des Bootes, auf dem er zu der Zeit fuhr (es war U-445), die Bootsnummer des Tankers und das Datum. Genaue Prüfung des Buches und der Kriegstagebücher der U-Tanker lassen klar erkennen, daß sein U-Boot am 7. Dezember von U-460 unter Wasser mit Treibstoff versorgt wurde. Der Versuch wurde bei Tagesanbruch durchgeführt, als Luftaufklärung jede andere Möglichkeit ausschloß. Andere Versorgungsgüter waren auf normale Art und Weise über Wasser übergeben worden. Die Ölschläuche wurden angeschlossen, und beide Boote tauchten auf eine verabredete Tiefe (50 Meter). Deutsche Unterseeboote konnten unter Wasser ohne Vorwärtsbewegung keine Tiefe halten. Sie benötigten Fahrt voraus, um die Tiefenruder wirksam werden zu lassen. Beide U-Boote bewegten sich deshalb zusammen durchs Wasser (in Kiellinie, der Tanker schleppte U-445) und verständigten sich mit ihren Unterwasser-Telefonen, bevor sie nach drei Stunden wieder auftauchten und die Treibstoffversorgung beendeten. Treibstoffversorgung unter Wasser wurde nicht sehr oft durchgeführt, weil es einen hohen Grad seemännischen Könnens erforderte, das den frisch ausgebildeten Besatzungen meist noch fehlte.

U-460 hatte nun keinen Reservebrennstoff mehr, aber U-67 und eines der ganz neuen IXC40-Boote, U-183, wurden am 12. Dezember mit Proviant versorgt. Ein Mann von U-183 fiel während der Übernahme von Bord, konnte aber schnell und unverletzt geborgen werden. Ein ursprünglich geplantes Treffen zwischen U-460 und seinem Schwesterboot U-463, das unterwegs in den Atlantik war, wurde abgesagt. U-460 und U-67 gingen zusammen auf Kurs Frankreich, verloren sich aber umgehend aus den Augen. U-460 hatte in der Biskaya einen kurzen Ausfall der Ruderanlage, tauchte schnell weg, als seine »Metox«-Anlage eine Radarwarnung anzeigte, und lief am 19. Dezember sicher in St. Nazaire ein. Dönitz sprach Schnoor lobende Anerkennung für einen gut durchgeführten Einsatz aus.

Mittlerweile waren nach dem 26. November alle U-Boote aus dem Gebiet westlich von Gibraltar zurückgezogen worden. Einige kehrten nach Frankreich zurück, andere wurden auf See versorgt. Für diese Aufgabe setzte man U-118 ein. Dieser U-Minenleger hatte gerade mal vier Wochen in Lorient im Dock gelegen, bevor er, begleitet von einem Sperrbrecher und drei M-Booten, zu seinem zweiten Versorgungseinsatz hinausgeschickt wurde. Während seiner Fahrt durch die Biskaya wurde U-118 (Korvkpt Czygan) am 15. November bei Nacht ohne Radarwarnung von einem WHITLEY-Bomber angegriffen. Zuerst meinte Czygan, daß das Flugzeug in dem Gebiet mit einer Radarstation an Land zusammengearbeitet hatte, dann aber begann er an dem Funkmeß-Beobachtungsgerät des U-Minenlegers zu zweifeln. Seine Ansicht teilte er am 17. dem BdU mit.

Am nächsten Tag tauchte U-118, um einen Dampfer anzugreifen. Es stellte sich jedoch heraus, daß es sich, wie auch das darauffolgende, um ein portugiesisches Schiff

handelte. Am 21. traf es westlich von Madeira in seinem vorgesehenen Versorgungsgebiet ein. Zwei U-Boote, die dort warteten, wurden versorgt, und eines bekam
Besuch von dem Bordarzt des Tankers.

In der Zwischenzeit war U-461 (Kptlt Stiebler) am 19. November aus St. Nazaire zu
seinem dritten Versorgungseinsatz ausgelaufen. Es tauchte bei Tagesanbruch, lief nur
nachts aufgetaucht mit seinem stets bereiten Funkmeß-Beobachtungsgerät und
durchquerte die Biskaya, ohne irgendeinen Luftangriff überstehen zu müssen. Am 23.
war U-461 im Nordatlantik. Am 25. erhielt es die neue Anweisung, U-118 bei der
Bewältigung seiner langen »Kundenliste« zu unterstützen. Zwischen dem 25. und 30.
November wurden die Typ-IX-Boote der Gruppe »Westwall«, die sich aus dem Gebiet
westlich von Gibraltar zurückgezogen hatten, sowie U-185 versorgt. Diese Versorgungen fanden immer bei Einzeltreffen entlang einer Linie, die etwa in der Mitte zwischen den Azoren und den Kanarischen Inseln verlief, statt. Die Wahl dieses Seegebie-
tes war nötig, da die Front-U-Boote vor Brasilien eingesetzt werden sollten.

Auf U-118 schien man ungeduldig geworden zu sein, oder vielleicht wollte Czygan
auch seinen zu kurzen Landurlaub fortsetzen. Man schlug jedenfalls dem BdU vor, daß
sie ihren noch fast vollen Vorrat an Reservebrennstoff an U-461 übergeben könnte,
wenn dieses in der Nähe war. Czygan erhielt jedoch den Befehl, an seinem Standort zu
bleiben und zu warten, weil es viel Durchgangsverkehr gab. Stiebler erschien am
19., und die beiden Milchkühe betreuten die zahlreichen U-Boote in dem Gebiet. Von
U-118 wurden dabei am 30. November drei U-Boote des Typs IX versorgt. Es übernahm außerdem von U-653 ein krankes Besatzungsmitglied und versorgte auch dieses Boot.

Nun stieß der Tanker U-461 weiter nach Süden vor, um seine vordringliche Versorgungsaufgabe zu erfüllen. Er kam südwestlich der Kapverdischen Inseln an und konnte
zwischen dem 8. und 11. Dezember weitere acht U-Boote versorgen. Der Bordarzt
besuchte U-172 und U-128 (Heyse); zwei kranke Seeleute wurden zwecks Behandlung übernommen und Kapitän Lorains von dem versenkten Tanker TEESBANK als
Gefangener von U-128 an U-461 überstellt (im Kriegstagebuch wird der Name
fälschlicherweise mit Lorensen angegeben). Ein unerwartetes Treffen alter Freunde
fand statt, als der Heyse auf den Tanker übersetzte, um seinen Kommandantenkolle-
gen Stiebler zu besuchen. Er brachte einen Fähnrich mit. So geschah es, daß Günther
Paas, Fähnrich auf U-461, überraschenderweise mitten auf dem Ozean einen seiner
ehemaligen Crewkameraden von der Marineschule traf.

U-176 übernahm drei Reservetorpedos. Stiebler hatte sich darüber beklagt, daß auf
den vorhergehenden Einsatzfahrten anscheinend niemand Torpedos haben wollte.
Der letzte Torpedo wurde später an U-128 abgegeben. Heyse erhielt, als er in die Heimat zurückkam, das Ritterkreuz für seine Versenkungen, die er, unter anderem
während seines Treffens mit U-462 (wie vorher beschrieben), erzielt hatte.

Auf dem Weg in die Heimat wurde U-461 zu einem weiteren Treffen mit U-125 (Fol-
kers) gerufen, um einige Ersatzteile zu übergeben. Man traf das Boot bezeichnender-
weise am Weihnachtstag. Vorher jedoch kam der unbewaffnete U-Tanker noch einem
kleinen Geleitzug in die Quere, mußte tauchen und die schreckenerregende Erfahrung

machen, was es bedeutet, wenn ein Zerstörer direkt über das U-Boot hinwegfährt. Das Boot blieb jedoch unentdeckt. Die Biskaya wurde nachts über Wasser, tagsüber getaucht durchquert. U-461 kehrte am 3. Januar 1943 sicher nach St. Nazaire zurück.

Versuche mit ausländischen Unterseebooten

Deutschland hatte bis 1942 einige ausländische Unterseeboote übernommen oder beschlagnahmt. HMS SEAL war in der Nordsee von einem deutschen Wasserflugzeug aufgebracht worden und hatte die Nummer U-B erhalten. Man sah es jedoch nur für Propagandazwecke als wertvoll an, da Schwierigkeiten bei der Beschaffung von Ersatzteilen abzusehen waren. U-B wurde dann tatsächlich 1943 in Kiel außer Dienst gestellt und nie wieder eingesetzt. Einige französische Unterseeboote waren ebenfalls nicht zu gebrauchen. Das frühere türkische Unterseeboot U-A, das beschlagnahmt wurde, als es noch auf einer deutschen Werft im Bau war, hatte sich als nicht ungeeignet erwiesen (siehe vorhergehendes Kapitel). Es waren jedoch auch fünf holländische Unterseeboote erbeutet worden, als Holland überrannt wurde. Sie erhielten deutsche Bootsnummern (U. D-1 bis U. D-5). Die erfolgversprechendsten waren U. D-3, U. D-4 und U. D-5, schnelle (19,5 Knoten über Wasser) 881-Tonnen-U-Boote der Klasse »O.21«. Sie trugen acht 21-Inch-Torpedorohre (53,3 cm) sowie ein 88-mm-Geschütz. Die Besatzung betrug 60 Mann.

Versuche mit übernommenen ausländischen Unterseebooten übertrug der Befehlshaber der Unterseeboote grundsätzlich älteren Marineoffizieren, die genügend Urteilsvermögen und Erfahrung hatten, um die Beuteschiffe umfassend bewerten zu können. U. D-3 und U. D-5 wurden am 8. Juni 1941 bzw. am 1. November 1941 in Rotterdam in Dienst gestellt und führten anschließend Ausbildungsfahrten in der Ostsee durch.

Am 27. August 1942 war U. D-5 (Kpt z. S. Mahn) das erste der ehemals holländischen Boote, das im Einsatz erprobt wurde. Es lief von Deutschland aus über Norwegen direkt zu einem Einsatzgebiet vor Freetown. Hier wurde es nur im Oktober im Kampf eingesetzt, hatte jedoch keinen Erfolg. Während des Rückmarsches entdeckte U. D-5 das Handelsschiff PRIMROSE HILL (8000 Tonnen) und versenkte es. Im November machte U. D-5 in Frankreich fest, und Mahn verließ das Boot, wobei er dessen begrenzte Kampffähigkeit bemängelte. Das Hauptproblem war die qualvoll lange Tauchzeit des Bootes; drei Minuten hatte es einmal gedauert, als das Boot von einem Geleitfahrzeug angegriffen wurde. Kurz darauf brachte der viel jüngere Oblt z. S. König U. D-5 um Nordengland herum nach Kiel zurück, wo es am 9. Januar 1943 einlief.

U. D-3 (Fregkpt Rigele) ging am 3. Oktober nach U. D-5 in den Einsatz und operierte bei den Kapverdischen Inseln. Zu dieser Zeit machte sich der BdU Sorgen, über den Torpedoverbrauch mancher U-Boote, die dann zur Neuausrüstung nach Frankreich zurückkehren mußten. Deshalb wurde entschieden, U. D-3 als Torpedotransporter einzusetzen. Es übernahm am 20. November Brennstoff von U-462, versenkte das norwegische Schiff INDRA (5041 Tonnen), das am 26. November über die Warteposition des Bootes »stolperte«, und übergab eine Woche später in der Nähe von Freetown (06°N, 25°W) acht Torpedos an U-159. U. D-3 blieb bis zum 26. Dezember auf seiner Warteposition, aber es gab keinen weiteren Bedarf für seine Dienste, und so kehrte es am 6. Januar 1943 nach Frankreich zurück. Wieder fiel der Bericht von Rigele ungünstig aus. Es war nicht genug Platz an Deck für den Einsatz als Torpedotransporter, und Rigele führte U. D-3 im Februar 1943 zurück in deutsche Gewässer, wo er am 3. März ankam.

U. D-4 war seit April 1942 von dem erfahrenen Kptlt Bernbeck befehligt worden. Bernbeck war von seiner Stellung als Kommandant von U-461 versetzt worden, als dieses noch Ausbildungsfahrten in der Ostsee durchführte. Er erhielt im Dezember 1942 das Kommando über ein Front-U-Boot (U-638, Typ VIIC), möglicherweise als Ergebnis der Erfahrungen mit U. D-3 und U. D-5. Außer den italienischen Unterseebooten, die als Frachter eingesetzt wurden, fanden keine Beute-U-Boote mehr Verwendung im Kampfeinsatz.

Alle ausländischen Unterseeboote, die sich in der Ostsee befanden, wurden in der Ausbildung genutzt von Offizieren und Mannschaften, die für die Milchkühe vorgesehen waren. So hatte Schäfer 1941 auf U. D-4 und U. D-1 gedient, bevor er Kommandant von U-460 wurde. Danach fuhr er U-A und U. D-4 als Ausbildungskommandant. Metz (U-487) und Schnoor (U-460) wurden auf U-A ausgebildet, bevor sie ihre U-Tanker übernahmen. Mahn sammelte Erfahrung auf U-B, bevor er U. D-5 zum Einsatz brachte. Von Kameke (U-119) war der nächste Kommandant von U. D-5, bevor er mit seinem U-Minenleger in See ging. Schmandt (U-489) diente sowohl auf U-B als auch auf U. D-5, auf dem letzteren während der einzigen Feindfahrt des Bootes, bevor er seinen U-Tanker übernahm.

U. D-4 (Kptlt Schäfer) hatte im September/Oktober 1943 eine wichtige Aufgabe, als es für Versuche zur Treibstoffübergabe unter Wasser eingesetzt wurde. Aufgetaucht fuhr U. D-4 mit zwei bis drei Knoten vor dem Boot, das versorgt werden sollte, und ließ einen luftgefüllten (schwimmenden) Schlauch mit daran befestigtem Telefonkabel und einer Stahltrosse achteraus zu Wasser. Das zu versorgende Boot nahm den Schlauch auf und befestigte die Trosse. Beide Boote tauchten auf Sehrohrtiefe. Die Sprechverbindung wurde über die Telefonleitung aufrechterhalten (es hatte sich herausgestellt, daß dies wesentlich zuverlässiger war als Unterwassersignale). Dann gingen beide Boote tiefer, auf etwa 30 Meter, wobei U. D-4 das andere Boot schleppte. Treibstoff wurde mit Wasserdruck übergeben, und nach Beendigung der Übergabe tauchten beide Boote wieder auf. Die Versuche wurden abgebrochen, als es deutlich wurde, daß die frisch ausgebildeten U-Boot-Besatzungen zuwenig Erfahrung hatten, um diese Manöver sicher durchzuführen. Auch konnten die neuen »Elektroboote« des Typs XXI ohne Treibstoffnachschub vor Kapstadt eingesetzt werden. Gegen Mitte 1944 waren die Einrichtungen für die Treibstoffübernahme unter Wasser auf einigen U-Booten, auch des Typs XXI, vorhanden, aber sie wurden im Einsatz nicht benutzt.

Die meisten der ausländischen Unterseeboote wurden bis zum Oktober 1944 außer Dienst gestellt. U-A, U-B, U. D-1, U. D-2, U. D-3 und U. D-4 wurden in den letzten Tagen des Krieges (am 3. Mai 1945) in Kiel von den Besatzungen selbst versenkt. U. D-5 ging 1945 an die Königlich-Niederländische Marine zurück.

ANGRIFFE VOR KAPSTADT

Oktober 1942

Die Geleitzugschlachten im Nordatlantik wurden allmählich so hart, daß Dönitz zunehmend nach anderen Gebieten suchte, in denen U-Boote die alliierte Schiffahrt ohne größere Risiken angreifen konnte. Er nahm den alten Gedanken wieder auf, Angriffe in den Gewässern um Kapstadt durchzuführen. Damals war Kapstadt ein Nadelöhr für alle englischen Schiffsbewegungen aus dem Osten. Der Eintritt Italiens in den Krieg auf seiten der Deutschen hatte England dazu gezwungen, den Schiffsverkehr im Mittelmeer durch den Suezkanal zu unterbrechen. Folglich hatten es die deutschen U-Boote, die auf direkten Befehl Hitlers in das Mittelmeer geschickt worden waren, sehr schwer, dort lohnende Ziele zu finden, während sie zugleich schwere Verluste erleiden mußten.

Dönitz hoffte, so weit im Süden viele Einzelfahrer erwischen zu können, deren Abwehr nach wie vor schwach war. Er stellte wieder einmal im Kriegstagebuch klar, daß er nur an der Anzahl Versenkungen interessiert war. Er machte sich wenig Gedanken über strategische Schwerpunkte, das Auseinanderziehen der gegnerischen Verteidigungskräfte und andere ausgefeilte Konzepte, die von der Seekriegsleitung entwickelt wurden. Mitte August lief die Gruppe »Eisbär« von ihrem Stützpunkt in Lorient aus. Die Gruppe bestand aus vier U-Booten des Typs IXC, U-156 (Hartenstein), U-172 (Emmermann), U-68 (Merten) und U-505 (Poske). Außerdem begleitete der U-Tanker U-459 die Gruppe, da die IXC-Boote für diese Reise nicht genügend Ausdauer hatten.

U-459 (Kptlt von Wilamowitz-Möllendorf) war am 18. August aus St. Nazaire zu seiner dritten Einsatzfahrt ausgelaufen. Es mußte in der Biskaya einem Luftangriff ausweichen und ging dann auf seine lange Reise nach Süden. Die U-Boot-Gruppe hatte den strengen Befehl, Funkstille zu wahren, da plötzliche Funksprüche, die immer weiter aus dem Süden kamen, sicherlich die Engländer aufmerksam gemacht hätte. Aus demselben Grund durften weder die Front-U-Boote noch der Tanker Peilzeichen senden, um sich zu finden. Es sei denn, daß sie am Treffpunkt mindestens drei Tage lang vergeblich versucht hatten, sich zu finden. Es war jedoch beabsichtigt, daß die U-Boote fortlaufend die funktechnischen Bedingungen überprüfen sollten. Es hatte sich außerdem als notwendig erwiesen, die Boote mit langfristig gültigen Schlüsselunterlagen auszurüsten.

Kaum war die Gruppe am 25. August aus der Biskaya heraus, wurde sie per Funk auch schon mit Anweisungen überhäuft. Die Boote der Gruppe sollten einzeln nach Süden laufen (obwohl sie offensichtlich während der meisten Zeit der Fahrt eng zusammenblieben). Wilamowitz wurde besonders darauf hingewiesen, daß er für die Gruppe nur »das Auge« sein durfte. Nach der ersten Sichtung eines feindlichen Schiffes hatte er den Kontakt sofort abzubrechen, ohne weitere Nachforschungen anzustellen.

Als Ergebnis dieser Reihe von Funkbefehlen, die abgehört worden waren (aber zu der Zeit nicht entschlüsselt werden konnten), waren die Engländer vor einer größeren Bedrohung in einem entfernten Seegebiet gewarnt. Sie hatten wenig Schwierigkeiten zu erraten, daß das Ziel Kapstadt sein würde. Die Admiralität konnte jedoch wenig tun, außer den Schiffsverkehr so weit wie möglich umzuleiten. Der Mangel an Geleitfahrzeugen, die dringend im Nordatlantik benötigt wurden, bedeutete, daß keine Verstärkung an anderen Kriegsschauplätzen möglich war.

Den U-Booten war es erlaubt, auf ihrem Weg nach Süden Schiffe anzugreifen. Trotzdem wollten sie wegen der erwarteten »fetten Beute« bei Kapstadt auf ihrer Fahrt dorthin nicht unbedingt schießen, es sei denn, daß sich ein außergewöhnlich lohnendes Ziel bot. Diese Gelegenheit ergab sich für U-156 (Hartenstein) am 12. September auf einer Position etwa auf halbem Weg zwischen Freetown und der Insel Ascension. Das U-Boot torpedierte und versenkte den Truppentransporter (das frühere Passagierschiff) LACONIA (19.965 Tonnen). Beim Auftauchen sah sich Hartenstein mit etwa 1800 italienischen Kriegsgefangenen und 800 Mann britischen und polnischen Wachpersonals konfrontiert. Als U-156 näher heranfuhr, sank die LACONIA schließlich und nahm über 1000 Menschenleben mit sich. Hartenstein begann sofort, Überlebende an Bord zu nehmen, setzte eine Meldung an den Stützpunkt ab und funkte auf einer internationalen Welle, daß er kein Schiff angreifen würde, wenn es zur Rettung käme.

Zwischenzeitlich befahl Dönitz den anderen vier U-Booten der Gruppe »Eisbär«, sich an der Rettungsaktion zu beteiligen, zusammen mit zwei weiteren U-Booten, die vor Freetown beschäftigt waren, und einem italienischen Unterseeboot, das in Reichweite war. Großadmiral Raeder und Hitler wurden informiert. Man traf Vereinbarungen mit Vichy-Frankreich, das einige Schiffe hinausschicken sollte, um die Überlebenden von den U-Booten zu übernehmen. U-156 nahm nun einige Rettungsboote der LACONIA in Schlepp und breitete eine große Rotkreuzflagge deutlich sichtbar auf dem Oberdeck des U-Bootes aus.

Am nächsten Tag befahl Dönitz dem Rest der Gruppe »Eisbär«, weiter in Richtung Kapstadt zu marschieren, da sie Hartenstein ohnehin nicht vor den französischen Schiffen erreicht hätten. Am dritten Tag nach der Versenkung kam U-506 an, und am nächsten Tag trafen U-507 und das italienische Unterseeboot CAPPELLINI ein, die alle aus dem Gebiet vor Freetown kamen. Am selben Tag kündigte sich auch das erste Zeichen der Alliierten an, die bis dahin nichts zur Hilfe beigetragen hatten, obwohl es eines ihrer Schiffe war, das versenkt worden war. Ein amerikanischer Langstreckenbomber erschien über U-156. Hartenstein stellte sicher, daß die Rotkreuzflagge deutlich zu sehen war, hielt seine Leute weit weg von den Flugabwehrgeschützen und signalisierte, daß Rettungsarbeiten durchgeführt wurden. Der verdutzte Pilot des Flugzeuges fragte per Funk bei seinem Geschwader auf der Insel Ascension nach weiteren Anweisungen.

Der amerikanische Befehlshaber dort war sich der kritischen Lage der Schlacht im Atlantik bewußt. Er hatte keine Anweisungen im Hinblick auf die Respektierung dieser Rotkreuzflagge erhalten und befahl dem Flugzeug anzugreifen. Die Maschine warf drei Wasserbomben ab, die U-156 knapp verfehlten und ein Rettungsboot trafen. Hartenstein warf die Rettungsboote los, als bei einem weiteren Luftangriff beträchtliche Schäden an den Sehrohren sowie der Funk- und Maschinenausrüstung entstanden. Die Überlebenden an Bord des Bootes mußten ins Wasser springen, als U-156 mit Alarm schnell tauchte. Später tauchte es wieder auf, berichtete den Vorfall an Dönitz und fuhr nach Frankreich zurück. Das Flugzeug hatte es inzwischen als versenkt gemeldet und hielt die Überlebenden im Wasser fälschlicherweise für die U-Boot-Besatzung.

Dönitz veranlaßte zunächst nichts, bevor nicht die anderen U-Boote ihre Geretteten an die Franzosen abgegeben hatten. Insgesamt wurden 1091 Überlebende an diese Schiffe übergeben, weitere zwanzig erreichten die afrikanische Küste in einem Rettungsboot. Während dieser Zeit wurde auch U-506 aus der Luft angegriffen. Dann gab Dönitz den berüchtigten »LACONIA-Befehl« heraus, der besagte, daß die U-Boote in Zukunft keine Versuche mehr machen durften, Überlebende von Schiffen, die sie versenkt hatten, zu retten. Er drückte jedoch beide Augen zu bei Kommandanten, die dennoch entgegen diesem Befehl handelten. Die Anklage beim Nürnberger Kriegsverbrecherprozeß ging davon aus, daß dies einem Befehl gleichkam, »Überlebende zu ermorden«. Viele U-Boot-Kommandanten sagten jedoch aus, daß sie diesen Befehl niemals so verstanden hätten, und Dönitz wurde letztendlich von dieser Anklage freigesprochen.

Die anderen vier U-Boote der Gruppe »Eisbär« liefen weiter nach Süden. U-459 passierte St. Helena am 17. September und erreichte sein entferntes Versorgungsgebiet südlich dieser Insel am 22. September. Hier warteten schon U-172, das 107 cbm Treibstoff sowie drei Tonnen Proviant erhielt, U-68, von dem der Kapitän und der Leitende Ingenieur des versenkten Schiffes TREVILLEY übernommen wurden, und U-505. Auch diese beiden Boote erhielten Versorgung. Der U-Tanker übernahm drei kranke Seeleute von U-172, das sich wiederum je einen Mann von U. D-5 und U-506 geholt hatte, als es mit Kurs Süd unterwegs war.

Zwei Tage später konnte U-459 in demselben Gebiet U-159 versorgen. Dieses Boot übernahm auch zwei Ersatztorpedos, für deren Übergabe eine Stunde benötigt wurde. Der U-Tanker kehrte dann in den mittelatlantischen Bereich zurück, wo er sich im Oktober eine Weile südlich des Äquators aufhielt. Es war beabsichtigt, daß U-459 einen Teil seines verbliebenen Brennstoffs an die U-Boote der Gruppe »Iltis« abgeben sollte, die vorher, im September, bereits von U-460 versorgt worden war (siehe vorhergehendes Kapitel).

Eines der Boote der Gruppe »Iltis« war U-333 (Cremer). U-333 hatte wiederholt Maschinenschäden aufgrund von Sabotage (ein dauerndes Problem bei Booten mit einem Heimathafen in Frankreich). Nachdem es mitten in einem Geleitzugangriff von einer Korvette gerammt und schwer beschädigt worden war, sendete es am 6. Oktober einen dringenden Funkspruch an den BdU: »Kommandant und IWO

(Erster Wachoffizier) verwundet. Brauchen ärztliche Hilfe!« Am folgenden Tag, nachdem der BdU einen passenden Treffpunkt zwischen den beiden Booten bestimmt hatte, erhielt U-459 die Anweisung, U-333 zu unterstützen. Der Bordarzt des Tankers erhielt den Befehl, bei Cremer, dessen Verletzungen kritisch waren, zu bleiben, ganz gleich auf welchem Boot. Andere Boote hatten von dem Treffen erfahren, und als U-459 am 8. ankam, wartete U-107 bereits darauf, versorgt zu werden. Am nächsten Tag kam U-333 dran. Cremer wurde auf den U-Tanker gebracht, dessen Bordarzt zweifellos dafür verantwortlich war, daß sein Leben gerettet werden konnte. Zwei gefallene Besatzungsmitglieder wurden durch Angehörige der Tankerbesatzung ersetzt. Man übergab einige Ersatzteile, und Kptlt Kasch, ein ungewöhnlich hochrangiger IWO, der auf U-107 fuhr, übernahm das Kommando auf U-333 und führte es direkt nach Frankreich zurück, Cremer fuhr als »Passagier« auf U-333 mit zurück. Er überlebte den Krieg und schrieb seine ereignisreichen Erinnerungen nieder. Immer noch am Treffpunkt, konnte U-459 am 10. und 11. Oktober U-552 und U-125 mit kleineren Mengen Treibstoff versorgen. Dann lief der Tanker durch das Gebiet der Azoren in Richtung Frankreich.

U-506 und U-174 warteten am 21. Oktober südlich der Azoren. U-174 übergab das dringend benötigte Funkmeß-Beobachtungsgerät an den Tanker, das dieser für seine Fahrt durch die Biskaya brauchte. U-506 erhielt Proviant, aber keinen Treibstoff.

U-459 war jetzt selbst knapp an Brennstoff und lief zusammen mit U-506 zu einem neuen Treffpunkt etwas südlich der Azoren, wo beide Boote den auslaufenden U-Tanker U-462 (Vowe) treffen sollten. Vowe erschien mit seinem Boot am 26. Oktober; U-459 erhielt 25 cbm Treibstoff, und auch U-506 wurde versorgt. Diese Treibstoffübergabe geschah gerade rechtzeitig, bevor sich das Wetter verschlechterte und U-459 und U-506 auf dem Heimweg viel Brennstoff verbrauchten.

In der Biskaya gab es vorübergehend Alarm, als ein alliiertes Unterseeboot in Sicht kam, gefolgt von einem Fliegeralarm am 2. November. U-459 erreichte seinen Heimathafen St. Nazaire am 4. November. Es hatte 11.855 Seemeilen zurückgelegt, davon nur 379 Seemeilen unter Wasser. Der knappe Kommentar von Dönitz lautete: »Gut durchgeführter Versorgungseinsatz.«

In der Zwischenzeit war U-179, der erste der riesigen neuen U-Kreuzer des Typs IXD2, den U-Booten der Gruppe »Eisbär« nach Süden hinterhergeschickt worden. Weil das Boot keinen Treibstoffnachschub benötigte und eine höhere Marschgeschwindigkeit hatte, konnte es die Gruppe einholen. Es war das erste U-Boot, das vor Kapstadt zum Einsatz kam. Er prompt ein Schiff, wurde jedoch am folgenden Tag (8. Oktober) aufgetaucht von einem englischen Zerstörer gesichtet und versenkt.

Nach diesem schlechten Start begannen die verbliebenen U-Boote der Gruppe mit ihren Einsätzen. Sie erwarteten, überall auf wehrlose Einzelfahrer zu stoßen, aber statt dessen fanden sie die See wie leergefegt. Die Schiffahrt war umgeleitet worden. Bald begannen die U-Boote jedoch Ziele zu finden, weil die Engländer nicht alle ihre Schiffe unendlich lange verstecken konnten.

Der Zeitpunkt für den Angriff war auf 00.00 Uhr am 9. Oktober festgelegt. U-172 drang in das Minenfeld vor dem Hafen von Kapstadt ein und griff die Schiffahrt

Abbildung 9-1

Bilder dieser Art wurden von U-Booten, die zu ihren ersten
Feindfahrten ausliefen, als »Abschiedsgeschenk« bei ihren
Flottillen hinterlassen. (Horst Bredow)

dort an. Ende Oktober, als alle anderen U-Boote wegen Treibstoffmangel nach Frankreich zurückkehren mußten, versenkten die drei verbliebenen Boote der Gruppe »Eisbär« und ein italienisches Unterseeboot insgesamt 21 Schiffe mit etwa 160.000 Tonnen. Erinnerungen an den »Paukenschlag« gegen Amerika wurden wach. Unter den Opfern waren auch vier große Truppentransporter: die ORONSAY (24.043 Tonnen), die ORCADES (23.456 Tonnen), die DUCHES OF ATHOLL (20.119 Tonnen) und die CITY OF CAIRO (8034 Tonnen). Trotzdem gab Dönitz seinem Unbehagen über die Tatsache Ausdruck, daß die U-Boote zunächst nur eine leere See vorgefunden hatten. U-459 hatte berichtet, daß es im Südatlantik einen deutschen Hilfskreuzer gesichtet hatte, dort, wo Schiffahrt ohne Geleitschutz vorherrschte. Und Dönitz mutmaßte, daß die Engländer auf die Aktivitäten des Kreuzers mit der Umleitung der Schiffahrt reagiert hatten.

Drei weitere U-Kreuzer trafen zwischen Oktober und Dezember ein. Sie versenkten zwischen Kapstadt und Mozambique viele Schiffe und behinderten die Schiffahrt so nachhaltig, daß der Hafen von Laurenco Marques geschlossen werden mußte. Das wiederum hatte Folgen für den Ölnachschub in den Mittleren Osten. Im Dezember wurde daraufhin das Geleitzugsystem in diesem Gebiet eingeführt, und die U-Kreuzer zogen sich nach Frankreich zurück. Am Ende des Jahres hatten U-Boote an diesem höchst ergiebigen Kriegsschauplatz 49 Schiffe versenkt.

Im November unterstützte U-461, um den Druck in anderen Teilen des Südatlantiks aufrechtzuerhalten, neun U-Boote bei ihren Einsätzen vor Brasilien. Sie versenkten nur sieben Schiffe, sorgten aber vor ihrer Rückfahrt dafür, daß die örtlichen Verteidigungskräfte verstärkt wurden. Dönitz schickte weiterhin U-Boote in Gebiete, in denen er leichte Erfolge vermutete, und zu dieser Zeit hatten die Alliierten noch immer nicht genug Luft- und Seestreitkräfte, um alle diese Gebiete zu schützen.

Ein interessantes Ereignis ist im Zusammenhang mit dem Angriff auf Kapstadt erwähnenswert. Der Flottentanker UCKERMARK (die frühere ALTMARK, 12.000 Tonnen) war am 9. September von Frankreich aus in der Doppelfunktion als Blockadebrecher und als Etappen-Versorgungsschiff in See gegangen. Obwohl er zu der Zeit im Südatlantik einen Hilfskreuzer versorgte, dachte man offensichtlich nicht daran, dieses wertvolle Schiff auch für die Versorgung von U-Booten zu riskieren. Die UCKERMARK fuhr weiter nach Japan, wo sie unglücklicherweise durch eine Tankexplosion zerstört wurde.

Auch der Überwassertanker BRAKE (9225 Tonnen) durchbrach die englische Blockade, als er am 27. September mit U-907 als Geleit aus einem Hafen an der Biskaya auslief. Auch die BRAKE lief nach Japan, ohne unterwegs U-Boote zu versorgen. Die CHARLOTTE SCHLIEMANN hatte die Kanarischen Inseln bereits im Mai verlassen. Nachdem sie im Südatlantik zwei Hilfskreuzer versorgt hatte, ging auch sie in Richtung Japan. Auch dieses Schiff wurde nicht zur Versorgung von U-Booten eingesetzt. Wir werden allerdings später wieder von der BRAKE und der CHARLOTTE SCHLIEMANN hören.

DIE PROBLEME WERDEN GRÖSSER

Januar bis April 1943

Ende Dezember 1942 hatte es der englische Geheimdienst geschafft, in den neuen »Triton«-Schlüssel der Atlantik-U-Boote einzubrechen. Die Entschlüsselung des Funkverkehrs war ab diesem Zeitpunkt für den Rest des Krieges möglich, obwohl die Informationen nicht immer sofort zur Verfügung gestellt werden konnten. Trotz seines großen Vertrauens in die »Enigma«-Schlüsselmaschinen schien der BdU seine Zweifel gehabt zu haben, da er alle U-Boote mit neuen »Enigma«-Maschinen ausrüsten ließ, die vier Walzen, eine mehr als vorher, hatten. Am 1. März erhielten alle U-Boote die Anweisung, die neue Maschine einzusetzen. Aufgrund der hervorragenden Arbeit des englischen Geheimdienstes hatte dieser Wechsel so gut wie keinen Einfluß auf die Entschlüsselung der neuen Meldungen.

Eine weitere Neuentwicklung des BdU war es, seine Kartenangaben zu tarnen. Das war eine im Prinzip kluge Vorgehensweise, die sich aber durch die Art und Weise, wie sie eingesetzt wurde, ins Gegenteil verkehrte. Die Bezeichnungen von Planquadraten wurden nach vorbereiteten Plänen geändert. Diese Änderungen bereiteten den U-Booten manchmal mehr Schwierigkeiten, als sie dem englischen Entschlüsselungspersonal machten, mit dem Erfolg, daß die Boote regelmäßig in den falschen Seegebieten aufkreuzten. Darüber hinaus waren sich die Deutschen nicht einmal einig in der Art der Vorgehensweise. Die Aufzeichnungen von Funksprüchen von U-117 zeigen, daß dieses Boot wie andere U-Boote auch Mitte 1943 noch zu einem Treffen im Planquadrat »XY...« befohlen wurden, eine Position, die als solche im Nordatlantik gar nicht vorhanden war.

Von den versorgten U-Booten wurde nunmehr verlangt, daß sie sich ein wenig von den Milchkühen entfernen, um dann dem BdU über die Lage des Tankers Bericht zu erstatten, z. B. über den noch vorhandenen Treibstoffbestand u. s. w.

Bis hierhin hat das Vorgehen Sinn. Die frisch versorgten U-Boote funkten jedoch ihre jeweiligen Positionen ohne besondere Tarnbezeichnung des Planquadrats an den BdU. Die alliierten Entschlüsselungsfachleute brauchten nur den Mittelpunkt zwischen den angegebenen Planquadraten zu bestimmen, um die Milchkuh zu finden.

U-459 (Kptlt von Wilamowitz-Möllendorf) war in Begleitung von U-442 am 19. Dezember zu seinem vierten Versorgungseinsatz ausgelaufen. Wie vorher war sein Einsatzgebiet der Südatlantik, diesmal zur Unterstützung der Gruppe

»Seehund«. U-459 durchquerte die Biskaya ohne Schwierigkeiten und stieß in den Mittelatlantik vor. Hier, weit westlich von Kap Finisterre, wurde U-564 am 26. mit Nahrungsmitteln und Ersatzteilen versorgt, während U-459 2,4 Tonnen Ballast abwarf.

Es wurde schon erwähnt, daß die U-Tanker Schwierigkeiten mit ihrem Trimm hatten. U-459 war wohl besonders schwer davon betroffen, und der Gedanke, abwerfbaren Ballast mitzuführen, schien seinem Kommandanten nicht besonders gefallen zu haben, wenn man nach seinen Bemerkungen im Kriegstagebuch geht.

U-459 fuhr nun auf eine Position nordwestlich der Azoren, wo U-185 am 27. Dezember mit einem Funkmeß-Beobachtungsgerät ausgerüstet wurde. Zwei Tage später kam U-381 heran und erkundigte sich nach Ersatzteilen, die der Tanker jedoch nicht liefern konnte. U-381 blieb noch eine Zeitlang bei dem Tanker und lief dann ab. U-459 fuhr nach Süden zur Erfüllung seiner eigentlichen Versorgungsaufgabe. Aber jetzt begannen die ersten Entschlüsselungen von U-Boot-Meldungen Früchte für den englischen Geheimdienst zu tragen. U-333 (Schaff) wurde am 1. Januar zu einem Standort geschickt, der als »abgelegener mittelatlantischer Treffpunkt« bezeichnet wurde. Dort sollte er von U-459 versorgt werden. Schaff berichtete, daß er »nur Zerstörer« gefunden hatte. Der U-Tanker war mittlerweile weitermarschiert.

Zu diesem Zeitpunkt waren nur U-459 (westlich von Madeira), U-463 (weit südwestlich der Azoren) und U-117 (nordwestlich der Azoren) an ihren Versorgungstreffpunkten aufgestellt.

U-459 erhielt dann vom BdU den Befehl, das italienische Unterseeboot CAGNI südlich des Äquators zu versorgen. Als der Tanker am 12. Januar dort ankam, sah er nur einen Zerstörer. Innerhalb von 24 Stunden hatte der U-Tanker die Anwesenheit von zwei Zerstörern und einen Langstreckenbomber in dem Versorgungsgebiet festgestellt, man war offensichtlich geneigt, diese Aktivitäten als Zufall anzusehen.

Die CAGNI wurde am 13. entdeckt. Sie war schon 100 Tage auf See. Am 21. September war sie aus dem Mittelmeer in den Atlantik entkommen und sollte weitere 50 Tage im Einsatz bleiben. Sie hatte eine große Reichweite (25.000 Seemeilen) und eine außerordentlich hohe Anzahl (42) von Torpedos. Es gab zwei Leute an Bord, die Deutsch sprachen, aber die CAGNI trieb Wilamowitz zur Weißglut, weil sie trotz der Aufforderung zum Stoppen für die Ölübergabe noch immer manövrierte. Es dauerte dann doch nur 90 Minuten, um 50 cbm Treibstoff zu übergeben, ein Kunststück, das ohne weitere Schwierigkeiten vollbracht wurde. Dann entschwand der Italiener, und U-459 nahm die Gelegenheit wahr, weitere vier Tonnen Ballast abzuwerfen. Wilamowitz berichtete, daß der U-Tanker nun einen guten Trimm hatte.

U-459 setzte seinen Marsch in Richtung Süden fort und passierte die Insel Ascension am 19. Januar. Der Treffpunkt des Bootes im Südatlantik wird später beschrieben.

U-117 (Korvkpt Neumann), das nun der 12. U-Flottille angehörte, wurde während seines Aufenthalts in Lorient überholt und außerdem mit einer neuen Flugabwehrbewaffnung und einem neuen Radarwarngerät ausgerüstet. Am 24. Dezember 1942 lief es wieder aus und stand am ersten Tag des Jahres 1943 auf seiner Versorgungsposition nördlich der Azoren. Fünf Boote der Gruppe »Spitz« wurden versorgt. U-117 mußte während dieser Aktion zweimal vor englischen Korvetten tauchen. Es wurde dann mit einer Flut von komplizierten Funkanweisungen des BdU zu einem anderen Treffpunkt nordwestlich der Azoren beordert. Die zu versorgenden U-Boote hatten Befehl, keine Funksprüche abzusetzen, sondern die Anweisungen des U-Minenlegers abzuwarten. Neumann hingegen hatte den Befehl, jedesmal Bericht zu erstatten, wenn eine Versorgung abgeschlossen war.

U-117 versorgte vom 8. Januar an die Boote der Gruppe »Ungestüm« auf 44°N, 30°W. Dieser Vorgang wurde vom englischen Geheimdienst entdeckt, der festhielt, daß fünf U-Boote von der Milchkuh versorgt wurden. Danach gab es ein wenig umständlichen Funkverkehr zwischen den einzelnen Booten, bevor die meisten von ihnen (einige waren frisch aus Deutschland gekommen) nach Frankreich zurückkehrten. U-117 hatte die Boote U-440, U-662 und U-123 versorgt. Es überstand einen tropischen Sturm und beschäftigte sich dann mit U-455 und U-706 (der Bordarzt wurde auf U-455 übergesetzt, um zwei kranke Besatzungsmitglieder zu behandeln). Schließlich gingen U-117 und U-445 am 14. Januar gemeinsam auf Heimatkurs Richtung Frankreich.

U-117 wurde dann zu einem neuen Gebiet nordwestlich der Azoren umgeleitet, um U-260 zu versorgen. Es erhielt am 25. vom BdU den Befehl, seine Treibstoffreserven zu melden. Dann wurde es zu einem anderen Treffpunkt mit U-662 geschickt und konnte, nachdem ein dreitägiger Sturm überstanden war, das Boot endlich am 30. Januar versorgen.

Am 7. Februar kehrte U-117 zurück nach Lorient. Nach einer gut durchgeführten Unternehmung, bei der zwölf U-Boote versorgt worden waren, muß Neumann etwas enttäuscht gewesen sein, als er den Kommentar von Dönitz zu seinem Kriegstagebuch las: »Keine besonderen Anmerkungen.« Am nächsten Tag lief U-117 mit Geleitschutz zu einer kurzen Verlegungsfahrt zu dem französischen U-Boot-Stützpunkt Brest aus, wo es in der Nacht ankam.

Der U-Tanker U-463 (Korvkpt Wolfbauer) hatte Brest im Geleit von zwei M-Booten spät am 6. Dezember verlassen. Er lief nachts aufgetaucht und bei Tage unter Wasser, kam jedoch in der Biskaya nur mühsam voran, weil das Wetter sehr stürmisch war, und blieb letztendlich für die weitere Fahrt möglichst unter Wasser. Dadurch konnte U-463 zumindest den Luftangriffen ausweichen, denen es sonst in der Biskaya ausgesetzt gewesen wäre.

Am 15. Dezember hatte U-463 seinen ersten Treffpunkt mit U-183 nordöstlich der Azoren erreicht, aber weil das Wetter nach wie vor schlecht war, verzögerte sich die Versorgung bis zum 18. Am folgenden Tag wurden U-91 und U-155 mit Peilzeichen herangeführt. Beide erhielten eine »Metox«-Ausrüstung mit den entsprechenden Kabeln, benötigten aber keinen Brennstoff für ihren kurzen Heimweg.

U-463 lief dann weiter zu seinem Hauptversorgungsgebiet etwas nördlich der Azoren. Es kam am 22. Dezember dort an und versorgte vier Boote mit Treibstoff und »Metox«-Geräten. Am 24. wurde auch U-86 entsprechend versorgt. Dann lief U-463 wieder weiter zu einem neuen Treffpunkt westlich der Azoren. Auf dem Weg dorthin entdeckte es einen kleinen Geleitzug und gab eine Sichtmeldung ab.

U-129, U-163, U-154 und U-508 (Boote des Typs IX der Gruppe »Delphin«) erhielten am 27. Dezember jeweils 30 bis 45 cbm Treibstoff und Proviant. Die Boote schwärmten in Richtung Süden aus und gingen dann weiter nach Süden.

Der schwach gesicherte Tanker-Geleitzug TM.1, bestehend aus neun Schiffen, lief Anfang Januar aus Trinidad aus, um Treibstoff für die alliierten Armeen in Nordafrika nach Gibraltar zu transportieren. Der Geleitzug wurde am 3. östlich von Trinidad von U-514 entdeckt. Das Boot torpedierte und beschädigte einen einzelnen Tanker, während es zugleich eine Meldung über den Kontakt abgab. Wieder konnte der englische Geheimdienst die Meldungen entschlüsseln und berichtete, daß eine U-Boot-Gruppe (hier die Gruppe »Delphin«) die Anweisung erhalten hatte, den vermutlichen Kurs des Geleitzuges zu bewachen. Trotzdem konnte dem betroffenen Geleitzug keine Unterstützung gegeben werden.

Die nun aus zehn U-Booten bestehende Gruppe »Delphin« lief zusammen mit U-463 weiter nach Süden. Am 2. Januar berichtete U-463 auf Nachfrage des BdU, daß es auf 12°N stand und noch 300 cbm Brennstoff verfügbar hatte. Sein Funkspruch: »In Qu. EG90, 300 cbm abgabebereit, stehe Qu. DF2550 (Wetterbericht), Wolfbauer!« wurde vom englischen Geheimdienst entschlüsselt. Zwei Tage später befahl der BdU Wolfbauer, zu stoppen und auf seinem Standort, südlich der Azoren, zu bleiben.

Der Geleitzug wurde entdeckt, die Gruppe griff (zwischen dem 8. und 11. Dezember) zusammen mit einem anderen U-Boot in dem Gebiet an. Die Sicherung aus einem Zerstörer und drei Korvetten wurde überwältigt, und das Ergebnis war eine Katastrophe: Sieben Tanker wurden versenkt, ohne daß einem U-Boot etwas geschah. Manche der Tanker wurden von bis zu sechs Torpedos getroffen. Nur zwei Tanker erreichten Gibraltar, und der deutsche Oberbefehlshaber in Afrika übermittelte Dönitz seine Glückwünsche für das »Delphin«-Rudel, das zweifellos den Druck auf das Afrika-Korps verringert hatte, indem es die alliierten Streitkräfte von ihrem Treibstoffnachschub abgeschnitten hatte. Der deutsche Marine-Nachrichtendienst (B-Dienst) war zu diesem Zeitpunkt in der Lage, viele alliierte Nachrichten zu entschlüsseln. Er berichtete, daß andere alliierte Geleitzüge umgeleitet wurden, um dem »Delphin«-Rudel auszuweichen.

Sieben Boote der Gruppe »Delphin« wurden zwischen dem 11. und 15. Januar von U-463 auf dem Treffpunkt südlich der Azoren versorgt, und die U-Boote waren dadurch in der Lage, weitere drei Frachter des Geleitzuges UGS.4 zu versenken, bevor sie zu ihrem Stützpunkt zurückkehrten. U-463 selbst war nun

»ausverkauft« und ging auf Heimatkurs. Während der Heimreise stoppte es, um ein Ersatzteil an U-258 zu übergeben und einen Seemann, der sich den Arm gebrochen hatte, an Bord zu nehmen.

Während des Rückmarsches durch die Biskaya erhielt U-463 zweimal eine Warnung von seinem »Metox«-Gerät vor drohenden Flugzeugangriffen und konnte beide Male rechtzeitig tauchen. U-463 legte am 26. Januar in St. Nazaire an. Dönitz war von dieser Unternehmung begeistert, bei der achtzehn U-Boote ihre Feindfahrten verlängern konnten.

U-462 (Oblt z. S. Vowe) lief zusammen mit U-608 und einem Sperrbrecher in der Dämmerung des 20. Januar zu seinem dritten Versorgungseinsatz aus St. Nazaire aus. Es war beabsichtigt, daß U-462 den Tanker U-463 im Mittelatlantik ablösen sollte, um dort U-Boote, unter anderem auch die, die sich aus der Gruppe »Delphin« gelöst hatten, zu versorgen. Am nächsten Tag erlitt das Boot jedoch einen Maschinenschaden, der aber innerhalb einer Stunde behoben wurde. Dann fand man Wasser im Treibstoffvorrat. Vowe vermutete, daß die Ursache eine Beschädigung an den Bilgewassertanks war. Danach brachte ein Probetauchen andere Schwierigkeiten zum Vorschein. Vowe teilte dem BdU am 22. mit, daß U-462 seine Einsatzfahrt abbrechen mußte. Kurz darauf war der U-Tanker wieder im Hafen. Der Treibstoffbunker Nr. 6 erwies sich als undicht, und U-462 mußte für vier Wochen in die Werft.

Diese Bewegung wurde vom englischen Geheimdienst entdeckt und (fälschlicherweise) als Teil eines insgesamt ansteigenden Bedürfnisses der U-Boot-Kommandanten angesehen, Ausreden für die Rückkehr zum Stützpunkt zu suchen. Trotzdem führte der Ausfall von U-462 und die Tatsache, daß U-460 den Atlantik Ende Januar nicht erreichte, beim BdU zu einer kritischen Einschätzung der Versorgungslage. U-504 (Typ IXC) erhielt die Anweisung, vorläufig südwestlich der Azoren als Versorger zur Verfügung zu stehen, während andere Front-U-Boote, die auf Heimatkurs waren, kleinere Mengen von Brennstoff abgeben mußten, wenn es notwendig sein sollte. U-504 versorgte U-124 und U-105 am 2./3. Februar, aber ein geplantes Treffen mit U-217 (Typ VIID) mußte wegen schlechten Wetters abgesagt werden. Letztlich wurde U-504 selbst von U-118 versorgt.

Großadmiral Raeder trat im Januar 1943 zurück, nachdem er sich mit Hitler nicht über den Einsatz der großen Überwasserschiffe der Kriegsmarine einigen konnte. Hitler wollte alle Schiffe, die größer als ein Zerstörer waren, abwracken lassen, nachdem sich zuletzt zwei Schwere Kreuzer in arktischen Gewässern nicht gegen eine unterlegene Konvoi-Sicherung durchsetzen konnten. Damit sollten die frei werdenden Ressourcen auf die U-Boot-Waffe übertragen werden. Es war nicht überraschend, daß Hitler Dönitz zum neuen Oberbefehlshaber der Marine ernannte. Dönitz erkannte bald die Gründe für Raeders Haltung, und es gelang ihm, Hitler davon zu überzeugen, daß die deutsche Marine auch weiterhin über große Schiffe verfügen müsse. Dönitz behielt weiter sein aktives und bestimmendes Interesse an dem U-Boot-Krieg, aber das »Tagesgeschäft« wurde nun vom BdU op., Admiral Godt, geführt.

U-Boote wurden in immer größerer Zahl an die Front im Atlantik geschickt. Die Vorboten für einen neuen Angriff auf die nordatlantischen Geleitzugrouten zeichneten sich ab, als die Winterstürme im Atlantik abflauten.

Nun fühlten sich die Deutschen auch endlich in der Lage, den offensiven Einsatz der SMA.-Mine zu beginnen. Einige der U-Minenleger des Typs XB konnten nun für ihren eigentlichen Verwendungszweck eingesetzt werden. Sie wurden allerdings nach Abschluß des Minenlegens als Milchkühe zweckentfremdet.

U-118 (Typ XB, Korvkpt Czygan) lief am 7. Januar mit im Geleit von drei M-Booten aus Lorient aus, um kurze Zeit später nachts in Brest anzukommen. Hier wurden weitere Überholungsarbeiten durchgeführt und am 23. Januar Minen an Bord genommen. Czygan vermerkte in seinem Kriegstagebuch, daß das Verladen der Minen schwierig war, weil es in Brest keine dafür geeigneten Kräne gab. Ungewöhnlicherweise erhielt Czygan schriftliche Befehle für seinen Mineneinsatz.

U-118 lief am 26. gegen Mitternacht aus Brest aus und durchquerte die Biskaya bei Tage getaucht. Während der nächtlichen Fahrt über Wasser kam es zu einigen Luftangriffen, und mehrere Bombenexplosionen waren in einiger Entfernung zu hören. U-118 tauchte am 28. wieder auf, um seine Standortmeldung abzugeben, und erhielt den Befehl, seine Sonderaufgabe durchzuführen.

Am 1. Februar fand sich U-118 nahe der Straße von Gibraltar von Fischerbooten umgeben und tauchte, um ihnen auszuweichen. Nachdem es um 23.10 Uhr wieder aufgetaucht war, begann das Minenlegen. Die meisten der Minen wurden gelegt, als das Boot aufgetaucht war, aber wegen zweier Luftalarme mußten einige Minen vom getauchten Boot aus gelegt werden. Die letzte (fünfzigste) Mine verließ ihren Schacht um 04.21 Uhr. Nachdem es sich in sichere Entfernung zurückgezogen hatte, meldete U-118 dem BdU am 3. Februar, daß die Sonderaufgabe durchgeführt worden war. Es erhielt Anweisung, sich in den mittleren Atlantik, in das Gebiet um die Kanarischen Inseln, zu begeben, um mit seiner Versorgungsaufgabe zu beginnen. Die Minen, die U-118 in der Straße von Gibraltar gelegt hatte, sorgten für aufsehenerregende Erfolge. Eine Korvette und drei Handelsschiffe (14.064 Tonnen) wurden versenkt sowie ein Zerstörer und zwei weitere Handelsschiffe (11.269 Tonnen) beschädigt.

Als es zu seinem Treffpunkt unterwegs war, traf U-118 ein nicht näher bekanntes italienisches Unterseeboot. Es wurden Grüße ausgetauscht, aber kein Brennstoff übergeben. Zwischen dem 8. und 14. Februar versorgte U-118 drei einzelne U-Boote (U-176, U-730 und U-214, einen Minenleger des Typs VIID) sowie fünf Boote der Gruppe »Rochen« (jeweils 30 cbm). Zum Schluß wurde der verbleibende Brennstoff (71 cbm) zusammen mit Proviant für drei Wochen an U-504 übergeben. Es sei daran erinnert, daß U-504 selbst eine Woche vorher als Aushilfstanker eingesetzt worden war. Zusätzlich wurden von den oben genannten Booten drei kranke Besatzungsmitglieder an Bord genommen. Die Boote des »Rochen«-Rudels waren so in der Lage, die Route der Geleitzüge von Amerika nach Gibraltar südlich der Azoren abzusuchen.

U-118 meldete dem BdU, daß die Versorgungsoperation abgeschlossen und es auf Heimatkurs sei. Am 20. erhielt es den Befehl, nach Bordeaux, nicht nach Brest, einzulaufen und kam am 27. Februar unter Geleitschutz dort an. In seiner Bewertung für die Unternehmung von Czygan bemerkte Dönitz mit einem etwas scherzhaften Unterton: »Der B-Dienst und die Presse haben die Erfolge der Minen bemerkt, neun U-Boote wurden versorgt. Die war eine wichtige Unternehmung! Ansonsten gibt es nichts Besonderes zu bemerken.«

Ein anderer Minenleger, U-119 (Kptlt Zech), der, wie vorher schon angemerkt, sechs Monate lang in den offiziellen deutschen Berichten nicht erwähnt worden war, wurde von Deutschland aus hinausgeschickt. Er verließ am 6. Februar zusammen mit zwei anderen U-Booten und einem Minensucher Kiel. Die Gruppe wurde später für die Durchfahrt durch die Belte durch einen Sperrbrecher verstärkt. Die U-Boote kamen am 8. in Kristiansand an, wo U-119 längsseits des Zerstörers RICHARD BEITZEN festmachte.

Am nächsten Tag ging U-119 zu einem kombinierten Minenlege- und Versorgungseinsatz wieder in See. Es erhielt seine Einsatzbefehle für den Beginn des Minenlegens vor Island am 11. Februar direkt vom Marineoberkommando in Norwegen. Während es in den Atlantik vordrang, konnte es, durch sein »Metox« gewarnt, einer Anzahl von Luftangriffen ausweichen.

Am 16. Februar war U-119 in der Dänemark-Straße und hatte Schwierigkeiten mit Vereisung in der winterlichen See. Dann kam Sturm, auf und Zech entschied sich zu tauchen, um Brennstoff zu sparen. U-119 legte dann am 20. Februar seine Minen vor der südwestlichen Küste von Island in der Nähe von Reykjavik. Zech schränkte jedoch die Größe des ursprünglich vorgesehenen Minenfeldes ein, um die Dichte zu erhöhen. Am nächsten Tag wurden bei schlechtem Wetter weitere Minen in einem neuen Feld etwas westlich des vorhergehenden gelegt. Die Alliierten bemerkten nichts, und U-119 begab sich auf den langen Weg zu seiner Versorgungszone nördlich der Azoren. Am gleichen Tag vermerkte Zech erfreut in seinem Kriegstagebuch, daß er nicht weniger als dreizehn Detonationen in dem verminten Gebiet gehört hatte. Tatsächlich war jedoch keine Mine ausgelöst worden, und die Explosionsgeräusche mußten einen anderen Grund gehabt haben.

U-119 konnte aufgrund der Warnungen seiner »Metox«-Ausrüstung zwei weiteren Luftangriffen ausweichen. Nachdem es ausreichend weit von Island abgelaufen war, meldete es am 25. Februar, daß die Minen erfolgreich gelegt worden waren. Diese Meldung war vom englischen Geheimdienst abgehört worden, der sofort eine Minensuchaktion in die Wege leitete. Deshalb erzielten die Minen keinen Erfolg. Kurz nachdem es seinen Funkspruch abgesetzt hatte, wurde U-119 von seiner »Metox« vor einem schnell herankommenden Flugzeug gewarnt und tauchte. Möglicherweise hatte der Funkspruch zu dem Angriff geführt. Zwischenzeitlich hatte der BdU U-119 den Befehl erteilt, seinen restlichen Reservebrennstoff nördlich der Azoren an andere U-Boote abzugeben.

U-119 fuhr bei Nacht aufgetaucht durch den Atlantik zu seinem Versorgungsbereich und vertraute auf die »Metox« für die Entdeckung von Radarsignalen.

Dann stieß das Boot plötzlich am 2. März auf einen englischen Zerstörer der V- oder W-Klasse, als es kurz vor seinem Bestimmungsort war. Das »Metox« hatte keine Warnung abgegeben. Es herrschte tiefe Dunkelheit kurz vor Mitternacht, und der U-Minenleger war kurz davor zu tauchen, als der Zerstörer in nur 800 Metern Entfernung gesichtet wurde und im direkten Anlauf schnell näher kam. Zech tauchte schnell, aber der Zerstörer rammte das U-Boot und verursachte »heftige Erschütterungen«. In der Annahme, daß das Boot tödlich getroffen sei, ließ Zech die Tauchtanks ausblasen. Als U-119 an die Wasseroberfläche kam, sah Zech den Zerstörer in gerade mal 500 Metern Entfernung gestoppt liegen. Er befahl, die Geschütze zu besetzen und drehte das Boot mit dem Heck zu dem Zerstörer. Gerade zu diesem Zeitpunkt wurde ihm gemeldet »Boot macht kein Wasser!« Der Druckkörper war offensichtlich nicht beschädigt worden. U-119 entkam dann über Wasser in die Nacht, während der Zerstörer, der wohl selbst schwere Beschädigungen erlitten hatte, keine Anstalten machte, ihm zu folgen.

Etwa eine Stunde später führte U-119 ein Prüfungstauchen durch, das ohne besondere Vorkommnisse verlief. Als es hell wurde, entdeckte seine Besatzung 21 Geschoßeinschläge am Turm und auf dem Deck und stellte fest, daß das 37-mm-Geschütz zerstört worden war. Zech fuhr nun den kurzen Weg zu seinem Hauptversorgungsgebiet weiter. Der Vorfall mit U-119 taucht nicht in den Berichten auf, die der Geheimdienst der Admiralität geführt hat. Auch in keinem anderen Bericht der alliierten Marinen ist etwas erwähnt. Deshalb ist die Identität des Zerstörers, der an diesem Vorfall beteiligt war, noch immer nicht bekannt.

Aufgrund der großen Anzahl von U-Booten, die zu dieser Zeit bei den »Wolfsrudel«-Operationen gegen die Geleitzüge im Nordatlantik eingesetzt waren, gab es einen ständigen Bedarf an Tankern, die in dem »Air Gap« nördlich der Azoren auf Position sein mußten. Es war beabsichtigt, daß U-119 diese Versorgungen unterstützen sollte, aber andere Tanker waren ihm bereits zuvorgekommen.

Der englische Geheimdienst hatte richtig vorausgesagt, daß U-461 (Kptlt Stiebler) auf 46°N, 27°W gehen würde, um Treibstoff an U-Boote abzugeben, die kurz zuvor den Geleitzug SC.118 angegriffen hatten. Der Tanker verließ St. Nazaire am 13. Februar zu seinem vierten Versorgungseinsatz mit dem üblichen Geleitschutz. Der wichtigste Teil seiner Ladung war eine Anzahl neuer »Metox«-Geräte. Diese sollten an U-Boote im Atlantik übergeben werden. Das Boot durchquerte die Biskaya ohne besondere Vorkommnisse und meldete dem BdU am 17. die sichere Durchfahrt. Wie bei seinem vorherigen Einsatz, mußte U-461 nur einen kurzen Weg zurücklegen, um seine »Kunden« zu versorgen, die östlich und südlich der Azoren warteten.

U-461 versorgte vier U-Boote bei einzelnen Treffen, wobei der BdU Stiebler von einem Boot zum nächsten führte. Ein Kurzsignal »Treffen beendet« kennzeichnete die erfolgreiche Durchführung. Die Gruppe »Rochen« wurde am 28. Februar versorgt (U-118 hatte die Boote von »Rochen« schon einmal versorgt, siehe Seite 112). U-558 und U-202 übernahmen jeweils zwei Torpedos, so daß Stiebler sich nicht mehr darüber beschweren konnte, daß er sie wieder mit nach Hause nehmen mußte. Einer der Torpedos krachte »trotz neuer Leinen« in die See, prallte auf den U-Tanker und schlug über der Wasserlinie zwei Löcher in die Tauchzellen. Je ein »Metox« wurde an U-202 und U-569 übergeben.

Eine weitere Flut von Funksprüchen des BdU regelte jedes Detail des Treffens mit der Gruppe »Rochen«, verlangte jedoch nur kürzeste Antworten der Boote auf See. Der BdU war eindeutig wegen der Gefahr der alliierten Funkpeilung besorgt, dachte aber nicht an einen möglichen Einbruch in den Funkschlüssel.

U-460 (Oblt z. S. Schnoor) lief am 26. Januar aus St. Nazaire aus. Es sollte zur Verbesserung der Versorgungssituation im »Air Gap« beitragen. Während eines Prüfungstauchens am 28. hatte der U-Tanker plötzlich erhebliche Probleme mit dem Trimm. U-460 kehrte deshalb mit seinem Geleit in den Hafen zurück, wobei es ausnahmsweise in der Luft einmal von zwei ARADO-Wasserflugzeugen begleitet wurde. Am 29. war U-460 wieder in St. Nazaire.

Zwei Tage später lief U-460 mit einem Sperrbrecher als Geleitschutz erneut aus. Als es die Biskaya in der üblichen Weise durchfuhr, wurde U-460 viermal innerhalb von zwei Tagen von herankommenden Flugzeugen zum Tauchen gezwungen, nachdem es Warnmeldungen seiner »Metox« empfangen hatte.

Zwei U-Boote erhielten am 7. und 8. Februar nordöstlich der Azoren Treibstoff, als U-460 auf dem Weg zu seinem Haupt-Versorgungsgebiet war. Die U-Boot-gruppe »Taifun« wartete auf Versorgung, als der U-Tanker am 11. Februar in dem »Luftloch« 400 Meilen nördlich der Azoren ankam. Neun Boote des Rudels wurden zwischen dem 11. und 18. versorgt, wobei der Tanker mehrmals seinen Standort änderte. Einige der frisch versorgten Boote gingen auf Heimatkurs, andere schlossen sich der neugebildeten Gruppe »Wildfang« an.

Der BdU wies U-460 an, eine kurze Strecke in Richtung Südwest zu fahren bis auf eine Position nordwestlich der Azoren. Während der Fahrt erfuhr Schnoor, daß er seine wohlverdiente Beförderung zum Kapitänleutnant erhalten hatte. Weitere neun U-Boote wurden in dem neuen Gebiet zwischen dem 21. und 24. Februar versorgt. Kurzfristig kam jedoch Unruhe auf, als ein englisches U-Boot in Sicht kam, während man gerade mitten bei der Treibstoffübergabe an U-303 war. Die Treibstoffübergabe wurde sofort abgebrochen, und U-460 lief mit äußerster Kraft ab. Es übermittelte sofort eine Warnmeldung an den BdU, daß der Treffpunkt dem Feind bekannt sei. Das Versorgungsgebiet wurde am 22. erneut geändert, während der BdU ankündigte, daß U-462 mit hoher Geschwindigkeit zur Unterstützung von U-460 geschickt würde.

U-460 hatte nun achtzehn U-Boote versorgt, hauptsächlich solche des Typs VII. Auch ein oder zwei Boote des Typs IX hatten Treibstoff erhalten, als sie diese abgelegenen Gewässer befuhren. So bekam zum Beispiel U-525 (Drewitz, Typ IXC40) 40 cbm Brennstoff. U-460 erhielt den Befehl zur Rückkehr nach Frankreich, da es nun über keinen Reservebrennstoff mehr verfügte. Es kam am 5. März in Bordeaux an, nachdem es die Biskaya ohne besondere Vorkomm-nisse durchquert hatte.

U-462 lief unter Geleitschutz am 19. Februar wieder aus Bordeaux aus, nachdem es im Januar vergeblich versucht hatte, den Atlantik zu erreichen. Wie die anderen U-Tanker zu dieser Zeit, führte es mehrere Sätze der »Metox«-Ausrüstung mit, um sie an Boote zu übergeben, die schon in See waren. Ein Prüfungstauchen auf »A+30« (110 Meter) verlief zufriedenstellend, und U-462 lief weiter durch die Biskaya. Beim Auftauchen nach einem Luftalarm (bei dem U-462 nicht angegriffen wurde) entdeckte Vowe, daß der U-Tanker eine ernsthafte Leckage an demselben Treibstoffbunker wie zuvor hatte. Im Gegensatz zu den zuvor dargestellten Ansichten des englischen Geheimdienstes, sendete der mutige Vowe einen Funkspruch an den BdU: »Einsatz wird trotz des beschädigten Treibstoffbunkers fortgesetzt.« Eine Ölleckage war immer eine schwere Gefahr für jedes U-Boot, weil es eine Spur hinterließ, der ein Feind leicht folgen konnte. Vowe erhielt den Befehl, mit erhöhter Geschwindigkeit zu seinem Versorgungsgebiet nordnordöstlich der Azoren (Planquadrat BD81) vorzustoßen, um den Tanker U-460 abzulösen.

Eine Reihe komplizierter Anweisungen für die Treffen wurden nun vom BdU an U-462 übermittelt. U-358, U-707 und U-303 erhielten am 26. Februar erhebliche Mengen an Treibstoff. Schlechtes Wetter beeinträchtigte die Versorgungsaktion und hinderte den Bordarzt des Tankers und zwei kranke Seeleute zunächst daran, von U-707 wieder auf U-462 umzusteigen.

Zwischen dem 27. Februar und dem 2. März versorgte U-462 eine Reihe von U-Booten der Gruppe »Burggraf« mit Treibstoff und Proviant und rüstete sie mit »Metox« aus. Zwei weitere U-Boote wurden am 3. März versorgt, nachdem der Treffpunkt ein wenig verlegt worden war. Die versorgten Boote erhielten die Anweisung, dem BdU das Kurzsignal »Versorgung abgeschlossen« zu funken, sobald sie sich weit genug von dem Versorgungsgebiet entfernt hatten.

Zwischen dem 11. Februar und dem 5. März wurden 27 U-Boote der Gruppen »Taifun« und »Burggraf« von U-460 und U-462 versorgt. Das versetzte die Front-U-Boote in die Lage, von Geleitzug zu Geleitzug zu »hüpfen«, wenn sich die Gelegenheit ergab. Drei aufeinanderfolgende Geleitzüge – ONS.165, ON.166 und ONS.167 – wurden im Nordatlantik angegriffen. (Mit »ONS« wurden langsame Geleitzüge bezeichnet, die mit einer Geschwindigkeit von 7 Knoten von England nach Amerika liefen, »ON«-Geleitzüge waren ähnlich, aber mit 9 Knoten schneller).

In diesem erfolgreichen Monat Februar waren insgesamt nur drei U-Boote vor der gesamten Ostküste von Amerika im Einsatz.

U-462 ging auf Heimatkurs, nachdem es am 5. März den Befehl erhalten hatte, nach Bordeaux zurückzukehren. Die Biskaya wurde hauptsächlich unter Wasser durchquert, und U-462 kam, ohne aus der Luft angegriffen worden zu sein, am 11. März in Bordeaux an. Hier wurde es der 12. U-Flottille unterstellt. Der U-Tanker hatte auf dieser Reise insgesamt 16 U-Boote versorgt.

Der Platz dieses Tankers wurde von dem U-Minenleger U-119 eingenommen, der von seiner Minenlegeaktion vor Island gerade eingetroffen war. U-119 half im März bei der Versorgung der Gruppe »Burggraf« und unterstützte U-463 später bei der Treibstoffversorgung der Gruppe »Raubgraf«. U-119 war ohne Schwierigkeiten am 5. März in dem Versorgungsgebiet nördlich der Azoren (46°48'N, 30°11'W) angekommen. Es fuhr Kreise, während es seine ersten »Kunden« erwartete. Als dann U-608 am 7. März ankam, war die See zu rauh, um die Versorgung durchführen zu können. U-608 wurde erst am nächsten Tag aufgefüllt. U-337 wurde mit Peilzeichen herangeführtet. Aber auch hier mußte die Treibstoffübergabe auf den nächsten Tag verschoben werden.

Während der ganzen Nacht konnte man die Geräusche einer Geleitzugschlacht in der Nähe hören, und kurz darauf kamen mehrere U-Boote mit Bedarf für Versorgung an.

Zwischen dem 8. und dem 19. März wurden nicht weniger als dreizehn U-Boote, hauptsächlich solche des Typs VII, unter sehr schlechten Wetterbedingungen mit Brennstoff versorgt, wobei jeweils 20 cbm übergeben wurden. Ein Besuch des Bordarztes war auf U-638 erforderlich, das zusätzlich, ebenso wie U-603, »Metox«-Ersatzteile erhielt. Ein Mann fiel aus einem Schlauchboot ins Wasser, als er versuchte, auf U-566 zu kommen, er wurde aber gerettet und in Sicherheit gebracht. U-757 war in einer besonders unglücklichen Lage, weil es zwei Tage lang keinen Treibstoff bekam und auch ein Besatzungsmitglied, das medizinische Hilfe brauchte, nicht auf die Milchkuh übergesetzt werden konnte.

U-119 war nun »ausverkauft«, aber es lief zu einem weiteren Punkt, wo man U-590 traf. Am 22. März wurde von dem Neuankömmling ein kranker Seemann übernommen und Ersatzteile an das andere Boot übergeben.

U-119 ging dann auf Heimatkurs. Am 24. März tauchte es in die ruhigen Tiefen des Ozeans, um dem Bordarzt die Möglichkeit zu geben, den Patienten von U-590 zu operieren. U-119 durchfuhr die Biskaya ohne Schwierigkeiten und wurde am 1. April zu seinem neuen Heimatstützpunkt, Bordeaux, geleitet.

Zech hatte mit U-119 eine außergewöhnliche Unternehmung durchgeführt. Er hatte Minen gelegt (von denen er glaubte, daß Erfolge erzielt worden seien), war gerammt worden und hatte dann ein Wolfsrudel unter widrigsten Wetterbedingungen versorgt; alles bei seinem ersten Einsatz im Atlantik mit dem U-Minenleger. Er wurde von Dönitz gebührend für seine Leistung beglückwünscht und sollte bald auf eine höhere Stellung befördert werden.

Anfang März versorgte U-461 fünf Boote der Gruppe »Tümmler« im mittleren Atlantik. Das Rudel war zwischen Gibraltar und den Kanarischen Inseln im Einsatz. Von diesen Booten wurden am 1. März U-504 und U-66 von U-461 versorgt und erhielten jeweils eine »Metox«-Ausrüstung. Von U-66 (Markworth) wurde Kapitän Davies des versenkten Dampfers ST. MARGARET als Gefangener übernommen. Viel später konnten sich die Überlebenden von U-461 nicht mehr richtig an diesen Vorfall erinnern und erzählten ihren Verhörbeamten, daß Davies von U-558 übergeben worden sei. Dieses Rätsel blieb lange ungeklärt.

In Erwartung neuer Befehle entschied sich Stiebler, zunächst in dem Gebiet zu bleiben und zwischenzeitlich den durch den losgerissenen Torpedo entstandenen Schaden an dem U-Tanker zu reparieren. Der BdU forderte U-461 am 4. März auf, seinen Standort und den Brennstoffvorrat zu melden. Das führte am 5. zur Brennstoffabgabe und Übergabe von »Metox«-Ausrüstungen an U-106 und U-521 südwestlich der Azoren.

Ein schwerer Sturm schüttelte U-461 am 8. März kräftig durch, aber am 13. beruhigte sich das Wetter. Der Tanker hatte jedoch in der Zeit eine beträchtliche Menge Treibstoff verbraucht. Stiebler lehnte weitere Anweisungen für Treffen wegen Mangel an Brennstoff und aufgrund des insgesamt schlechten Wetters ab. Er schlug vor, zum Heimathafen zurückzukehren, und erhielt die Erlaubnis dafür. Während es auf Heimatkurs war, begegnete U-461 zwei Zerstörern. Sie verschwanden, nachdem sie das Boot zwei Stunden lang vergeblich gesucht hatten. U-461 konnte danach die Biskaya ohne besondere Vorkommnisse durchqueren und erreichte St. Nazaire am späten Nachmittag des 22. März. Es war nur sechs Wochen nach Verlassen des Hafens wieder zurückgekehrt. Dönitz war großzügig mit seinem Lob für die gut durchgeführte Versorgung von zwölf U-Booten unter schwierigen Wetterbedingungen.

Im März wurden die besten Ergebnisse des Krieges gegen Geleitzüge erzielt, als die zusammengefaßten Geleitzüge SC.121/HX.228 und dann SC.122/HX.229 von Wolfsrudeln verfolgt und angegriffen wurden. 38 Schiffe mit mehr als 225.000 Tonnen gingen bei diesen Einsätzen verloren. Die SC- und HX-Geleitzüge waren die langsamen und schnellen Geleitzüge, die von Amerika nach England liefen und deren Ladungen besonders kriegswichtig waren. Die englische Admiralität sah sich dazu gezwungen, ernsthaft darüber nachzudenken, ob die Geleitzüge über den Nordatlantik fortgesetzt werden sollten, obwohl es keine Alternative dazu gab. »Die Deutschen waren nie so nahe daran, den Verkehr zwischen der Neuen und der Alten Welt zu unterbrechen wie in den ersten zwanzig Tagen des März 1943«, gab die englische Admiralität in einem späteren Bericht zu. Der BdU berichtete überschwenglich über den Angriff auf die Geleitzüge SC.122/HX.229 (die man deutscherseits für einen Geleitzug hielt): »Insgesamt wurden 22 Schiffe mit 186.000 Tonnen und ein Zerstörer versenkt, weitere neun Schiffe wurden getroffen. Dies ist der größte Erfolg, der jemals in einer einzelnen Geleitzugschlacht erzielt wurde, und es ist noch bemerkenswerter, daß fast die Hälfte der U-Boote mindestens einen Treffer erzielten.«

In den beiden Monaten Februar und März belief sich die Zahl der auf allen Kriegsschauplätzen versenkten alliierten Handelsschiffe auf 173, wovon 114 allein im Nordatlantik versenkt worden waren. Trotzdem konnte der englische Geheimdienst Anzeichen steigender Belastung in der gesamten U-Boot-Waffe entdecken, da die Verluste der U-Boote zunahmen.

In diesem Stadium des Krieges hatte der deutsche Geheimdienst, der B-Dienst, den Höhepunkt seiner Kriegserfolge erreicht. Man war in der Lage, viele der englischen Funksprüche zu entziffern, und deshalb war der BdU besorgt darüber, daß die Alliierten soviel mehr über die U-Boot-Lage wußten als noch drei Monate zuvor. War der deutsche Schlüssel kompromittiert worden? Gab es einen Verräter im Hauptquartier? Man beauftragte die Sicherheitsabteilung der Abwehr mit einer Untersuchung innerhalb des Stabes des BdU, um eine mögliche Erklärung zu finden. Die Abwehr fand keine Anzeichen für undichte Stellen im Hauptquartier. Es muß eine Erleichterung für Dönitz gewesen sein, als er am 5. März in seinem Kriegstagebuch niederschrieb, daß die Kenntnis der U-Boot-Bewegungen von einer Vielzahl anderer Gründe abgeleitet worden sein könnte. Einer davon könnte die Ortung durch Flugzeuge, die mit Radar ausgerüstet waren, sein. Eine Anzahl von Änderungen der U-Boot-Taktik wurde durchgeführt, nicht zuletzt die Anweisung, für eine halbe Stunde zu tauchen, sobald die »Metox« ein Radarsignal auffing. Dadurch blieben die Deutschen in seliger Unwissenheit über das Vorhandensein der HF/DF-Geräte und über die Tatsache, daß die Engländer den deutschen Funkverkehr entschlüsseln konnten.

Wir verließen U-459, als es auf Südkurs zu seiner Verabredung mit den U-Booten der Gruppe »Seehund« war, die sich auf dem Weg nach Südafrika befand. Am 22. mußte U-459 aufgrund von Problemen mit dem Magnetkompaß drei Stunden lang nach den Sternen steuern, der Fehler trat am 26. auf, aber der Tanker schaffte es trotzdem, seinen Treffpunkt südlich von St. Helena am 28. Januar zu erreichen. Hier meldete es den anderen Booten, daß es eingetroffen war. Der englische Geheimdienst entdeckte den Austausch von Funksignalen auf etwa 25°S, 01°W, konnte jedoch daraufhin nichts unternehmen.

Am nächsten Tag kamen die Boote der Gruppe »Seehund« nach und nach am Treffpunkt an. U-516 (Wiebe), U-159 (Witte) und U-506 (Würdemann) trafen ein und erhielten große Mengen an Brennstoff, jeweils über 100 cbm, und zwei Tonnen Proviant für jedes Boot. Zwei kranke Soldaten wurden von U-506 auf den Tanker übernommen und ein Besatzungsmitglied im Gegenzug übergeben.

U-459 wandte sich dann wieder gen Norden und befand sich am 3. Februar wieder in der Nähe von St. Helena. Hier übergab es weitere 100 cbm Treibstoff an U-160 (Lassen), dazu die unglaubliche Menge von acht Tonnen Proviant. Lassen übernahm auch einen zusätzlichen Torpedo, und Wilamowitz betonte in seinem Kriegstagebuch, daß die Übergabe des Torpedos von Deck zu Deck gerade mal achtzehn Minuten gedauert hatte. U-459 hatte nun 450 cbm Brennstoff an nur fünf U-Boote (zusammen mit der CAGNI) abgegeben und verfügte nur noch über wenig Reservebrennstoff. Das Boot ging gerade auf Heimatkurs, als der Kompaß wieder ausfiel.

Die Insel Ascension passierte U-459 am 9. Februar mit Kurs Nord. Drei Tage später fiel der Kompaß nochmals aus. U-459 navigierte nach den Sternen in Richtung der Kapverdischen Inseln. Als es diese hinter sich gelassen hatte, fragte der BdU am 20. Februar nach seiner Position, bekam aber nur einen geschätzten Standort mitgeteilt. Trotzdem wurde U-459 zu einem letzten Treffpunkt südwestlich der Azoren geschickt, wo es am 27. mit U-513 zusammentraf. Dieses Boot wurde mit Lebensmitteln, einer »Metox«-Ausrüstung und einem Heizgerät versorgt, und, was am wichtigsten war, der Tanker übernahm ein krankes Besatzungsmitglied von dem Front-U-Boot.

Schließlich ging U-459 auf Kurs Frankreich und durchfuhr die Biskaya in üblicher Weise und ohne Zwischenfälle. Etwas Aufregung gab es dann noch am 7. März, als U-459 im Geleit eines Sperrbrechers in Richtung Bordeaux lief. Das Geleitfahrzeug brachte eine Mine zur Explosion, die so nahe bei dem U-Tanker hochging, daß dieser von Gischt überschüttet wurde. Er legte aber sicher in seinem neuen Stützpunkt bei der 12. U-Boot-Flottille an. Während eines Einsatzes, der nur wenig mehr als sechs Wochen gedauert hatte, waren acht U-Boote versorgt worden (obwohl nur fünf von ihnen Treibstoff erhalten hatten). Dönitz beglückwünschte Wilamowitz zu einer gut durchgeführten Unternehmung.

Zwischen Februar und April versenkte die Gruppe »Seehund« in den Gewässern vor Südafrika fünfzehn Schiffe mit 92.837 Tonnen. Das beste Ergebnis wurde von Kapitänleutnant Lassen mit U-160 erzielt, der drei Einzelfahrer (19.535 Tonnen) und vier Schiffe (25.852 Tonnen) aus dem Geleitzug DN.21 versenkt und zwei weitere Schiffe des Geleitzuges beschädigt hatte. Der U-Kreuzer U-182 operierte unabhängig von der Gruppe im gleichen Gebiet, versenkte weitere 30.000 Tonnen an Schiffsraum, ging dann jedoch selbst auf seiner Heimreise nach Frankreich verloren.

Die Überforderung der verfügbaren Milchkühe führte dazu, daß zurückkehrende Boote der Gruppe »Seeräuber« Ende März nahe der Kanarischen Inseln Treibstoff abgeben mußten, damit sieben Boote für kurze Zeit in ihrem Einsatzgebiet bleiben konnten. U-106 versorgte südöstlich der Azoren U-159 und U-155 mit Treibstoff, während U-109 drei Boote nordöstlich derselben Inselgruppe versorgte.

U-463 (Korvkpt Wolfbauer) hatte St. Nazaire am 4. März mit dem üblichen Geleit zu seinem vierten Versorgungseinsatz verlassen. Am nächsten Tag griff ein Flugzeug das Boot bei Nacht in der Biskaya an, ohne daß es eine Radarwarnung gegeben hatte. Der U-Tanker wurde mit einem Angriffsscheinwerfer beleuchtet, aber die Bomben gingen vorbei, und U-463 tauchte. Wolfbauer mußte langsam genug von den plötzlichen Luftangriffen ohne Warnung haben. Er schrieb in sein Kriegstagebuch: »In Zukunft werde ich nur noch zum Laden der Batterien auftauchen.«

Am 11. März erreichte U-463 den Nordatlantik, aber das Wetter wurde zunehmend schlechter. Das Versorgungsgebiet lag nahe bei dem von U-119 im Planquadrat BD24, aber zwischen dem 16. und dem 19. konnte kein U-Boot versorgt werden. Dann wurden sieben Boote versorgt, gefolgt von U-91 am nächsten und U-230 (Siegmann) am übernächsten Tag. U-230 benötigte zweieinhalb Stunden, um gerade mal fünfzehn cbm Treibstoff zu übernehmen.

Ein leichtes Durcheinander entstand am 23. März. U-190, das auf Heimatkurs war, erhielt den Befehl, 80 cbm überschüssigen Brennstoffs an U-463 abzugeben. U-463 sollte dann U-84 versorgen. Alle drei Boote trafen sich am selben Tag, zusammen mit U-415. U-190 übergab seinen Treibstoff direkt an U-84. »U-190 ist mein Versorgungsboot«, scherzte Wolfbauer.

Zu dieser Zeit wurden Boote der Gruppen »Raubgraf« und »Löwenherz«, die südöstlich von Grönland standen, von U-463 mit Unterstützung von U-119 versorgt. Ein typisches Beispiel war die Versorgung des schwer beschädigten U-89 durch U-463. U-89 hatte die Wasserbomben eines Geleitfahrzeuges mit Maschinenschäden überstanden. Das U-Boot lief am 28. März in La Pallice ein, wurde dann aber auf seiner nächsten (fünften) Feindfahrt versenkt.

U-463 hatte bis zum 28. März eine kurze Strecke zu einem neuen Treffpunkt zurückgelegt, aber U-642 konnte wegen schlechten Wetters nicht vor dem 31. versorgt werden. Andere Boote fanden sich ein, und der ganze Zirkus fuhr weiter, um ein besseres Versorgungsgebiet zu suchen. Am 3. April war U-493 in der Lage, bei immer noch schwerem Seegang zwischen 09.16 Uhr und 23.50 Uhr nicht weniger als neun U-Boote zu versorgen; ein normalerweise einfacher Vorgang an einem Arbeitstag einer Milchkuh. Wolfbauer bemerkte nur, daß »die Besatzung hart gearbeitet hat«. Zwischen dem 5. und dem 8. April wurden die Vorräte weiterer sechs U-Boote aufgefüllt, obwohl U-610 wegen seiner verspäteten Ankunft Besorgnis erregte. Diese U-Boote waren Teil der zweiundzwanzig Boote der Gruppen »Seeteufel« und »Seewolf«, die viel Brennstoff bei ihrer erfolglosen Jagd auf den Geleitzug HX.230 verbraucht hatten. Die frisch versorgten Boote ordnete der BdU der Gruppe »Löwenherz« südöstlich von Grönland zu, die gegen den herannahenden Geleitzug SC.126 vorgehen sollte. Andere Boote, die von U-463 (und später von U-462) versorgt wurden, versammelten sich später zur Gruppe »Meise« östlich von Neufundland.

Nach Abgabe seiner letzten Vorräte trat U-463 den Heimweg an und erreichte am 17. April St. Nazaire. Bei der Durchsicht des Kriegstagebuchs des U-Tankers bemerkte Dönitz anerkennend: »Sehr gut durchgeführt. 26 Boote konnten ihren Einsatz verlängern.«

Der Minenleger U-117 (Korvkpt Neumann) hatte in Brest Minen an Bord genommen und lief von dort unter Geleit am 31. März aus. Er wurde nahe der Nordwestküste Spaniens ohne Erfolg von einem Flugzeug angegriffen, kurz nachdem er am 4. April den Sonderbefehl »Einsatz ausführen. Hohe Fahrt laufen« erhalten hatte. Am 9. war U-117 in Position vor Casablanca, wobei es Mühe hatte, den vielen Fischerbooten auszuweichen.

Das Minenlegen begann am 10. April vor Casablanca, zunächst aufgetaucht und dann während des gesamten nächsten Tages getaucht. U-117 zog sich dann in eine sichere Entfernung zurück und meldete am 12. April den erfolgreichen Abschluß seines Minenlegeauftrags. Es erhielt Anweisung, zum Planquadrat DG85 (etwa 28°N, 28°W, weit westlich der Kanarischen Inseln) zu fahren, um mit seinen Versorgungsaufgaben zu beginnen. U-455 (Typ VIIC, Kptlt Scheibe) legte am 10. und 11. April ebenfalls Minen vor Casablanca. Insgesamt wurden durch die Minen ein Schiff (3777 Tonnen) versenkt und zwei weitere (14.269 Tonnen) beschädigt.

Westlich der Kanarischen Inseln (29°N, 30°W) wurde zwischen dem 16. und 28. April die Gruppe »Seehund« von U-117 während seiner Rückfahrt versorgt.

Auf einem Boot war der Besuch des Bordarztes erforderlich. Insgesamt wurden acht U-Boote aufgefüllt (U-68, U-159, U-160, U-185, U-506, U-509, U-516 und U-518). U-117 erhielt zusätzlich den Befehl, das italienische Unterseeboot ARCHIMEDE zu versorgen, das auch im Südatlantik vor Brasilien im Einsatz gewesen war. Man vereinbarte ein besonderes Erkennungssignal, und U-117 erhielt Anweisung zu warten, selbst wenn der Italiener nicht erscheinen sollte.

Am 29. April tauchte U-117, um einen allein fahrenden Dampfer anzugreifen, mußte aber feststellen, daß es sich um ein neutrales spanisches Schiff handelte. Am 2. Mai war die ARCHIMEDE noch immer nicht eingetroffen (es war den Deutschen nicht bekannt, daß sie am 16. April durch einen Luftangriff versenkt worden war), und U-117 gab einen Funkspruch ab, daß es zurückkehren würde. Am folgenden Tag sichtete U-117 einen schnellfahrenden alliierten Tanker, aber dieser entkam dem Unterwasserangriff des Bootes.

U-117 erhielt dann die Anweisung, den noch vorhandenen Reservebrennstoff an den U-Tanker U-460 abzugeben. Der Minenleger kam zwei Tage zu früh an, denn U-460 erschien erst am 5. Mai. Schließlich kam U-117 am 14. Mai sicher in Bordeaux, seinem neuen Heimathafen an, nachdem es allen alliierten Flugzeugen in der Biskaya ausweichen konnte. Es war eines der Boote, die das Glück hatten, dem großen Sterben der U-Boote im Mai entkommen zu sein. Bei seiner Beurteilung des Kriegstagebuchs von Neumann bemängelte Dönitz, daß die Minen in zu geringen Abständen gelegt worden waren. Die Versorgungsoperation fand trotzdem Anerkennung.

Zwischenzeitlich erreichten die Angriffe der Wolfsrudel auf die Geleitzüge im Nordatlantik ihren Höhepunkt. Sie wurden grundsätzlich von U-462 und U-463 unterstützt. U-462 (Oblt z. S. Vowe) war sehr schnell überholt und ausgerüstet worden (es dauerte gerade mal drei Wochen) und lief am 1. April aus Bordeaux aus. Es schien wirklich ein »Aprilscherz« zu sein, denn Vowe führte in flachem Wasser ein Prüfungstauchen durch und löste eine magnetische Grundmine aus, die von Flugzeugen gelegt worden war. Die Explosion schüttelte das Boot kräftig durch, und als Vowe auftauchte, sah er, daß das Deck und der Turm von Öl überzogen waren. Zum vierten Mal in Folge war Vowe Kommandant eines U-Boots, das eine Ölspur nach sich zog. Ein Lotse kam an Bord, und der auslaufende U-Kreuzer U-177 geleitete den Tanker in die tieferen Gewässer der Biskaya.

Der BdU befahl U-462, möglichst schnell (»mit aller erforderlichen Vorsicht«) zu seinem Versorgungsgebiet weit nördlich der Azoren vorzustoßen. Später, nachdem der U-Tanker nach Frankreich zurückgekehrt war, mußte Dönitz Vowe ermahnen, sich an die ständigen Befehle zu halten. Diese besagten, daß ein U-Boot wegen der bekannten Gefahr durch magnetische Grundminen in Gewässern mit weniger als 50 Metern Tiefe nicht tauchen sollte, es sei denn, daß aus der Luft angegriffen würde.

Als U-462 auf dem Weg war, übermittelte der BdU eine weitere Reihe von detaillierten und komplexen Anweisungen an die Boote, die auf die Ankunft des Tankers warteten. Die Versorgung der ersten Boote begann am 8. April.

U-462 mußte mehrfach Funksprüche mit geringer Leistung absetzen, um seine Anwesenheit den ankommenden U-Booten mitzuteilen. Der Treffpunkt wurde am nächsten Tag ein wenig nach Westen verlegt. Sehr viele U-Boote, die später die Gruppe »Meise« bildeten, wurden zwischen dem 10. und 17. April versorgt, trotz der Schwierigkeiten mit den Schlauchbooten und eines versehentlichen Flutens des U-Tankers am 13. April. Es waren so viele »Kunden« da, daß der ganz neue U-Tanker U-487 (Oblt z. S. Metz), der gerade aus Deutschland ausgelaufen war, den Befehl erhielt, zur Unterstützung zu U-462 zu stoßen.

U-487 war der erste der kleinen zweiten Serie von U-Tankern des Typs XIV, die gebaut werden sollten. Er wurde am 21. Dezember 1942 in Kiel in Dienst gestellt. Nach nur drei Monaten Ausbildungszeit in der Ostsee kam U-487 zurück nach Kiel, um mit Versorgungsgütern beladen zu werden. Sein Kommandant war Oblt z. S. Metz, siebenunddreißig Jahre alt. Es war sein erstes eigenes Kommando, jedoch hatte er vorher schon zwischen 1939 und Oktober 1942 als Wachoffizier auf drei U-Booten (darunter U-A) Dienst getan. Es schien noch immer so zu sein, daß der BdU bei seinen Tanker-Kommandanten Erfahrung und entsprechendes Alter bevorzugte, obwohl ein hoher Dienstgrad oder eine längere Dienststellung an Land nicht mehr als Voraussetzung galten. Wie es sich herausstellen sollte, würde Metz seine Sache gut machen.

U-487 lief am 27. März zusammen mit einem Minensucher und zwei Flak-Geleitschiffen von Kiel aus und am 29. in Kristiansand ein, um Frischproviant zu übernehmen und einen Tauchversuch durchzuführen. Dann ging es wieder in See. U-487 stieß um den Norden Englands herum in den Atlantik vor. Es erreichte dann seinen Versorgungsbereich, wieder in dem riesigen Planquadrat »BD«, nördlich der Azoren.

Zwischen dem 11. und 30. April versorgte U-487 bei drei Treffen vierzehn U-Boote mit insgesamt 534 cbm Treibstoff, 13,7 Tonnen Schmieröl und 17 Tonnen Proviant. Eins dieser Boote war das IXC40-Boot U-188 (Lüdden) auf dem Weg in sein Einsatzgebiet. Die anderen Boote waren hauptsächlich vom Typ VII. Sie gehörten zu den Gruppen »Seeteufel« und »Seewolf«.

Am 12. April berichtete der englische Geheimdienst, daß die beiden Tanker auf 49°30'N, 31°30'W beieinander seien. Es ergab sich, daß gerade zwei amerikanische Unterseeboote abgestellt worden waren, um den Atlantik zu überqueren und in europäischen Gewässern eingesetzt zu werden. Man kam überein, daß diese Unterseeboote zum ersten Mal einen richtigen Angriff auf U-Tanker im Versorgungsgebiet durchführen sollten. Mehr darüber erscheint nicht in englischen Berichten, und die Deutschen erfuhren nie etwas über den bevorstehenden Angriff. Es wurde jedoch kein U-Tanker zu dieser Zeit belästigt.

Der BdU gab Anweisung, daß entweder beide Tanker auf der Station bleiben oder daß U-462 seinen restlichen Reservebrennstoff an U-487 abgeben sollte. Die zweite Möglichkeit wurde gewählt, U-462 und U-487 trafen sich am 18. April, und der Neuankömmling wurde mit Brennstoff, »Metox«-Ausrüstung und anderen Teilen versorgt.

U-462 nahm dann wieder Kurs auf Frankreich. Das Kriegstagebuch führt aus, daß der penible Vowe am 20. April aus Anlaß des »Führergeburtstages« seine Besatzung musterte. Viel nüchterner forderte der BdU von U-462 einen Wetterbericht an. Am nächsten Tag hatte Vowe die blendende Idee, die Biskaya aufgetaucht zu durchfahren, wobei er Berichten vertraute, daß die Biskaya doch »nicht überall von feindlichen Flugzeugen überwacht würde«. Dreieinhalb Stunden später ging U-462 mit Alarmtauchen vor einer herankommenden SUNDERLAND auf Tiefe. Nachdem es zur normalen Praxis für die Durchfahrt (aufgetaucht bei Nacht, getaucht bei Tage) zurückgekehrt war, wurde es in der Nacht des 23. April mit vier Bomben von einem mit »Leigh Light« ausgerüsteten Bomber angegriffen, ohne daß das »Metox« irgendein Warnsignal von sich gab. Das gleiche geschah bei einem Angriff mit weiteren vier Bomben nur fünf Stunden später. Am vorhergehenden Tag hatte Vowe einfach gefunkt: »Nach Bordeaux?« Es dauerte neun Stunden, bis die Antwort eintraf: »Ja, ja. BdU West.«

Es mußte eine erleichterte Besatzung gewesen sein, die am 24. April von einem Geleit und einer seltenen Luftsicherung in Empfang genommen wurde, bevor sie Bordeaux erreichte. U-462 hatte insgesamt vierzehn U-Boote mit 627 cbm Treibstoff und Proviant für 122 Tage versorgt. Torpedos waren nicht übergeben worden. Dönitz bemerkte, daß die Versorgungsoperation sehr gut durchgeführt worden war.

Im April ging die Anzahl der versenkten Schiffe zurück, weil viele U-Boote nach den Geleitzugschlachten im März zu ihren Stützpunkten zurückkehren mußten. U-487 blieb bis zum Ende des Monats auf seiner Station nördlich der Azoren.

Der Tanker CORRIENTES war nach der Abfahrt der CHARLOTTE SCHLIEMANN im Mai 1942 bei den Kanarischen Inseln geblieben. Er war Gastgeber für die Überlebenden von U-167 (Fregkpt Sturm), nachdem dessen Boot des Typs IXC bei einem Luftangriff schwer beschädigt worden war und er die Kanaren anlaufen mußte. Dort wurde das Boot am 6. April von seiner Besatzung selbst versenkt. Die Überlebenden blieben für kurze Zeit auf der Insel, wobei englische Agenten sie aus Scherz fotografierten, während sie spazierengingen. Dann wurden sie bei Nacht auf das wartende U-455 hinausgeschmuggelt. Später wurden sie für die Heimreise nach Frankreich auf drei weitere U-Boote verteilt. Kaum zwei Monate nach der Versenkung war nahezu die gesamte Besatzung auf U-547, einem ganz neuen IXC-Boot, wieder in See!

Der BdU hatte mittlerweile eine neue Sorge: Im März meldete U-333 (Schaff) an den Stützpunkt, daß es bei Nacht ohne Radarwarnung von einem Flugzeug angegriffen worden war, das jedoch abgeschossen werden konnte. Im März und April erhielt der BdU wiederholt Berichte von U-Booten, die in der Biskaya von Flugzeugen angegriffen worden waren, ohne daß irgendeine Radarwarnung von ihren Funkmeß-Beobachtungsgeräten gekommen war. Eins dieser Boote war der Tanker U-463 (am 5. März), ein anderes war U-462 (am 23. April). England hatte insgeheim eine Handvoll der Flugzeuge des Coastal Command sowie viele der Überwasser-Streitkräfte mit einem neuen Mikrowellenradar (10 cm) ausgerüstet, das von dem deutschen Funkmeß-Beobachtungsgerät »Metox« nicht erfaßt werden konnte. Die Deutschen hatten vermutet, daß derartig kurze Wellenlängen nicht ohne weiteres machbar seien. Die Forschungen auf dem Gebiet des Radars waren weit hinter denen der Engländer zurückgefallen, da Hitler 1940 alle längerfristigen Forschungsarbeiten hatte einstellen lassen. Er hatte einen kurzen Krieg erwartet. Außerdem behaupteten Experten, daß Radarwellen im Zentimeterbereich ohnehin unmöglich wären.

Der BdU zog trotz der Meinung der »Experten« die Möglichkeit in Betracht, daß Zentimeter-Radar im Einsatz war, konnte jedoch keine eindeutigen Beweise finden. Der englische Geheimdienst berichtete gegen Ende März, daß die erste Nachricht eines U-Bootes (möglicherweise U-156) über einen Nachtangriff ohne Radarwarnung durch einen Bomber, der mit 10-cm-Radar ausgerüstet war, am 7. März vor Trinidad abgegeben wurde. Das U-Boot wurde am nächsten Tag versenkt, wie in dem Bericht festgestellt wurde, so daß es seine Erfahrungen nie weitergeben konnte.

U-461 (Kptlt Stiebler) war am 20. April aus St. Nazaire ausgelaufen und durchquerte die Biskaya in der herkömmlichen Weise, aufgetaucht bei Nacht und getaucht am Tag. Seine »Metox«-Einrichtung gab während der Stunden der Dunkelheit fortwährend Warnungen vor Flugzeugen in der Nähe. Dann, um 02.47 Uhr am 23., wurde es ohne Radarwarnung von einem zweimotorigen Bomber mit »Leigh Light« angeflogen. Drei Bomben und zwei Rauchbomben wurden beim Überflug des Flugzeuges abgeworfen. Die Bomben explodierten an der Steuerbordseite und verursachten offensichtlich geringen Schaden. Der Angriff kam so plötzlich, daß das 20-mm-Geschütz auf dem Turm nicht eingesetzt werden konnte und Stiebler sofort tauchte. Einige Leckagen waren schnell repariert. Stiebler nahm an, daß »das Flugzeug das Boot im Vollmondlicht gesehen haben mußte. Es wurde keine (Radar-)Warnung empfangen.« Nach dem Auftauchen stellte sich heraus, daß die Beschädigung viel schwerer war als zunächst angenommen. Der Tanker hinterließ eine deutliche Ölspur aus einem angeschlagenen Tank.

Nach einer Besprechung befahl der BdU U-461 vorsichtig, aber mit hoher Geschwindigkeit sein Versorgungsgebiet (weit nördlich der Azoren, etwa 51°N, 31°W) anzusteuern. U-461 kämpfte derart mit der See, daß das 20-mm-Geschütz unbrauchbar wurde und die Maschinengewehre von unten auf den Turm gebracht werden mußten. Es tauchte, um einem viermotorigen Bomber auszuweichen. Der Bericht über die Fortsetzung seiner Versorgungsfahrt folgt im nächsten Kapitel.

Die Situation mit dem Radar war aufgrund der Tatsache verwirrend, daß die meisten Flugzeuge noch immer das ältere 150-cm-Radar benutzten. Dönitz erinnerte sich daran, daß U-333 seinen Angreifer abgeschossen hatte, und stellte fest, daß die U-Boote sich nicht mehr darauf verlassen konnten, ein Flugzeug bei

Nacht entdecken zu können. Deshalb befahl er am 27. April, daß die U-Boote die Biskaya am Tag aufgetaucht und bei Nacht getaucht durchqueren sollten, was eine Umkehrung der üblichen Praxis bedeutete. Anfangs hatten die Boote Anweisung zu tauchen, wenn ihre Turmwachen ein herankommendes Flugzeug sichteten, aber innerhalb einer Woche wurden drei U-Boote versenkt und drei weitere schwer beschädigt. Flugzeuge des Coastal Commands flogen 37 Angriffe auf U-Boote. Dönitz befahl den Booten, den Kampf an der Wasseroberfläche auszutragen, wenn sie nicht mehr sicher tauchen konnten. Gerade zu diesem kritischen Zeitpunkt ließ Goebbels, der deutsche Propagandaminister, hämisch verkünden: »Dank unserer U-Boote haben wir England endlich an der Kehle gepackt.«

SCHWARZER MAI

Mai 1943

Nach dem Abschwellen der U-Boot-Einsätze im April lief eine große Anzahl von U-Booten gegen Ende des Monats von den Stützpunkten an der Biskaya und von Deutschland in den Atlantik aus. Im Mai waren mehr als 100 U-Boote in See, und man konnte davon ausgehen, daß umfangreiche Angriffe auf die Geleitzüge folgen würden. Andererseits hatte der englische Geheimdienst während des Aprils festgestellt, daß der Kampfgeist auf den U-Booten nicht mehr so wie früher war. Der Druck im Rahmen der Schlacht im Atlantik, die steigenden Verluste und die Belastung dadurch, daß man von einer Geleitzugschlacht zur nächsten gehetzt wurde, hatte die Entschlossenheit einiger U-Boot-Leute beeinträchtigt. Anstelle einer längeren Erholungspause an Land, gab es jetzt nur noch eine kurze Unterbrechung zur Versorgung auf See.

Die meisten Milchkühe befanden sich zu Beginn des Monats in ihren Stützpunkten. Das hatte zur Folge, daß der Südatlantik-Spezialist U-459 Mitte Mai nördlich der Azoren aufgestellt wurde. Die Standorte der Milchkühe am 1. Mai können der Karte 11-1 entnommen werden. In seiner Zusammenfassung vom 10. Mai beschrieb der englische Geheimdienst die Anwesenheit von drei Milchkühen (wahrscheinlich U-459, U-461 und U-487) und über 30 U-Booten in dem Gebiet von 50°–55°N und 30°–40°W (weit nordnordwestlich der Azoren). Die meisten wurden versorgt und führten Reparaturen durch. Der neue Tanker U-487 (Oblt z. S. Metz) war bis zum 30. April nördlich der Azoren geblieben und nahm dann Kurs auf seinen neuen Stützpunkt in Frankreich. Am 4. Mai ging er auf 160 Meter Tiefe, weil in der Nähe eine Geleitzugschlacht zu hören war, an der sich der Tanker natürlich nicht beteiligen konnte. In der Biskaya gab es zweimal Luftalarm, aber der U-Tanker tauchte vor den Angriffen. Am 12. Mai legte U-487 sicher in seinem neuen Heimatstützpunkt Bordeaux an. Metz hatte sich auf seiner ersten Einsatzfahrt im Krieg gut bewährt und wurde von Admiral Godt entsprechend beglückwünscht.

U-459 (Kptlt von Wilamowitz-Möllendorf) war am 20. April zu seinem fünften Versorgungseinsatz aus Bordeaux ausgelaufen. (Es sei daran erinnert, daß U-461 unabhängig davon am selben Tag aus St. Nazaire ausgelaufen war.) Nachdem es sein Geleit aus einem Sperrbrecher und zwei Minensuchern zurückgelassen hatte, führte U-459 ein Prüfungstauchen auf 150 Meter durch, was wieder eine Klage von Wilamowitz über die Beladung und Ballastverteilung des Tankers nach sich zog. Anders als U-461 konnte U-459 die Biskaya mit nur einem Luftalarm durchqueren, obwohl sein »Metox«-Gerät viele gegnerische Radarsignale erfaßte.

U-459 wurde auf seinem Marsch über den Ozean kurzzeitig umgeleitet, um U-306 sehr weit nördlich der Azoren medizinische Hilfe zu geben. Anschließend

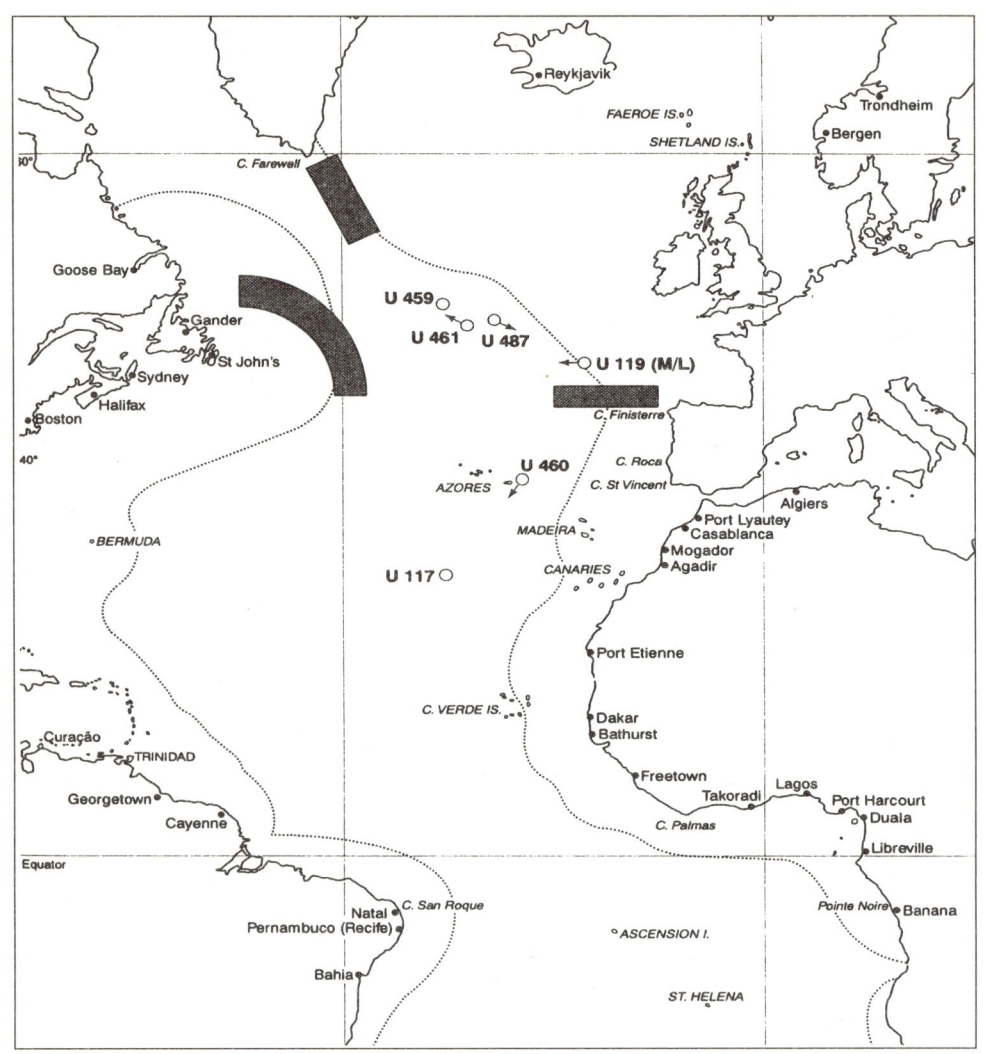

Milchkühe in See am 1.Mai 1943
Karte 11-1
Die dunklen Bereiche bezeichnen U-Boot-Gruppen. Die Milchkühe sind einzeln bezeichnet.
U-119 befindet sich auf seinem Weg zu einem Minen-Einsatz. Auf der Karte ist die große Anzahl
der einzelnen U-Boote auf dem Weg vom oder ins Einsatzgebiet nicht aufgeführt. Die unterbrochenen
Linien bezeichnen die Einsatzgrenzen der landgestützten Luftüberwachungskräfte.
(Mit freundlicher Genehmigung des Aufsichtsbeamten, H.M.S.O.)

lief es nach Süden zu seinem Haupt-Versorgungsbereich in dem üblichen Gebiet
nördlich der Azoren. Am 3. Mai, als es auf dem Weg war, wurde es von einem
Angriff eines englischen Zerstörers überrascht. Der Tanker tauchte in steilem Winkel, wurde aber von elf einzelnen, gut gezielten Wasserbomben durchgeschüttelt,
als er 40 bis 60 Meter tief war. Wilamowitz ging mit dem Tanker auf 160 Meter
Tiefe und verhielt sich ruhig, während der Zerstörer etliche weitere Überläufe über

der getauchten Milchkuh fuhr. Der Zerstörer verschwand endlich, U-459 tauchte auf und lief rasch über Wasser ab. Im Kriegstagebuch wurde vermerkt, daß die »Metox«-Ausrüstung schadhaft war. Das wäre eine Erklärung dafür, daß der Zerstörer so nah herankommen konnte. U-459 kam am 5. Mai in seinem Versorgungsgebiet in dem »Air Gap« nördlich der Azoren an und versorgte U-258.

Am nächsten Tag gab der BdU folgende Meldung an alle U-Tanker: »(Änderung der Ständigen Befehle.) Der Funkverkehr zur Information des BdU über Einzelheiten der Lage des Versorgungsbootes und für andere Meldungen ist so gering wie möglich zu halten.« Der BdU war offensichtlich immer mehr besorgt über die Anzahl der Treffpunkte, die von den Alliierten entdeckt worden waren.

Zwischen dem 7. und 9. Mai wurden fünf weitere U-Boote in dem ursprünglichen Versorgungsgebiet aufgefüllt, bevor U-459 nach Süden marschierte, wobei es unterwegs stoppte, um noch einen Nachzügler zu versorgen. Am 15. Mai hatte U-459 sein neues Versorgungsgebiet erreicht, in dem alle Milchkühe neue Befehle des BdU erhielten: »An alle Versorger. Wenn möglich, keine Peilsignale senden. Frühestens 24 Stunden nach der Ankunft funken. Besondere Wachsamkeit: Mit Trägerflugzeugen und Jagdgruppen ist zu rechnen.« Zwei Tage später schickte der BdU eine weitere Warnung hinaus: »An alle Versorgungsgruppen im Bereich BD (d. h. nördlich der Azoren). Vorsicht vor feindlichen Flugzeugen und Zerstörern.«

U-459 versorgte zwischen dem 15. und 17. Mai acht U-Boote in schneller Folge, übergab »Metox«-Ausrüstungen an die Boote, die sie benötigten, und verlegte dann wieder seinen Standort, um eine gegnerische Einpeilung seiner Position zu vermeiden. Der Tanker war sowieso fast »ausverkauft«. U-262 wurde am 18. und U-129 am 20. versorgt. Bei U-129 fiel ein Mann von einem Schlauchboot außenbords, er wurde aber schnell gerettet.

Der BdU befahl ein Treffen zwischen U-459 und U-403 (Clausen), anschließend sollten beide Boote gemeinsam nach Frankreich zurückkehren. Am 24. Mai traf man U-403 wie geplant und übergab ihm den restlichen Reservetreibstoff des Tankers. Am nächsten Tag wurden zwei weitere U-Boote mit »Metox«-Geräten ausgerüstet, und U-459 übernahm 52 cbm Brennstoff von dem heimkehrenden Typ VIID U-Minenleger U-218. Dieser Brennstoff wurde am nächsten Tag an U-92 weitergegeben.

U-459 ging dann auf Heimatkurs. Bisher hatte es ziemlich viel Glück bei seinen Durchfahrten durch die Biskaya gehabt, aber nun ging seine Glückssträhne zu Ende, als es am 30. Mai kurz nach Mittag aufgetaucht von einem WHITLEY-Bomber überrascht wurde. U-459 schoß mit seiner 37-mm- und den 20-mm-C/38-Kanonen, als das Flugzeug das Boot überflog und dabei zwei Wasserbomben und vier normale Bomben warf. Eine starke Explosion in dem Flugzeug wurde beobachtet, als es den Tanker überflog, aber die Detonation der Bomben sorgten dafür, daß der Tanker sich drehte und im Wasser zum Stillstand kam.

Der WHITLEY-Bomber war außer Sicht geraten. Wilamowitz und seine Besatzung nahmen für sich in Anspruch, es abgeschossen zu haben (dies wurde von alliierten Quellen bestätigt. Der Bomber kam nicht zu seinem Heimatflugplatz zurück. Seine letzte

Meldung war: »Motorprobleme«, wahrscheinlich durch das Abwehrfeuer des U-Tankers verursacht.) Zwischenzeitlich flog jedoch ein zweites Flugzeug, ein LIBERATOR-Bomber, durch das dichte Flugabwehrfeuer an und warf insgesamt zehn flach eingestellte Wasserbomben, von denen einige unangenehm nahe detonierten. Als der Bomber direkt über dem Tanker war und nur mit Bordwaffen angriff, stiegen die Geschützbedienungen von U-459 ein, und das Boot tauchte dann sofort. Der einzige Schaden war an dem leidgeprüften Kompaß entstanden. U-459 tauchte sechs Stunden später wieder auf und hörte die Geräusche eines entfernten Gefechtes zwischen Flugzeugen und U-Booten. Es tauchte wieder und ging auf direkten Heimatkurs.

U-459 traf sein vorbereitetes Geleit in Form von U-564 am 3. Juni und kam am selben Abend sicher in Bordeaux an. Admiral Godt war deutlich in seinem Lob: »Eine besonders gut ausgeführte und seemännische Versorgungsunternehmung. Der erfolgreiche Luftabwehrkampf am 30. Mai ist besonders bemerkenswert. Der Abschuß eines Flugzeugs wird bestätigt.«

Ein interessanter Gesichtspunkt des Einsatzes der Unterseeboottanker zu dieser Zeit war der, daß die U-Minenleger zeitweise nicht als Milchkühe genutzt wurden (U-117 war gegen Mitte Mai von seinem Versorgungstreffpunkt bei den Kanarischen Inseln zurückgekehrt).

Der Tanker U-460 (Kptlt Schnoor) wurde am 24. April zu seiner fünften Einsatzfahrt in den mittleren Atlantik entsandt. Die Einsatzbefehle für den U-Tanker sahen die Versorgung von sechs U-Booten, die vor Freetown im Einsatz waren, vor. Sein Räumgeleit brachte, bevor es abdrehte, eine Magnetmine zur Explosion, und U-460 durchquerte die Biskaya ohne Schwierigkeiten, obwohl sein vorsichtiger Kommandant auf mehrere Tauchübungen bestand. Bevor es nach Süden abdrehte, wurde U-460 abgestellt, um andere Boote zu unterstützen, die sich in akuten Schwierigkeiten befanden. Man traf U-185 eben außerhalb der Biskaya und rüstete es mit einem aktiven Radargerät vom Typ »Dora« aus. »Dora« war ein Radarsender/-empfänger. Die deutsche Radartechnik hinkte jedoch weit hinter der alliierten nach, und »Dora« war nie von großem Nutzen im aktiven Einsatz auf U-Booten.

U-183 (Schäfer) erhielt am 3. Mai südlich der Azoren Proviant und den Besuch des Bordarztes, es wurde jedoch kein Treibstoff übergeben (U-183 hatte gerade einen Tag vorher von U-117 Treibstoff bekommen). Zwei Tage später, wie im vorhergehenden Kapitel beschrieben, fand ein Treffen mit U-117 statt, das mit Fleischwaren und Batterieteilen für seine Heimreise ausgestattet wurde. Der U-Minenleger übergab 45 cbm Reservebrennstoff an den U-Tanker. Die beiden Milchkühe trennten sich, um ihre Wege fortzusetzen, und Schnoor führte eine vollständige Flugabwehrübung durch, das einzige Mal, daß ein solches Ereignis in den gesamten Kriegstagebüchern der Milchkühe dokumentiert wurde.

Am 15. Mai stand U-460 westlich von Freetown und mußte tauchen, um einem viermotorigen Bomber auszuweichen. Schnoor meinte, daß es möglicherweise wegen der Flughöhe nur ein Transportflug gewesen sein könnte, das den Atlantik an der schmalsten Stelle zwischen Freetown und Brasilien überquerte. Man war jedoch nun nahe am Treffpunkt, und der Bomber könnte doch nach Milchkühen gesucht haben.

Dies war das Gebiet, in dem 1941 viele Schiffe versenkt worden waren. Die U-Boot-Gruppe, die jetzt dort war, hatte bisher nur wenige Einzelfahrer, aber viele Geleitzüge gefunden. Während des Angriffs auf einen von ihnen im April ging U-124, geführt von einem der erfahrensten Kommandanten, Jochen Mohr, verloren, nachdem es zwei Schiffe versenkt hatte. Andererseits gelang es U-515 (Henke), sieben Schiffe des Geleitzuges TS.37 zu versenken.

U-460 lag zwischen dem 17. und 26. Mai auf seinem Treffpunkt. Während dieser Zeit wurden sechs U-Boote des Typs IX versorgt und ein kranker Seemann von U-154 übernommen. Henke hatte ein interessantes Problem: Ein Mann seines Maschinenpersonals war unter Arrest gestellt worden, weil er »Sabotage an Bord gebilligt haben sollte«. Dieser Mann kam als Gefangener auf den Tanker.

U-460 lief dann in Richtung Nordwest zu einer Position westlich der Kapverdischen Inseln, wo am 2. Juni U-513 (Guggenberger) nach seinem Einsatz vor Brasilien wartete. Am nächsten Tag machte sich U-460 auf seinen langen Heimweg nach Frankreich. Seine Geschichte wird in Kapitel »Katastrophe im Atlantik« fortgesetzt.

Wir verließen U-461 (Kptlt Stiebler), als es mit einer Ölspur aus einem von Bomben beschädigten Treibstoffbunker in den Atlantik hinausfuhr. Am 28. April war schließlich das gesamte Öl aus der beschädigten Zelle ausgelaufen, U-461 hatte insgesamt 20 cbm Treibstoff verloren, und am folgenden Tag erhielt das Boot seine Befehle für die Versorgung mehrerer U-Boote aus verschiedenen Rudeln. Sein Schwester-Tanker, U-487 (Oblt z. S. Metz), übergab eine neue »Metox«-Ausrüstung an U-461, als dieses in dem nordatlantischen »Luftloch« nördlich der Azoren (Planquadrat BD36) ankam.

Drei U-Boote (U-631, U-267 und U-610) wurden am 1. Mai bei schwerer See mühsam mit Treibstoff versorgt. Keines benötigte Proviant und Stiebler vermerkte die Notwendigkeit, die an Bord mitgeführten Proviantmengen nochmals zu überdenken. Trotzdem erhielten U-267 und U-610 Lebensmittel, und auch U-108 und U-706 wurden versorgt.

Das schlechte Wetter führte zu Ungenauigkeiten bei der Standortbestimmung, mithin zu Schwierigkeiten, die anderen »Kunden« zu finden. Nach einer Reihe von Funksprüchen traf man am 5. Mai schließlich U-532 (Junker) und U-598 (Holdorf), die mit »Metox«-Geräten ausgerüstet wurden. Zwei Tage später wurde U-528 (Rabenau) versorgt, nachdem U-461 gezwungen war, Peilzeichen zu senden. Der beunruhigte BdU funkte: »Stiebler. Vorsicht. Wegen der Peilsignale heute könnte der Treffpunkt gefährdet sein.« (Der Kommandant eines in der Nähe stehenden U-Bootes hatte gemeldet, daß sich zwei Zerstörer in der Gegend aufhielten.)

Zwischen dem 9. und 14. Mai versorgte U-461 weitere acht U-Boote, darunter den Minenleger U-218 (Kptlt Becker). Dann lief der U-Tanker zu einem neuen Treffpunkt in der Nähe, bevor er auf Heimatkurs ging. Sechs weitere U-Boote wurden vom 16. bis zum 19. Mai in dem neuen Gebiet versorgt. U-461 übernahm einen kranken Seemann von U-228. Eine Anzahl von Ersatzteilen wurde übergeben. Zu dieser Zeit hatte der U-Tanker sich die Gewohnheit »bei Nacht getaucht, am Tage aufgetaucht« zu eigen gemacht. U-217 und U-218 legten im Mai Minen vor der englischen Küste; U-217 in den Gewässern vor Lands End, U-218 im Nordkanal. Jetzt waren beide in den Mittelatlantik abgestellt worden, wo U-217 am 13. Juni versenkt wurde.

Der BdU befahl U-461 dann am 21. Mai, an einem neuen Treffpunkt nordöstlich der Azoren eine »Metox«-Ausrüstung an U-463 (Wolfbauer) zu übergeben. Nach seiner Ankunft dort konnte Stiebler U-463 nicht finden und meldete dies nach Lorient. Dann ging U-461 auf Heimatkurs und kam am 3. Juni in Bordeaux an. Überraschenderweise gab es bei der Durchfahrt der Biskaya nur einen Luftalarm und keinen direkten Angriff. Godt war hocherfreut über diesen Einsatz, bei dem nicht weniger als 26 U-Boote versorgt worden waren, nachdem der U-Tanker die anfänglichen Probleme überwunden hatte.

Was geschah mit dem U-Tanker U-463 (Korvkpt Wolfbauer)? U-463 verließ Bordeaux am 12. Mai zu seinem fünften Versorgungseinsatz. Zwei Tage später meldete es dem BdU, daß es Kurs auf sein Versorgungsgebiet nördlich der Azoren genommen hatte. Aber am 16. Mai wurde das auslaufende U-Boot von einem HALIFAX-Bomber des Coastal Command aufgespürt. Das Flugzeug blieb (vom U-Boot aus betrachtet) in der Sonne und stieß dann hinunter, um seinen Angriff durchzuführen. Der U-Tanker versuchte zu tauchen, aber zu spät, und eine gezielte Serie von zehn Wasserbomben fiel, als der Turm des Bootes noch zu sehen war. Die Bomben schickten U-463 direkt auf den Meeresgrund. Als das Flugzeug und sein Begleiter über der Stelle kreisten, war an der Einschlagstelle nur bläuliches Öl zu sehen – und Leichen. Es gab keine Überlebenden.

Wolfbauer und seine Besatzung hatten während früherer Einsatzfahrten in der Biskaya wiederholt Luftangriffe überstehen müssen, und er war sicherlich nicht begeistert von dem Befehl vom 27. April, die Biskaya bei Tag aufgetaucht zu durchkreuzen. U-463 war so schnell gesunken, daß es keine Zeit mehr für einen Notruf gehabt hatte. So fragte der BdU U-463 am 18. Mai nach seiner Weiterfahrt, nachdem es die Biskaya hinter sich hatte. Bis zum 20. erfolgte keine Antwort, und auch am 21. hatte der U-Tanker keine Standortmeldung abgesetzt. Es wurde schließlich angenommen, daß U-463 mit seiner gesamten Besatzung während der Durchfahrt durch die Biskaya verlorengegangen war. Das Boot erhielt ab dem 20. Mai den Ein-Stern-Status und am 13. Januar 1944 den Zwei-Stern-Status.

Der zweite der neuen Serie von U-Tankern, U-488 (Oblt z. S. Bartke), lief am 18. Mai aus Kiel zu seinem ersten Kriegseinsatz aus. Anders als Metz von U-487 hatte der vierunddreißigjährige Bartke nur knappe siebzehn Monate Fronterfahrung als IIWO (Zweiter Wachoffizier) auf U-403 hinter sich, bevor er sein Kommando übernahm. Es ist schwer zu verstehen, daß dies Bartke die Qualifikation verlieh, einen U-Tanker zu kommandieren, aber schwere Verluste unter den in Frage kommenden Kandidaten hatten zweifellos die Möglichkeiten des BdU eingeschränkt. Aufgrund fortgeschrittenen Alters besaß Bartke sicherlich das Wissen und mehr Übersicht als die meisten jüngeren U-Boot-Kommandanten. Zum Glück für die Deutschen erwies er sich genauso fähig und tüchtig wie Metz.

U-488 legte am 20. Mai in Kristiansand an, ging dann wieder in See und erreichte den Nordatlantik ohne besondere Vorfälle. Es stoppte kurz nördlich der Azoren, um einige Reparaturen an den Batterien durchzuführen, und marschierte dann weiter zu seinem Versorgungsgebiet weit westlich der Azoren, wo es die Gruppe »Trutz« versorgen sollte. Seine Geschichte wird in Kapitel »Katastrophe im Atlantik« weitergeführt.

Auf See waren die Alliierten nicht untätig gewesen. Einige ihrer Geleitschiffe waren mit dem neuen 10-cm-Radar ausgerüstet. Anders als die U-Boot-Besatzungen, von denen viele aus Deutschland zu ihrer ersten Feindfahrt ausliefen, waren die Alliierten durch monatelange Einsätze mittlerweile kampferprobt. Darüber hinaus hatten die Geleitzüge eine besonders unangenehme Überraschung für jedes herankommende U-Boot bereit: die Geleitflugzeugträger.

Geleitflugzeugträger waren im Grunde Flugzeugträger, die dadurch entstanden, daß man ein Flugdeck auf den umgebauten Rumpf eines Handelsschiffes setzte. Sie unterschieden sich von den älteren Flugdeck-Schiffen. Diese waren gewöhnliche Handelsschiffe, die auch normale Fracht beförderten, ausgerüstet mit einem kurzen Flugdeck und einem Katapult für eine Handvoll von Flugzeugen. Geleitflugzeugträger mußten dagegen speziell für diesen Zweck gebaut werden. Der Geleitflugzeugträger war keineswegs eine neue Erfindung. Schon Anfang 1941 hatte HMS AUDACITY Geleitzüge auf der gefährlichen, von der Luftwaffe bedrohten Route zwischen Gibraltar und England geschützt. Bis 1943 gab es nie genug Geleitflugzeugträger, und die wenigen, die verfügbar waren, mußten zur Unterstützung der arktischen Geleitzüge eingesetzt werden, die von der Luftwaffe, von Überwasserstreitkräften und von U-Booten bedroht wurden. Auch die Operation »Torch« (Invasion Nordafrikas) erforderte Geleitflugzeugträger. Sowohl die Engländer als auch die Amerikaner erkannten schnell ihren Wert und bauten sie in großer Zahl, wobei die gewaltige amerikanische Schiffbauindustrie die weitaus größere Anzahl herstellte. Zwischen 1942 und 1945 bauten sie 115 Geleitflugzeugträger mit einer durchschnittlichen Bauzeit von nur zwölf Monaten. Im Juli 1943 hatten die Amerikaner bereits 29 dieser Träger im Einsatz.

Der Einsatz dieser Geleitflugzeugträger zur Begleitung der Geleitzüge im Nordatlantik überbrückte endlich das »Luftloch« zwischen dem amerikanischen Kontinent und England. Kein aufgetauchtes U-Boot in Reichweite eines Geleitzuges konnte sich mehr sicher fühlen. Dies hatte die Auswirkung, daß wenn ein U-Boot erst einmal zum Tauchen gezwungen worden war, es nicht mehr zu einem Geleitzug aufschließen konnte, denn selbst der langsamste Geleitzug war schneller als ein getauchtes U-Boot. Andererseits konnte das U-Boot nun nicht wieder auftauchen und sich über Wasser in schneller Fahrt vor den Geleitzug setzen, wenn die unmittelbare Gefahr vorbei war.

Die Flugzeuge, die von den Geleitflugzeugträgern starteten, waren zusätzlich zu den üblichen Bomben und flach eingestellten Wasserbomben mit zwei neuen U-Boot-Abwehrwaffen ausgerüstet: die ungelenkte Luft-Bodenrakete und die streng geheime »Mark-24-Mine«, die in Wirklichkeit ein zielsuchender Torpedo war. Wenn er ins Wasser abgeworfen wurde, steuerte er selbständig die nächste Geräuschquelle an, die Schrauben des U-Bootes, und detonierte beim Aufschlag. Die »Mark-24-Mine« wurde gewöhnlich »Fido« genannt, weil sie den Feind »erschnüffelte«.

»Fido« war recht unempfindlich für Geräusche und war meist nur dann erfolgreich, wenn Kavitation an den Propellern auftrat. Mit Kavitation wird das Zusammenfallen von Luftblasen bezeichnet, die bei hohen Drehzahlen an den Propellerblättern entstehen. Normalerweise trat Kavitation bei einem U-Boot dann auf, wenn es mit hoher Geschwindigkeit zu tauchen versuchte, wenn es aber langsam tauchte, wurde »Fido« nicht wirksam. Es war folglich sehr wichtig für die Alliierten, daß die Deutschen das Geheimnis nicht entdeckten, und es wurden Befehle ausgegeben, unter keinen Umständen »Fido« dann einzusetzen, wenn das U-Boot in der Lage war, die Wirkungsweise zu beobachten. Das bedeutete in der Praxis, daß »Fido« ausschließlich gegen schnell tauchende U-Boote eingesetzt wurde, und das Geheimnis dieser »Mine« wurde während des ganzen Krieges von den Deutschen nicht entdeckt, und das trotz der Tatsache, daß sie eigentlich gleichzeitig ihren eigenen akustischen Torpedo entwickelten und alle U-Boote ab September 1943 akustische Torpedos mit sich führten.

Die Alliierten hatten allerdings Glück, daß »Fido« nicht schon bei seinem allerersten Einsatz gegen ein tauchendes U-Boot entdeckt wurde. U-456 wurde am 13. Mai im Bereich der Schrauben getroffen, überlebte es aber wie durch ein Wunder und konnte schwer beschädigt auftauchen. Es meldete zum Stützpunkt, daß es einen Bombentreffer am Heck erhalten hätte, wurde aber später von Kriegsschiffen versenkt, die ihm nachgeschickt worden waren. An Land hatte niemand die geringste Ahnung davon, daß es das erste Opfer von »Fido« geworden war.

Ein Agent in den USA berichtete dem BdU 1944, daß eine amerikanische Fertigungsstätte zielsuchende akustische Torpedos herstellte. Diesem Bericht wurde keinerlei Glauben geschenkt mit der seltsamen »Begründung«, daß, wenn die Alliierten zielsuchende Torpedos einsetzten würden, es keine Überlebenden geben könnte. Es war aber bekannt, daß es Überlebende bei U-Boot-Versenkungen gab. Die Deutschen konnten sich nicht vorstellen, daß möglicherweise zielsuchende Torpedos parallel zu anderen U-Boot-Abwehrwaffen eingesetzt wurden.

Die U-Boote wurden von der Anwesenheit von Flugzeugen der Geleitflugzeugträger vollständig überrascht, und viele wurden versenkt. Noch schlimmer war es aus deutscher Sicht, daß die U-Boote Schwierigkeiten hatten, überhaupt noch Schiffe zu versenken, während die Anzahl der versenkten U-Boote in den Geleitzugschlachten nach oben schnellte. Die Unsicherheit über die Ursachen dieser Entwicklung führte zu einem Strom von Funksprüchen und Warnungen an die Boote in See, und man stellte fest, daß die Verluste bei den großen Booten des Typs IX in keinem Verhältnis zu ihrer Anzahl standen. Darüber hinaus war die Luftüberwachung über der Biskaya zu einer so großen Gefahr für die Boote geworden, die versuchten, daß die Boote den Befehl erhielten, sich zum Marsch durch die Biskaya zu Gruppen von drei bis sechs Booten zusammenzuschließen, um sich gegenseitig bei der Flugzeugabwehr zu unterstützen.

Am 24. Mai entschied Dönitz, daß er eine derartig hohe Verlustrate im Nordatlantik nicht länger verantworten konnte. Er brach die Schlacht ab und befahl allen Booten, diesen Kriegsschauplatz zu verlassen. Einige sollten sich in der Nähe der

Azoren neu gruppieren, wo er hoffte, daß die Geleitzüge weniger stark geschützt wären, der Rest sollte nach Frankreich zurückkehren. »Wir hatten die Schlacht im Atlantik verloren«, schrieb er später. Zu dem Zeitpunkt jedoch war Dönitz noch weniger pessimistisch. Er führte die U-Boot-Verluste auf die Überlegenheit der feindlichen Ortungsmethoden zurück, der mit verbesserter Funkmeß-Beobachtungs-Ausrüstung und besserer Flugabwehrbewaffnung begegnet werden könnte.

41 U-Boote wurden im Mai versenkt, über ein Drittel der im Einsatz befindlichen Boote. 29 gingen allein im Nordatlantik verloren. Im Gegensatz dazu konnten im Nordatlantik nur 20 alliierte Schiffe von den U-Booten versenkt werden, gerade mal zwei mehr als von einer Gruppe von sieben Langstrecken-U-Booten, darunter sechs U-Kreuzer, die im Südatlantik und vor Kapstadt im Einsatz waren. Obwohl sie keine Geleitzüge antrafen, versenkten sie 200.000 Tonnen an alliiertem Schiffsraum, bevor sie sich zurückzogen.

Die Milchkühe hatten zunächst nicht direkt unter der Katastrophe, die den Rest der U-Boot-Waffe ereilt hatte, zu leiden, weil sie noch ziemlich sicher in ihren abgelegenen Versorgungsgebieten lagen. Trotzdem mußten U-Tanker, welche die Biskaya durchkreuzten, mit ernsthaften Schwierigkeiten durch alliierte Flugzeuge rechnen. Das lag sowohl an der langen Zeit, die sie zum Tauchen benötigten, als auch an der Tatsache, daß sie die Biskaya tagsüber aufgetaucht durchquerten. Es wurde schnell offensichtlich, daß das Ausbleiben massiver U-Boot-Angriffe auf die Geleitzüge alliierte Seekriegsmittel freisetzte, die nun dazu eingesetzt wurden, die Milchkühe in deren ureigenen Gebieten zu jagen.

Zwischenzeitlich hatten der Rückzug der U-Boote aus dem Nordatlantik und die große Nachfrage nach Versorgung zwischen März und Mai dazu geführt, daß viele der Milchkühe »ausverkauft« oder auch sonst im Atlantik nicht mehr benötigt wurden. Sie konnten wieder zurückgerufen werden.

Zech war am 14. April von seinem Kommando auf U-119 (Typ XB) abgelöst worden, kurz nachdem das Boot von seinem letzten Atlantikeinsatz zurückgekehrt war. Zech erhielt eine Reihe von aufeinanderfolgenden Landkommandos und überlebte den Krieg. Sein Platz wurde von Kptlt von Kameke eingenommen, ein schnell aufstrebender Mann von siebenundzwanzig Jahren, der zunächst auf dem Schweren Kreuzer ADMIRAL HIPPER und für sechs Monate bei einem Landkommando diente. Er fuhr dann als IWO auf dem Schwesterboot von U-119, U-116, das er, kurz bevor das Boot versenkt wurde, verließ. Nach einer kurzen Zeit als IWO auf U-84 erhielt er die Kommandantenausbildung und für gerade mal einen Monat das Kommando auf U. D-5. Von Kameke konnte eindeutig für sich beanspruchen, über viel Erfahrung zu verfügen, die er vielleicht auch nötig hatte, denn ihm blieben nur zehn Tage, um sich auf sein neues Kommando vorzubereiten.

U-119 war am 25. April von Bordeaux ausgesandt worden, um eine Minensperre vor Halifax in Kanada zu legen. Dies geschah drei Wochen nach seiner Rückkehr von seinem vorherigen Einsatz. Während der Durchfahrt durch die Biskaya griffen es zwei SUNDERLANDS der RAF an, und in dem folgenden Feuerwechsel wurde ein Seemann getötet. Das Boot wurde auch von Wasserbomben durchgeschüttelt, aber diese verursachten nur wenige Schäden. Die Flugzeuge warfen Rauchbomben, um die Tauch-stelle zu kennzeichnen, und U-119 floh so schnell wie es konnte in den Atlantik.

Der zeitweilige Mangel an Milchkühen im Nordatlantik führte dazu, daß U-119 für Versorgungsaufgaben nördlich der Azoren abgestellt wurde, bevor es seine Minen gelegt hatte. Der BdU befahl U-119 zunächst, sich weit südlich von Grönland mit U-92 zu treffen, um ihm am 6. Mai die riesige Menge von 90 cbm Treibstoff zu über-geben. Ein derartiger Aderlaß hätte die Einsatzfähigkeit des U-Minenlegers ernsthaft eingeschränkt (er führte insgesamt nur 320 cbm Treibstoff mit und benötigte einen großen Teil davon selbst). U-119 meldete jedoch, daß es am Treffpunkt nur zwei englische Zerstörer angetroffen hatte. Der Treffpunkt wurde weiter nach Süden ver-legt, wo U-92 und U-954 ihren Treibstoff und ein Ersatzteil erhielten. Drei weitere U-Boote wurden von U-119 zwischen dem 15. und 16. Mai mit jeweils 20 cbm Brennstoff versorgt, und U-119 meldete, daß es noch 157 cbm übrig hatte.

Der BdU traf nun die seltsame Entscheidung, U-119 als Wetterboot (ein U-Boot, dessen Aufgabe es war, Wetterberichte vom Atlantik nach Deutschland zu senden, was langfristige Vorhersagen für verschiedene militärische Zwecke möglich machte) einzusetzen, bis es mit seiner Minenlege-Aufgabe beginnen konnte. Dies beschäftig-te U-119 für etwa eine Woche, bevor es zur Ostküste der USA weiterlief. Dann, bei Neumond, begann das Boot mit dem Minenlegen. Die Aufgabe war am 1. Juni been-det, und die 55 Minen versenkten später ein Schiff (2937 Tonnen) und beschädigten ein weiteres (7176 Tonnen). Am 3. Juni funkte U-119 dem BdU, daß es seine Auf-gabe erfolgreich durchgeführt hatte, und erhielt Anweisung, zu dem Gebiet westlich der Azoren zu marschieren, um U-488 bei seinem Versorgungseinsatz zu unterstüt-zen. Sein Schicksal wird in dem nächsten Kapitel beschrieben, seine Versuche bei der Treibstoffversorgung in Kapitel »Katastrophe im Atlantik«.

U-515 (Typ IXC) wurde ebenfalls als Hilfstanker eingesetzt und im Mai vor St. Pauls Rock im Mittelatlantik östlich von Brasilien stationiert. Eine andere Behelfs-milchkuh, U-530 (Kptlt Lange), war noch im Juli dort gewesen.

Dönitz und Hitler verbrachten die meiste Zeit einer Marinebesprechung am 31. Mai damit, die U-Boot-Lage zu diskutieren. Dönitz versicherte dem »Führer«, daß die U-Boote in den Atlantik zurückkehren würden, sobald die neuen Waffen zur Bekämpfung der Gefahren durch Flugzeuge, Radar und Überwasser-Geleitfahr-zeuge zur Verfügung stünden. Dies würden weiterentwickelte Flugabwehrge-schütze, ein neues Funkmeß-Beobachtungsgerät und der neue deutsche akusti-sche Torpedo sein. In der Zwischenzeit würden die U-Boote in ruhigere Gebiete geschickt werden, um die alliierten Verteidigungskräfte auseinanderzuziehen und über die alliierten Gegenmaßnahmen auf dem laufenden zu bleiben. »Es kann keine Rede davon sein, mit dem U-Boot-Krieg aufzuhören«, erklärte Hitler, »der Atlantik ist meine erste Verteidigungslinie im Westen. Und sogar, wenn ich dort eine Verteidigungsschlacht führen müßte, ist das besser, als wenn ich darauf war-ten würde, mich an den Küsten Europas zu verteidigen. Die feindlichen Kräfte, die durch unsere U-Boote gebunden werden, sind enorm, auch dann, wenn wir ihnen nicht mehr so große Verluste zufügen können.«

KATASTROPHE IN DER BISKAYA

Juni bis August 1943

Dönitz ordnete an, daß die Flugabwehrbewaffnung der U-Boote verstärkt werden sollte, um der Bedrohung durch Angriffe der Flugzeuge des Coastal Command wirksam begegnen zu können. Die relative Ruhe auf dem Atlantik nach dem Rückzug der U-Boote hatte England in die Lage versetzt, die Luftüberwachung über der Biskaya zu verstärken. Die Luftwaffe hingegen, die mittlerweile völlig überfordert war, konnte den Luftraum über der Biskaya nicht mehr beherrschen. Es dauerte nicht mehr lange, bis man die britischen U-Jagdgruppen, die ja nun im Atlantik nicht mehr benötigt wurden, in den Gewässern westlich der Biskaya aufstellte. Die Kriegsschiffe wurden zu den Positionen dirigiert, wo Flugzeuge ein gerade getauchtes U-Boot vermuteten. Wenn es erst einmal geortet war, hatte das U-Boot kaum eine Hoffnung, diesen gut ausgebildeten und erfahrenen Unterseebootjägern zu entkommen.

Dönitz befahl außerdem, daß die U-Boote in Gruppen auslaufen sollten, um sich mit ihrer Flak-Bewaffnung gegenseitig zu unterstützen. Zwischenzeitlich vergrößerte man die Geschützplattformen hinter den mittlerweile gepanzerten Türmen und fügte eine weitere Plattform hinzu. Man entfernte das große Decksgeschütz, das zum einen sowieso recht selten zum Einsatz gekommen war und zum anderen wegen der steigenden Gefahr durch Luftangriffe überhaupt nicht mehr eingesetzt werden konnte. Das 20-mm-Einzelgeschütz, das auf der ursprünglichen Geschützplattform stand, wurde durch zwei 20-mm-Zwillingsgeschütze ersetzt. Auf der neu angebauten hinteren Plattform installierte man entweder ein 37-mm-Geschütz oder (überwiegend) ein 20-mm-»Vierling«.

Dönitz ließ auch einige U-Boote als »Flugzeugfallen« ausrüsten. Diese U-Boote hatten eine zusätzliche Geschützplattform, die vor dem Turm angeordnet war. Sie hatten eine Bewaffnung von insgesamt acht 20-mm-Geschützen in zwei Vierlingstürmen und einem 37-mm-Geschütz. U-441 war das erste Boot, das mit dieser Ausrüstung etwa Ende Mai 1943 eingesetzt wurde. Seine Kampfanweisungen sahen vor, daß jedes Flugzeug in Reichweite abgeschossen werden sollte. Man hoffte, daß die Flugzeuge dadurch von Angriffen auf U-Boote abgeschreckt würden. U-441 schoß bei seinem ersten Einsatz seine Angreifer ab, wurde jedoch von Bomben so stark beschädigt, daß es sofort zum Stützpunkt zurückkehren mußte. Trotzdem waren die Erfahrungen mit dem weiterentwickelten 37-mm-Geschütz so gut, daß es in weitem Bereich eingesetzt wurde, während die Versuche mit Flugabwehrraketen als viel zu gefährlich angesehen wurden.

137

Die Absicht, das Coastal Command von Angriffen abzuschrecken, war allerdings ziemlich erfolglos. Der Grund dafür war, daß die Flugzeuge den Befehl hatten, um jeden Preis anzugreifen, weil ein Bomber als wesentlich weniger wertvoll angesehen wurde als ein U-Boot (siehe Karte 12-1). Allerdings sorgten die schwerbewaffneten U-Boote zunächst für einige Überraschungen. U-758 (Kptlt Manseck) war eines der ersten Boote, das mit der neuen standardmäßigen Flugabwehrbewaffnung ausgerüstet war. Am 8. Juni kämpfte es sich seinen Weg zum Mittelatlantik frei, bis die Flugzeuge ihre Taktik änderten und eine Reihe von Angriffen gleichzeitig flogen, die U-758 zum Tauchen zwangen. Es gab viele Verwundete, und drei Geschütze waren beschädigt. »Gut gemacht, lang lebe Ihr Vierling!« funkte Dönitz, bevor er von den Verwundeten und den Schäden gehört hatte.

Viele U-Boote litten bei ihrem Marsch durch die Biskaya unter dauernden Luftangriffen. Die weniger glücklichen Besatzungen mußten erfahren, daß einige Flugzeuge mit 40-mm-Kanonen ausgerüstet waren, während die U-Boote normalerweise nur 20-mm-Geschütze mit entsprechend kürzerer Reichweite hatten. Wenn ein U-Boot versuchte, den Kampf über Wasser auszutragen, beschoß das Flugzeug es ganz einfach aus großer Entfernung, bis die Geschützbedienungen des U-Boots außer Gefecht gesetzt waren. Anschließend konnte das Flugzeug ohne weitere Gefährdung zum Bombenwurf anfliegen. Falls das U-Boot zu tauchen versuchte, konnte das Flugzeug in diesem Moment angreifen, wo das Boot wehrlos war. In den ersten Juni-Wochen wurden zwar keine U-Boote durch Luftangriffe direkt versenkt, während sie durch die Biskaya liefen, aber mehrere wurden gezwungen, aufgrund von Beschädigungen oder Personalausfällen zum Stützpunkt zurückzukehren. Häufig mußten Ärzte an Bord der U-Boote gebracht werden, um Schußwunden bei den Besatzungen zu behandeln.

Es ist nicht überraschend, daß die U-Boot-Besatzungen in zunehmendem Maß nervös wurden, und sie hätten jeden realistischen Grund für die Rückkehr zum Stützpunkt genutzt. Am 17. Juni erteilte Dönitz den U-Booten die Anweisung, die Biskaya weitestgehend unter Wasser zu durchqueren. Sie sollten nur für kurze, möglichst kürzeste Zeit auftauchen, um ihre Batterien aufzuladen. Die Boote sollten jedoch noch immer gemeinsam auslaufen, und wenn die Gruppe auf See entdeckt werden würde, sollten sie immer noch zurückschießen.

Jede Gruppe von (meistens) drei U-Booten wurde von dem »dienstältesten Offizier« geführt, der entschied, ob alle U-Boote noch genug Zeit zum Tauchen hatten, nachdem ein Flugzeug gesichtet worden war. Ein U-Boot der mittleren Größe des Typs VII brauchte 30 Sekunden für das Alarmtauchen, wenn die Besatzung erfahren und gut eingespielt war. Die Zeit zwischen der Sichtung des U-Boots und dem Angriff vom Flugzeug aus lag zwischen 40 und 50 Sekunden. Ein System von Flaggensignalen wurde entwickelt; wenn man auf dem führenden U-Boot der Meinung war, daß alle Boote ohne Schwierigkeiten tauchen konnten, wurde eine gelbe Flagge geschwenkt. Wenn jedoch die Zeit nicht mehr ausreichte, wurde eine rote Flagge geschwenkt, und die Geschützbedienungen gingen auf ihre Stationen. Das Flaggensignalsystem litt jedoch unter einer schwerwiegenden Fehleinschätzung: Man ging deutscherseits davon aus, daß die Flugzeuge sofort angreifen würden, und dachte verständlicherweise, daß man sie dann eigentlich abschießen könnte. Aber die englischen Flugzeugbesatzungen hatten schnell die Taktik entwickelt, die U-Boot-Gruppe eben außerhalb derer Geschützreichweite zu umkreisen und in der Zwischenzeit Verstärkung durch andere Flugzeuge und sogar durch Kriegsschiffe anzufordern. Schon sehr bald würde die Gruppe daraufhin von überlegenen Kräften umringt sein. Sollten die U-Boote zu tauchen versuchen, bevor die Verstärkungen eintrafen, ging das beobachtende Flugzeug sofort zum Angriff auf die dann während des Tauchvorgangs wehrlosen U-Boote über.

Die englischen Minenlege-Aktionen durch Flugzeuge, die vor den Stützpunkten der U-Boote durchgeführt wurden, zwangen die Boote auch dazu, aufgetaucht zu bleiben, bis sie die tieferen Gewässer der Biskaya erreicht hatten. Dönitz berichtete Hitler, daß »der einzige Auslaufkurs für U-Boote ein schmaler Weg durch die Biskaya sei. Dieser Weg sei so schwierig, daß ein U-Boot mittlerweile zehn Tage brauchte, um da durchzukommen.« Da das englische Bomber Command dies wußte, führte es wiederholt Angriffe auf die U-Boot-Stützpunkte durch, aber die Boote lagen sicher in ihren Bunkern.

Eines der Boote, das es gewagt hatte auszulaufen, war der Tanker U-462 (Oblt z. S. Vowe). Der Befehl für dieses Boot lautete, die Langstrecken-U-Boote, die für den Einsatz im Indischen Ozean vorgesehen waren, mit Treibstoff zu versorgen. U-462 war von seinem vorherigen Einsatz am 24. April nach Bordeaux zurückgekehrt. Nach einer Werftüberholung wurde es am 17. Juni zum U-Boot-Stützpunkt nach La Pallice überführt, wo es längsseits des Zerstörers Z-24 festmachte. Am 19. lief es wieder aus. Begleitet von einem Sperrbrecher, stieß U-462 in den freien Seeraum vor, wobei alle Besatzungsmitglieder, die nicht unbedingt auf ihren Stationen benötigt wurden, sich mit Schwimmwesten an Deck aufhalten mußten. Nachdem es ein Probetauchen zum Austrimmen (diesmal bei etwa 70 Meter Wassertiefe) durchgeführt hatte, lief U-462 weiter in Richtung Biskaya, zusammen mit zwei M-Booten und U-382 (Koch) als weiteres Mitglied der Gruppe. Das Verfahren des »Flaggensignal-Austauschs« war mit Koch abgesprochen. Beide Boote verloren den Kontakt zueinander nach dem allerersten Fliegeralarm, nachdem beide tauchen mußten. Am 20. lag U-462 aufgetaucht, mit bemannten Flugabwehrwaffen, und bat den BdU um einen Treffpunkt mit U-382 noch innerhalb der Biskaya. Der BdU schlug das Planquadrat BF8327 vor, eine Position, die U-462 schon passiert hatte. Vowe änderte den Treffpunkt auf Planquadrat BF7366. Mittlerweile beklagte sich auch Koch darüber, daß er U-462 nicht finden konnte. Der BdU hatte schließlich das letzte Wort: Treffpunkt Planquadrat BF8241.

U-462 hatte schon viele ereignisreiche Aktionen überstanden. Seine härteste Prüfung stand ihm jedoch am 21. Juni bevor, als es auf dem Weg war, sich wieder mit U-382 zu treffen. U-462 wurde aufgetaucht um 12.15 Uhr von vier MOSQUITO-Jagdbombern (im Kriegstagebuch wird von fünf Bombern berichtet) entdeckt. Diese waren auf der Suche nach JU-88-Flugzeugen, die in dieser Gegend vermutet wurden. Die MOSQUITOS griffen sofort aus geringer Höhe an. U-462 wehrte sich mit massivem Feuer seiner Vierling und Flak 38 (20-mm-Zwillings-Geschütze, aber die Brückenwache wurde schwer verwundet. Das Gefecht wurde weitergeführt, weil Seeleute die verletzten Flakbedienungen ersetzten. Ein Flugzeug wurde als abgeschossen gemeldet, was von britischen Quellen bestätigt wird. Von den vielen abgeworfenen Bomben fand keine ihr Ziel.

Endlich schaffte es U-462 zu tauchen und ging auf Tiefe. Der Bordarzt behandelte die vier schwerverwundeten Besatzungsmitglieder, und Vowe schrieb eine bittere Klage in das Kriegstagebuch, die Verwundungen hätten vermieden werden können, wenn die Flugabwehrwaffen rundum geschützt bzw. gepanzert gewesen wären. Ein Besatzungsmitglied erlag später seinen Verwundungen. Mittlerweile ließ sich der U-Tanker unter Wasser so schlecht halten, daß man vermutete, einer der Ölbunker sei beschädigt worden.

U-462 tauchte fast sieben Stunden nach dem Gefecht auf, und man entdeckte, daß Ölbunker Nr. 7 und das Deck beschädigt waren. Das Boot tauchte erneut, mußte jedoch bei Einbruch der Dunkelheit auftauchen, da die Batterien erschöpft waren. Während dieser langen Nacht ließ U-462 die neuen »Aphrodite«-Radar-Störballons aufsteigen, die mit langen, herabhängenden Metallstreifen die Radargeräte von feindlichen Schiffen oder Flugzeugen täuschen sollten. Vowe war wenig begeistert von den Geräten, weil die Ballons dazu neigten, in der Nähe des Bootes umherzudriften oder sich am Boot zu verfangen. (Andere U-Boote berichteten von ähnlichen Schwierigkeiten, trotzdem lobte Dönitz die Wirksamkeit des Systems im September, nachdem spezielle Erprobungen durchgeführt worden waren.) Früh am nächsten Morgen wurde das verstorbene Besatzungsmitglied auf See beigesetzt (45°14'N, 27°22'W), U-462 funkte seinen Lagebericht zum U-Boot-Oberkommando und meldete, daß er seinen Einsatz abbrechen mußte.

Der alarmierte Führer der Unterseeboote West (FdU West), der sich des Wertes eines U-Tankers sehr wohl bewußt war, befahl Koch, alleine zum Atlantik weiterzumarschieren. Er stellte massive Geleitkräfte bereit, um die angeschlagene Milchkuh zu unterstützen. Mittlerweile suchten alliierte Flugzeuge die Biskaya ab, und früh am 22. mußte U-462 alarmtauchen, um drei Kampfflugzeugen auszuweichen. Es tauchte um 09.25 Uhr wieder auf, um auf Heimatkurs zu gehen, und erhielt die Meldung, daß zwei Flottentorpedoboote und Luftüberwachung in der Nähe des Heimathafens bereitstehen würden.

Um 13.20 Uhr konnte U-462 melden, daß es die beiden T-Boote und neun JU-88-Fernjäger gesichtet hatte. Die T-Boote folgten U-462 in seinem Kielwasser, als es aufgetaucht Kurs auf Bordeaux nahm. Bei Einbruch der Dunkelheit wurde die Luftüberwachung abgezogen. U-462 wurde am frühen Morgen des 23. Juni erneut erfolglos aus der Luft angegriffen. Es erreichte Bordeaux im Geleit eines Sperrbrechers, zweier Minensuchboote und von zwei U-Jagd-Booten. Dönitz lobte anschließend die Besatzung für ihre Entschlossenheit und ihr Durchhaltevermögen.

Im Monat Juni wurden in der Biskaya vier U-Boote versenkt und sechs weitere schwer beschädigt. Eines dieser Boote war der Minenleger U-119 (Kptlt von Kameke), der von einer Minenlege-Unternehmung vor den USA, gefolgt von einer Versorgungsaufgabe im Mittelatlantik (beschrieben im nächsten Kapitel), zurückkehrte.

Der BdU hatte U-119 angewiesen, sich mit U-449 und U-650 nordöstlich der Azoren zusammenzuschließen, um eine Gruppe zur gemeinsamen Durchquerung der Biskaya zu bilden. Von Kameke berichtete, daß er zwar U-650, nicht aber U-449 angetroffen habe. Es wurden geänderte Befehle ausgegeben, die besagten, daß der heimkehrende U-Tanker U-460 später zu der Gruppe kommen sollte und diese drei Boote dann gemeinsam Kurs auf ihre französischen Stützpunkte nehmen sollten.

Der Funkverkehr und die langwierigen Verzögerungen bei der Zusammenstellung der U-Boot-Gruppe sollten schwerwiegende Auswirkungen haben. Der britische Geheimdienst benachrichtigte die »2nd Escort Group«, die von dem Capt. Walker befehligt wurde, dem großen »As« der U-Boot-Bekämpfer des Krieges. Seine »Hunter-Killer«-Gruppen aus erfahrenen Geleitfahrzeugen versperrten den Weg der heimkehrenden U-Boote. Die U-Boot-Gruppe wurde von einem Flugzeug gesichtet, was zu einer gezielten Suche durch die Jagdgruppe führte. Am frühen Morgen des 24. Juni entdeckte die Sloop STARLING, von Walker befehligt, mit seinem »Asdic« U-119, begleitet von lauten, nicht erklärbaren pfeifenden Geräuschen. Ein einzelner Teppich von zehn Wasserbomben reichte aus, um U-119 zum Auftauchen zu zwingen. Es wurde sofort von allen anderen Schiffen der Jagdgruppe unter Geschützfeuer genommen. Die STARLING drehte, um das U-Boot zu rammen, wurde aber gleichzeitig von einer verirrten Granate eines der anderen Schiffe getroffen. Die Granate explodierte am Bug, richtete jedoch keinen größeren Schaden an. Die STARLING lief mit hoher Fahrt auf das U-Boot zu.

Auf U-119 drang Qualm aus dem Turm, und es schien im Wasser wegzusacken, aber die Besatzung der STARLING sah, daß die Luken immer noch geschlossen waren und keine Anzeichen zum Verlassen des U-Bootes erkennbar waren. Möglicherweise dachte der Kommandant, daß er immer noch entkommen könnte. Dann traf die STARLING U-119 im Bereich des Turms, der Bug krachte auf das U-Boot, das langsam unter der Sloop durchrollte. Als sie das todgeweihte Boot komplett überfahren hatte, warf die STARLING noch Wasserbomben. Die Sloop WOODPECKER lief dann an und warf einen letzten Bombenteppich, »um ganz sicher zu gehen«. Es gab keine Überlebenden auf dem U-Boot.

Die STARLING war aufgrund des Rammstoßes, des Granattreffers und der nahen Explosionen der Wasserbomben schwer beschädigt und mußte zur Reparatur in den Hafen zurückkehren. Kurze Zeit später versenkten die anderen Schiffe der Jagdgruppe U-449 mit einem »Creeping Attack« (Schleichangriff). Dieser Begriff wurde einer Vorgehensweise gegeben, bei dem ein Schiff Asdic-Kontakt zu dem U-Boot hielt, während ein anderes sich mit langsamer Fahrt über die Position des U-Bootes bewegte und Wasserbomben warf. Das getauchte U-Boot konnte den Angriff erst dann bemerken, wenn die Wasserbomben bereits rundherum explodierten.

Das einsame U-650 berichtete nunmehr, daß es die Fühlung zu den anderen Booten verloren hatte, und erhielt den Befehl, am 27. Juni an einem vorbezeichneten Treffpunkt zu warten, während der FdU West für massive Unterstützung der vermißten U-Boote aus der Luft und zu Wasser sorgte. U-119 gab jedoch kein Lebenszeichen von sich, antwortete am 29. nicht auf direkte Aufforderung zur Standortmeldung und wurde daraufhin seit dem 24. Juni als vermißt geführt. U-119 erhielt den Ein-Stern-Vermißtenstatus am 3. Juli 1943, den Zwei-Stern-Status am 9. März 1944. U-460 hatte sich inzwischen gemeinsam mit dem schwerbeschädigten U-758 seinen eigenen Weg zurück zum Stützpunkt gebahnt. Der U-Tanker lief am 25. Juni in Bordeaux ein.

Die im Juni in ihre Stützpunkte zurückgekehrten Milchkühe wurden mit verstärkter Flugabwehrbewaffnung ausgerüstet. Bei den U-Tankern des Typs XIV bestand diese üblicherweise aus zwei 37-mm-Geschützen an Deck und vier 20-mm-Geschützen in den »Wintergärten«. Die U-Minenleger des Typs XB, die in den Biskayahäfen stationiert waren, erhielten ebenfalls den verbesserten Flugabwehrschutz. Die anderen Boote dieser Klasse, die sich noch in deutschen Gewässern befanden, behielten jedoch ihre ursprüngliche Bewaffnung.

Die langen Tauchzeiten dieser beiden Milchkuh-Typen gab ihren Besatzungen sehr wenig Sicherheitsreserve, wenn sie die Biskaya aufgetaucht durchfuhren. Die verfügbaren deutschen Flottentorpedoboote in diesem Gebiet (T-5, T-19, T-22, T-24, T-25, FALKE, GREIF, JAGUAR und KONDOR) zusammen mit den kampfkräftigen Zerstörer Z-23, Z-24 und Z-32, die an der Küste der Biskaya stationiert waren, waren damit beschäftigt, die Milchkühe zu ihren Einsatzfahrten hinauszugeleiten oder sie bei der Heimkehr zu schützen. Das Geleit bestand im allgemeinen aus jeweils vier Zerstörern bzw. Torpedobooten. Die Kriegsschiffe dienten auch dazu, beschädigte U-Boote durch die Biskaya zu begleiten und Überlebende von versenkten U-Booten zu retten.

Der Brennstoffmangel bei den U-Booten, die noch immer im Mittelatlantik im Einsatz waren, veranlaßten den BdU dazu, mehr U-Tanker hinauszuschicken. U-487 (Oblt z. S. Metz) lief am 15. Juni aus Bordeaux aus. Am 25. Juni berichtete es dem U-Boot-Oberkommando, daß es die gefährlichen Gewässer der Biskaya sicher passiert hätte, jedoch einige Ersatzteile benötigte. Es wurde mit vielen Funksprüchen zu einer Versorgungszone südwestlich der Azoren dirigiert. Es war seine zweite Einsatzfahrt.

U-462 versuchte erneut, durch die Biskaya auszulaufen, wieder mit dem Befehl, U-Boote auf dem Weg in den Indischen Ozean mit Treibstoff zu versorgen. Die Treffpunktzone war in dem Quadratbereich FD20 festgelegt. Der Tanker verließ Bordeaux am 29. Juni im Geleit von einem Sperrbrecher und zwei M-Booten zusammen mit U-160 und einem italienischen Unterseeboot, mit dem Flaggensignale verabredet waren. Der Sperrbrecher brachte eine Mine zur Auslösung, bevor er abdrehte. Am Nachmittag lief die U-Boot-Gruppe unter dem Schutz von sechs JU-88-Fernjägern. Diese drehten bei Einbruch der Dunkelheit ab, während die beiden U-Boote in der Nacht bald den Kontakt zu dem italienischen Boot verloren.

Am nächsten Tag tauchte U-462 beim ersten Tageslicht auf und fand, nachdem es einige Zeit gesucht hatte, U-160 wieder, zusammen mit einer anderen Gruppe von drei U-Booten. Beide Boote liefen weiter in die Biskaya hinaus. Ein Luftangriff bei Einbruch der Dunkelheit veranlaßte die U-Boote zum Alarmtauchen, aber der Kontakt wurde schnell wiederhergestellt, als sie früh am 1. Juli auftauchten. Den ganzen Tag lang war das Grummeln entfernter Explosionen von Wasserbomben und anderen Bomben zu hören, und eine neue Ausführung der »Aphrodite« wurde bei mehreren Gelegenheiten im Laufe des Abends losgeschickt, wobei U-462 jedesmal auftauchte.

Am nächsten Tag wurden die beiden Boote heimgesucht. Während die U-Boote noch aufgetaucht waren, flog am 2. Juli um 15.44 Uhr ein CATALINA-Flugboot (gemäß Kriegstagebuch) schnell an. Das Flugzeug war in Wirklichkeit ein LIBERATOR-Langstreckenbomber, der zunächst gegen 14.20 Uhr Radarkontakt bekommen und ihn dann wieder verloren hatte. Er stellte den Kontakt um 15.30 Uhr auf eine Entfernung von 18 Meilen wieder her. Der Bomber kam aus einer Wolke in gerade mal zwei Meilen Entfernung. U-462 schwenkte die rote Flagge und besetzte seine Geschütze. Das Flugzeug, das im Anflug auf U-160 war, drehte auf U-462 ein, woraufhin U-160 die Gelegenheit zum Tauchen nutzte. U-462 versuchte auch zu tauchen, aber man stellte fest, daß sich noch zwei Mann an Deck befanden. Vowe rief ihnen zu, einzusteigen, als das Flugzeug den Bug des U-Tankers überflog, ohne jedoch anzugreifen. Das Boot hatte trotz des Kommandos »Alle Mann voraus« Schwierigkeiten beim Tauchen, und fünf Bomben fielen um den Tanker, als er eine Tiefe von 40 Metern erreicht hatte. U-462 war schwer getroffen, und Blitze von Kurzschlüssen in der Elektrik sprühten. Die Notstromversorgung wurde eingeschaltet und das Boot auf 100 Meter durchgependelt, während es mit hoher Unterwassergeschwindigkeit aus dem gefährlichen Bereich ablief. Aus der Luft sahen die Piloten nur Luftblasen und einen Ölstreifen. Diesmal hatte Vowe Glück, weil ein Mißverständnis dazu geführt hatte, daß die Bomben nicht richtig geworfen wurden.

Später tauchte U-462 auf, um die Schäden zu begutachten. Es stellte sich heraus, daß sie schwer waren. Beide Schutzschilde der Geschütze waren gebrochen, Tauchtanks und der Bug waren beschädigt. U-160 war nun in Sichtweite, und U-462 meldete mit seinem Signalscheinwerfer: »Treffer im Vorschiff, Tauchtanks 3, 7, 8 gerissen, tauchklar. Kehre zum Stützpunkt zurück.«

U-462 wurde durch Lenzen von Trinkwasser geleichtert. Dann fing man eine weitere Radarwarnung auf. U-462 konnte nicht sofort tauchen, weil Leute an Deck waren, um Schäden zu beseitigen. Deshalb wurden die Geschütze besetzt, als ein SUNDERLAND-Flugboot näher kam. Auch U-160 blieb aufgetaucht, in erster Linie, um die Milchkuh zu verteidigen. Beide Boote manövrierten so, daß ihre Hecks mit ihrer ausgezeichneten Flugabwehrbewaffnung auf dem hinteren Teil ihrer Türme dem angreifenden Flugzeug zugewandt waren. Die SUNDERLAND führte zwei Anflüge durch, während U-462 und U-160 Sperrfeuer schossen. Die folgenden Funksprüche wurden derweil mit dem BdU ausgetauscht, wobei sich alle Aufmerksamkeit auf das Schicksal des U-Tankers und seinem vom Unglück verfolgten Kommandanten richtete:

U-462: »Werde von zwei oder mehr Flugzeugen angegriffen. Schieße zurück.«
U-160: »Feindliches Flugzeug hält Fühlung.«
BdU:　»Standort durchgeben!«
U-160: »BF7791.« (Planquadrat genau westlich von Vigo, Spanien)

Dieser Angabe folgte die Übermittlung des Zustandes von U-462, wie er vorher von dem Tanker an U-160 übermittelt worden war.

Als die Abenddämmerung den Himmel verdunkelte, befahl Vowe wieder, »Aphrodite« einzusetzen. Ein weiterer Luftangriff kam, U-160 schlug vor zu tauchen, aber U-462 blieb aufgetaucht, weil noch immer Leute an Deck arbeiteten und da die Wassertiefe zu gering war. Die Boote eröffneten das Feuer, und die Decksmannschaft des Tankers wurde auf ein Minimum reduziert. Früh am 3. Juli waren beide Boote endlich tauchklar (U-462 nur unter Schwierigkeiten), und sie schlichen zurück in Richtung Frankreich.

Beide Boote tauchten bei Tageslicht auf, noch immer in Kontakt zueinander, aber sie wurden kurz darauf von Flugzeugen angegriffen. Nach einem kurzen Schußwechsel tauchte U-462 wieder in einem schwierigen und langsamen Alarm-Tauchmanöver. Später tauchte Vowe wieder auf, um Befehle von dem besorgten FdU West zu erfragen. Bevor eine Antwort kam, wurde U-462 erneut zum Tauchen gezwungen und mußte sich in 90 Meter Wassertiefe auf Grund legen, weil seine Batterie überhitzt war.

Als die Boote wieder an die Oberfläche kamen, gab der FdU West seine Anordnungen: U-160 sollte sofort seinen Standort melden. Das Treffen mit dem Geleitschutz durch Zerstörer oder T-Boote und JU-88 sei am 5. Juli, 07.00 Uhr in BF8596 (vor der spanischen Nordküste) zu erwarten.

Beide U-Boote bemühten sich nun, so schnell wie möglich zum Treffpunkt zu kommen, während der BdU versuchte, Schutz durch Kampfflugzeuge auch noch für ein anderes Boot, das beschädigte U-386, zu gewährleisten.

Das Treffen fand schließlich am 5. Juli statt, als die erleichterten Besatzungen von U-462 und U-160 die Torpedoboote JAGUAR und MÖWE sowie fünf JU-88, die über ihnen kreisten, in Sicht bekamen. Das Luftgeleit mußte abdrehen, als sich das Wetter verschlechterte, aber U-462 kam, mit einem Lotsen an Bord, am 6. sicher in Bordeaux an.

Dönitz' Konzept der »U-Boot-Gruppen« war gründlich schiefgegangen, dennoch warf er Vowe vor, daß die Führung von U-462 trotz bestehender ständiger Befehle mangelhaft gewesen sei. Danach, so Dönitz, hatte das Boot immer tauchbereit zu sein. Es sollte nach einem Überflug von einem Flugzeug, das keine Bomben geworfen hatte, nicht tauchen, insbesondere, wenn das U-Boot nicht genügend Fahrt voraus machte. Wenn der U-Tanker nicht getaucht wäre, hätte er den Bomben möglicherweise ausweichen können. Immerhin billigte Dönitz Vowe zu, daß sein Verhalten beim Angriff der SUNDERLAND korrekt gewesen war.

Anfang Juli hielten sich die U-Boote bei ihren Versuchen, den freien Atlantik zu erreichen, auf dem ganzen Weg bis Kap Finisterre dicht unter der spanischen Küste. Hier konnte sie das Flugzeugradar gegen den Hintergrund der Berge nicht so leicht entdecken. Dieser Kurs war in U-Boot-Kreisen als die »Piening-Route« bekannt, benannt nach dem Kommandanten von U-155, dem ersten Boot, das diese Route im Juli 1943 benutzte. Verwirrung entstand auch durch den Einbau des Funkmeß-Beobachtungsgeräts »Naxos« auf einigen U-Booten. Dieses Radarwarngerät suchte den Zentimeter-Wellenbereich ab, aber es war so wenig durchentwickelt, daß es nur eine geringe Reichweite hatte. Außerdem wurde in den meisten alliierten Flugzeugen noch immer das Radar mit 150 cm Wellenlänge eingesetzt. Demzufolge wurden die U-Boote noch immer sehr oft aufgetaucht ohne Warnung überrascht, und der BdU ging davon aus, daß es andere Gründe für ihre Entdeckung gab. Man befürchtete, daß das alte »Metox«-Funkmeß-Beobachtungsgerät eine unbekannte Strahlung verbreitete, die mit einem empfindlichen, im Flugzeug eingebauten Empfänger entdeckt werden konnte.

Ein anderer Grund zur Beunruhigung gaben die Beobachtungen deutscher Flugzeugbesatzungen, die über der Biskaya im Einsatz waren. Sie berichteten, daß die U-Boote normalerweise tauchten, sobald sie das Flugzeug gesichtet hatten, das Heck ragte jedoch noch aus dem Wasser, als die Flugzeuge es überflogen. Der BdU erinnerte am 9. alle U-Boote an die Gefahren, die ein zu spätes Tauchen mit sich brachte, und daß überhaupt erst bei ausreichender Wassertiefe (über 100 Meter) getaucht werden sollte. Zwei Tage später wurden die Auslaufbefehle für alle U-Boote, die nicht mit dem »Vierling« ausgerüstet waren, zurückgezogen.

Am 12. Juli lief U-441 zu seiner zweiten Feindfahrt mit der Aufgabe aus, feindliche Flugzeuge anzulocken und abzuschießen. Es hatte das Unglück, mit einer Gruppe von Kampfflugzeugen anstatt der erwarteten schwerfälligen Bomber zusammenzutreffen. Wieder verursachte Bordwaffenbeschuß ein Trümmerfeld an Deck und Aufbauten. Die Rückkehr von U-441 zum Stützpunkt wurde durch einen weiteren Einsatz der überforderten JU-88-Fernjäger gedeckt, die zwei der beobachtenden englischen Flugzeuge abschossen. In der Zwischenzeit wurden die Luftangriffe auf U-Boote in der Biskaya unvermindert fortgesetzt.

Als er feststellen mußte, daß die U-Boot-Besatzungen immer weniger Begeisterung für den Überwasserkampf zeigten, sah sich Dönitz genötigt, am 20. Juli eine warnende Mitteilung an die U-Boote herauszugeben, die die Biskaya durchqueren sollten: »Von drei U-Booten einer Gruppe wird dasjenige, das zuerst taucht, mit Bomben belegt. Moral: Wenn ihr aufgetaucht entdeckt werdet, bleibt oben und schießt. Tauchen wäre dann tödlich!«

Wieder mußte der BdU U-Tanker hinausschicken, um die U-Boote im Mittelatlantik mit Brennstoff zu versorgen. Seine Pläne sahen den Einsatz eines Minenlegers vor Gibraltar vor. Der Tanker U-459 sollte die für die Karibik bestimmten U-Boote weit südwestlich der Azoren mit Treibstoff versorgen. U-462 hatte alle U-Boote im Mittelatlantik zwischen Natal und Trinidad zu bedienen und wurde westlich der Kapverdischen Inseln stationiert. U-461 sollte als Reserve bereitstehen. Der ursprüngliche Gedanke, diese wertvollen Einheiten einzeln hinauszuschicken, wurde vorübergehend aufgegeben, möglicherweise wegen der Schwierigkeiten, Einzelfahrer mit ausreichendem Geleitschutz zu versehen.

Aber auf U-462 waren die Schäden des letzten Gefechts in der Biskaya noch nicht beseitigt. U-461 schrammte am 22. im Hafen bei kabbeliger See an einem großen Schiff entlang, gerade als es sich den anderen beiden Milchkühen anschließen wollte. Dies verursachte ein Leck an der Tauchzelle Nr. 6, und das Boot mußte zur Reparatur zurückkehren. So kam es, daß U-459 und U-117 am 22. Juli aus in Marsch Bordeaux gesetzt wurden, begleitet von drei Zerstörern, die an der Küste der Biskaya stationiert waren. Die Zerstörer kehrten am Morgen des 24. auf 46°N, 10°W in Richtung Küste zurück.

Acht Stunden nach der Umkehr der Zerstörer war U-459 gezwungen, aufgetaucht beizudrehen, um Reparaturen am Abgasventil durchzuführen. Es verlor den Kontakt zu U-117, das jetzt unabhängig aus der Biskaya hinausfuhr. U-117 erreichte unbehelligt seinen Bestimmungsort. U-459 lief unter Wasser weiter, bis es die Batterien nachladen mußte. Es tauchte bei ungefähr 45°45'N, 10°30'W auf. Plötzlich, ohne irgendeine Warnanzeige des Funkmeß-Beobachtungsgeräts, wurde U-459 von einem WELLINGTON-Bomber überrascht. Das Flugzeug hatte den U-Tanker in sechs Meilen Entfernung entdeckt, war bei fünf Meilen durch die Wolkendecke gestoßen, sah das Boot und griff aus einer Flughöhe von 100 ft (ca. 30 Meter) sofort an, nachdem es eine Funkmeldung abgegeben hatte. Diese besagte, daß es so aussah, als wenn das U-Boot den Kampf über Wasser aufnehmen würde. Die Milchkuh eröffnete das Feuer auf 1000 Metern Entfernung mit massivem Sperrfeuer seiner gesamten Flugabwehrbewaffnung. Das genaue Abwehrfeuer traf den Bomber so schwer, daß dieser in die Steuerbordseite des U-Boots stürzte und dabei die Einzel- und die Vierlingsflak abriß. Die Bootsbesatzung beseitigte die Wrackteile so gut es ging und fischte den einzigen Überlebenden des Flugzeugs aus dem Wasser.

Dann entdeckte sie, daß zwei Wasserbomben des Flugzeuges an Deck des U-Bootes liegengeblieben waren. Es war klar, daß sie dort nicht bleiben konnten, da sie explodieren würden, sobald das Boot die flache Tiefeneinstellung der Bomben (25 ft, ca. 7,5 Meter) überschreiten würde. Der Kommandant der Milchkuh, der kürzlich beförderte Korvkpt von Wilamowitz-Möllendorf, entschied sich, Geschwindigkeit aufzunehmen und die Wasserbomben dann außenbords zu befördern, in der Hoffnung, daß das U-Boot von ihnen freikäme, bevor sie detonierten. Aber U-459 hatte nicht genügend Fahrt, um ausreichend Abstand zu gewinnen, und die Explosionen zerstörten seine Ruderanlage, verursachten einen Brand im E-Maschinenraum und machte seine Dieselmotoren unbrauchbar. Wasser drang durch einen Riß im Druckkörper ein. In diesem bedauernswerten Zustand war das Boot nicht in der Lage zu tauchen, und gerade jetzt näherte sich ein weiterer WELLINGTON-Bomber. Ein Großteil seiner Flakgeschütze war außenbords gegangen, und so war U-459 dem Untergang geweiht. Der Luftangriff schlug zwar fehl, aber alliierte Kriegsschiffe wurden zum Ort des Geschehens geschickt. Von Wilamowitz-Möllendorf befahl die Selbstversenkung der Milchkuh und ging mit ihr unter. Fünf Offiziere und 37 Mannschaftsdienstgrade wurden zusammen mit dem englischen Flieger von dem polnischen Zerstörer ORKAN gerettet, nachdem sie zehn Stunden im Wasser verbracht hatten.

Aus irgendwelchen Gründen hatte es U-459 versäumt, dem BdU mitzuteilen, daß das Boot aufgegeben werden mußte. Deshalb wußte man dort nur, daß U-459 am 27., 28. und 29. keine Standortmeldungen abgegeben hatte. U-459 erhielt am 24. August den Ein-Stern-Vermißtenstatus, den Zwei-Stern-Status am 26. April 1944. Später gab ein rückgeführter Gefangener dem BdU einen umfassenden Bericht über den Verlust des U-Tankers. Zwischenzeitlich stellte das U-Boot-Oberkommando schweren Herzens fest, daß aufgrund des anzunehmenden Verlustes von U-459 einige U-Boote, die der Tanker versorgen sollte, nach Frankreich zurückgerufen werden mußten.

Es blieb dem BdU nichts anderes übrig, als einen anderen U-Tanker hinauszuschicken. Man entschied sich dazu, U-461 und U-462 gemeinsam auslaufen zu lassen, die dann jeweils zur brasilianischen bzw. zur zentralafrikanischen Küste marschieren sollten. U-460 war als Reserve vorgesehen, jedoch mußte Schnoor ein technisches Problem bei U-460 melden, so daß er sich der Gruppe nicht anschließen konnte. Statt dessen wurde das Kampf-U-Boot U-504 als Begleitung durch die Biskaya abgestellt.

Nachdem die bei seinem mißglückten Versuch, die Biskaya in den ersten Tagen des Juli zu durchqueren, entstandenen Schäden behoben worden waren, verließ U-462 (Kptlt Vowe) Bordeaux am 28. Juli. Zusammen mit ihm liefen U-461 (Korvkpt Stiebler), das nach seiner vorhergehenden Einsatzfahrt fast zwei Monate in Bordeaux gelegen hatte, und U-504 (ein Langstreckenboot des Typs IX unter Kptlt Luis) aus. Diese U Boot Gruppe wurde zunächst von nicht weniger als sechs Minensuchern und drei Zerstörern begleitet, während JU-88 eine wirksame Luftsicherung bildeten. Was die Deutschen nicht wußten war, daß ihre Pläne durch Entschlüsselung bereits bekannt waren, als sie ausliefen. Alliierte Flugzeuge hatten den Befehl, den vermuteten Kurs abzusuchen.

Alle drei U-Boote liefen während der Nacht in Richtung Westen und planten, an einem vorher vereinbarten Treffpunkt weiter westlich in der Biskaya wieder zusammenzukommen. U-462 legte die Strecke unter Wasser zurück und erschöpfte dabei seine Batterien. Vowe befolgte augenscheinlich die bestehenden ständigen Befehle, nach denen in der Biskaya bei Nacht getaucht und bei Tag aufgetaucht marschiert werden sollte. Stiebler jedoch berichtete nach dem Krieg, daß die U-Tanker-Gruppe bei Nacht aufgetaucht und bei Tag getaucht marschieren sollte. Dieses Durcheinander sollte verhängnisvolle Folgen haben.

Die U-Boote trafen sich bei Tageslicht auf der vereinbarten Position, und Stiebler hatte geplant, daß die Gruppe unter Wasser weiterlaufen sollte. U-462 meldete jedoch, daß seine Batterien noch nicht ausreichend nachgeladen waren. Deshalb liefen die Boote bei Tageslicht weiter durch die Biskaya, bildeten eine Formation, indem sie nebeneinander marschierten und auf ihre verstärkte Flak-Bewaffnungen zu ihrer Sicherheit vertrauten. Der dienstälteste Kommandant (Stiebler) fuhr U-461, das Führungsboot, links lief U-504, rechts U-462. Der Kurs war 230°, Fahrt zehn Knoten.

Man kann nur vermuten, welche Auswirkungen sein vorheriger Auslaufversuch in den Atlantik, der durch Luftangriffe vereitelt worden war, auf das Gemüt von Vowe gehabt hatte. Er war, wie auch von Wilamowitz-Möllendorf (U-459) und Stiebler (U-461), vor kurzem befördert worden. Er hatte sich als tüchtig und entschlossen erwiesen, obwohl er glücklos gewesen war und zweimal von Dönitz wegen Nichtbeachtung ständiger Befehle ermahnt wurde. War er diesmal bereit, unter allen Umständen durchzuhalten?

Früh am 30. Juli sichtete ein Bomber des Coastal Command die U-Boot-Gruppe. Die Boote wurden als eine so wertvolle Beute angesehen, daß ein halbes Dutzend anderer Flugzeuge und die »2nd Escort Group« auf sie angesetzt wurden. Das erste Flugzeug blieb derweil über den U-Booten außerhalb ihrer Geschützreichweite wie ein wahrhaftes »Schwert des Damokles« und lauerte darauf, daß eines der Boote tauchen würde. Stiebler überlegte, was man tun könnte, erinnerte sich aber dann an den schlechten Zustand der Batterien von U-462. Dieses Boot konnte nicht aufgetaucht zurückgelassen werden.

Die verzweifelte Lage der U-Boot-Gruppe kann am besten an den Funksprüchen ermessen werden, die vom U-Boot-Oberkommando aufgenommen wurden. U-491 hatte den dienstältesten Kommandanten, deshalb sendete und empfing es die meisten Meldungen:

Von U-461:	»10.00 Uhr, feindliches Flugzeug hält Fühlung.«
Von U-461:	»10.15 Uhr, zwei feindliche Flugzeuge halten Fühlung.«
Von U-461:	»10.52 Uhr, bin im Gefecht mit drei Flugzeugen.«
Von FdU West:	»11.19 Uhr, neun JU-88-Fernjäger werden um etwa 14.00 Uhr bei den U-Booten sein.«
Von U-462:	»11.33 Uhr, vier feindliche Flugzeuge halten Fühlung.«
Von U-461:	»11.40 Uhr, Gruppe ist im Gefecht mit fünf feindlichen Flugzeugen. Bitte um Luftunterstützung.«

Dann griff ein HALIFAX-Bomber aus einer Höhe von 1600 ft (ca. 480 Meter) an und warf drei der neuen 600 lb (ca. 250 kg)-Bomben ab, die für den Abwurf aus größeren Höhen entwickelt worden waren. Trotzdem wurde die HALIFAX bei ihrem Überflug schwer angeschossen. Als nächstes kam eine andere HALIFAX, die 600-lb-Bomben einzeln aus 3000 ft (ca. 900 Metern) Höhe in drei Anflügen warf. Die U-Boote konnten nicht tauchen, da sie von zu vielen Flugzeugen belauert, wurden und diesmal konnten sie auch den Bomben nicht ausweichen. U-462 wurde von einem Nahtreffer beschädigt und kam zum Stillstand. Sofort begannen die anderen Flugzeuge mit ihrem Angriff und drehten auf das Führerboot ein. Das deutsche Abwehrfeuer war genau, aber ziemlich wirkungslos gegen die beiden führenden LIBERATOR-Bomber, obwohl einer von ihnen so stark beschädigt wurde, daß er anschließend im neutralen Portugal notlanden mußte. Zwischenzeitlich flog ein wesentlich langsameres SUNDERLAND-Flugboot U-461 an und blieb bis zum letzten Moment unentdeckt. Die Geschützbedienungen wurden durch Bordwaffenbeschuß niedergemäht, und das wehrlose U-Boot wurde von sieben Wasserbomben erschüttert.

Die U-Boote hatten immer so manövriert, daß ihre tödlichen, nach achtern gerichteten Flugabwehrwaffen auf die anfliegenden Bomber gerichtet werden konnten, aber zuletzt war U-461 nicht mehr in der Lage, sofort abzudrehen, weil es zu dicht bei U-462 stand. Es gab Tote und Verwundete bei den Geschützbedienungen. Einige wurden durch den Turm nach unten geschafft. Stiebler rief nun seine Forderung nach Luftunterstützung hinunter, der Befehl wurde an den Funkraum weitergegeben, aber dann detonierten zwei Wasserbomben der SUNDERLAND direkt unter dem U-Tanker. Für einen Moment wurde das U-Boot aus dem Wasser gehoben, dann drang Wasser durch ein Leck mittschiffs ein. Stiebler fragte: »Lage des Bootes?«, was sofort von dem Ausruf: »Boot sinkt!« beantwortet wurde. Stiebler brüllte: »Alle Mann von Bord!«, aber nur der Matrose Rochinski kam noch aus dem Turm heraus, bevor das Boot mit gebrochenem Kiel wie ein Stein versank. Von 62 Besatzungsmitgliedern gab es nur fünfzehn Überlebende (zusammen mit Stiebler). Rochinski war der letzte, der aus dem sinkenden Boot herauskam.

Nichtsdestotrotz hatte das letzte Flakfeuer des getroffenen Bootes dem begleitenden U-504 eine Atempause verschafft. Man entschied dort, daß es an der Zeit wäre zu tauchen, und schaffte es, zumindest zeitweise die Sicherheit unter Wasser zu erreichen. Zu diesem Zeitpunkt erreichte die 2nd Escort Group den Kampfplatz und eröffnete sofort das Feuer auf das einsame U-462, mittlerweile so stark beschädigt, daß es nicht mehr tauchen konnte. Vowe befahl, Sprengladungen anzubringen. Dann wurde U-462 zweimal von Geschützfeuer getroffen. Vowe befahl: »Boot verlassen!«, und die Sprengladungen schickten das U-Boot auf den Meeresgrund. Glücklicherweise fand nur ein Mitglied von Vowes Besatzung den Tod; 64 Mann wurden gerettet. Die Schiffe der Escort Group nahmen die Überlebenden beider Milchkühe auf, jedoch nicht, bevor nicht das getauchte U-504 mit Asdic entdeckt, mit Wasserbomben bekämpft und mit der gesamten Besatzung versenkt worden war. Insgesamt verloren 109 Männer der U-Boot-Gruppe ihr Leben. Die letzten Funkmeldungen der Gruppe vermitteln einen Eindruck der Katastrophe, in welche die U-Boote, die dringend auf Treibstoffergänzung angewiesen waren, geraten sind:

»Von Flugzeugen angegriffen. Sinken auf 46°N, 10°W. U-461.«

»Fliegerbomben. Sinken auf 46°N, 10°W. U-462.«

»Werde angegriffen. Wasserbomben. Sinken auf 46°N, 10°W. U-504.«

(Diese Meldung ist wiedergegeben in Werners »Iron Coffins«, siehe Literaturverzeichnis. Sie erscheint nicht in den offiziellen Unterlagen, wird aber hier wiedergegeben, um das Ausmaß der Verluste zu verdeutlichen.)

Um 13.10 Uhr wies der FdU West U-461 an, einen Treffpunkt für die Ankunft der Luftunterstützung zu benennen. Dieser und weitere Funksprüche blieben unbeantwortet.

Der einzige Verlust, den die U-Tanker-Gruppe seinen Gegnern zufügen konnte, war das Flugzeug, das nach seiner Notlandung im neutralen Portugal abgeschrieben werden mußte. Das tragische Ergebnis dieses einseitigen Gefechts beschäftigte den BdU noch viele Monate lang. Eine lange Darstellung des Geschehens aus fremden Quellen fügte man dem letzten Kriegstagebuch von U-461 hinzu, ebenso den Bericht eines heimgekehrten Besatzungsmitgliedes. Viele Jahre später machte sich der australische Pilot, der U-461 versenkte (er flog zufälligerweise das Flugzeug mit der Nummer 461 der Staffel »U«), die Mühe, seinen früheren Gegner ausfindig zu machen. Stiebler unternahm eine Anzahl von Reisen nach Australien, wo sie sich trafen. Stiebler verstarb 1991.

Als Schlußfolgerung aus dieser Katastrophe und dem Verlust einer großen Anzahl anderer U-Boote, die versuchten, die Biskaya in Gruppen zu durchqueren, untersagte Dönitz am 2. August alle Fahrten in Gruppen und ordnete an, daß alle heimkehrenden U-Boote sich während der Fahrt zum Stützpunkt dicht an der spanischen Küste (innerhalb der spanischen Hoheitsgewässer) zu halten hatten. Im Monat Juli und in den ersten beiden Tagen des August waren insgesamt sechzehn U-Boote in der Biskaya versenkt worden.

Gleichzeitig befahl Dönitz allen U-Booten, ihre »Metox«-Funkmeß-Beobachtungsgeräte auszuschalten. Seine Spezialisten hatten herausgefunden, daß die »Metox« tatsächlich eine Eigenstrahlung verursachte, die mit einem geeigneten Empfänger auf eine Entfernung von bis zu 50 Seemeilen aufgefaßt werden konnte. Der BdU kam verständlicherweise zu dem Schluß, daß das »Metox« für die bisher nicht erklärbaren plötzlichen Luftangriffe auf U-Boote bei Nacht verantwortlich war. Ein neues, nicht strahlendes Radarwarngerät (Wellenanzeiger) von der Firma Hagenuk wurde zur schnellstmöglichen Lieferung bestellt. In der Zwischenzeit mußten sich die U-Boote auf die Augen ihrer Ausguckposten verlassen, um ein herankommendes Flugzeug zu entdecken. Dies war wohl ein verdeckter Segen, da die Boote jetzt nicht mehr so leicht von Flugzeugen überrascht werden konnten, die mit 10-cm-Radar ausgerüstet waren.

Die wenigen U-Boote, die im August auf Feindfahrt gingen, krochen an der spanischen Küste entlang. Sie fuhren einzeln, mit dem ausdrücklichen Befehl, nur nachts so kurz wie möglich aufzutauchen, um die Batterien zu laden. Die meisten U-Boote hielt Dönitz in den Bunkern der Biskaya zurück und wartete auf die Auslieferung der sogenannten »Wanze«.

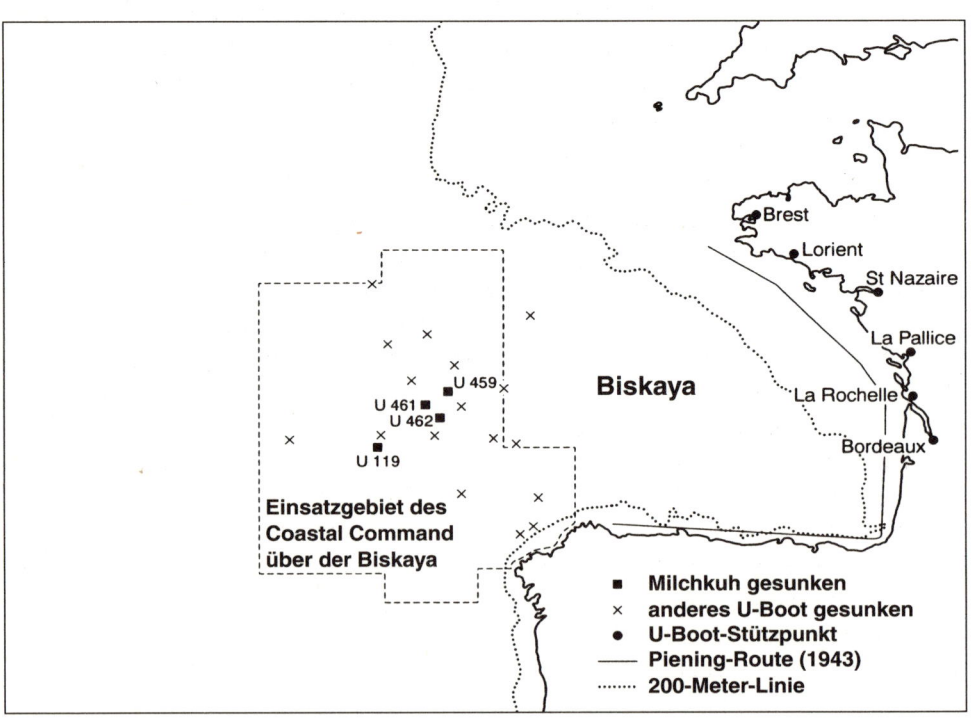

Versenkungen von U-Booten in der Biskaya
Juni–2. August 1943
Karte 12-1

KATASTROPHE IM ATLANTIK

Juni bis August 1943

Im Juni entsandte Dönitz U-Boote zu einer Vielzahl verschiedener Kriegs-schauplätze mit dem Bestreben, die Versenkungsrate von Handelsschiffen hochzuhalten, während die Geleitzüge im Nordatlantik allerdings unbehelligt blieben. Jedem U-Boot wurde ein großer Abschnitt des Ozeans zugeteilt, in dem es operieren sollte. Das geschah mit der Hoffnung, daß die Alliierten nicht ver-suchen würden, ihre Verteidigungskräfte in diesen Gebieten zu verstärken. Dar-über hinaus legte der U-Minenleger des Typs VIID, U-214, Minen vor Dakar, die ein Schiff (6507 Tonnen) versenkten. Auch die Gruppe »Trutz« wurde Anfang Juni südlich der Azoren zusammengezogen. Man hoffte, dort schwach gesicherte Geleitzüge zu finden. Die Gruppe sollte von U-488 versorgt werden.

Wir verließen den nagelneuen Tanker U-488 (Oblt z. S. Bartke) auf seinem Kurs zu seinem ersten Versorgungstreffpunkt (Kapitel »Schwarzer Mai«). Am 7. Juni erreichte es nun seinen Versorgungsbereich westlich der Azoren und war zu dieser Zeit die einzige Milchkuh, die sich auf Station befand. U-170, U-535 und U-536 erhielten Befehl, ihren überschüssigen Brennstoff an U-488 abzuge-ben und dann zum Stützpunkt zurückzukehren.

Der U-Minenleger U-119 (Kptlt von Kameke) lief nach seiner erfolgreichen Minen-unternehmung vor Halifax im Mai auch zu diesem Versorgungstreffpunkt. Der BdU hatte offensichtlich die Hoffnung, frühere Erfolge seines Schwesterbootes U-116 gegen die feindliche Schiffahrt wiederholen zu können. Zwei Meldungen unterrich-teten U-119 davon, daß zwei namentlich bekannte englische Schiffe auf seinem Kurs zu erwarten seien, ein Nachweis dafür, daß der B-Dienst zur Entschlüsselung fähig war, aber keines der Schiffe wurde gesichtet. U-119 hatte vorher im Mai 160 cbm Treibstoff an vier U-Boote abgegeben (siehe Kapitel »Schwarzer Mai«).

U-488 versorgte zwischen dem 7. und 15. insgesamt vierzehn U-Boote, hauptsächlich von der Gruppe »Trutz«, und sein Bordarzt machte einige Besuche. Der U-Tanker lief von Position zu Position, um seinen Kunden entgegenzukommen. Es gab keine unvor-hersehbaren Zwischenfälle, und die U-Boote bildeten vom 16. an drei Suchstreifen.

U-119 erschien am 11., und Bartke als der jüngere Offizier fragte von Kameke höf-lich, ob er bei der Versorgung anderer U-Boote in diesem Gebiet behilflich sein könn-te. U-119 hatte jedoch vom BdU Anweisung erhalten, seinen überschüssigen Treib-stoff an eines der anderen Boote abzugeben und dann auf dem schnellsten Weg zurückzukehren. U-119 versorgte vor seiner Abreise allerdings noch U-603 mit Treib-stoff, und von Kameke meldete dem BdU, daß er am 14. Juni auf Heimatkurs gegan-gen sei. Das weitere Schicksal von U-119 wurde im vorigen Kapitel beschrieben.

Einige der neuen verschlüsselten Angaben für U-Boot-Treffpunkte bereiteten sowohl den Versorgern als auch den zu versorgenden Booten Schwierigkeiten, und Bartke mußte einmal ein vorgesehenes neues Versorgungsgebiet aufgrund reiner Vermutungen aufsuchen. Sein Verdacht bestätigte sich dann durch weitere Anweisungen des BdU. Zwischen dem 23. und 30. Juni wurden acht weitere U-Boote von U-488 in der Nähe der westlichen Azoren versorgt. Zusätzlich halfen zwei Boote des Typs IX, U-536 (Schauenburg) und U-170 (Pfeffer), bei der Versorgung, was auch die Übergabe einiger Ersatzteile einschloß.

Entgegen der Hoffnungen des U-Boot-Oberkommandos wurde die Stärke der Gruppe »Trutz« langsam von den Geleitflugzeugträger-Gruppen in dem Gebiet dezimiert, ohne daß die U-Boote nennenswerte Erfolge erzielen konnten. Das Rudel wurde am 21. weiter nach Osten befohlen, am 29. aufgelöst, und die überlebenden Boote patrouillierten daraufhin westlich von Gibraltar.

U-488 nahm Kurs auf Frankreich, nachdem es am 1. Juli »ausverkauft« war. Es durchfuhr die Biskaya unter Wasser, tauchte nur zum Laden der Batterien auf und ging so allen Luftangriffen aus dem Weg. Es lief am 10. Juli in Bordeaux ein und wurde herzlich von Admiral Godt beglückwünscht, denn Bartke hatte nicht weniger als 21 U-Boote versorgt und weiteren fünf Hilfe geleistet.

Die Tatsache, daß die Boote nun gezwungen waren, in immer entferntere Gebiete auszuweichen, um den alliierten Verteidigungskräften möglichst zu entgehen, bedeutete natürlich, daß mehr Treibstoff benötigt wurde. Die Langstreckenboote des Typs IX konnten ohne allzu große Schwierigkeiten in Entfernungen bis vor Brasilien operieren. Die Boote des Typs VII jedoch, bis dahin die »Arbeitspferde« des Atlantiks, benötigten sichergestellte Versorgung, selbst wenn sie nur die Karibik erreichen wollten, sonst waren sie hoffnungslos verloren. Am 6. Juli erinnerte Dönitz alle U-Boote, die in den Südatlantik gingen, an die Notwendigkeit, Treibstoff zu sparen, indem sie auf sparsame Marschfahrt gingen, sobald sie aus dem Bereich der landgestützten Flugzeuge heraus waren. Sie sollten soviel Treibstoff wie möglich für den Einsatz in ihren Kampfgebieten behalten. Darüber hinaus bedeutete der Mangel an U-Tankern, daß nur wenige der Boote auf ihrem Rückmarsch mit Versorgung rechnen konnten.

Aufgrund des Mangels an Tankern in See in den Monaten Juni und Juli entschied Dönitz, mehr Gebrauch von den U-Minenlegern für Versorgungszwecke zu machen, wenn diese von ihren Mineneinsätzen zurückkehrten. Das erste Boot, das unter diesen Gesichtspunkten auslief, war U-119 Ende Mai. Sein Einsatz wurde in Kapitel »Schwarzer Mai« beschrieben, sein Schicksal auf dem Rückmarsch in Kapitel »Katastrophe in der Biskaya«. U-118 (Ende Mai) und U-117 (im Juli) folgten als nächste Boote.

Viele VIIC-U-Boote wurden zu dieser Zeit auch zum Minenlegen eingesetzt, weil dies ein relativ sicherer und einfacher Weg war, die alliierte Schiffahrt zu stören. Insgesamt wurden im Juni und Juli drei Mineneinsätze erfolgreich durchgeführt: U-119 legte 55 Minen vor Halifax, U-230 und U-566 (Typ VIIC) legten zusammen zwanzig Minen vor Chesapeake. Diese Minen waren allerdings zu tief gelegt, um Auswirkungen haben zu können, und sie wurden daher nicht einmal entdeckt. Die Alliierten versenkten einige der anderen beteiligten Boote in der Nähe der Azoren, während sie Brennstoff abgaben oder übernahmen. U-607 (Typ VIIC) wurde am 13. Juli in der Biskaya versenkt, kurz nachdem es zu einem Einsatz ausgelaufen war, bei dem es Minen vor Kingston, Jamaica, legen sollte. Sein Schwesterboot U-613 wurde am 23. auf seiner vierten Feindfahrt südlich der Azoren von einem amerikanischen Zerstörer versenkt, als es noch auf dem Weg war, um Minen vor Jacksonville, USA, zu legen. U-373 (Typ VIIC) wurde am 24. Juli von Flugzeugen der »SANTEE«-Flugzeugträger-Gruppe beschädigt, bevor es um Port Lyautey (nördlich von Casablanca) verminen konnte. U-107 legte dann in der Nacht vom 26. zum 27. August zwölf Minen vor dem Hafen von Charleston, bevor es die Schiffahrt mit Torpedos angriff, die sich alle als Blindgänger entpuppten. Die Minen waren außerhalb der Hauptfahrrinne gelegt worden und wurden erst am 20. September bei einer routinemäßigen Suchfahrt entdeckt. U-107 kehrte sicher zum Stützpunkt zurück. Die Ergebnisse des Aufwandes für diese Minenaktion mögen für die Deutschen enttäuschend gewesen sein, es veranlaßte die Alliierten jedoch dazu, beachtliche Kräfte an der Ostküste der USA zusammenzuziehen.

Der BdU ging davon aus, daß die Minen nicht funktionsfähig waren oder falsch gelegt wurden, weil man mit den erzielten Ergebnissen durchweg unzufrieden war. Tatsächlich gab es jedoch deshalb keine Ergebnisse, weil alliierte Minensucher rechtzeitig durch die Entschlüsselung der Nachrichten auf die Minen aufmerksam wurden und sie räumen konnten.

Auf der Seite der Alliierten wurde es möglich, aus den überschüssigen Kriegsschiffen »Jagdgruppen« aus mehreren Zerstörern mit einem Geleitflugzeugträger als Kern aufzustellen. Die Anwendung der geheimdienstlichen Erkenntnisse, die aus dem Abhören von Funksprüchen mit H/F-D/F oder Entschlüsselung gewonnen wurden, versetzte die jagenden Gruppen in die Lage, die vermuteten Versorgungsgebiete der U-Boote abzusuchen. Die Amerikaner, die den Hauptanteil der Trägergruppen stellten, plädierten dafür, alle Milchkühe sofort zu versenken. Slessor jedoch, Chef des englischen Coastal Command, konnte sie davon überzeugen, die Tanker einzeln im Laufe einiger Monate zu versenken, um ihre Informationsquellen nicht den Deutschen preiszugeben. Die Amerikaner stellten unter dem Kommando von Admiral Ernest J. King eine ungewöhnliche Einheit auf, die aus Geheimhaltungsgründen »10. Flotte« genannt wurde. Deren Aufgabe war es, die Trägergruppen mit Hilfe der Informationen aus entschlüsselten Meldungen gegen die nordatlantischen U-Boote in den Einsatz zu führen.

U-118 (Korvkpt Czygan), ein Minenleger des Typs XB, war am 27. Mai zu seiner vierten Feindfahrt ausgelaufen. Es hatte Minen an Bord, die als Teil einer größeren Minenoffensive, die vom BdU verfolgt wurde, vor Halifax gelegt werden sollten. Im Juni hatte es sicher den Atlantik erreicht und stand, wie auch U-460 (Kptlt Schnoor), ziemlich nahe bei dem schwer zusammengeschossenen U-758 (Kptlt Manseck), das am 8. aus der Luft angegriffen worden war, kurz nachdem es den Geleitzug UGS. 9 gemeldet hatte (siehe voriges Kapitel). Beide Milchkühe erhielten am 9. Juni den Befehl, Manseck zu Hilfe zu kommen. U-118 traf am selben Tag ein. Diese Funksprüche wurden am 11. Juni zusammen mit dem Planquadrat für das Treffen von der »10. Flotte« entschlüsselt. Am 10. schloß sich U-460 den anderen beiden U-Booten auf dem Treffpunkt an.

Der BdU ließ nun wieder eine Flut von Funksprüchen los, von denen viele vom englischen Geheimdienst entschlüsselt wurden. U-460 erhielt den Befehl, U-118 mit Brennstoff zu versorgen und dann zu einem anderen Treffpunkt zu verlegen. U-758 sollte ihm folgen. Deshalb übergab U-460 50 cbm Brennstoff an U-118, dann trennten sie sich. U-118 nahm Kurs auf seinen vorgesehenen Versorgungstreffpunkt (30°45'N, 33°45'W) im Mittelatlantik, wo die Versorgung von U-530, U-172, U-572 und U-759 zwischen dem 12. und 16. Juni geplant war. Der Treffpunkt war vom BdU mit besonderer Sorgfalt ausgewählt worden, weit entfernt von allen Schiffahrtsrouten und gut außerhalb der Reichweite von landgestützten Bombern. Aber der Geleitflugzeugträger BOGUE und drei Zerstörer kamen schnell näher.

Am 12. Juni wurde U-118 von acht Flugzeugen der BOGUE überrascht. Das Boot tauchte, wurde von vier Wasserbomben erschüttert, tauchte sofort wieder auf, und die Besatzung besetzte die Geschütze. U-118 war noch nicht mit der schweren neuen Flugabwehrbewaffnung ausgerüstet, die auf anderen U-Booten derzeit eingebaut wurde. Es hatte nur vier Maschinengewehre und ein 20-mm-Zwillingsgeschütz. Sieben Flugzeuge waren an dem Angriff beteiligt, und das U-Boot wurde von Bomben so stark beschädigt, daß es tauchunklar zu sein schien. Die Flugzeuge setzten ihre Bordwaffen ein und jagten die Besatzung um den Turm herum. Die Besatzung verließ schließlich das Boot, aber einige Seeleute feuerten weiter mit den Flugabwehr-Waffen. Es wurden wieder Wasserbomben abgeworfe, und eine brachte die Minen des U-Bootes zur Detonation. Von den an Bord befindlichen Verwundeten von U-758 und der Besatzung von 55 Mann gab es nur siebzehn Überlebende, von denen einer später starb. Ein anderer Überlebender der Milchkuh wurde später nach Deutschland zurückgeführt, wo er dem BdU über das Wesentliche des gerade Geschilderten berichtete. Keiner der Offiziere der Milchkuh überlebte.

U-172 unter dem Kommando des sehr erfahrenen Kptlt Emmermann hörte die Bomben und meldete dies am Abend dem BdU. U-172 erhielt den Befehl, weitere 24 Stunden lang zu suchen. Am Abend des 14. Juni funkte Emmermann nur ein Wort: »Nichts.« Der BdU gab am 13. eine Warnung heraus, daß U-Boote selbst in den entlegensten Gebieten mit Angriffen durch Trägerflugzeuge rechnen mußten.

Dieser Verlust bedeutete erhebliche Unannehmlichkeiten für die U-Boote, die in entfernten Gebieten im Einsatz waren, einige Boote des Typs VII operierten sogar vor Brasilien. Mehrere Typ IX-Boote mußten abgestellt werden, um sie mit Treibstoff zu versorgen, sehr zum Leidwesen ihrer Kommandanten, die nicht erwartet hatten, die Gefahren der Biskaya überwunden zu haben, nur um dann als Milchkuh zu dienen. Die Kampf-U-Boote erhielten die Anweisung, den Brennstoff mit Hilfe ihrer Feuerlöschschläuche zu übergeben; ein Verfahren, das sich als einigermaßen erfolgreich herausstellte.

U-530 war Mitte Juni gezwungen, nach dem Verlust von U-118 kurzfristig als Aushilfstanker nordwestlich der Kapverdischen Inseln zu dienen. Während dieser

Zeit versorgte es U-172, U-572, U-759 und den heimkehrenden U-Transporter vom Typ IXD1, U-180, mit Brennstoff. Dann erhielten U-530 und der Transporter den Befehl zum gemeinsamen Rückmarsch.

U-460 erreichte am 11. Juni seinen neuen Treffpunkt südsüdwestlich der Azoren. Es sichtete ein Unterseeboot und tauchte. Letztendlich schaffte U-460 es doch, mit U-92 und dem beschädigten U-758 wie vorgesehen zusammenzutreffen. Als Teil der neuen Vorsichtsmaßnahmen gegen feindliche Angriffe blieben beide Boote an dem Treffpunkt während des ganzen Tages getaucht und waren wieder aufgetaucht, ohne sich gegenseitig zu bemerken. Wie Schnoor sagte: »Es ist richtiger Mist, wenn man nicht sagen kann, ob ein Unterseeboot, das am Treffpunkt mal taucht, mal auftaucht, Freund oder Feind ist.«

Es sei daran erinnert, daß U-92 nur einen Monat vorher südlich von Grönland die große Menge von 90 cbm Treibstoff von U-119 erhalten hatte. Nun benötigte es erneut Treibstoff für die Heimreise nach Frankreich und bekam ihn am 12. Alle drei U-Boote gingen dann zusammen auf Heimatkurs. Am nächsten Tag entschied U-460, U-758 mit einem »Metox«-Gerät auszurüsten und den Bordarzt einen weiteren Besuch machen zu lassen. Es schien ein schwerer medizinischer Notfall vorzuliegen, da beide Boote während des ganzen nächsten Tages gestoppt lagen und zwei verwundete Seeleute auf den U-Tanker gebracht wurden. Dieser unerwartete Aufenthalt im Mittelatlantik könnte beide Boote vor den Streitkräften gerettet haben, die gegen die Versorgungsboote um die Azoren versammelt wurden.

U-460 mußte am 15. plötzlich tauchen, als sein »Metox« eine Radarwarnung gab. Es hatte nun den Befehl, den Minenleger des Typs VIID, U-214 (Stock), südlich der Azoren zu treffen. Der BdU war mittlerweile sehr besorgt über die Gefahren der alliierten Möglichkeiten zum Einpeilen (obwohl man nichts Genaues über »Huff-Duff« wußte, vermuteten sie offensichtlich, daß den Alliierten etwas mit entsprechender Genauigkeit zur Verfügung stand). Der BdU wußte, daß die Alliierten viele Peilstationen an den Küsten des nördlichen und südlichen Atlantiks eingerichtet hatte. Es scheint einleuchtend zu sein, daß all diese Stationen zusammen den genauen Standort jedes funkenden U-Boots ermitteln konnten. Jedes Boot erhielt deshalb den Befehl, auf weitere Funksprüche mit dem einzigen Wort »Ja« zu antworten.

U-460 versorgte U-214 am 16. nur mit Lebensmitteln und fand darüber hinaus auch das »verlorene« U-92 wieder. Alle U-Boote erhielten die Anweisung, gemeinsam nach Frankreich zurückzukehren.

Östlich der Azoren gab es weitere Luftalarme, und die Boote fuhren während der Dunkelheit getaucht. Die Warnungen vor Flugzeugen häuften sich, als sich die Boote der Biskaya näherten. Am 22. Juni jedoch sichtete U-460 das entgegenkommende U-382 (Koch). Dieses Boot mußte seinerzeit den beschädigten Tanker U-462 in der Biskaya verlassen. U-460 traf sich am 25. Juni mit seinem Geleitschutz, bestehend aus einem Sperrbrecher, zwei M-Booten und zwei Geleitfahrzeugen. Es kam am Abend sicher in Bordeaux an. U-460 hatte zwölf andere U-Boote versorgt, und Schnoor hatte sich als vorsichtiger, aber fähiger

Kommandant bewährt. Der BdU war offensichtlich auch dieser Meinung, denn Admiral Godt fand die Worte: »Diese Unternehmung ist, wie die vorherigen, mit der bekannten Vorsicht und dem notwendigen Mut durchgeführt worden.«

Am 9. Juni ordnete Dönitz an, daß neun U-Boote, unterstützt von zwei U-Tankern, in den Indischen Ozean gehen sollten. Sie wurden als die »Erste Monsun-Gruppe« bekannt. Da diese Boote des Typs IXC oder IXC 40 aus Deutschland ausliefen, wurde das erste Boot gegen Anfang Juli im mittleren Atlantik erwartet. Der frühe Verlust der Tanker U-461 und U-462, im vorigen Kapitel beschrieben, bedeutete, daß U-487 und das Kampf-U-Boot U-160 den Befehl erhielten, die »Monsun«-Gruppe im Mittelatlantik zu versorgen.

U-487 (Oblt z. S. Metz) war aus der Biskaya sicher im Mittelatlantik angekommen und stand Anfang Juli auf seiner Position südlich der Azoren. Zwischen Juli und August hielten sich bis zu siebzehn U-Boote in der Nähe der Azoren auf. U-487 konnte zwischen dem 6. und 12. Juli neun von ihnen 600 Meilen südwestlich der Azoren versorgen. Eines der Boote war der U-Transporter des Typs IXD1, U-195 (Korvkpt Buchholz), der auf der Heimreise von Kapstadt war (siehe nächstes Kapitel), er wurde mit gerade so viel Brennstoff versorgt, daß er mit sparsamer Fahrweise zum Heimathafen kommen konnte.

U-487 war zu einem einzigen Treffpunkt befohlen worden, und das U-Boot-Oberkommando hatte darüber hinaus Anweisung erteilt, daß keine Peilzeichen gesendet werden dürften. Sein vorsichtiger Kommandant mochte es sowieso nicht, seinen Standort durch zu viele Funksprüche preiszugeben, und hielt so lange Funkstille, bis der BdU ihn endlich am 10. Juli aufforderte, sofort seinen Standort zu melden, zweifellos mit der Befürchtung, daß er versenkt sein könnte. Die Meldung des Bootes sorgte für Erleichterung beim BdU, der entschieden hatte, daß U-487 die Boote der Gruppe »Monsun« bei ihrer Fahrt nach Süden versorgen sollte. Dadurch sollten die »Monsun«-Boote nicht mehr auf eine zweite Versorgung durch einen Überwasser-Tanker im Indischen Ozean angewiesen sein. Dies bedeutete allerdings, daß nun nicht mehr ausreichend Brennstoff für die Kampf-U-Boote im Mittelatlantik vorhanden war. Dönitz stellte am 11. resigniert fest, daß die Lage bei den Tankern »schlecht« war, daß mittlerweile nur noch sehr wenige einzeln fahrende Handelsschiffe als leichte Ziele zu finden waren und daß der Einsatz der Gruppe »Trutz« fehlgeschlagen zu sein schien. Als vorläufige Maßnahme schickte Dönitz die bereits versorgten U-Boote in entfernte Gebiete, während auslaufende Boote, die noch nicht versorgt waren, in dem näheren Operationsbereich vor Freetown eingesetzt wurden.

Der englische Geheimdienst hatte Anfang Juli einen dreiwöchigen »Blackout« bei der Entschlüsselung von Meldungen, aber die Anwesenheit der Milchkuh war trotzdem entdeckt worden, und nicht weniger als vier amerikanische Trägergruppen (BOGUE, CARD, CORE und SANTEE) durchkämmten die Gewässer um 27°N, 37°W (600 Meilen südwestlich der Azoren) nach dem U-Tanker und seinen Anhängern. »Fido« stand nun zur Verfügung, und die Flugzeuge wurden zu zweit hinausgeschickt, eins, um das U-Boot zum Tauchen zu zwingen, das andere, um »Fido« in sein Heck zu jagen.

Am 13. Juli überraschten zwei Flugzeuge des Trägers CORE U-487 aufgetaucht 720 Seemeilen südsüdwestlich der Azoren, als seine Besatzung sich sonnte. Ein sofortiger Angriff mit Wasserbomben schüttelte den U-Tanker durch und führte zu einem scharfen Abdrehen nach Steuerbord, zu Fahrtverlust und zu einem Ölleck. Im Inneren des Bootes brach Feuer aus, und, obwohl es schnell gelöscht wurde, machte dichter Qualm das Tauchen unmöglich. Der Austritt von Chlorgas aus den beschädigten Batteriezellen verursachte den Tod eines der Besatzungsmitglieder. Andere Männer besetzten die Geschütze und erwiderten das Feuer. CORE schickte vier weitere Flugzeuge, wovon eins abgeschossen wurde, obwohl auch einige Leute der Geschützbedienungen auf ihren Posten fielen. Metz befahl letztendlich »Alle Mann von Bord«. Er und die Bedienungsmannschaft des Vierlings waren die letzten, die ins Wasser sprangen. Dort wurde Metz durch den Treffer eines Querschlägers im Kopf getötet. Ein weiterer Teppich von vier Wasserbomben dicht bei dem U-Boot brachte es innerhalb von fünf Sekunden zum Sinken. Die Besatzung rief zweimal »Heil« von ihren Schlauchbooten im Wasser aus. 33 Überlebende der Besatzung von 62 Mann wurden gerettet. U-487 erhielt den Ein-Stern-Status am 17. August, den Zwei-Stern-Status am 26. April 1944. Später bekam der BdU hierüber einen vollständigen Bericht von einem rückgeführten Kriegsgefangenen.

Der BdU war wieder einmal nicht auf dem laufenden, als er den »Monsun«-Booten am 15. Juli die Anweisung erteilte: »Versorgung durch U-462.« U-462 war am 6. Juli mit Schäden von seinem abgebrochenen Einsatz von den Azoren zurückgekehrt und sollte zusammen mit U-461 am 27. Juli wieder auslaufen. »Falls U-462 ausfällt, U-487 benutzen. Jedes Boot hat 40 cbm Brennstoff und Proviant für zehn Tage zu übernehmen. Keine Peilzeichen. Jedes dritte Boot hat die Lage des Tankers nach dem Treffen zu melden. U-160 hat seinen überschüssigen Brennstoff an U-487 abzugeben.« Am 18. Juli hatte U-487 noch immer nicht auf die wiederholten Anrufe des BdU geantwortet und wurde als vermißt eingestuft. Sofort gab der BdU Anweisung, daß zwei auslaufende Boote, die nicht zur »Monsun«-Gruppe gehörten (U-160 und U-155), an unterschiedlichen Treffpunkten weit westlich der Kapverdischen Inseln Brennstoff an jeweils drei »Monsun«-Boote abgeben sollten. Anschließend sollten sie gemeinsam heimkehren. Am selben Tag stellte Dönitz fest, daß andere auslaufende U-Boote nicht mehr versorgt werden konnten, weil Boote, die schon in See waren, dringend Treibstoff benötigten.

Zwischen dem 13. und 16. versenkten die Träger CORE und SANTEE weitere drei U-Boote, zumeist mit »Fido«, darunter auch U-160. U-160, Typ IXC (Oblt z. S. Pommer-Esche), war auf seiner ersten Feindfahrt, als es an demselben Tag, nachdem es seine Befehle zur Unterstützung von U-487 erhalten hatte, von Trägerflugzeugen angegriffen wurde. Es tauchte schnell und wurde prompt mit einem »Fido« versenkt. Erst am 20. stellte der BdU fest, daß U-160 nicht an seinem zweiten Treffpunkt erschienen war.

Diese Verluste waren dem BdU zunächst unerklärlich, bis ein spanisches Schiff aus der Nähe der Azoren zurückkehrte und berichtete, daß es einen großen Flugzeugträger in der Gegend beobachtet hatte. Als Folge davon wurde das Versorgungsgebiet weit westlich der Azoren verlegt.

U-155 stand unter dem Kommando des sehr erfahrenen Kptlt Piening; es opferte seinen Treibstoff zwischen dem 21. und 23. Juli für die drei »Monsun«-Boote U-183, U-188 und U-68, an die es mehr als 200 cbm Treibstoff abgab. Der aufmerksame Piening berichtete dem BdU am 2. August, daß es übermäßig viel Funkverkehr bei den U-Booten gab, bevor er allein sicher nach Frankreich zurückkehrte. Sowohl das U-Boot als auch der Kommandant überlebten den Krieg. Die große Bedeutung von Erfahrung bei Kommandanten und Besatzungen konnte für U-Boote zu dieser Zeit nicht hoch genug eingeschätzt werden.

Nun mußte das auslaufende U-516, das eigentlich als eins der drei »Monsun«-Boote Treibstoff von U-160 erhalten sollte, selbst zur Abgabe von Brennstoff an die anderen beiden Boote herangezogen werden. Aber nur U-532 erschien am 26. Juli am Treffpunkt, weil U-509 bereits zwei Wochen vorher von Trägerflugzeugen der SANTEE versenkt worden war. U-516 erhielt nun Anweisung zu einem weiteren Treffen mit U-662 (Typ VII), um Munition zu übergeben. Auch dieses U-Boot erschien nicht zum Rendezvous; es war am 21. versenkt worden. Weitere Verluste der »Monsun«-Gruppe in der Biskaya und im Atlantik bedeuteten, daß sie auf fünf U-Boote geschrumpft war, als sie im Indischen Ozean ankam.

Es stand nun zeitweise für die Versorgung der fünfzig oder sechzig U-Boote, die auf dem Weg zu oder von entfernten Kriegsschauplätzen waren, keine einzige Milchkuh zur Verfügung. Andere Kampf-U-Boote, die aus Frankreich ausliefen, wurden für Versorgungsaufgaben abgestellt. U-648, ein Boot des Typs VII, übergab am 23. eine große Menge Treibstoff an das aus dem Golf von Mexiko heimkehrende U-527, um es in die Lage zu versetzen, seinen Stützpunkt zu erreichen. Beide Boote wurden von Flugzeugen der BOGUE überrascht. U-648 konnte tauchen, aber U-527 wurde durch Bomben versenkt. U-648 suchte lange, aber erfolglos nach dem Boot, bevor es meldete, daß U-527 verschwunden sei. U-648 war auch eingeteilt worden, das heimkehrende U-67 mit Treibstoff zu versorgen, aber auch dieses Boot war schon am 16. von Trägerflugzeugen versenkt worden. U-648 schaffte es, sich nach Hause zu schleppen. Dann, am 30. Juli, wurde U-43 (Typ XB) mit einem »Fido« von Flugzeugen der SANTEE versenkt, kurz nachdem es U-403 versorgt hatte. Das Boot kam vom Minenlegen vor Lagos zurück und war auch zum Dienst als Aushilfstanker herangezogen worden.

Ende Juli waren die Versenkungszahlen auf allen Kriegsschauplätzen recht hoch, 46 Schiffe, von denen bei weitem die meisten im Südatlantik oder im Indischen Ozean versenkt wurden. Dies mußte jedoch mit dem Verlust von 38 U-Booten erkauft werden, fast soviel wie im »Schwarzen Mai«. Flugzeuge waren für die meisten der U-Boot-Versenkungen verantwortlich, und der Juli war der letzte Monat bis zur Invasion in der Normandie 1944, in dem das OKW U-Boot-Erfolge erwähnte. Anfang August erlitt der englische Geheimdienst einen weiteren zehntägigen »Blackout«, und dann gab es mehrere Lücken von sieben bis vierzehn Tagen aufgrund des Fehlens ausreichend schneller »Bomben« zur Entschlüsselung der »Enigma«-Meldungen. Geräte aus den USA wurden im August schnell beschafft, aber man verlegte letztendlich im November die gesamte Entschlüsselung des U-Boot-Funkverkehrs nach Washington, USA. Da die Alliierten ihre Aufklärungsergebnisse teilten, gab es keine nennenswerten Unterschiede bei der Durchführung. Trotzdem verursachte die schnelle Versenkung der Milchkühe große Besorgnis beim englischen Geheimdienst, der befürchtete, daß die Deutschen den Einbruch in ihren Schlüssel bemerken könnten.

Mittlerweile bestand für viele U-Boote die Gefahr, daß sie aus Mangel an Brennstoff ihre Heimatstützpunkte nicht mehr erreichen konnten. Alle Versuche, U-Tanker von Frankreich aus in den Atlantik zu bringen, waren fehlgeschlagen (siehe voriges Kapitel). Die Lage wurde nicht einfacher, als am 4. August der neue U-Tanker U-489 von Flugzeugen westlich der Färöer versenkt wurde. Das Boot war noch auf dem Weg von Deutschland zu seinem ersten Versorgungseinsatz im Atlantik.

U-489 war am 8. März 1943 von Oblt z. S. Schmandt in Dienst gestellt worden. Schmandt war ein vierunddreißigjähriger Offizier mit Erfahrung als Wachoffizier auf U-B und U. D-5. Nach den üblichen Ausbildungsmaßnahmen war U-489 zusammen mit dem Kampf-U-Boot U-647 am 22. Juli aus Kiel ausgelaufen, derselbe Tag, an dem die unglücklichen U-461 und U-462 aus Bordeaux ausliefen. U-489 lief in die Zufahrten zum Nordatlantik ein mit dem Befehl, U-Boote, die aus dem Südatlantik zurückkehrten, zu versorgen. Am 3. August wurde der U-Tanker aufgetaucht von drei Flugzeugen gesichtet. Schweres Flugabwehrfeuer hielt die Flugzeuge auf Abstand, dennoch wurde das U-Boot durch einen Naheinschlag einer 50-kg-Bombe leicht beschädigt. U-489 konnte unbeobachtet in einem schweren Regenschauer tauchen.

Per Luftüberwachung wurde sein vermuteter Kurs verfolgt. Um 08.10 Uhr des folgenden Tages entdeckte eine SUNDERLAND der RCAF (Royal Canadian Air Force) den U-Tanker. Das Flugzeug griff trotz schweren Flugabwehrfeuers an und beschädigte die Milchkuh schwer mit seinen flach eingestellten Wasserbomben. Das Boot wurde langsamer und begann über das Heck zu sinken. Das Flugzeug war zwischenzeitlich abgeschossen worden. HMS CASTLETOWN und Begleitzerstörer kamen schnell näher, Schmandt gab auf und versenkte sein Boot. Schmandt, fast seine gesamte Besatzung von 54 Mann und auch drei deutsche Flieger, die unterwegs aus ihrem Schlauchboot gerettet worden waren, nachdem ihr Flugzeug am 29. Juli nordöstlich der Färöer notwassern mußte, kamen in Kriegsgefangenschaft. Der Leitende Ingenieur von U-489 überlebte nicht. Von der elfköpfigen Besatzung der SUNDERLAND schafften es fünf nicht mehr, aus dem Flugzeug zu kommen. Die übrigen sechs waren alle verwundet, wurden aber gerettet. U-489 wurde nach nur vierzehn Tagen seines ersten Kriegseinsatzes versenkt, ironischerweise am selben Tag, als es seine ersten Versorgungsanweisungen für U-664 erhalten hatte. Der ganze Ablauf wies eine beklemmende Ähnlichkeit mit der Zerstörung seines Schwesterboots U-464 vor einem Jahr auf, sogar der Längen- und Breitengrad waren fast gleich.

Die Versuche, den Druck der U-Boote in entfernten Seekriegsgebieten aufrechtzu-erhalten, kamen Ende Juli zu einem abrupten Ende, da die U-Boote nun nicht mehr versorgt werden konnten. Die Boote des Typs IX konnten noch für kurze Zeit im Einsatz bleiben, bevor sie zum Stützpunkt zurückkehren mußten. Der Einsatz der Boote des Typs VII in entfernten Gewässern mußte jedoch ganz aufgegeben wer-den. Viele Boote in See mußten vorzeitig zurückgerufen werden. Am 4. August hatte Dönitz festgestellt, daß noch immer Versorgungsmöglichkeiten für die U-Boote ver-fügbar waren, die mit Treibstoffmangel aus ihren Einsatzgebieten zurückkamen. Am nächsten Tag mußte er diese Einschätzung jedoch korrigieren. Es gab keine »Aus-hilfstanker« mehr. Nur die allernötigsten Versorgungsoperationen konnten nun-mehr noch durchgeführt werden, und dann auch nur auf Auslaufkurs. Die Versor-gung von U-Booten auf Auslaufkurs bedeutete, daß sie im Zweifelsfall immer noch zum Stützpunkt zurückkehren konnten, wenn das Treffen nicht stattfinden konnte. Es war unvermeidlich, daß U-Boot-Einsätze über längere Entfernungen einge-schränkt werden mußten. Am nächsten Tag legte Dönitz seinen Kommandanten auf See nahe, nicht zu viele schlechte Nachrichten zu verbreiten. Wenn notwendig, soll-ten solche Meldungen nur mit Offiziersschlüssel gefunkt werden. Ein weiterer Befehl forderte die U-Boote auf, Flugzeugträger zu ihren Hauptzielen zu machen.

Werner, der IWO von U-230 (Typ VIIC), das Minen in der Chesapeake Bay gelegt hatte, hat die Schwierigkeiten eines U-Boots, das auf See allein gelassen wurde, beschrieben. In den ersten beiden Wochen des August wurde U-230 wie-derholt zu unterschiedlichen Versorgungstreffpunkten mit verschiedenen Milch-kühen geschickt. Jedesmal erschien die Milchkuh nicht. Die neue deutsche Praxis, keinen Funkverkehr in der Nähe der Versorgungszone zuzulassen, bedeutete, daß der BdU regelmäßig erst dann von der Versenkung eines U-Tankers erfuhr, wenn er auf seine wiederholten Anfragen nicht antwortete. Zuletzt mußte U-230 das bißchen Treibstoff annehmen, daß ein Schwesterboot, U-634, erübrigen konnte, damit es überhaupt seinen letzten Versorgungstreffpunkt erreichen konnte, wo, wie wir sehen werden, endlich eine Milchkuh erschien.

Der Verlust von U-489 war am 11. August bestätigt worden, und Dönitz stellte fest, daß »mit dem Verlust von U-489 die letzten Brennstoffreserven für Boote, die aus dem Süden kamen, vernichtet waren«. U-117 (Korvkpt Neumann), ein Minen-leger des Typs XB, war zusammen mit U-459 von Frankreich aus zu einer Minen-lege-Operation vor Gibraltar entsandt worden (siehe voriges Kapitel). Seine Auf-gabe wurde am 24. Juli, zwei Tage, nachdem es Bordeaux verlassen hatte, geändert. Es sollte seine als Alternative gedachte Minenaufgabe vor New York so durch-führen, daß es U-Boote in der Nähe der Azoren mit Brennstoff versorgen konnte. U-117 kam Ende Juli südlich der Azoren an (Planquadrat BE80), wo es die Anwei-sung erhielt, als erstes den U-Kreuzer U-177 und das weitgereiste U-66 (Typ IXB, Kptlt Markworth) auf etwa 39°N, 37°W, westlich der Azoren, zu versorgen.

Nach einem Luftangriff hatte es auf U-66 drei Tote und acht Verwundete gege-ben, darunter sein Kommandant. Der unerfahrene IWO übernahm zeitweise das Kommando, und U-66 forderte die Hilfe eines Arztes an.

Der Befehl des BdU vom 30. April wurde am 1. August entschlüsselt, obwohl das Planquadrat für das Treffen nicht genau bestimmt werden konnte. Am selben Tag gab U-117 den genauen Treffpunkt per Funk an andere U-Boote durch, und dies wurde auch von den Trägergruppen mitgehört. Später an dem Tag informierte der BdU U-117, daß U-66 an dem Treffpunkt auf die Milchkuh wartete. Am 4. August funkte der BdU das einzelne Wort »Vorsicht!« an U-117, aber der Flugzeugträger CARD und seine Jagdgruppe durchsuchten das Gebiet bereits. Früh am 6. August meldete U-66, daß es U-117 nicht finden konnte, und es wurde ein neuer Treffpunkt festgelegt. Obtl z. S. Frerks von U-117 sollte den verwundeten Kommandanten von U-66 ersetzen. U-117 traf U-66 spät in dieser Nacht, und der Wechsel der Offiziere fand statt. Die alliierten Geheimdienste hatten es noch nicht geschafft, die Position des geänderten Treffpunkts zu ermitteln, aber sie wußten genug, um eine allgemeine Suche in der näheren Umgebung zu ermöglichen.

Am folgenden Tag, als beide U-Boote mit Schläuchen verbunden in 50 Meter Entfernung beieinander lagen und die Schlauchboote zwischen den Booten hin und her pendelten, kurz gesagt, im ungünstigsten Augenblick, führten Flugzeuge von der CARD einen Überraschungsangriff durch. Sie wurden erst entdeckt, als sie nur noch 400 Meter von den Booten entfernt waren. Mit den Befehlen, immer zuerst die Milchkuh zu versenken, wenn die Wahl bestand, stürzten sich die Flugzeuge auf U-117 (sichtlich das größere U-Boot) und warfen zwei Wasserbomben. U-66 tauchte sofort, während das beschädigte U-117 (es war am Heck getroffen worden) unregelmäßig manövrierte und dichten, schwarzen Qualm ausstieß. U-117 war mit der neuen, schlagkräftigen Flugabwehrbewaffnung ausgerüstet. Seine Geschützbedienungen legten ein beeindruckendes, aber wirkungsloses Abwehrfeuer hin, während sich nun mehrere Flugzeuge an dem Angriff beteiligten. Nochmals von Wasserbomben schwer beschädigt, tauchte U-117, kam wieder an die Oberfläche und tauchte erneut. Zu diesem Zeitpunkt wurde ein »Fido« auf sein Heck abgeworfen. Eine Schockwelle war im Wasser zu beobachten, Luftblasen kamen an die Oberfläche, und U-117 verschwand für immer in der Tiefe.

U-66 hatte noch immer keinen Brennstoff erhalten, und so wurde für den 8. ein neuer Treffpunkt zwischen der Milchkuh und dem Kampf-U-Boot angewiesen. In einem Umkreis von 400 Meilen um den Treffpunkt mußte Funkstille eingehalten werden. Der BdU ließ danach wieder eine Flut von Funksprüchen mit genauen Anweisungen bis zum 13. los (nach dem Verlust von U-489 wurde erwartet, daß U-117 vierzehn U-Boote versorgen sollte, alle in demselben Seegebiet südwestlich der Azoren). U-117 erhielt nun den Ein-Stern-Status. Am 14. berichtete U-66, daß der Treibstoff zur Neige ging und daß es an dem neuen Treffpunkt zwei Tage lang auf U-117 gewartet hatte. An dem ursprünglichen Treffpunkt hatte man zuerst zwei und dann drei Detonationen gehört, denen Sinkgeräusche folgten. U-117 erhielt noch am selben Tag den Zwei-Stern-Status.

Die Versenkung von U-117 führte schließlich zur endgültigen Versorgungskrise im Atlantik. Es war dem BdU klar, daß nur der Einsatz auslaufender U-Boote zur Treibstoffversorgung diejenigen, die schon in See waren, in die Lage versetzen würde, zum Stützpunkt zurückzukehren. Einige U-Boote mußten sogar Segel setzen, um ihre Treffpunkte mit den auslaufenden Booten zu erreichen, während andere aus der Luft angegriffen wurden, während sie hilflos an der Wasseroberfläche dümpelten. Eine Nebenerscheinung dieser Versenkungen war die, daß der BdU wie wild nach Hinweisen für die Gründe dieser Versenkungen fahndete. Man kam zu der Erkenntnis, daß durch landgestützte H/F-D/F-Stationen der ungefähre Standort der Boote ermittelt worden war, woraufhin dann mit Radar ausgerüstete Flugzeuge das Gebiet absuchten. Alle U-Boote erhielten Warnungen im Hinblick auf diese Möglichkeit und auch Anweisungen, weiterhin die Funkfrequenzen zu wechseln.

Die großen U-Boote U-525 (Kptlt Drewitz, Typ IXC40) und U-129 (Oblt z. S. von Harpe, Typ IXC) erhielten am 10. August Befehl, ihre Unternehmungen abzubrechen und andere U-Boote mit Brennstoff zu versorgen. Der Aushilfstanker U-525 wurde jedoch am 11. August von weiteren Flugzeugen der CARD-Gruppe 376 Meilen westnordwestlich der Azoren versenkt. Es wurde beschossen, tauchte, wurde mit Wasserbomben aus der Luft angegriffen und erhielt dann mit der Hilfe von »Fido« den Rest. Bei diesem Vorfall war das Flugzeug, das den »Fido« abgeworfen hatte, wirklich in der Lage, den anlaufenden Torpedo zu beobachten, als dieser das U-Boot jagte. Das Boot war in klarem Wasser auf nur zehn Metern Tiefe, als der »Fido« es etwa in der Mitte zwischen Turm und Heck traf. Es gab keine Überlebenden. Gerade am Tag zuvor hatte Dönitz seine U-Boot-Kommandanten gewarnt, auf »neue, gefährliche Bomben achtzugeben« (die zerstörende Auswirkung von »Fido« war aus großer Entfernung von einigen Kommandanten beobachtet worden). Wie schon zuvor, wurde der Verlust der Milchkuh vom BdU erst eine Woche nach dem Vorfall bestätigt.

Dönitz, der noch nichts von dem Verlust von U-525 wußte, schrieb am 14., daß etwa 400 cbm Treibstoff erforderlich seien, um die Boote in See zu versorgen, und daß U-525 und U-129 dazu möglicherweise nicht in der Lage wären. Der gerade aus Deutschland ausgelaufene U-Kreuzer U-847 erhielt Anweisung, sich zur Hilfeleistung bereitzuhalten, während U-760 Brennstoff von U-84 übernehmen sollte. U-760 berichtete jedoch, daß es an dem Treffpunkt von zwei Zerstörern angegriffen worden sei. Es schleppte sich nach Spanien zurück und wurde mit schweren Beschädigungen Anfang September dort interniert, während U-84 am 26. August von Flugzeugen des Trägers CORE versenkt wurde.

U-129 konnte Mitte August vier U-Boote versorgen, bevor es am 20. August den Befehl zum Rückmarsch erhielt. Es kam sicher in Frankreich an. Eins dieser vier Boote war U-333, mittlerweile wieder unter dem Kommando von Cremer. Cremer hatte sich, als einer von dreien der »Alten Garde,« freiwillig zur Rückkehr auf See gemeldet, um Dönitz aus erster Hand einen Bericht der Bedingungen auf See zu geben (die beiden anderen waren Kuppisch und Guggenberger). Cremer war der einzige von ihnen, der zum Hafen zurückkehren sollte. Die Fahrt von Cremer war ein Alptraum aus Luftangriffen, technischen Zusammenbrüchen und Sabotage; es wurden erst Treffen mit U-618 und U-600 zur Übernahme von Ersatzteilen erforderlich und später noch ein weiteres mit U-571, von dem man einen Kompressor bekam. U-333 beobachtete die Versenkung von U-487 aus der Ferne. Das Treffen mit U-129 fand statt, nachdem U-333 vier Tage lang ohne Lebensmittel ausharren mußte. Am 30. August erreichte U-333 endlich Frankreich.

Der U-Kreuzer U-847, der als letztes Mitglied der Gruppe »Monsun« von Bergen mit Kurs auf den Indischen Ozean ausgelaufen war, wurde am 19. August abgestellt, um einige der hilflosen U-Boote mit Treibstoff zu versorgen. Sein Kommandant, Kptlt Kuppisch, hatte zu Beginn des Krieges erfolgreich Kampf-U-Boote geführt, war dann aber seitdem auf einem Landkommando. Es war beabsichtigt, daß er das Kommando über die »Monsun«-Gruppe übernehmen sollte, aber das mußte aufgegeben werden. Kuppisch stimmte der Entscheidung des BdU mit dem Funkspruch »Es gibt keine andere Wahl« zu.

U-847 hatte den Ruf eines glücklosen Bootes. Es wurde kurz von Kptlt Guggenberger, dann von Kptlt Metzler und schließlich von dem vierundvierzigjährigen Kuppisch (der nach nur sechs Tagen von seinem eben erst erfolgten Kommando auf U-516 abgerufen wurde) geführt. Das Boot machte noch während der Ausbildungszeit drei Kommandantenwechsel durch, und es gab zwei Tote und zwei Verletzte. Es war am 5. Juli aus Kiel als eines der ersten »Monsun«-Boote ausgelaufen und wollte durch die Dänemarkstraße zwischen Grönland und Island in den Atlantik einlaufen, hatte aber am 17. einen Eisberg gerammt. Die Schäden erzwangen eine Rückkehr nach Bergen zur Reparatur und die Absage eines geplanten Treffens mit einem anderen U-Kreuzer (U-198) in der Nähe des Äquators. U-847 lief Anfang August wieder aus. Es war seine erste und letzte Feindfahrt.

Der Kurs von U-847 von Norwegen und in den Nordatlantik war von dem englischen Geheimdienst während seiner gesamten Fahrt verfolgt worden. Dieser »Tanker der letzten Möglichkeit« wirkte wie ein Magnet für jedes U-Boot in einem Umkreis von 1000 Meilen, als er sich seinem Versorgungsbereich näherte. Er war jedoch auch eines der wertvollsten Ziele für alliierte Trägergruppen, wie es deutlich aus den Seekarten zu ersehen ist, die den gleichzeitig erstellten U-Boot-Berichten für die Admiralität beigefügt wurden (siehe auch Karte 13-1). Zehn U-Boote kamen mit dem U-Kreuzer zusammen!

Die Funksprüche des BdU wurden am 21. August entschlüsselt. Am selben Tag erhielten sieben U-Boote Anweisung, zu dem Treffpunkt zu gehen, und auch diese Meldung wurde fast sofort entschlüsselt. Zwei Trägergruppen (CARD und CORE) erhielten von der amerikanischen »10. Flotte« den Befehl, auf den Treffpunkt vorzustoßen.

U-847 konnte drei Boote ohne Probleme versorgen. Diese Versorgungen fanden am 23. in der Sargassosee westlich der Azoren auf etwa 40°N, 38°W statt. Es bestand der Befehl für die Einhaltung von Funkstille in einem Umkreis von 400 Meilen. Trotzdem meldete U-508, daß es kurz vor der Versorgung aus der Luft angegriffen worden war. Es hatte in der Tat großes Glück, daß es den Bomben und dem (ihm unbekannten) »Fido« entgehen konnte.

Dann wurde vom BdU für den 27. südlich des vorgesehenen Gebiets ein Treffen zwischen U-847, U-172, U-230, U-634 und U-415 befohlen. Die meisten der U-Boote hatten mittlerweile einen großen Respekt vor unerwarteten Flugzeugen, und, wenn die Boote zusammen lagen, es mußten angreifende Flugzeuge damit rechnen, daß alle Flugabwehrwaffen während der ganzen Zeit der Übergabe von Treibstoff und Versorgungsgütern in Bereitschaft waren.

Der U-Kreuzer machte es allerdings nicht so, weil sein Kommandant keine Erfahrung mit der Luftbedrohung hatte und auch seit Verlassen der Dänemark-Straße kein einziges Flugzeug gesehen hatte. Alle vier U-Boote schafften es, die Versorgung von dem U-Kreuzer sicher zu beenden und gingen dann sofort auf Kurs nach Frankreich, da sie gerade genug Brennstoff für ihren direkten Weg nach Hause erhalten hatten. Der U-Kreuzer konnte jedem von ihnen nur fünfzehn bis zwanzig cbm Treibstoff geben. Auch U-508 wurde an diesem Tag versorgt.

U-847 meldete dann dem BdU, daß die Versorgung durchgeführt worden war. Mit ihrer H/F-D/F-Ausrüstung fanden die Alliierten sofort seinen Standort heraus, und innerhalb weniger Stunden entdeckten drei Flugzeuge der CARD den Versorgungsort. Diese Flugzeuge hatten vorher das flüchtige U-508 gejagt.

U-847 lief mit zwölf Knoten (Marschfahrt) auf südöstlichem Kurs, als die Flugzeuge einschwenkten. Das Boot legte eine schwere Flak-Sperre, als zwei Kampf-Flugzeuge es mit der Absicht beschossen, es zum Tauchen zu zwingen. Das hatte Erfolg, und U-847 tauchte. Nun war das dritte Flugzeug an der Reihe, es flog an und warf seinen »Fido« in den Tauchstrudel. Man konnte den Torpedo sehen, als er seinen Kurs auf die Spur des U-Boots ausrichtete, dann war Stille. Plötzlich schoß eine Wassersäule himmelwärts, und Luftblasen kamen an die Wasseroberfläche. Zwanzig Sekunden später sahen die Beobachter im Flugzeug einen grellen, 100 Meter langen Blitz unter Wasser. Die Explosion war so laut, daß es auch auf dem getauchten U-508 gehört wurde. U-508 meldete dem BdU den Verlust von U-847 auf 28°19'N, 37°58'W. Es gab keine Überlebenden.

Gemäß den Berichten von Cremer setzte U-847 keinen letzten Funkspruch an den BdU ab, so daß sein Verlust nicht sofort bekannt wurde. Eins der versorgten Boote, U-634, wurde ebenfalls auf der Heimreise versenkt. Es hatte, wie man nun denken muß, das Unglück, auf einen alliierten Geleitzug zu stoßen, dessen Begleitfahrzeuge es kurz darauf zur Strecke brachten. Die anderen drei Boote und U-508 kehrten sicher nach Frankreich zurück.

Die Treibstoffknappheit beendete in der Tat die Einsätze in allen entfernten Einsatzgebieten, außer (zeitweise) im Indischen Ozean. Dönitz beschrieb in seinem Kriegstagebuch, daß die operativen Einsatzziele im Juli und August, »der derzeitige Einsatz von U-Boot-Kräften für Verteidigungszwecke«, zur Bindung der feindlichen Kräfte nur unter großen Verlusten durchgeführt werden konnte. Alle Boote mußten wegen des Bedarfs an Brennstoff schnell zurückkehren und hatten nur drei Wochen in ihrem Einsatzgebiet bleiben können, weit weniger als das, was für ausreichende Erfolge erforderlich gewesen wäre.

Im September waren nur sechs U-Boote in entfernten Gebieten im Einsatz, und der U-Kreuzer U-198, der vor seiner Heimfahrt planmäßig U-847 versorgen sollte, gab statt dessen seinen überschüssigen Brennstoff an U-161 ab, so daß dieses vor Brasilien eingesetzt werden konnte. Bis zum Mai 1943 hatten die Deutschen gerade mal einen U-Tanker und einen U-Minenleger verloren. Fast 400 U-Boote waren allein südlich und nördlich der Azoren versorgt worden. Ende August desselben Jahres hatten sie sechs weitere U-Tanker und drei Minenleger verloren.

VERSORGUNG AN ANDEREN KRIEGSSCHAUPLÄTZEN

1942–1945

U-Boote wurden zeitweise in alle Ozeane und Meere der Welt entsandt, von der Arktis bis zum Pazifik, von der Karibik bis zum Schwarzen Meer. Obwohl der Nordatlantik immer das Haupteinsatzgebiet war, wo demzufolge auch der größte Aufwand für die Versorgung getrieben wurde, gab es auch in einigen anderen Gebieten Versuche zur Versorgung. Diese werden nachfolgend beschrieben.

Indischer Ozean, 1943–45

Dieses Einsatzgebiet war der Kriegsschauplatz, der am weitesten von einem deutschen Stützpunkt entfernt war und der bei weitem den größten Aufwand erforderte.

Die Italiener hatten im September 1942, kurz bevor die deutschen U-Boote vor Kapstadt aktiv wurden, versprochen, daß ihr leichter Kreuzer ERITREA*, der zu der Zeit in japanischen Gewässern war, sinnvollerweise für die Versorgung italienischer Unterseeboote im Indischen Ozean eingesetzt werden könnte. Den Japanern kam das nicht sehr gelegen, weil sie davon ausgingen, daß bald ihre eigenen Unterseeboote in denselben Gewässern tätig werden würden.

Dies spielte zunächst jedoch keine Rolle, und Anfang 1943 stellten die Japaner den Deutschen den Hafen von Penang, Malaya, als Stützpunkt für U-Boot-Einsätze zur Verfügung. Im März wurden die Überwassertanker CHARLOTTE SCHLIEMANN und BRAKE zur Unterstützung der U-Boote abgestellt. Beide Schiffe waren 1942 aus dem Atlantik gekommen (siehe Tabelle 14-2).

---

* Dieses Schiff war eigentlich nicht viel mehr als eine große Motoryacht, die mit zwei Geschütztürmen ausgerüstet und für den Gebrauch durch einen italienischen Botschafter gebaut war. Die ERITREA floh nach der italienischen Kapitulation aus Penang und kam im September 1943 sicher in Ceylon an. Ihre Besatzung konnte den dortigen Verhörbeamten keine verwertbaren Angaben über die deutschen Versorgungsgebiete machen.

Im April 1943 waren sieben U-Kreuzer vor Südafrika und im Indischen Ozean im Einsatz. Zwischen April und August versenkten sie 200.000 Tonnen alliierten Schiffsraums. Die beiden U-Kreuzer des Typs IXD1, die als Versuchsboote ohne Torpedobewaffnung für Transportaufgaben gebaut worden waren (U-180 wurde am 16. Mai 1942, U-195 am 5. September desselben Jahres in Dienst gestellt), waren umgebaut und mit einer ähnlichen Bewaffnung wie die U-Kreuzer ausgerüstet worden. Beide wurden bei der oben beschriebenen Operation eingesetzt. Beide hatten Versuchs-Maschinenanlagen, die aus den Motoren von Schnellbooten entwickelt worden waren. Das führte zu vielfältigen und schwerwiegenden Problemen, die letztendlich zu einer Erprobungszeit von acht Monaten führte. Eines der Boote, U-180 (Korvkpt Musenberg), verließ Deutschland am 9. Februar zu einem Treffen mit dem japanischen Unterseeboot I-29 im Indischen Ozean. U-180 hatte für den indischen Nationalistenführer Chandra Bose sowie den arabischen Nationalistenführer Abid Hasan Versorgungsgüter und Dokumente an Bord.

U-180 erhielt am 18. März die Anweisung, sich etwa auf halbem Weg zwischen Freetown (Afrika) und Natal (Brasilien) mit einem italienischen Unterseeboot zu treffen, um diesem ärztliche Hilfe zu geben. U-180 konnte den Italiener jedoch nicht finden und ging am 21. wieder auf Südkurs. Bei einem kurzen Kampfeinsatz vor Südafrika zwischen dem 5. und 21. April versenkte U-180 den Tanker COR-BIS (8132 Tonnen). Sein Kommandant war mehr als unzufrieden mit den Versuchsmotoren des Transporters, die offensichtlich »qualmten wie auf einem alten Kohlendampfer«. Das Treffen mit dem japanischen Unterseeboot mußte wegen schlechten Wetters verschoben werden, aber die Übergabe fand dann am 26. statt. I-29 kehrte mit Chandra Bose nach Penang zurück.

U-180 setzte seinen Kurs nach Frankreich ab; es hatte zwei Tonnen Gold und die Pläne für den tödlichen japanischen Typ 93 »Long Lance«-Torpedo an Bord. Diese japanischen Torpedos waren zu dieser Zeit auf der Welt die schnellsten und hatten die größte Reichweite. Auf dem Weg versenkte U-180 am 2. Juni ein griechisches Schiff (5166 Tonnen) und wurde Mitte Juni von dem Aushilfstanker U-530 im Mittelatlantik versorgt. Am 2. Juli kam es dann in Bordeaux an, nachdem es einer umfangreichen englischen Suchaktion zu Wasser und aus der Luft sowie einem Unterseeboot-Angriff in der Biskaya entgangen war.

Gemäß einer Fernseh-Dokumentation von 1995 wurde Chandra Bose von den Japanern nach Britisch-Indien befördert, um dort den Aufstand zu schüren. Er zog eine Anzahl von Indern zusammen, die auf der Seite der Japaner in Burma und anderswo kämpften. Nachdem Japan kapituliert hatte, wurden die meisten beteiligten Inder begnadigt. Chandra Bose selbst kam rätselhafterweise bei einem japanischen Flugzeugabsturz am letzten Tag des Krieges ums Leben.

Der Standort von U-180 vor Kapstadt wurde von dem anderen U-Transporter des Typs IXD1, U-195 (Kptlt Buchholz), eingenommen, der am 20. März von Deutschland ausgelaufen war. U-195 schaffte es, zum Gesamterfolg der U-Kreuzer zwei versenkte Schiffe mit 14.319 Tonnen und ein weiteres beschädigtes hinzuzufügen, aber auch hier klagte der Kommandant über die Maschinen, und

U-195 war gezwungen, seinen Einsatz abzubrechen. Es traf im Juni U-177 (Gysae) südlich von Kapstadt, um Ersatzteile auszutauschen und Seekarten zu übergeben, und ging dann auf Heimatkurs. Nachdem es Mitte Juli südlich der Azoren von U-487 Treibstoff erhalten hatte, kehrte auch U-195 am 23. Juli sicher nach Frankreich zurück. Während seines Rückmarsches schrieb Buchholz einen ausführlichen Bericht über die Entwicklungsmöglichkeiten dieses Typs von U-Kreuzer.

Sowohl U-180 als auch U-195 wurden am 10. September außer Dienst gestellt, zum Teil wegen ihres schlechten Zustandes nach den langen Feindfahrten, zum Teil auch, weil sie eigentlich untauglich für den Einsatz waren. Sie konnten weder die Treibstoffmenge eines U-Tankers noch die Anzahl der Minen eines U-Minenlegers mit sich führen, und sie hatten auch nicht die Reichweite eines U-Kreuzers des Typs IXD2. Darüber hinaus hatte, wie Dönitz in seinem Kriegstagebuch hervorhob, U-195 eine große Anzahl von Torpedos den ganzen Weg zum Südatlantik mitgenommen und mußte dann die meisten davon wieder mit nach Hause bringen, nachdem es nur wenige Tage im Einsatzgebiet gewesen war. All das beruhte auf der Unzuverlässigkeit seiner Maschinenanlage.

Mittlerweile hatte die sich verschlechternde Lage im Mittelmeer die Italiener dazu veranlaßt, die meisten ihrer kleineren Unterseeboote aus Westfrankreich in ihr Seegebiet zurückzurufen. Eine Handvoll großer Unterseeboote wurde als zu groß und unhandlich für den Einsatz dort angesehen. Sie blieben in Bordeaux, wo entschieden wurde, daß sie als Transport-U-Boote (U-Blockadebrecher) für den Verkehr mit dem Fernen Osten eingesetzt werden sollten. Zwischen dem 11. Mai 1943 und dem 26. August liefen fünf dieser italienischen Unterseeboote aus. Die TAZZOLI und die BARBARIGO wurden durch Luftangriffe in der Biskaya versenkt, aber die GIULIANI, die CAPPELLINI und die TORELLI erreichten Singapur, wo wir sie später wiedertreffen werden. Eines der italienischen U-Boote war Mitte August südöstlich von Madagaskar von U-178 versorgt worden.

Die CHARLOTTE SCHLIEMANN versorgte die verbliebenen U-Boote zwischen dem 21. und 26. Juli. Der englische Geheimdienst erfuhr zwar von der Verabredung zur Versorgung, konnte jedoch die Position des Treffens nicht genau bestimmen. Zwei italienische U-Boote, die Fracht beförderten, wurden genauso wie U-511 entdeckt, als sie in die Gegend kamen. Die sechs U-Kreuzer kehrten dann nach Frankreich zurück. Der siebente, U-178, war das erste U-Boot, das in Penang eintraf. U-511 lief zu dieser Zeit auf seinem Weg nach Malaysia auch durch den Indischen Ozean. Es wurde am 17. Juli in Penang den Japanern als Geschenk übergeben.

Der Zusammenbruch der Operationen im Nordatlantik im Mai bedeutete, daß Dönitz nun einen Überschuß an U-Booten hatte. Am 9. Juni befahl er neun U-Booten, die von zwei U-Tankern unterstützt wurden, in den Indischen Ozean auszulaufen. Diese Boote wurden unter dem Begriff »Erste Monsun-Gruppe« geführt, weil man erwartete, daß die U-Boote in der Zeit des Südwestmonsuns im Spätsommer ankommen würden. Die beiden Milchkühe gingen jedoch in der Biskaya verloren, einige der U-Boote für den Indischen Ozean wurden abgestellt, um Boote der Gruppe oder andere U-Boote im Atlantik zu versorgen, weitere wur-

den versenkt, und so war die Gruppe »Monsun« auf fünf U-Boote zusammenge-
schmolzen, als sie den Südatlantik erreichte. Jetzt, als sie sich einigermaßen sicher
vor Luftangriffen fühlten, setzten die U-Boote die »Bachstelze« ein. Dies war
ein mit einem mechanischen Rotor versehener Drachen, der den Ausguck des
U-Boots in die Lage versetzte, einen weit größeren Bereich nach Schiffsverkehr
abzusuchen, als es normalerweise der Fall war.

Die »Bachstelze« erhielt ihre Auftriebskräfte dadurch, daß sie von dem U-Boot,
das mit voller Kraft fuhr, gezogen wurde. Der Ausguck, der eigentlich ein Pilot
und kein Seemann war, wurde hoch in den Himmel gezogen und trug einen Fall-
schirm, so daß er im Notfall sofort abspringen konnte und nicht darauf warten
mußte, am Seil an Deck geholt zu werden. Die »Bachstelze« war schwierig zu
handhaben und war nie sehr erfolgreich, solange die Gefahr plötzlicher Luftangriffe bestand.

Die U-Boote liefen dann weiter in die Straße von Madagaskar und den Indischen
Ozean, wo der Mangel an Sicherungskräften zur See und in der Luft es ihnen
ermöglichte, reichlich ungeschützte Handelsschiffe zu finden. Die Versenkungszahlen stiegen an, bis sie 1944 etwa die Hälfte des Gesamtergebnisses ausmach-
te. Die »Monsun«-Boote waren vor dem Auslaufen aus Deutschland sämtlich mit
Funkmeß-Beobachtungsgeräten ausgerüstet worden und hatten eine besondere
»Indien«-Frequenz für den Funkverkehr mit Deutschland.

Anfang September 1943 versorgte sich die Gruppe »Monsun« zusammen mit
U-177, das noch immer in dem Gebiet stand, südlich von Madagaskar aus der
BRAKE. Die Versorgung aus Überwassertankern war hier wesentlich einfacher als
im Atlantik. Das lag an der kaum vorhandenen Abwehr und der geringeren Wahr-
scheinlichkeit von Überraschungsangriffen aus der Luft. Aber sogar im Indischen
Ozean sollte das nicht mehr lange so bleiben.

Die sechs U-Boote gingen jeweils einzeln bei dem Tanker längsseits, während die
anderen fünf Boote in entsprechender Entfernung kreisten, um Ausguck zu halten. Treibstoff, Öl und Nahrungsmittel wurden nur bei Tageslicht übernommen,
und es dauerte drei Tage, um die Versorgung vollständig durchzuführen. Kurzfristig entstand Panik beim BdU, als Italien am 8. September vor den Alliierten kapitulierte und das italienische Kriegsschiff ERITREA am 11. aus Penang flüchtete. Es
bestand die Befürchtung, daß sie den Treffpunkt verraten könnte, und die BRAKE
erhielt den Befehl, sich abzusetzen. Am nächsten Tag jedoch erfuhr der BdU, daß
die Boote ihre Versorgung erfolgreich abgeschlossen hatten. Dann liefen die
U-Boote ab und zerstreuten sich in alle Richtungen. Sie bewahrten Funkstille, was
es dem englischen Geheimdienst sehr schwer machte, sie zu orten.

Die Deutschen hatten einer groben Trennung der Einsatzgebiete im Indischen
Ozean zugestimmt, um die Aktivitäten deutscher und japanischer Unterseeboote
auseinanderzuhalten. Die Markierungslinie lag bei 70° Ost, deutsche U-Boote
operierten westlich davon, japanische Streitkräfte östlich. Keine der beiden Seiten
hielt sich jedoch genau an diese Regelung; insbesondere deutsche U-Boote konnte
man oft weit östlich der Demarkationslinie finden. Die Nutzung des Hafens von

Penang für fällige Überholungsarbeiten und zur Versorgung erforderte notwendigerweise, daß die U-Boote in Richtung Osten nach Malaysia liefen.

Mittlerweile mußte der Einsatz der Überwassertanker mit Vorsicht geschehen – mit spürbaren Auswirkungen auf die Operationen der U-Boote. Darüberm hinaus war es schwierig, die U-Boote zahlenmäßig zu verstärken, da die Boote des Typs VII nicht die Reichweite hatten, um ohne mehrfache Versorgung in den Indischen Ozean zu kommen. Sogar die älteren Langstreckenboote des Typs IXB mußten besonders umgerüstet werden, um ihre Reichweite zu erhöhen, so daß sie auf Feindfahrt in den Indischen Ozean gehen konnten. Dönitz schickte im November drei weitere U-Boote von Häfen an der Biskaya aus zu diesem Kriegsschauplatz. Zwei von ihnen (U-172 und U-850, beide vom Typ IXC) wurden jedoch auf dem Weg dorthin vor den Kanarischen Inseln von der Geleitflugzeuträgergruppe der BOGUE versenkt, so daß nur ein Boot der »Zweiten Monsun-Gruppe« (U-510, Typ IXC, Kptlt Eick) übrigblieb und den Indischen Ozean erreichte. U-510 blieb 155 Tage in See, versenkte neun Schiffe (was seinem Kommandanten das Ritterkreuz einbrachte) und legte am 5. April 1944 in Penang an. Auch japanische Unterseeboote waren zu dieser Zeit aktiv, sie erschienen unregelmäßig zwischen Mitte 1943 und Mitte 1944, aber sie waren weniger erfolgreich als die deutschen U-Boote.

Die U-Boote waren gegen Ende 1943 gezwungen, Penang anzulaufen (Mitte November war kein einziges deutsches U-Boot im Indischen Ozean im Einsatz). Sie nahmen jedoch ihre Operationen im Januar des folgenden Jahres wieder auf. Zur gleichen Zeit führten die Engländer eine Suche nach dem Tanker durch, den sie in dem Gebiet vermuteten, aber diesmal war ihr Geheimdienst zu gut, denn die CHARLOTTE SCHLIEMANN war noch gar nicht in ihrem Versorgungsgebiet angekommen. Sie kam dann am Ende des Monats an und versorgte daraufhin U-178 und U-510 am 27. Januar. U-178 erhielt von dem eben angekommenen U-510 die gültigen Schlüsselunterlagen. Von der SCHLIEMANN übernahm es 400 cbm Brennstoff sowie Proviant für 90 Tage und 19 Tonnen Gummi im Hinblick auf die Heimreise des U-Kreuzers. Infolgedessen war es möglich, U-178 für einige Zeit als Hilfstanker im Indischen Ozean einzusetzen. Die Versorgungsaktion wurde mittels H/F-D/F entdeckt, was zu einer Suchaktion mit Flugzeugen, die auf Mauritius stationiert waren, führte. Die CHARLOTTE SCHLIEMANN wurde bald darauf entdeckt, und damit war ihr Ende besiegelt. Flugzeuge führten den Zerstörer RELENTLESS heran, und die CHARLOTTE SCHLIEMANN wurde von der Besatzung selbst versenkt, als der Zerstörer sich am 12. Februar näherte. U-532 (Typ IXC40) rettete anschließend die Besatzung und übernahm am 27. Februar Treibstoff von dem U-Kreuzer U-178. U-510 ging 1945 auf Heimatkurs nach Deutschland, übernahm südöstlich von Madagaskar nochmals Treibstoff von dem heimkehrenden U-861, mußte aber trotzdem wegen Treibstoffmangels im April 1945 das dann immer noch in deutscher Hand befindliche St. Nazaire anlaufen. Es wurde dort außer Dienst gestellt und nach Kriegsende von Frankreich übernommen. U-861 erreichte im Mai 1945 Trondheim buchstäblich mit dem letzten Tropfen Treibstoff.

Lage Ende August 1943
Karte 13-1
U-847 (Typ IXD2) ist der »Tanker der letzten Möglichkeit« im Atlantik. Die meisten der anderen
U-Boote sind auf Heimatkurs. Man beachte das absolute Fehlen von U-Booten im Nordatlantik.
(Mit freundlicher Genehmigung des Aufsichtsbeamten, H.M.S.O.)

Drei U-Boote (U-532, U-168 und U-188) erhielten nun die Anweisung, zwei
Wochen zu warten, um sich aus dem Tanker BRAKE zu versorgen, der am 26.
Februar aus Penang ausgelaufen war. Wieder wurde das Treffen durch die gegneri-
sche Funkaufklärung aufgedeckt. Ein Flugzeug des Geleitflugzeugträgers BATTLER
sichtete den vollbeladenen Tanker am 12. März südlich von Mauritius, östlich von
Madagaskar, als er dabei war, zwei U-Boote zu versorgen. Tatsächlich war die
BRAKE zu der Zeit mit U-188 (Lüdden), U-168 (Pich) und U-532 (Junker) zusam-

men. U-188 war zuerst angekommen, aber wegen schlechten Wetters mußte seine Versorgung unterbrochen werden. Alle drei U-Boote waren schon weg, als englische Kriegsschiffe eintrafen, und der Tanker hatte keine andere Wahl, als sich selbst zu versenken. Die Kriegsschiffe drehten ab, aber Flugzeuge kreisten weiter, um die Ankunft eines U-Bootes am Treffpunkt abzuwarten. Wie erwartet, tauchte U-168 (Typ IXC40) auf. Gewarnt von Überlebenden der BRAKE, die es aufgefischt hatte, wurde U-168 beim Alarmtauchen erwischt, als die Flugzeuge angriffen. Eine einzelne Bombe traf, explodierte aber nicht, und das Boot schaffte es, sich nach Penang zu retten. U-188 hatte das Sinken der BRAKE auch beobachtet und tauchte auf, um weitere Überlebende aufzunehmen, von denen einige später an U-168 übergeben wurden. Insgesamt kehrten 196 Überlebende der BRAKE nach Penang zurück.

Die erste »Tankstelle« für die U-Boote auf dem Weg in den Indischen Ozean, lag bei den Kapverdischen Inseln im Mittelatlantik. U-188 (Typ IXC40) hatte genug Brennstoff, um den langen Weg nach Hause zu schaffen, wo es nach einer ereignisreichen Fahrt (siehe Kapitel »Der Druck bleibt«) durch den Atlantik sicher ankam. Es war in einem derart heruntergekommenen Zustand, daß es nicht mehr eingesetzt werden konnte. Es wurde am 20. August 1944 in Bordeaux selbst versenkt. Die anderen Boote des Typs IXC40, U-168 und U-532, blieben zusammen mit dem gerade angekommenen U-183 im Indischen Ozean. Es war geplant, daß U-532 auch nach Frankreich zurückkehren sollte, aber, wie wir sehen werden, sollte es bald als ein Aushilfstanker eingesetzt werden.

Penang war nun der einzige Versorgungspunkt für die U-Boote im Indischen Ozean, die gezwungen waren, vorzeitig zur Versorgung dorthin zurückzukehren. Nun gab es auch im Indischen Ozean fast nur noch Geleitzüge, die Abwehrkräfte waren verstärkt worden, und die Erfolge der U-Boote nahmen ab. Penang war ein unangenehmer Stützpunkt für einen Europäer. Es war ein schwülwarmes Fieberloch, und es gab kaum Facharbeiter. Darüber hinaus zeigte die japanische Marine wenig Neigung, ihre Verbündeten zu unterstützen. Viele Ersatzteile, wie z. B. Batterien, mußten aus Japan herangeschafft werden. Aber mit der früheren Besatzung von U-511 stand ein Kern an ausgebildetem Personal für den Ersatz von Besatzungsmitgliedern und für Überholungsarbeiten zur Verfügung. Die Arbeit der Werft wurde als gut eingestuft, obwohl es recht langsam voranging. Die Überholungszeit zwischen dem Ein- und Auslaufen der U-Boote betrug etwa acht Wochen. Die umliegenden Gewässer wurden regelmäßig von alliierten Unterseebooten vermint, aber erst ein umfangreicher Mineneinsatz von LIBERATOR-Flugzeugen am 27. September (der jederzeit hätte wiederholt werden können) veranlaßte Deutsche und Japaner, Penang als Marinebasis aufzugeben und sich in Batavia einzurichten. Der ehemalige Kommandant des U-Kreuzers U-178, Korv-kpt Dommes, wurde zum »Chef des Südraums« ernannt und sorgte für die Einrichtung eines Erholungsheims (Tjikopo) für die U-Boot-Besatzungen in dem nahe gelegenen Gebirge.

Die Deutschen übernahmen nach der italienischen Kapitulation am 8. September eine Anzahl größerer italienischer Unterseeboote in Bordeaux und im Fernen Osten. Sowohl die Deutschen als auch die Japaner hatten verschiedene Vorkehrungen getroffen, um diese Boote am Auslaufen vor der erwarteten Kapitulation zu hindern. Sie wurden dann als Transport-Unterseeboote (bekannt als »Mercator«-Boote) für den Warenverkehr zwischen Frankreich und Penang eingesetzt. UIT-21 wurde am 14. Oktober in Bordeaux für die Kriegsmarine in Dienst gestellt. Die Ausbildung fand in französischen Küstengewässern statt. Dieses ältere Fahrzeug wurde mit deutschen Seeleuten besetzt, aber es hatte eine Maschinenbesatzung aus dienstverpflichteten Italienern (ungeachtet der Tatsache, daß Italien nun offiziell auf der Seite der Alliierten stand), die von einem jungen italienischen Offizier, der Deutsch sprach, beaufsichtigt wurde. Es war beabsichtigt, daß UIT-21 Funkausrüstungen zur Unterstützung Japans transportieren sollte, aber es stellte sich heraus, daß es neue Dieselmotoren benötigte. Daraufhin wurde das Boot am 15. April 1944 in Bordeaux außer Dienst gestellt.

UIT-22 war von Kptlt Wunderlich am 11. Oktober 1943 in Dienst gestellt worden. Es verließ Bordeaux mit Kurs auf den Fernen Osten am 19. Januar 1944, mußte am 21. wegen Maschinenschadens umkehren und lief, diesmal ohne Schäden, am 26. mit einer Ladung, die auch 18 Tonnen Quecksilber und 131 Tonnen Spezialstahl umfaßte, wieder aus. Am 22. Februar wurde es im Südatlantik von einer LIBERATOR beschädigt. Das Flugzeug machte drei Überflüge. Beim dritten warf es sechs Wasserbomben, die Beschädigungen am Sehrohr und am Treibstofftank Nr. 4 verursachten. Dadurch gingen 32 cbm Treibstoff verloren. Trotzdem meinte Wunderlich, daß er noch genügend Treibstoff hätte, um ohne Versorgung Penang erreichen zu können.

Später wurde ein Treffen zwischen UIT-22 und U-178, das die neuen Funkmeß-Beobachtungsgeräte »Naxos« und »Borkum« erhalten sollten, auf einer Position 600 Meilen südlich von Kapstadt vereinbart. Südafrikanische Stellen fingen die Funksprüche ab. Ein CATALINA-Flugboot der SAAF (South African Air Force) überraschte UIT-22, als am Treffpunkt aufgetaucht war. Es fielen fünf Wasserbomben, das U-Boot tauchte mit schwerer Schlagseite. Eine zweite CATALINA erwischte UIT-22, als es wieder aufgetaucht war und dem BdU einen Lagebericht übermittelte. Das Flugzeug warf Wasserbomben, und das Unterseeboot verschwand in einem riesigen Ölfleck. Am nächsten Tag erreichte U-178 den Treffpunkt. Der U-Kreuzer berichtete, daß er nur Öl und Suchflugzeuge, jedoch keine Überlebenden am Treffpunkt gesehen hatte.

Drei andere italienische Unterseeboote, GIULIANI, CAPPELLINI und TORELLI, die vor der Kapitulation Italiens in den Fernen Osten entsandt worden waren, wurden nun von den Deutschen in Singapur übernommen und in UIT-23, UIT-24 und UIT-25 umbenannt. Neue Offiziere übernahmen am 6. Dezember 1943 das Kommando über alle drei Boote. Schäfer, früher auf U-183, das nach Penang geschickt worden war, übernahm UIT-23. Er starb etwa einen Monat später in Singapur, offensichtlich war es eine natürliche Todesursache, und die Stellung des Kommandanten blieb für einige Zeit unbesetzt, bis ein geeigneter Offizier auf einem U-Boot aus Frankreich herangeführt werden konnte. UIT-24 bekam Kptlt Pals als neuen Kommandanten, UIT-25 wurde von Oblt z. S. Striegler übernommen. Striegler war vorher der IWO auf U-511, das den Japanern übergeben worden war.

UIT-24 (Kptlt Pals) war das erste der ehemals italienischen Unterseeboote, das für den Versuch einer Rückfahrt nach Frankreich bereit war. Es war mit Gummi, Zinn, Wolfram, Chinin und Opium beladen, als es am 8. Februar aus Penang auslief. Probleme mit der Funkanlage führten jedoch dazu, daß UIT-24 sein Treffen mit der BRAKE verpaßte. Es meldete dem skeptischen BdU, daß es nur noch 20 cbm Treibstoff hatte, als es kurz vor dem Treffpunkt stand. U-532 erhielt sofort den Befehl, UIT-24 zu unterstützen. Die Treibstoffversorgung wurde am 18. März mit der Übergabe von 80 cbm durchgeführt, und beide Boote liefen zunächst gemeinsam Penang an. Dort wurde UIT-24 nach seiner Ankunft am 4. April vollständig überholt.

Da UIT-25 noch nicht einsatzbereit war, wurde Striegler am 14. Februar 1944 auf die offene Stellung des Kommandanten von UIT-23 versetzt. UIT-23 war zwischenzeitlich nach Shonan verlegt worden und war, wie auch UIT-24, mit Gummi, Zinn, Wolfram, Chinin und Opium beladen. Ohne weiteren Aufhebens lief Striegler aus, zuerst nach Penang und dann nach Frankreich. Aber dies waren gefährliche Gewässer, und innerhalb von 24 Stunden, kurz nachdem es seinen Stützpunkt verlassen hatte, wurde UIT-23 von dem englischen Unterseeboot TALLYHO torpediert und versenkt. Die Japaner retteten vierzehn Überlebende, darunter auch Striegler.

Der Verlust eines neuen Kommandos innerhalb von vierundzwanzig Stunden kann sicherlich nicht als ein günstiger Anfang für eine U-Boot-Karriere angesehen werden, aber Striegler wurde schon am nächsten Tag wieder als Kommandant von UIT-25 eingesetzt. Er blieb bis September auf diesem Transport-U-Boot und führte lokale Transportfahrten durch.

In Penang herrschte noch immer Mangel an vielen lebenswichtigen Versorgungsgütern. Ein besonderes Problem war der Einsatz überlagerter Torpedos, die vor mehr als einem Jahr von früheren deutschen Blockadebrechern angeliefert worden waren. Das führte nun zu vielen Torpedoausfällen. Ein Versuch zur Lösung einiger dieser Probleme war die Entsendung des Torpedotransporters des Typs VIIF, U-1062 (Kptlt Albrecht), nach Penang. U-1062 lief im Dezember 1943 von Kiel nach Norwegen aus. Es wurde jedoch am 22. von neun BEAUFIGHTER-Flugzeugen entdeckt, als es sich noch im Geleit eines Zerstörers befand. Die Flugzeuge griffen mit Bordwaffen und Torpedos an, aber die Anwesenheit des schwerbewaffneten Zerstörers bewahrte den U-Transporter vor schweren Beschädigungen. U-1062 lief dann am 3. Januar 1944 von Bergen in den Fernen Osten aus. Es hatte Anweisung, daß seine Versorgungsaufgabe vorrangig war und daß nur außerordentlich lohnende Ziele unterwegs angegriffen werden durften. Nachdem es den Südatlantik im Februar durchquert hatte, übergab es am 22. März neue Schlüsselunterlagen an das heimkehrende U-188 und erhielt im Indischen Ozean am 10. April 30 cbm Treibstoff von U-532. Ohne Versorgung wäre U-1062 nicht angekommen, aber so erreichte es Penang am 19. April sicher zusammen mit U-532. Versorgungsoperationen im Indischen Ozean waren mittlerweile genauso schwierig geworden wie die im Atlantik.

Ein zweites U-Boot des Typs VIIF, U-1059, wurde im Mittelatlantik am 19. März 1944 von der Gruppe des Trägers BLOCK ISLAND versenkt, als es mit Torpedos auf dem Weg nach Ostasien war. Es hatte nach einer Milchkuh Ausschau gehalten, aus der es Treibstoff ergänzen wollte (siehe Kapitel »Der Druck bleibt«).

Eine ungewöhnliche Entwicklung war die geplante Versorgung von U-843 durch ein japanisches Unterseeboot im Indischen Ozean. U-843 wurde jedoch auf seinem Weg zu dem Treffen durch Bomben schwer beschädigt und gezwungen, direkt nach Batavia zu laufen.

Während des Jahres 1944 wurden weitere sechzehn U-Boote in den Indischen Ozean entsandt. Nur sechs U-Boote erreichten den Indischen Ozean und nur eines davon war kein U-Kreuzer. Dieses U-Boot, U-537 (Typ IXC40), wurde am 25. Juni auf seinem Weg nach Penang von dem in Penang stationierten U-183 (ebenfalls Typ IXC40) mit Treibstoff versorgt. Ein Glücksfall für die U-Boote mit Kurs auf den Indischen Ozean war es, daß Dönitz nach dem Vorfall mit U-1059 das mittelatlantische Versorgungsgebiet weiter nach Westen verlegt hatte. Wie üblich, war dies abgehört und entschlüsselt worden. Das hatte die zweifache Auswirkung, daß die alliierten Trägergruppen nach Westen marschierten und die U-Kreuzer mit ihrer großen Reichweite unbeobachtet durch den ursprünglichen Versorgungsbereich marschieren konnten.

Die alliierte Invasion in der Normandie führte zu der letzten Verstärkung der U-Boote im Indischen Ozean, als so viele Boote wie möglich in See geschickt wurden, um zu verhindern, daß sie in ihren Stützpunkten an der Biskaya den rasch vordringenden alliierten Armeen in die Hände fallen würden. Unter ihnen waren die U-Transporter des Typs IXD1 U-180 und U-195 sowie der Minenleger des Typs XB U-219. Über ihr Schicksal wird in Kapitel »Das Ende der Milchkuh« berichtet werden.

U-Boote, die von Frankreich aus zum ersten Mal in einen der von den Deutschen genutzten Häfen in Malaya (Penang, Batavia) einlaufen wollten, erhielten folgende Anweisungen von der Funkstation in Penang:

1. Bärte sind abzunehmen, um die lange Seereise nicht zu verraten.
2. Bis zum Erreichen der Sundastraße zwei Tage lang getaucht fahren.
3. Die deutsche Flagge ist an Deck auszubreiten, um das Boot als deutsches U-Boot zu kennzeichnen.
4. Zeit und Ort des Treffpunkts mit einer japanischen Eskorte in der Sundastraße.

Der Transporter des Typs VIIF, U-1062 (Kptlt Albrecht,) versuchte Mitte 1944 zweimal, Penang in Richtung Frankreich zu verlassen. Am 20. Juni lief es aus und wurde prompt, aber ohne Erfolg, von einem alliierten Unterseeboot angegriffen. Die Alliierten führten laufend eine Überwachung der Stützpunkte im Indischen Ozean mit Unterseebooten durch mit der Hoffnung, die U-Boote beim Aus- oder Einlaufen in die Häfen versenken zu können. Am 30. Juni fiel bei U-1062 ein Luftverdichter aus, ein geplantes Treffen mit U-183 wurde daraufhin abgesagt, und U-1062 kehrte nach Penang zurück. Am 16. Juli versuchte U-1062 erneut einen

Ausbruch, entging wieder einem Unterseebootangriff und stieß in den Atlantik vor. Seine späteren Versuche, nahe der Azoren von einem auslaufenden Minenleger des Typs XB Treibstoff für seine Rückfahrt nach Deutschland zu erhalten, werden in Kapitel »Das Ende der Milchkühe« beschrieben.

Zwischen Juli und Oktober zeigten die U-Boote im Indischen Ozean wegen Brennstoffmangel und Instandhaltungsdefiziten nur wenige Aktivitäten. Sechs U-Boote lagen während dieser Zeit in Penang und Batavia fest. UIT-24 und UIT-25 waren beide nach Japan zur Überholung geschickt worden und wurden nicht vor August 1944 zurückerwartet. Der glücklose Striegler übergab UIT-25 im September an Oblt z. S. Schrein und ersetzte Kentrat als Kommandant des gerade eingetroffenen U-196. U-196 lief am 11. November zu einer neuen Feindfahrt aus und verschwand spurlos in der Sundastraße. Schrein wurde auf UIT-25 gegen Ende des Jahres durch Meier ersetzt, der das Transport-U-Boot bei seinen wenigen regionalen Einsätzen führte. Pals blieb bis zum Ende des Krieges Kommandant von UIT-24. Da die UIT-Boote unterwegs nicht versorgt werden konnten, was sie in die Lage versetzt hätte, nach Deutschland zurückzukehren, wurde irgendwann entschieden, die Boote an die Japaner zu übergeben. Mithin wurde keine einzige Tonne Fracht von einem der »Mercator«-U-Boote nach Deutschland geliefert – und das trotz der vielen Werftarbeiten und neuer Ausrüstung. Die Japaner setzten UIT-24 und UIT-25 dann im Verkehr zwischen Japan und den Ölhäfen in Borneo ein.

Gegen Ende 1944 herrschte im Indischen Ozean ein akuter Versorgungsengpaß an Treibstoff, und darüber hinaus wurde Penang ständig von alliierten Minen und Unterseebooten blockiert. Das führte zu einem Ausweichen der Boote nach Batavia. Der BdU befahl allen U-Booten, die in der Lage waren, die Fahrt zurück nach Deutschland zu schaffen, so viele wertvolle Rohstoffe (insbesondere Gummi) mitzunehmen, wie sie verstauen konnten. Da die Boote keinen Schnorchel hatten (siehe Kapitel »Das Ende der Milchkühe«), war es erforderlich, daß sie den Nordatlantik während der Zeit der langen Nächte befuhren, also so, daß sie spätestens Mitte Januar Norwegen erreichten. Der Einsatz zurückkehrender U-Boote als Blockadebrecher war Mitte 1944 mit U-178 eingeleitet worden, und gegen Ende des Krieges hatte eine Handvoll weiterer U-Blockadebrecher mit ihren Ladungen die deutsch besetzten Häfen an der Atlantikküste erreicht.

Fünf japanische Unterseeboote unternahmen zwischen 1942 und 1944 den Versuch, Fracht von Penang nach Frankreich und zurück zu bringen. Drei Boote schafften die Hin- und Rückreise, zwei wurden nach dem Auslaufen aus Penang mit ihren Ladungen versenkt.

Die Einsätze im Indischen Ozean waren recht erfolgreich gewesen, wenn man die Zahl der versenkten alliierten Schiffe bei den geringen Verlusten der U-Boote betrachtet. Tabelle 14-1 zeigt die Einzelheiten.

Es war im Dezember 1944, als der U-Kreuzer U-862 (Korvkpt Timm) die einzige Feindfahrt eines deutschen U-Boots in den Pazifik unternahm. Sie führte nach Australien, wo von Timm zwei Frachter versenkt wurden. Der weitgereiste Timm, Träger des Ritterkreuzes, hatte seine Karriere 1942 in der Arktis begonnen.

Bei Ende des Krieges in Europa wurden die in den fernöstlichen Häfen übriggebliebenen U-Boote von den Japanern übernommen. Dazu gehörten auch U-195, U-219, UIT-24 und UIT-25. Die Japaner schickten im Juli 1945 von Japan per Unterseeboot Ersatzmannschaften, aber keines dieser U-Boote kam unter japanischer Flagge zum Einsatz.

TABELLE 14–1
U-Boot-Erfolge im Indischen Ozean

Monat	Versenkte alliierte Schiffe (Tonnen)	Versenkte U-Boote	Monat	Versenkte alliierte Schiffe (Tonnen)	Versenkte U-Boote
1943					
Mai	7 (36.015)	0	April	1 (5.277)	0
Juni	5 (23.453)	0	Mai	0 (-)	1
Juli	14 (76.941)	0	Juni	3 (15.645)	0
August	7 (46.400)	1	Juli	4 (23.000)	0
September	4 (27.144)	0	August	9 (57.732)	1
Oktober	8 (10.050)	1	September	1 (7.567)	0
November	0 (-)	0	Oktober	0 (-)	2
Dezember	1 (7.244)	0	November	1 (10.198)	2
1944			Dezember	1 (7.180)	0
Januar	6 (38.751)	0	**1945**		
Februar	11 (39.234)	0	Jan. bis Mai	1 (7.176)	1
März	5 (17.035)	0	Insgesamt:	89 (454.145)	9

TABELLE 14–2
Tankereinsätze im Indischen Ozean

Name	Typ	Kommandant	Bemerkungen
BRAKE	Überwasser-Tanker	Kölschbach	versenkt im März 44
CHARLOTTE SCHLIEMANN	Überwasser-Tanker		versenkt im März 44
U-178	IXD2	Spahr	August 1943 und Frühjahr 1944
U-183	IXC40	Schneewind	Juni 1944
U-195	IXD1	Buchholz	12.44 bis 01.45
U-219	XB	Burghagen	nicht eingesetzt
U-532	IXC40	Junker	Frühjahr 1944

U-461 übergibt einen Torpedo an ein U-Boot des Typs IX. *Foto: Wilhelm Kraus*

Der Turmbereich des U-Tankers vom Typ XIV, U-462, aufgenommen Mitte 1943. Man beachte den »Vierling« (vierläufiges 20-mm-Flugabwehrgeschütz) auf seiner besonderen Plattform und auch die »Okto-pus«-Maling seitlich am Turm. *Foto: Horst Bredow, U-Boot-Archiv*

Dieser U-Tanker des Typs XIV, U-459, war nach dem Angriff eines Wellington-Bombers in der Biskaya beschädigt. Das Boot sank wenig später. *Foto: Imperial War Museum*

Die U-Tanker U-461 und U-426 kreuzen im Juli 1942 in Begleitung von U-504 die Biskaya. Das Foto wurde von einem alliierten Bomber aufgenommen. *Foto: Imperial War Museum*

Die letzte Aufnahme des U-Kreuzers U-847 (links im Bild), als er U-172 am 27. August 1943 versorgte. U-847 wurde kaum 24 Stunden später mit einem »Fido« versenkt.   *Foto: Horst Bredow, U-Boot-Archiv*

Besatzungsmitglieder von U-461 genießen ein Bad im Ozean auf dem abgesenkten Heck des U-Tankers.
Foto: Fritz Vogel

Brückenwache auf U-461 im Nordatlantik. *Foto: Fritz Vogel*

Die Arktis, 1942–1944

(Siehe Karte 14-1). Zwei U-Boot-Flottillen befanden sich in Norwegen. Ihre Hauptaufgabe waren Angriffe auf Geleitzüge zwischen Island und Rußland. Im Vertrauen auf abgehörte Funksprüche, Berichte von Agenten in Island und Ergebnisse der Aufklärung durch die Luftwaffe konnten sie in der Regel im Hafen bleiben, bis der Geleitzug unterwegs war. Dann stürmten sie hinaus, um den Geleitzug anzugreifen und dann direkt zum Stützpunkt zurückzukehren. Alle U-Boote waren vom Typ VII mit mittlerer Reichweite, aber die kurzen Entfernungen machten eine Versorgung auf See überflüssig.

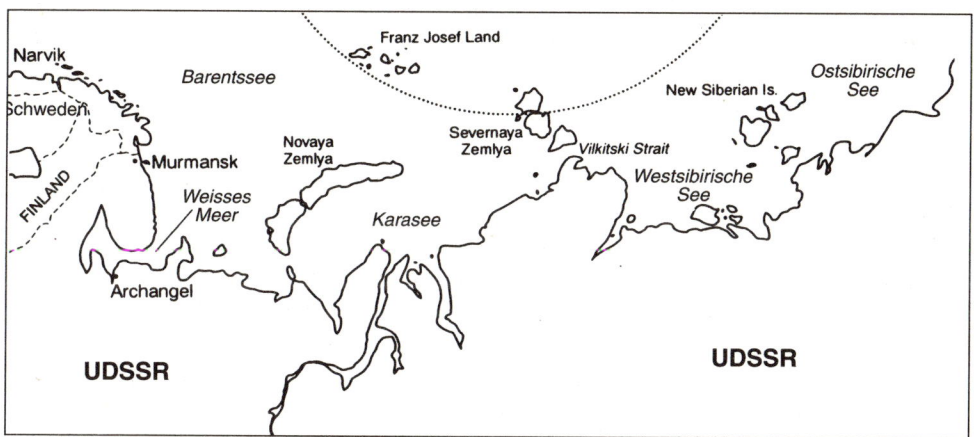

Arktische Gewässer
Karte 14-1

Während der Sommermonate wurden die Fahrten der Geleitzüge jedoch eingestellt, weil in der Periode der Mitternachtssonne mit dauernder Helligkeit die Passage nördlich von Norwegen äußerst gefährlich war. Deshalb konnten die U-Boote für Angriffe auf die russische Küstenschiffahrt, Überfälle auf russische Funkstationen und zum Minenlegen abgestellt werden. Wegen der geringen Anzahl sowjetischer Handelsschiffe blieben die meisten dieser U-Boot-Einsätze jedoch ohne Erfolg, vor allem weil keine Informationen darüber vorlagen, ob Schiffe in See waren oder nicht. Doch gelegentlich konnten auf der Nordost-Passage zwischen dem Weißen Meer und dem Pazifik Geleitzüge entdeckt werden. Die U-Boote hatten jedoch nicht die nötige Reichweite, um weit in die Sibirische See vorzudringen.

Im August 1942 kam U-255 (Reche) in Spitzbergen an, um ein BV-138-Flugboot mit Kraftstoff zu versorgen. Das Flugboot sollte, ausgerüstet mit Zusatztanks, den sibirischen Seeweg für U-Boote und das Panzerschiff ADMIRAL SCHEER erkunden. Das Flugzeug konnte aber nichts finden. Die ADMIRAL SCHEER führte einen Vorstoß in den Seeweg durch (Operation »Wunderland«), konnte jedoch nur einen einzelnen Eisbrecher versenken.

Im folgenden Jahr versorgte U-255 (Harms) wieder einen Stützpunkt für Seeflieger. Nach vier Erkundungsflügen der Flugboote im August waren jedoch wieder keine Ziele gefunden worden. Zu dieser Zeit war das Panzerschiff LÜTZOW für die Operation »Wunderland II« verfügbar, doch die LÜTZOW lief nie aus. Durch Abgabe von Versorgungsgütern vor Novaja Semlja konnte U-255 die Feindfahrt von U-636 bis zur Karasee verlängern. Die »entfernteste östliche Position« in der Arktis erreichten U-345 und U-302, die im August 1943 in die Vilkitski-Straße (Westsibirische See) vorstießen, wo sie zwei Schiffe versenkten.

Im August 1944 stand kein Panzerschiff zur Verfügung, aber die Gruppe »Greif« aus sechs U-Booten operierte in der Karasee. U-711 und U-957 übergaben Anfang September ihren überschüssigen Treibstoff an drei andere Boote, bevor sie auf Heimatkurs gingen.

Bis zum Ende des Krieges gab es keine weiteren Gelegenheiten für derartige Einsätze mehr.

Das Mittelmeer und das Schwarze Meer, 1942–44

Kampf-U-Boote der Typs VII wurden seit Ende 1941 auf direkten Befehl Hitlers in das Mittelmeer entsandt. Sie sollten zunächst die italienische Marine verstärken und später die Versorgungsoperationen der Alliierten für ihre verschiedenen Invasionstruppen in Nordafrika, Sizilien und Italien stören. Diese Maßnahme war beim BdU außerordentlich unbeliebt. Man ging davon aus, daß diese Boote ihrer vordringlichen strategischen Aufgabe, dem Tonnagekrieg im Atlantik, entzogen würden. Darüber hinaus waren U-Boote im Mittelmeer für die Hauptmacht der U-Boote im Atlantik für immer verloren, weil der einzige Weg hinaus in See durch die schwer bewachte Straße von Gibraltar führte. Aufgrund der starken Meeresströmung unter der Wasseroberfläche, die in das Mittelmeer hinein setzt, konnten die U-Boote das Mittelmeer nicht getaucht verlassen.

Befehle zum Einlaufen in das Mittelmeer waren auch bei den U-Boot-Besatzungen unbeliebt, die sich mit der außerordentlich gefährlichen Durchfahrt durch die Straße von Gibraltar auseinandersetzen mußten. Diejenigen, die ins Mittelmeer gelangten, mußten lange Zeiten der Inaktivität hinnehmen, die gelegentlich von einem Angriff auf einen schwer bewachten Geleitzug unterbrochen wurde. Die Gewässer waren flach und sehr klar, so daß getauchte Unterseeboote bis in erhebliche Tiefe gesehen werden konnten. Darüber hinaus wurde das gesamte Seegebiet ständig von landgestützten Bombern überwacht. Es gab keine »Air Gaps«, wie man sie im Atlantik finden konnte.

Die deutschen U-Boote sorgten allerdings zunächst für einen aufsehenerregenden Auftakt zu Beginn ihrer Einsätze im Mittelmeer. Sie versenkten mehrere alliierte Kriegsschiffe, darunter ein Schlachtschiff und zwei Flugzeugträger. Aber die Einführung von Radar und die steigende Übermacht der alliierten Kräfte, besonders nach der italienischen Kapitulation im September 1943, verringerte die Wirksamkeit der U-Boote dann aber erheblich. Der letzte erfolgreiche Angriff eines

Abbildung 14-1
Turmembleme von Milchkühen.
(Georg Högel: U-233, U-489 und U-490 von Horst Bredow)

U-Boots auf ein Handelsschiff im Mittelmeer fand im Mai 1944 statt, obwohl die Boote bis 1945 gelegentlich Feindfahrten durchführten.

U-Boote im Mittelmeer waren in La Spezia oder Toulou oder Salamis stationiert. Von diesen Häfen aus konnten auch die mittleren U-Boote des Typs VII mit ihrer jeden Winkel des Mittelmeeres erreichen, deshalb gab es wenig Bedarf für die Versorgung auf See. Darüber hinaus machte die ständige Gefahr von Luftangriffen jeden Aufenthalt an der Wasseroberfläche außerordentlich gefährlich. Die U-Boote verbrachten die meiste Zeit damit, unter Wasser mit E-Antrieb zu fahren, so daß der Brennstoffverbrauch sowieso verringert wurde. Der Autor konnte keinen einzigen Fall entdecken, bei dem U-Boote im Mittelmeer auf See versorgt wurden.

Der Vormarsch des deutschen Heeres in Rußland 1941–42 bedeutete, daß das Schwarze Meer in den deutschen Einflußbereich fiel. Die sowjetischen Streitkräfte benutzten das Schwarze Meer für Seetransporte, und so wurden sechs der winzigen U-Boote des Typs II, die vorher für Küsteneinsätze gegen England im Einsatz waren, außer Dienst gestellt, mit großen Tiefladern auf der Straße und dann mit Frachtkähnen auf der Donau transportiert und endlich in dem rumänischen Hafen Konstanza wieder in Dienst gestellt. Von dort aus führten sie zahlreiche Feindfahrten gegen die sowjetische Schiffahrt im östlichen Teil des Schwarzen Meeres durch.

Auch hier machten allerdings die Befürchtungen vor plötzlichen Luftangriffen durch russische Flugzeuge jede Bewegung an der Wasseroberfläche sehr gefährlich, obwohl Versorgung bei Nacht möglich gewesen wäre, weil die Russen kein Radar besaßen. Die »Einbäume«, wie die winzigen U-Boote genannt wurden, durchfuhren kurz das Schwarze Meer und legten sich dann für längere Zeit auf den Grund, um darauf zu warten, daß etwas in Schußweite kam. Der Mangel an lohnenden Zielen stellte sicher, daß keine größeren Anstrengungen jemals erforderlich waren.

Die Türkei blieb bis zum März 1945 neutral, bis sie auf der Seite der Alliierten in den Krieg eintrat. Zu dem Zeitpunkt hatten die russischen Streitkräfte das besetzte russische Gebiet, Polen und Rumänien zurückerobert. Die sechs »Einbäume« waren durch Luftangriffe bei Konstanza versenkt worden beziehungsweise wurden von ihren Besatzungen selbst versenkt, um zu verhindern, daß sie in die Hände der Russen fielen.

RÜCKKEHR IN DEN NORDATLANTIK

September bis Dezember 1943

Ende August sah Dönitz sich in der Lage, die Angriffe der Wolfsrudel gegen Geleitzüge im Nordatlantik wiederaufzunehmen. Die U-Boote waren jetzt mit verstärkter Flugabwehrbewaffnung ausgerüstet, und sie hatten das neue »W-Anz« Funkmeß-Beobachtungsgerät ohne Eigenstrahlung (es war jedoch nutzlos, was Dönitz nicht wußte). Sie führten auch je vier der neuen akustischen T-5-Torpedos (zielsuchende Torpedos, die selbständig die nächste Geräuschquelle ansteuerten), das deutsche Gegenstück zum »Fido«, mit sich. Die Deutschen hatten andere Marine-Produktionen zurückgestellt, um Anfang August 80 T-5-Torpedos zu fertigen.

Aber zunächst mußte im Hinblick auf die Lage in der Biskaya dringend etwas geschehen. Die immer dreister auftretenden englischen Geleitgruppen drangen weiter in die Gewässer der Biskaya vor und stellten eine ernste Gefahr für die U-Boote dar, die sie zu durchqueren versuchten. Die Luftwaffe verstärkte ihre Einsätze über der Biskaya, und am 25. August wurden die neuen ferngesteuerten Gleitbomben HS.293 zum ersten Mal gegen alliierte Schiffe eingesetzt. Vierzehn DO-217 und sieben JU-88-Bomber griffen die englischen Geleitfahrzeuge an, indem sie die Gleitbomben aus sicherer Entfernung auf die Schiffe steuerten. Der erste Angriff verursachte nur leichte Beschädigungen.

Zwei Tage später wurden bei einem zweiten Gleitbomben-Angriff durch achtzehn DO-217-Bomber ein Schiff versenkt und ein weiteres schwer beschädigt. Die Antwort der Engländer bestand darin, die Geleitgruppen sehr weit in den Westen der Biskaya zurückzuziehen. Das machte das Leben für die U-Boote wesentlich sicherer, zumal die Alliierten mittlerweile die »Piening«-Route entdeckt hatten. Nun konnte Dönitz neue Rudel in den Nordatlantik schicken.

In der letzten Woche des Monats und der ersten Woche des Septembers verließen 22 U-Boote und der U-Tanker U-460 die Häfen an der Biskaya. Sie schlichen sich an der spanischen Küste entlang und tauchten nur so kurz wie möglich auf, um ihre Batterien aufzuladen. Nur ein Boot ging auf dem Weg durch die Biskaya verloren.

Weitere sechs U-Boote erreichten den Nordatlantik sicher von deutschen Gewässern aus, aber insgesamt herrschte Unsicherheit über die Wirksamkeit der neuen Funkmeß-Beobachtungsgeräte, obwohl Dönitz am 8. September erklärte, daß seit der Einführung des »W-Anz« kaum ein U-Boot in der Biskaya angegriffen worden war. U-386 berichtete, daß es am 2. bei Nacht ohne Warnung angegriffen worden war, als es die Biskaya kreuzte. Eine weitere Neuheit war die Aufstellung der schwerbewaffneten Flugzeugfalle U-621 im westlichen Teil der Biskaya. Es verbrachte seine Zeit damit, Scheinfunksprüche abzugeben in der Hoffnung, damit einen Luftangriff auf sich zu ziehen. Den Booten in See wurde mitgeteilt, daß sie sich der Verteidigungskraft von U-621 bedienen könnten, falls sie in Schwierigkeiten kommen sollten.

Zwanzig U-Boote im Nordatlantik wurden zur Gruppe »Leuthen« zusammengezogen. Sie hatten Befehl, sich ihren Weg durch den Sicherungsschirm der Geleitzüge freizuschießen, bevor sie die Handelsschiffe angriffen. Dönitz mußte wohl auf einige schnelle Erfolge gehofft haben. Die Liste von Erfolgsberichten in seinem Tagebuch war wochenlang leer geblieben.

Die Zahl der Milchkühe, die dem BdU zu Verfügung standen, schrumpfte stetig, aber noch besaß man drei U-Tanker des Typs XIV und drei U-Minenleger des Typs XB, obwohl bei weitem nicht alle bereit zum Auslaufen waren. Eine Milchkuh aus den Stützpunkten an der Biskaya hatte bereits die Boote der Gruppe »Leuthen« begleitet, und der einzige weitere U-Tanker in Frankreich, U-488 (Oblt z. S. Bartke), wurde mit Anweisungen für die Versorgung von U-Booten im Südatlantik hinausgeschickt. U-488 war seit dem 18. August auslaufbereit, hatte aber auf den Einbau der »Wanze« warten müssen. Am 7. September war es soweit, und am nächsten Tag lief U-488 im Geleit von zwei M-Booten aus. Alle Milchkühe verfügten nun über die verstärkte Flugabwehr-Bewaffnung. Im Fall der Boote des Typs XB bestand diese aus einem 37-mm-Geschütz und vier 20-mm-Kanonen. Das große alte 105-mm-Geschütz war, ebenso wie bei allen anderen U-Booten, Transportern und U-Kreuzern, entfernt worden.

Die Boote der Gruppe »Leuthen« waren auch gegen Luftangriffe schwer bewaffnet. Dönitz hatte insbesondere befohlen, daß die U-Boote über Wasser vor den Geleitzug setzen und den Kampf mit den Flugzeugen aufnehmen sollten, anstatt zu tauchen und den Geleitzug entkommen zu lassen. Dieses Vorgehen hatte im Juli in der Biskaya nicht sehr gut geklappt, aber die Flugabwehr-Bewaffnung war seinerzeit auch nicht so stark gewesen, und die Flugzeuge mitten über dem Ozean wurden als einfachere Ziele angesehen. Den Befehl, aufgetaucht zu bleiben und angreifende Flugzeuge zu bekämpfen, gab Dönitz wider besseres Wissen. U-Boot-Kommandanten, die kürzlich von See zurückgekehrt waren, hatten ihm dazu geraten. Der Befehl wurde kurz darauf zurückgenommen.

U-460 (Kptlt Schnoor) war seit dem 25. Juli in Bordeaux überholt worden. Es konnte an dem fehlgeschlagenen Ausbruchsversuch von U-461 und U-462 durch die Biskaya im Juli aus technischen Gründen nicht teilnehmen. Bei Erprobungsfahrten mit einem Geleit am 23./24. August wurde eine seiner Batteriezellen undicht, und das Boot mußte zum Stützpunkt zurückkehren.

Dann lief U-460 zu seiner sechsten und letzten Einsatzfahrt aus. Es verließ La Pallice am 30. August und erhielt Anweisung, Kurs auf die Azoren zu nehmen, um wieder einen Versorgungstreffpunkt nördlich dieser Inseln zu besetzen. Dies wurde vermutlich als das am besten geeignete Gebiet für die Versorgung derjenigen Boote angesehen, die gegen die nordatlantischen Geleitzüge operierten. Die erste Aufgabe von U-460 war die Versorgung von zwei U-Booten westlich der Azoren. Die detaillierten Anweisungen, die an Schnoor auf See gefunkt wurden, konnten laufend entschlüsselt werden, wenn auch oft zu spät, so daß der englische Geheimdienst in der Lage war, U-460 auf seinem ganzen Weg über den Atlantik zu folgen.

Zuallererst sandte der BdU am 7. September den Befehl an U-460, das erste Treffen mit den auslaufenden U-536 und U-170 ausfallen zu lassen. Statt dessen erhielt U-460 Anweisung, nach Norden zu laufen, um zwischen dem 10. und 12. September einige Boote der Gruppe »Leuthen« zu versorgen. Diese Befehle wurden vom englischen Geheimdienst erst am 13. entschlüsselt. U-460 versorgte am 11. September fünf U-Boote (U-260, U-305, U-338, U-386 und U-645) und übernahm einen kranken Ingenieur von U-645. Der Grund für eine derartig genaue Darstellung wird bald deutlich werden.

Der BdU wies U-460 dann am 13. September an, in seinem Versorgungsgebiet nördlich der Azoren zu bleiben. Es wurde für den 15. zwischen U-460, U-170 und U-536 ein neues Treffen vereinbart. U-536 war mit der Aufgabe hinausgeschickt worden, entflohene deutsche Kriegsgefangene an der Ostküste von Kanada aufzunehmen. Das aufwendig vorbereitete Unternehmen, das zur Stärkung der Moral gedacht war, wurde später abgeblasen – möglicherweise ein Glücksfall für die Kriegsgefangenen, weil U-536 am 10. November versenkt wurde. Auch U-170 wurde mit Brennstoff und Lebensmitteln versorgt.

Mittlerweile war die Jagdgruppe mit dem Geleitflugzeugträger BOGUE zu dem Versorgungsgebiet beordert worden, kam aber erst dort an, als die U-Boote schon wieder verschwunden waren. U-460 war eine Woche später jedoch noch immer dort, obwohl es am 21. meldete, daß sein Funkmeß-Beobachtungsgerät (Typ »Wanze«) ausgefallen und auch sein neues Vierlingsgeschütz beschädigt war.

Dönitz nahm die Gelegenheit wahr, eine Warnmeldung herauszugeben. Die Boote wurden erneut daran erinnert, daß zu jeder Zeit, Tag und Nacht, selbst in den entlegensten Seegebieten mit Flugzeugen zu rechnen sei. Besondere Vorsicht war während der Versorgung geboten: »Wartende Boote sollen nicht mehr einen Rundum-Schutzschirm an der Sichtgrenze bilden, sondern haben sich in 500 Metern Abstand zu einer Nahsicherung zu formieren. Es ist scharf Ausguck zu halten, der nicht abgelenkt werden darf.« Die Boote sollten nie gestoppt liegen, wenn sie am Tage aufgetaucht waren, sondern immer Fahrt voraus machen, um im Bedarfsfall schnell tauchen zu können. Wenn irgend möglich, sollte die Versorgung nun bei Nacht durchgeführt werden.

U-460 erhielt den Befehl, nach einer kurzen Verlegung weitere Boote der Gruppe »Leuthen« zu versorgen. Es erreichte den neuen Treffpunkt sicher, und zwischen dem 18. und 23. September wurden drei U-Boote (U-448, U-610 und U-603) versorgt. Wie es nun übliche Praxis war, wurden zu keiner Zeit irgendwelche Peilzeichen gesendet, und die U-Boote hatten den Befehl erhalten, innerhalb von 250 Meilen um einen Treffpunkt keinerlei Funksprüche abzusetzen, um die verbliebenen Milchkühe zu schützen.

Wieder war der englische Geheimdienst in der Lage, die Befehle zur Versorgung am 18. zu entschlüsseln, konnte aber die getarnte Planquadratangabe für den Treffpunkt nicht herausfinden. Der BdU hatte sich letztendlich doch entschieden, die Boote mit versiegelten Befehlen in See zu schicken, in denen die Planquadrate für die Versorgungspunkte enthalten waren. Ein Funkspruch des BdU am 19. zur Erinnerung an die Befehle reichte aus, um die Position zu verraten, aber wieder war der U-Tanker weitergelaufen.

Man unternahm auch neue Anstrengungen im Bereich der Minenkriegführung, wobei diesmal einige der dafür konstruierten Minenleger des Typs VIIF eingesetzt wurden. Der U-Minenleger des Typs XB, U-220 (Oblt z. S. Barber), wurde zusätzlich am 28. August von Deutschland aus auf seine erste Feindfahrt ausgesandt. Seine Befehle lauteten, eine Minensperre vor St. Johns, Neufundland, zu legen. Die ursprünglichen Befehle für das Minenlegen waren am 11. Mai an U-220 ergangen. Sie erläuterten die Notwendigkeit zum Legen von Minen vor St. Johns und beschrieben Einzelheiten des regulären Schiffsverkehrs, die von U-Booten beobachtet worden waren, die schon mal in der Nähe operiert hatten. Die Befehle besagten ausdrücklich, daß der U-Minenleger zuerst als Milchkuh zu dienen hatte und dann zum Minenlegen in der Neumondphase weiterlaufen sollte. Weitere Anweisungen enthielten Einzelheiten über die Minenwurfpositionen.

Der neununddreißigjährige Barber war sehr erfahren. Er fuhr bereits zwischen Juli 1940 und Oktober 1941 als IWO bei Korth auf U-93 und war dann bis Ende August 1942 Kommandant von U-58. Er hatte dann verschiedene Landkommandos inne, bis er am 22. März 1943 U-220 in Dienst stellte. Danach folgten fünf Monate Ausbildung und Einfahren in der Ostsee.

Nach einem kurzen Aufenthalt in Bergen war U-220 am 8. September wieder auf See. Allerdings scheinen seine Befehle geändert worden zu sein, so daß in Übereinstimmung mit der bisher üblichen Vorgehensweise zunächst die Minen gelegt werden sollten. Im Anschluß daran sollte es in den Mittelatlantik zurückkehren und als Milchkuh dienen. Barber hielt penibel die Funkstille ein, bis er am 21. September vom BdU aufgefordert wurde, seinen Standort zu melden. Seine Antwort vom Planquadrat AK8345 mitten im nordatlantischen »Air Gap« zog sofort eine Warnung des BdU im Hinblick auf die Gefahr durch alliierte Schiffe nach sich.

Vier Tage später griff der BdU erneut ein und befahl U-220, sofort Kurs auf das schwer zusammengeschossene U-422 nordöstlich der Azoren zu nehmen. Sein Bordarzt sollte, falls erforderlich, bei den Patienten auf U-422 bleiben. Die Boote konnten sich im nächtlichen Nebel jedoch nicht finden, und so wurde ein anderer Treffpunkt zwischen U-422 und U-460 vereinbart (siehe nächste Seite).

Nun stand U-220 nördlich der Azoren, wo es als Wetterboot einige wenige Meldungen absetzte. Die Verzögerung war zweifellos darauf zurückzuführen, daß man sicher gehen wollte, daß die Minen während der Neumondphase gelegt wurden. Dann gab es eine große Lücke in dem rekonstruierten Kriegstagebuch von U-220, da der U-Minenleger bereits auf Westkurs war, bevor der BdU Barber an die Notwendigkeit erinnerte, das Ergebnis seiner Minenlegeaktion zu melden. In derselben Nacht (09./10. Oktober) legte U-220 66 Minen vor St. John's. Am 11. meldete Barber »Auftrag ausgeführt« und erhielt Glückwünsche von Dönitz. U-220 begab sich nun zu seiner nachfolgenden Versorgungsaufgabe. Durch die Minen wurden am 19. Oktober zwei kleine Frachter von 3478 und 3721 Tonnen versenkt.

U-214 und U-218, beides Minenleger des Typs VIID, nahmen mittlerweile Kurs auf die Karibik. Am 9. September wurde U-214 von einem Flugzeug der Träger-guppe der CROATAN 92 Meilen südwestlich von Santa Maria gesichtet. Starkes Flugabwehrfeuer vom U-Boot beschädigte das Flugzeug schwer, und das U-Boot konnte entkommen. U-214 drang gegen Ende des Monats in die Karibik ein und legte am Abend des 8. Oktober 15 Minen vier Meilen vor der Einfahrt zum Pana-ma-Kanal. Der amerikanische U-Jagdeinsatz endete mit der versehentlichen Ver-senkung des amerikanischen Unterseebootes DORADO, während U-214 unge-schoren entkam. Die Minen wurden allerdings innerhalb eines Monats geräumt, ohne Schaden anzurichten. U-214 ging indessen auf Feindfahrt in der Karibik.

U-218 legte in der Nacht des 26. Oktober seine vierzehn Minen vor dem Hafen Port of Spain, nachdem es zuvor einen Luftangriff in der Nähe von Grenada abge-wehrt hatte. Es konnte dann unbeobachtet ablaufen. Wieder machte gute Geheimdienstarbeit die Alliierten aufmerksam. Minensucher durchkämmten das Gebiet monatelang, ohne jedoch irgend etwas zu Tage zu fördern.

Das alte IXB-Boot U-103 wurde mit dem Befehl ausgesandt, acht Minen so dicht wie möglich vor dem afrikanischen Hafen Takoradi zu legen. Es waren Minen des neuen Typs TMC, die erst dann scharf wurden, nachdem sie mehrere Male überlaufen worden waren. Das machte es viel schwieriger, sie zu räumen. U-103 lief im September aus, wurde am 6. Oktober von U-488 versorgt und mel-dete am 1. November, daß es seine Minen erfolgreich gelegt hatte. Auf die wei-tere Geschichte von U-103 wird später wieder eingegangen.

Die Gruppe »Leuthen« war nach ihrer Versorgung am 16. September wieder bereit zum Einsatz. Dönitz hatte entschieden, daß sich das Rudel auf die Geleitzüge konzentrieren sollte, die in Ballast nach Westen liefen. Er ging offensichtlich davon aus, daß diese möglicherweise weniger schwer bewacht würden als die schwer-beladenen Gegenläufer in Richtung Osten. Der B-Dienst hatte schon zwei Geleitzüge (ON.202 und ONS.18) aufgespürt, die nahe beieinander liefen. Das Rudel erhielt den Befehl zum Angriff. Der englische Geheimdienst hatte den Funkverkehr jedoch abgehört und eine Geleitgruppe zügig in Marsch gesetzt, um die anderen Geleitfahrzeuge zu unterstützen, als sich der Geleitzug der gefährli-chen Zone näherte. Gleichzeitig führten Langstreckenflugzeuge laufend Auf-klärungsflüge durch, um die U-Boote unter Wasser zu halten. Die U-Boote fan-den letztendlich am 18. beide Geleitzüge. Nach einem Verfolgungsgefecht meldeten die Boote des Rudels die Versenkung von neun Handelsschiffen und zwölf Geleitfahrzeugen. Diese Zahlen waren jedoch maßlos übertrieben, weil die U-Boote jede Detonation eines T-5-Torpedos als versenktes Schiff ansahen. Viele der T-5 gingen jedoch vorzeitig hoch oder explodierten im Kielwasser ihres Zieles. Nach dem Krieg rechnete man hoch, daß die Trefferquote der T-5-Torpedos etwas höher als 10 % war. Die tatsächlichen Versenkungen beliefen sich auf sechs Handelsschiffe und drei Geleitfahrzeuge, denen jedoch drei versenkte und sechs beschädigte U-Boote gegenüberstanden.

Die offensichtlichen Erfolge gegen die Verteidigungskräfte der Geleitzüge ermutigten Dönitz dazu, das Rudel zu weiteren Angriffen zu führen, aber die nächsten drei Geleitzüge konnten ausweichen, und Flugzeuge versenkten drei weitere U-Boote. Erst am 7. Oktober bekam die Gruppe »Leuthen« endlich Fühlung zu einem Geleitzug, doch diesmal drückte die dauernd vorhandene Luftüberwachung die Versenkungen auf ein Handelsschiff und ein Geleitfahrzeug, während wieder einmal drei U-Boote verlorengingen.

Die U-Boote mußten bei ihrer kurzen Rückkehr in die Nähe der Geleitzüge erneut schwere Verluste hinnehmen. Dies waren nicht ihre einzigen Sorgen, denn Geleitflugzeugträgergruppen waren auch im Bereich der Azoren im Einsatz, und der englische Geheimdienst war wieder in der Lage, die Anweisungen zu entschlüsseln, mit denen die U-Boote zum Versorgungstreffpunkt geführt wurden.

Einen anderen Schlag führte die amerikanische Luftwaffe aus, als sie eine Reihe von Bombenangriffen auf die französischen Häfen von Nantes und La Pallice durchführte. Das führte am 23. September zu der Versenkung des Überwassertankers ERMLAND (11.232 Tonnen) wie auch des Blockadebrechers KULMERLAND (7363 Tonnen), des Tankers MONSUN (8038 Tonnen) und anderer Schiffe. Die ERMLAND war seinerzeit für die Versorgung von U-Booten vorgesehen, obwohl diese Zeiten eigentlich schon lange vorbei waren.

Ende September war der Befehl an die U-Boote zur Bekämpfung angreifender Flugzeuge endlich vollständig aufgehoben. U-460 übernahm am 27. September von U-422 ein verwundetes Besatzungsmitglied. Es gab wegen eines Flugabwehrgefechts mehrere Verwundete an Bord, die den Besuch des Bordarztes vom Tanker erforderten. Zu diesem Zeitpunkt fuhr Schnoor am Tag aufgetaucht, bei Nacht getaucht. U-460 hatte acht U-Boote der nordatlantischen Rudel versorgt. Seine neuen Versorgungsanweisungen waren jedoch schon entschlüsselt worden.

U-422 meldete kurz darauf, daß es wieder einsatzbereit sei, und anstatt zum Stützpunkt zurückzukehren, verlangte es jetzt Brennstoff zur Fortsetzung seiner Unternehmung. Es erhielt Anweisung, sich U-455 und U-264 bei dem geplanten Treffen mit U-460 anzuschließen. Am 3. Oktober erhielt U-460 den Befehl, U-422 an einem anderen Treffpunkt in derselben Gegend zu versorgen. Plötzlich wurde es von neun Trägerflugzeugen angegriffen. U-460 schaffte es zu tauchen. Nach einer kurzen Batterieladezeit tauchte es wieder vor weiteren Flugzeugen. Trotzdem hielt Schnoor es nicht für erforderlich, das mögliche Vorhandensein von Trägerflugzeugen dem BdU mitzuteilen.

Am nächsten Tag lag U-460 morgens aufgetaucht an dem neuen Treffpunkt. U-264, U-455 und U-422 fanden sich nach und nach ein. U-264 wurde als erstes mit 15 cbm Treibstoff versorgt. Ein Flugzeug der Trägergruppe der CARD auf Erkundungsflug sichtete die U-Boote und griff aus der Sonne an, als der U-Tanker gerade seine Versorgungsverbindungen zu U-264 löste.

Schnoors Angewohnheit, den Bordarzt und einen Ingenieur auf verschiedene Boote zu schicken, ist schon erwähnt worden. Wegen der Schnelligkeit des Angriffs mußte der Leitende Ingenieur von U-460, Conen, auf U-264 bleiben. Es ist dem späteren Bericht von Conen an den BdU zu verdanken, daß die Geschichte der Bewegungen des Tankers zwischen La Pallice und diesem schicksalhaften Tag überliefert wurde.

Die U-Boote blieben aufgetaucht, um ihren Angreifer abzuschießen. Der erfahrene Kommandant von U-264, Kptlt. Looks, hatte vorgeschlagen, daß die Milchkuh sofort tauchen sollte. Der erste Angriff des Flugzeugs ging daneben, seine Bomben schlugen zwischen U-264 und U-460 ein. Die U-Boote blieben aufgetaucht, fuhren Zickzackkurse und blieben dabei dicht beieinander. Das Flugzeug trug einen »Fido«, konnte ihn aber nicht einsetzen, da die Boote noch aufgetaucht waren. Der Pilot zog Kreise, während er auf Verstärkung wartete. Zu diesem Zeitpunkt hätte der U-Tanker unter dem Feuerschutz der anderen U-Boote tauchen sollen, aber er tat es nicht.

Looks, der dienstälteste Kommandant, gab das dringende Signal an Schnoor zu tauchen, aber der Tanker besetzte statt dessen sein 37-mm-Geschütz. Looks signalisierte wieder, und man kann sich vorstellen, wie verzweifelt man auf den Kampf-U-Booten war, weil es keinem von ihnen erlaubt war zu tauchen, solange der Tanker noch oben war. Besatzungsmitglieder von U-264, darunter auch Looks und Conen, sahen deutlich, wie Schnoor mit den Schultern zuckte und Signale gab, so, als ob er nicht wüßte, was zu tun sei.

Nach dreißig Minuten tauchte U-455 trotz des ständigen Befehls, daß die Milchkuh zuerst tauchen sollte. Dann trafen drei weitere Flugzeuge auf dem Schauplatz ein. Sie griffen an, wurden aber von dem zusammengefaßten schweren Flugabwehrfeuer auf Distanz gehalten.

Die U-Boote nutzten die Gelegenheit zum Alarmtauchen, und Looks nahm einen letzten Rundblick, als auch er tauchte. U-422 und U-460 waren noch immer oben, als U-264 unter den Wellen verschwand. Nachdem endlich alle Boote unter Wasser waren, konnte das erste Flugzeug seinen »Fido« abwerfen, der vor dem Tauchstrudel »eines großen U-Boots« plaziert wurde. Innerhalb von Minuten kamen Wrackteile und Öl an die Wasseroberfläche. Auf U-264 hörte man Unterwasser-Explosionen und zweimal ein starkes »Blubbern«, als ob die Besatzung des Tankers versuchte, dessen Tanks vollständig auszublasen, um aufzutauchen. So starb Schnoor, möglicherweise der beste der Tankerkommandanten, mit U-460 auf seiner sechsten Einsatzfahrt. Es gab keine Überlebenden der zweiundsechzigköpfigen Besatzung. Es folgte eine Kette rätselhafter Ereignisse. Kurze Zeit später wurde U-264 am Heck von einer »Bombe« (wohl ein Fido) schwer beschädigt, aber es überlebte und erreichte seinen Stützpunkt. Etwa zur gleichen Zeit tauchte ein U-Boot der Gruppe nur drei Meilen entfernt auf, offensichtlich mit Beschädigungen. Es tauchte erneut und wurde von einem zweiten »Fido« gejagt. Man hatte lange geglaubt, daß dieses Boot U-422 (Oblt z. S. Pöschel) gewesen sei und daß es mit der gesamten Besatzung versenkt worden sei. Allerdings haben 1993 der deutsche Historiker Niestlé und die Abteilung für Aufzeichnungen der Marinegeschichte des englischen Verteidigungsministeriums alle verfügbaren Beweise nochmals untersucht. Sie kamen zu dem Schluß, daß U-264 von dem zweiten »Fido« getroffen und beschädigt worden war. Deshalb waren offensichtlich U-422 und U-460 gemeinsam mit nur einem »Fido« an dem ursprünglichen Versorgungstreffpunkt versenkt worden. Weitere Nachforschungen in den Unterlagen zeigten, daß die Flugzeuge der CARD den ersten »Fido« in den Tauchstrudel eines »großen U-Boots« geworfen hatten und nicht, wie es vorher vermutet worden war, in den Strudel des größten U-Boots. Der Pilot hatte fälschlicherweise die Anwesenheit von einer Milchkuh, zwei »großen« U-Booten und eines kleineren Bootes beschrieben, anstatt, wie es wirklich war, einer Milchkuh und drei kleineren Booten. Deshalb kam man zu dem Schluß, daß U-422 von dem »Fido« an dem ursprünglichen Versorgungsort versenkt worden war.

Was geschah also mit U-460? Es war allgemein bekannt, daß das Boot recht schwerfällig war, und die anderen U-Boote hatten es an der Oberfläche verlassen, als ein Schwarm weiterer Trägerflugzeuge näherkam. Es kann ziemlich sicher angenommen werden, daß Schnoor das kleinere der beiden Übel wählte: Er tauchte, obwohl das Boot nicht darauf vorbereitet war, und der U-Tanker ging zu schnell auf Tiefe.

Gemäß der Aussagen von Besatzungsmitgliedern der überlebenden U-Boote hatte sich Schnoor von U-460 darüber beklagt, daß er täglich von Trägerflugzeugen heimgesucht wurde. Der Treffpunkt wurde jedesmal, wenn ein Flugzeug gesichtet worden war, verlegt. Das erforderte notwendigerweise den Austausch von Funksprüchen mit dem BdU, was wiederum den Befehl für Funkstille im Bereich eines Versorgungstreffpunktes wertlos machte. Alle diese Funksprüche wurden vom englischen Geheimdienst entschlüsselt. Aber auch der BdU war diesmal über die Lage auf See auf dem laufenden, denn am 7. Oktober wurde U-460 mit Wirkung vom 4. Oktober als verloren angesehen. Ein geplantes Treffen in einem anderen Seegebiet mit U-155 wurde abgesagt. Wie es sich jedoch ergab, war U-155 schon von U-488 versorgt worden. Gleichzeitig wurden alle Boote in See daran erinnert, daß »im Falle eines Luftangriffs der Tanker bei der erstbesten Gelegenheit zu tauchen hat. Die übrigen Boote haben sein Tauchen mit allen Mitteln und mit vollem Risiko für sich selbst abzuschirmen. Sie dürfen erst dann tauchen, wenn der Tanker eine sichere Tiefe erreicht hat.«

U-488 (Oblt z. S. Bartke) war am 8. Oktober von Bordeaux aus in See gegangen. Es war die zweite Einsatzfahrt sowohl für den Tanker als auch für seinen Kommandanten. Seine Aufgabe war die Versorgung von U-Booten im Ferneinsatz. Nachdem sein Geleit abgedreht hatte, durchfuhr U-488 die Biskaya fast nur getaucht. Natürlich verringerte diese Maßnahme seine Geschwindigkeit beim Durchqueren der Biskaya, aber das war eine Tatsache, mit der jetzt alle U-Boote leben mußten.

Die Deutschen hatten sich auch mit der Tatsache abgefunden, größere Entfernungen zwischen den einzelnen Treffpunkten zurücklegen zu müssen. Früher hatte man Verlegungen von etwa 50 Seemeilen für ausreichend gehalten; eine Entfernung, die von Trägerflugzeugen in einer halben Stunde bewältigt werden konnte. Das erste böse Omen war, daß eines der Besatzungsmitglieder von U-488 kaum eine Woche nach dem Auslaufen an einer Blinddarmentzündung erkrankte. Bartke brachte den Tanker auf große Tiefe, so daß der Bordarzt den Patienten operieren konnte. Die Operation verlief erfolgreich. Am nächsten Tag gab der Tanker seinen Standort an den BdU durch und setzte sofort zwei »Aphrodite«-Radar-Täuschköder aus. Bartke erhielt Anweisung, vorsichtig zu seinem Versorgungsgebiet im Mittelatlantik, weit westlich der Azoren, zu marschieren. Es war geplant, drei U-Boote (die »Zweite Monsun-Gruppe«, U-172, U-510 und U-850) zu versorgen, die von Deutschland aus Kurs auf den Indischen Ozean genommen hatten. Eine Begegnung mit einem englischen U-Boot verlief ereignislos. Bartke setzte zwei weitere »Aphrodites« aus, dabei entdeckte er, daß der U-Tanker eine Ölspur hinterließ.

Am nächsten Tag sichtete U-488 eine Flugzeugträgergruppe. Die Milchkuh ging auf Tiefe und meldete seine Beobachtung am nächsten Tag an den BdU. Mittlerweile hatte man die Ursache für das Ölleck entdeckt (schadhaftes Dichtungsmaterial) und beseitigt.

Der BdU sagte die Versorgung der Monsun-U-Boote ab und führte U-488 am 22. September zu einer Position westsüdwestlich der Azoren. Das verwirrte Bartke ein wenig, da er einige Vorbereitungen für die Ablösung von U-460, das zu der Zeit nördlich der Inseln lag, ändern mußte. Am nächsten Tag lief der Transformator für die »Wanze« heiß, und das Funkmeß-Beobachtungsgerät war für den Rest der Reise nur noch von zweifelhaftem Wert. Am hellichten Tag entdeckte man ein Trägerflugzeug, als es die Sonne auf seiner Plexiglaskanzel reflektierte, und der U-Tanker verschwand daraufhin schnell unter Wasser.

U-488 hatte noch viel Zeit, um seinen Treffpunkt zu erreichen, und konnte deshalb die meiste Zeit des Tages getaucht fahren. Am 27. funkte es leichtsinnigerweise: »Werde am 29. ankommen«, mußte danach vor einem Flugzeug tauchen und ließ später zwei »Aphrodites« los. Nachdem es die Anwesenheit von Trägerflugzeugen gemeldet hatte, wurde es zu einem neuen Treffpunkt nördlich des ursprünglichen, im Westen der Azoren, dirigiert.

U-488 begann mit seiner Versorgungstätigkeit, indem es die für die Karibik und den Südatlantik bestimmten U-Boote versorgte. U-68 erhielt 42 cbm Brennstoff, Proviant für zwei Wochen, Schmieröl und einige Ersatzteile. U-488 erhielt im Anschluß den Befehl, eine kurze Strecke zu verlegen, um U-155 (Piening) und U-103 (Janssen) zu versorgen. Nach dem unüberlegten Gebrauch von Peilzeichen und Megaphonen wurde U-103 für seinen Minenlegeeinsatz vor Takoradi versorgt, nachdem U-155 am 4. Oktober 30 cbm Brennstoff erhalten hatte. Die Versorgungen wurden ohne Unterbrechungen durchgeführt, aber die »Wanze« auf U-488 fiel nun endgültig aus. U-68 und U-155 befanden sich auf der Rückfahrt von Einsätzen in entfernten Gewässern.

Am 7. Oktober zog U-488 westlich der Azoren Kreise, als der BdU Bartke anwies, zu einem neuen Standort nördlich der Azoren zu laufen, um das versenkte U-460 zu ersetzen. U-488 marschierte aufgetaucht bei Nacht und erhielt per Funk Anweisungen zur Reparatur seiner »Wanze«. Die Besatzung zweifelte jedoch weiter an deren Gebrauchsfähigkeit. Weitere Befehle trafen am 9. ein. U-488 sollte zwischen dem 11. und 13. Oktober 600 Meilen nördlich der Azoren fünf U-Boote mit jeweils 35 cbm Brennstoff versorgen. Es waren die Reste der Gruppe »Rossbach«, die schwere Verluste erlitten hatte, ohne selbst viel ausgerichtet zu haben. Der Tanker sollte dann nach Süden laufen, während die Kampf-U-Boote sich nach Norden wandten, um sich erneut den nordatlantischen Geleitzügen entgegenzustellen.

Der BdU machte sich wieder ernste Sorgen über die Sicherheit der Milchkühe und gab am 11. Oktober neue ständige Befehle heraus.

In den Gebieten südlich, nördlich und westlich der Azoren sind unsere Versorgungsgruppen vor kurzem mehrere Male von trägergestützten Flugzeugen entdeckt und angegriffen worden. Um derartige Angriffe zu vermeiden, ergehen die folgenden Befehle:

Versorgungsboote und Boote, die versorgt werden sollen, müssen am Tag des Treffens getaucht bleiben und haben es so einzurichten, daß sie den Treffpunkt zwei Stunden vor Sonnenuntergang erreichen. Dann auftauchen und noch bei Tageslicht Kontakt zum Tanker aufnehmen.

Als allgemeine Regel gilt, daß die Versorgung nur bei Nacht durchgeführt wird. Vorsichtig mit Licht umgehen. Morsesignale nur mit blauer Lampe geben. Nur Offiziere und Unteroffiziere, die vom Kommandanten ausgewählt wurden, erhalten abgedunkelte Taschenlampen. Boote in Wartestellung sollten nahe herankommen, und zwar an die Seite des Tankers, an der keine Versorgungstätigkeiten durchgeführt werden.

Der Tanker wird während des Tages im Gebiet immer getaucht bleiben und bei Sonnenuntergang wieder am Treffpunkt sein.

Wenn schlechtes Wetter herrscht oder die Nacht so dunkel ist, daß die Abstände nicht sicher eingehalten werden können, kann die Versorgung auch am Tag durchgeführt werden. Bei derartigen Wetterbedingungen ist insgesamt nicht mit Trägerflugzeugen zu rechnen.

Den U-Booten im Südatlantik wurde mitgeteilt, daß sie wegen des Mangels an Tankern nicht mit Versorgung rechnen konnten, wenn sie zurückkehrten. Zwei weitere Flugzeugfallen, U-953 und U-256, standen währenddessen als Lockvögel im Nordatlantik. Letzteres wehrte am 8. Oktober einen Flugzeugangriff ab und wurde dann zusammen mit einem anderen Flak-U-Boot, U-271, abgestellt, um U-488 zu bewachen.

Wie schon vorher, wurde der Milchkuh reichlich Zeit gegeben, um unter Wasser verlegen zu können, und U-488 kam bei schlechtem Wetter rechtzeitig am 12. an. Der BdU hatte angekündigt, daß sich die Ankunft der anderen Boote wegen des schlechten Wetters verzögern würde, und warnte wiederholt vor der Gefahr durch trägergestützte Flugzeuge.

Zwischen dem 11. und 12. Oktober wurden der U-Tanker und vier U-Boote (U-402, U-584, U-731 und U-378), die auf Versorgung warteten, wiederholt von Flugzeugen des Trägers CARD gesichtet. U-488 entdeckte am 12. einen großen Fernaufklärer über dem Versorgungsgebiet, woraufhin der Treffpunkt verlegt wurde. Gemäß Unterlagen der alliierten Geheimdienste war es am 12., als U-488 allein fahrend über Wasser von weiteren Flugzeugen der Trägergruppe erwischt wurde. Es wehrte sich über eine Stunde lang gegen vier Flugzeuge, bevor es endlich tauchen konnte, allerdings wieder mit einem »Fido« auf seiner Spur. Aber diesmal ging der akustische Torpedo offensichtlich zu früh hoch, und das U-Boot wurde nicht versenkt. Obwohl dieser Angriff nicht im Kriegstagebuch von U-488 erwähnt ist, gleicht die Beschreibung der des Angriffs auf U-731 am selben Tag, bei dem jenes Boot beschädigt wurde. Andere amerikanische Quellen besagen, daß U-488 am 12. von Trägerflugzeugen gesichtet wurde, als es gerade auftauchte. Es tauchte klugerweise wieder weg, als die Flugzeuge zum Bombenangriff anflogen. Statt dessen wurde ein »Fido« abgeworfen, jedoch ohne Ergebnis. Auch ein zweiter »Fido«-Angriff einige Stunden später war ebenso erfolglos.

Das Versorgungsgebiet von U-488 wurde weiter nach Südosten verlegt. Am folgenden Tag wollte U-402 den U-Tanker in dem ursprünglichen Versorgungsgebiet aufsuchen, aber es fand nur Flugzeuge und wurde prompt mit einem »Fido« versenkt.

U-488 tauchte am 14. Oktober an dem neuen Treffpunkt auf und sah, daß zwei U-Boote (U-378 und Mansecks U-758) warteten. Die Besatzung des ersteren kümmerte sich um die Ruderanlage des Tankers, während es 48 cbm Treibstoff bekam. U-759 erhielt 14 cbm für seinen Rückmarsch. Die Boote tauchten bei Tagesanbruch. Die Besatzung von U-488 war erschüttert von dem plötzlichen Tod des Wachoffiziers Bergmann. Er erlag einem Herzanfall, obwohl er während des ganzen Tages behandelt worden war. Dieses Ereignis war zweifellos durch die enorme psychische Belastung beim Einsatz des Tankers verursacht worden. Bergmann wurde spät am 16. auf See beigesetzt.

U-641 erhielt nun 17 cbm Treibstoff – gerade genug für die Heimfahrt. Bartke beklagte sich jetzt beim BdU: »Unsere Lage hier ist sehr traurig. Wir haben zweieinhalb U-Boote versorgt und ein viertes gesehen. Wo sind die anderen?«

Schutz gegen Flugzeuge erhielt U-488 von den beiden Flugzeugfallen U-256 und U-271, die bei dem Tanker stationiert waren. Diese Flugzeugfallen waren ähnlich bewaffnet wie U-441, das im Juli in der Biskaya alliierte Flugzeuge angelockt hatte. U-271 selbst war in der Biskaya im August 1942 schwer zusammengeschossen worden, als es auf dem Rückmarsch nach Frankreich war. Das U-Boot war so schwer beschädigt, daß es für ein Jahr außer Dienst gestellt werden mußte. Während dieser Zeit wurde es für seine derzeitige Aufgabe umgebaut.

Am 18. machte Bartke einen entschlossenen Versuch, neue »Kunden« zu finden, doch das Wetter machte ihm einen Strich durch die Rechnung: »Das Wetter wird immer schlechter, das Barometer fällt ständig weiter.« Es dauerte bis zum 20., als U-731 mit Hilfe seiner Peilsignale gefunden wurde. Das beschädigte U-731 hatte nur noch vier cbm Brennstoff und erhielt, weil es dringend war, am Morgen des nächsten Tages 26 cbm Brennstoff. Weitere U-Boote hatten von anderen Kampf-U-Booten in dem neuen Versorgungsgebiet Treibstoff erhalten, bevor die Träger-gruppe der CORE eintraf. Am selben Tag versenkten Flugzeuge der CORE U-378 und beschädigten das Flak-U-Boot U-271.

Nun war auch der Minenleger U-220 auf seinem Rückweg von seiner Minenle-geoperation eingetroffen, um den U-Tanker zu unterstützen. Der BdU wies U-220 und U-455 an, sich nördlich der Azoren zu treffen, damit die Milchkuh über-schüssigen Brennstoff von dem anderen Boot übernehmen konnte. Am nächsten Tag wurden die Befehle deutlicher gefaßt: U-220 sollte zu dem Treffpunkt laufen, um U-488 bei seiner Versorgungsaufgabe zu unterstützen. Genaue Versorgungs-anweisungen folgten: vier U-Boote sollten große Mengen an Treibstoff erhalten, um ihre Feindfahrten fortsetzen zu können, drei weitere Boote bekamen gerade mal so viel Brennstoff, daß sie nach Hause gelangen konnten. Dann sollte U-488 entscheiden, welche Milchkuh auf Station bleiben sollte, während die andere heimkehrte. Der BdU hatte die Hoffnung, daß U-488 schnell zurückkehren und wieder auslaufen könnte, während U-220 seine »Kunden« weiter bediente.

Am 24. Oktober hatten sich U-488 und U-220 weit nördlich der Azoren getrof-fen, während das Flak-U-Boot U-256 (Oblt z. S. Brauel) Wache hielt. Alle Boote tauchten bei Tagesanbruch, und U-488 verlor wenig später den Kontakt zu dem U-Minenleger. Am nächsten Tag wurde U-488 in der Dunkelheit plötzlich von einem Zerstörer beschossen, der schnell näher kam. Die »Wanze« hatte keine Warnung abgegeben. Der Tanker tauchte sofort und ging auf große Tiefe. Die ersten Wasserbomben detonierten, als er auf dreißig Metern war, aber sie lagen weit entfernt. Die zweite Serie lag sehr viel genauer und explodierte rund um das Boot, als es auf 130 Metern war. Das Boot wurde beschädigt, aber es hielt stand und erreichte 180 Meter Tiefe.

Die Trägergruppe der BLOCK ISLAND war dabei gewesen, das Gebiet abzusu-chen und zu versuchen, die Quellen der vielen Funksprüche zu erwischen, die sie mit H/F-D/F entdeckt hatten. Die Begleitzerstörer PARROTT und PAUL JONES waren letztendlich über den Tanker selbst »gestolpert«. Nun konnte man (gemäß Kriegstagebuch U-488) eine Suchgruppe von drei Zerstörern deutlich über sich hören. U-488 ging auf 235 Meter hinunter, als erneut die Wasserbomben rund-herum detonierten, überstand den Wasserdruck in dieser Tiefe und schaffte es, sich langsam davonzuschleichen. Nach dem amerikanischen Bericht über diese Aktion war der Zerstörerangriff »schlecht organisiert«.

U-488 tauchte am nächsten Tag auf, um seine Batterien zu laden, und die Besat-zung entdeckte Schäden durch Granatfeuer am Rumpf und am Turm. Es tauchte wieder, nachdem es dem BdU Bericht erstattet und Notreparaturen durchgeführt hatte. Das entfernte Grollen von Wasserbombenabwürfen setzte sich während des ganzen Tages und auch am nächsten Tag noch fort.

Wieder konnte der BdU nicht umhin, detaillierte Anweisungen zu geben. Am 27. Oktober wurde das Versorgungsgebiet für U-488 weit westlich der Azoren verlegt, aber der Tanker litt mittlerweile unter einer Reihe von Problemen mit seinen Batterien. Er funkte eine Mängelliste seiner gesamten Störungen an den BdU, erreichte aber den neuen Treffpunkt am 1. November. Am 27. Oktober erhielt U-220 bereits den Befehl, sich mit U-762 zu treffen und dann zusammen mit U-762 U-584 zu unterstützen. Die Ausführung des Befehls wurde zwei Tage später bestätigt. U-220 versorgte U-603 und U-256. Am 28. jedoch spürten Flugzeuge der Trägergruppe der BLOCK ISLAND U-220 auf, während es aufgetaucht und mit dem Kraftstoffschlauch mit U-256 verbunden war.

Die Boote lagen beieinander, tief im Wasser und überspült bei fast perfekter Sicht, ohne erkennbare Reaktion, bis die Flugzeuge mit dem Beschuß begannen. U-220 lag näher zu den Flugzeugen, erwiderte aber das Feuer offenbar nicht, während U-256, wie es seine Aufgabe war, schweres Sperrfeuer legte. Bomben fielen zu beiden Seiten des Turms von U-220, das seine Fahrt verlor, eine 180°-Wendung machte und zu sinken begann. Sein Bug hob sich bis zu einem Winkel von 45 Grad, dann glitt es unter Wasser. Niemand der Besatzung von 51 Mann überlebte. Das andere U-Boot konnte tauchen, doch ein »Fido« wurde in sein Kielwasser geworfen. Man sah, daß der Torpedo seinen Kurs auf das Ziel änderte, aber dann verschwand. Es gab keine weiteren Auswirkungen. U-256 entkam trotz einer ausgedehnten Jagd durch andere Flugzeuge, ausgerüstet mit dem »Fido« und Sonobojen (das waren empfindliche Geräuschempfänger, die von Flugzeugen in die See abgeworfen wurden, sie waren gerade erst in Betrieb genommen worden).

Im Kriegstagebuch von U-256 ist festgehalten, daß 30 Minuten nach dem Luftangriff, bei dem U-220 offenbar gesunken war, mit Unterwassersignalen ein neuer Treffpunkt zwischen U-256 und U-220 vereinbart worden war. Acht Stunden später beobachtete das aufgetauchte U-256 eine Reihe von Explosionen am Horizont, und U-220 erschien nicht an dem verabredeten Treffpunkt. Luftangriffe wurden zu diesem Zeitpunkt nicht verzeichnet. So wird die Wahrheit über das Ende von U-220 wahrscheinlich nie vollständig bekannt werden.

U-220 wurde am 31. Oktober vom BdU als verloren angesehen, am 5. Juli 1944 erhielt es den Zwei-Sterne-Status. Alle Versuche, Versorgungen im Nordatlantik durchzuführen, wurden nunmehr aufgegeben. Der BdU war schon immer erstaunt darüber gewesen, daß die Alliierten 1942–1943 nie versuchten, in die Versorgungsmaßnahmen nördlich der Azoren einzugreifen, obwohl diese Aktionen allein schon wegen der Menge des Funkverkehrs offensichtlich sein mußten. Als die amerikanischen Flugzeugträgergruppen dann anfingen, die Gebiete aufgrund von entschlüsselten Informationen abzusuchen, zuckte man beim BdU nur mit den Schultern und sagte: »Nun, das war es dann wohl. Sie sind endlich darauf gekommen.« Diese Erwartung der Katastrophe half zu verbergen, daß die Amerikaner fast fahrlässig die entschlüsselten U-Boot-Meldungen benutzten.

Der BdU funkte am 3. November Erklärungen zu den Befehlen. Das verschaffte dem englischen Geheimdienst die Möglichkeit, sich ein weiteres Teil des Puzzles zu verschaffen, das er beim ersten Mal nicht mitbekommen hatte. Falls U-214 nicht von U-488 versorgt werden konnte, standen zwei weitere Boote in der Nähe, um ihm zu Hilfe zu eilen. U-488 lieferte wieder Ersatzteile und Proviant an das begleitende U-193. Der BdU hatte entschieden, U-193 in diesen gefährlichen Gewässern zum Geleitboot für den Tanker zu machen, bevor beide Boote sich auf die Suche nach U-214 machten. Zwischenzeitlich nahm Bartke die Gelegenheit wahr, zwei Tonnen Ballast abzuwerfen. Die Wasserbombenverfolgung vom 25. Oktober schien die Manövrierfähigkeit seines Bootes bei Sehrohrtiefe beeinträchtigt zu haben.

Am 5. November hatte man U-214 noch immer nicht gefunden, aber es verriet den Treffpunkt, indem es Peilzeichen sendete. U-488 antwortete mit halber Sendeleistung und fand das andere Boot endlich am 6. Es wurde nun aber hell, und die Boote tauchten. Um 10.28 Uhr vermerkte Bartke in seinem Kriegstagebuch das Geräusch von Flugzeugbomben in der Nähe, gefolgt von weiteren Detonationen am Nachmittag. Als die Milchkuh nach Einbruch der Dunkelheit auftauchte, war U-214 nicht zu sehen.

U-488 schlich vorsichtig davon und setzte dabei »Aphrodite«-Köder aus. Früh am 7. meldete Bartke dem BdU seine Befürchtungen im Hinblick auf U-214, erhielt aber den Befehl, weiterzusuchen, jedoch ohne den Gebrauch von Peilzeichen. Batterieschäden brachten die Milchkuh wieder in Schwierigkeiten. Der BdU versicherte Bartke dann, daß man sich um das Versorgungsproblem von U-214 »gekümmert hätte«. U-214 war mittlerweile am 7. von U-193 versorgt worden, das deshalb selbst mehr Treibstoff benötigte, während U-214 überlebte und nach Frankreich zurückkehrte. U-488 wurde nun sehr weit nach Südwesten zu einem Punkt etwa südlich von Neufundland und östlich von Florida geschickt. Man hoffte, daß die Trägergruppen ihm nicht dorthin folgen würden oder zumindest nicht schnell genug, um den Tanker ständig zu belästigen. Der Tanker lief nachts aufgetaucht mit hoher Geschwindigkeit, um seine Verfolger möglichst abzuschütteln. Der Befehl war gerade eingetroffen, als ein Zerstörer gesichtet wurde. U-488 tauchte nach diesem Alarm und ging auf 140 Meter Tiefe. Dann hörte man einen zweiten Zerstörer. Bartke brachte das Boot auf 225 Meter Tiefe und schaffte es erneut, davonzukommen.

U-488 stand am 10. noch immer nahe bei seinem letzten Treffpunkt und sichtete U-193 wieder. Begleitet vom Donner der Wasserbomben liefen die Boote unter Wasser zu einem Treffpunkt mit zwei anderen Booten. Der Tanker konnte zwischen dem 13. und 14. November U-193, U-530 und U-129, die alle auf dem Weg in entfernte Gewässer waren, versorgen. Ein kranker Seemann wurde von U-193 gegen ein Besatzungsmitglied der Milchkuh ausgewechselt, und die drei U-Boote übernahmen zusammen 197 cbm Treibstoff sowie Proviant für 35 Tage und Ersatzteile. U-488 warf während des Treffens viel Ballast ab. Die Versorgung fand ausschließlich in den Stunden der Dunkelheit statt, wobei die Boote bei Tage getaucht blieben.

Bartke funkte dem BdU, daß die Versorgung beendet sei, daß der Tanker verschiedene technische Defekte habe, daß noch 102 cbm Restbrennstoff vorhanden seien und ob er jetzt nach Hause kommen könne? Der BdU hatte eigentlich geplant, daß U-488 seinen überschüssigen Brennstoff an den U-Minenleger U-219, der als Ersatz für sein versenktes Schwesterboot U-220 gedacht war, abgeben sollte. Aber »weil es nicht lohnen würde, U-219 wie geplant mit Treibstoff zu versorgen, und das Risiko für den Tanker zu hoch wäre«, stimmte der BdU am nächsten Tag (14.) der Heimreise von U-488 zu.

Eine gewisse Befriedigung mußte durch die Meldung von U-129 (Oblt. z. S. von Harpe) hervorgerufen worden sein. Er hatte am 15. in der Nähe einen Flugzeugträger angegriffen und getroffen. Tatsächlich hatte U-129 auf die CORE gefeuert, aber die Torpedos detonierten, ohne ihr Ziel zu treffen. U-129 ging sofort auf Tiefe und schaffte es, davonzukommen.

U-488 ging nun mit der ständigen Geräuschkulisse von Unterwasser-Detonationen auf die lange Reise zurück nach Frankreich. Es lief am Tage getaucht, bei Nacht über Wasser und stand am 22. November wieder westlich der Azoren, als der Steuerbord-Diesel versagte. Die Reparatur wurde über Nacht durchgeführt.

Dann ereignete sich eine andere Tragödie an Bord. Ein Besatzungsmitglied war am 22. krank geworden und hatte eine Schwellung am Hals. Diese verschlimmerte sich sehr schnell und erschwerte die Atmung. Trotz mehrerer Eingriffe, zuletzt das Einführen eines Luftröhrchens bis zu der Lunge, starb der Seemann Heinlein am 25. Bartke schrieb in sein Kriegstagebuch: »So wurde auf tragische Weise ein guter Soldat und Kamerad aus unserer Mitte gerissen.« Heinlein wurde früh am 26. auf See beigesetzt.

U-488 verhielt sich unter Wasser weiterhin schwerfällig, und am 28. entschied sich Bartke dazu, weitere vier Tonnen Ballast abzuwerfen. Mittlerweile hatte das U-Boot-Kommando West gefunkt, daß U-488 bis Frankreich freie Fahrt auf der Piening-Route, dicht unter der spanischen Küste, habe.

U-488 stand nun nordöstlich der Azoren, und die Geräusche von Detonationen waren wieder zu hören, mitunter sogar alle zehn Minuten. U-488 setzte am 1. Dezember wieder eine »Aphrodite« aus. Jetzt mußte Bartke einige schwierige Entscheidungen treffen. Die »Wanze« war seit dem 25. Oktober nicht mehr in Ordnung, man konnte sich nicht darauf verlassen, und er entschied sich, diesen Kurzwellenempfänger abzuschalten, um die möglicherweise vorhandenen Eigenstrahlungen zu vermeiden. Das Boot war immer noch auf dem Schleichweg nach Hause, die meiste Zeit getaucht auf 40 Metern, als am 5. der IWO krank wurde. Zwei Tage später passierte das Boot Kap Finisterre und lief in die Biskaya ein. Auch die Biskaya wurde fast nur unter Wasser durchquert, und am 11. Dezember traf U-488 sein Geleit vor Bordeaux. Man erreichte die Mündung der Gironde, aber selbst in der Flußmündung mußte man zu diesem fortgeschrittenen Zeitpunkt des Krieges mit Luftangriffen rechnen. Deshalb erhielt U-488

Geleit für den ganzen Weg flußaufwärts. Die Fahrt mußte plötzlich unterbrochen werden, als die Ruderanlage des Bootes ausfiel. Nach einer nächtlichen Notreparatur erreichte U-488 endlich am 12. Dezember seinen Bunker in Bordeaux.

Bartke hatte sehr gute Arbeit mit der Versorgung von zehn U-Booten auf See geleistet, und es ist bemerkenswert festzustellen, daß er von seiner Reise von 15.000 Seemeilen nicht weniger als 2500 Seemeilen (16,7%) unter Wasser gefahren war, verglichen mit den 6,1%, die U-459 auf seiner ersten Einsatzfahrt unter Wasser zurückgelegt hatte. Darüber hinaus hatte sich die Schnelligkeit bei der Versorgung entscheidend verringert. Es konnte lediglich ein Boot pro Nacht versorgt werden und bei Tageslicht keines.

Admiral Godt vom Stab des BdU fühlte sich verpflichtet, dem Kriegstagebuch wesentlich mehr Aufmerksamkeit zu widmen, als es bisher üblich gewesen war. Er gab seinem Mitgefühl für den Tod der Besatzungsmitglieder Ausdruck, und Bartke wurde für seine Sorgfalt, seine Vorsicht und sein vorausschauendes Handeln belobigt. Trotzdem ging Bartke nach dieser fordernden Einsatzfahrt nicht mehr auf U-488 zurück. Es gibt keine Aufzeichnungen darüber, warum er zur U-Schule für die Kommandantenausbildung versetzt wurde. Sein Gesamtbericht der Einsatzfahrt enthielt jedenfalls eine herausfordernde Feststellung: Sowohl der Kommandant als auch der Leitende Ingenieur würden es für gut halten, wenn der U-Tanker in Deutschland umgebaut würde.

Den Platz von Bartke nahm Oblt z. S. Studt, fünfundzwanzig Jahre alt, ein. Er war zu Beginn des Krieges als Unteroffizier auf U-108 gefahren und zur Übernahme in die Offizierslaufbahn vorgeschlagen worden. Er fuhr bis Juni 1943 als Wachoffizier auf dem U-Tanker U-459 und hatte sechs Monate lang ein Landkommando inne, bevor er im Januar 1944 U-488 als Kommandant übernahm. Bartke überlebte den Wechsel des Bootes nicht. Er übernahm später das Kommando auf U-1106 und fiel im März 1945 während einer Feindfahrt nordöstlich der Färöer.

Im Oktober 1943 willigte Portugal ein, den Alliierten Flugplätze auf den Azoren zur Verfügung zu stellen. Die ersten Flugzeuge begannen am 19. mit ihren Einsätzen von diesen Inseln aus. Sie schlossen das »Air Gap« bei den Azoren und machten die umliegenden Gewässer so gefährlich für die U-Boote, daß diese bald aus dem Gebiet zwischen Portugal und den Azoren abgezogen wurden. Versorgung war nicht mehr durchführbar in einem Gebiet, das für lange Zeit die Heimat für die Milchkühe gewesen war, während sie die Wolfsrudel zwischen ihren Angriffen auf Geleitzüge versorgt hatten.

Mittlerweile befand sich, nach dem Verlust von U-460 und U-220, ungefähr ein Dutzend U-Boote im Nordatlantik in einer immer schlechteren Lage. Am 7. Oktober hatte der BdU bemerkt, daß U-460 versenkt worden war, woraufhin U-405 (Typ VIIC) den Befehl erhielt, U-762 und U-91, die beide kaum noch Treibstoff hatten, in der Nähe der Azoren zu unterstützen.

Gegen Ende Oktober trafen sich einzelne U-Boote nördlich der Azoren, um Versorgungsgüter auszutauschen, da es keinen U-Tanker in der Gegend mehr gab.

Durch die Flugzeugträgergruppen, die nahe dem Gebiet immer zu zweit im Einsatz waren (sie lösten sich in regelmäßigen Abständen ab), wurden solche Treffen über Wasser extrem gefährlich. Am 30. Oktober griffen Flugzeuge der CARD ein U-Boot an, das jedoch entkommen konnte. Am nächsten Tag entdeckten andere Flugzeuge der CARD U-584 und U-91, als sie aufgetaucht Treibstoff übergaben. Die Boote wehrten sich mit heftigem Flugabwehrfeuer, und das Flugzeug, das noch allein war, folgte seinen Befehlen, indem es über den Booten kreiste und auf Verstärkung wartete. U-91 schaffte es, rechtzeitig zu tauchen, wenn auch ohne Brennstoff erhalten zu haben, aber U-584 (Kptlt Deeke) blieb aufgetaucht, auch nachdem es das Feuer eingestellt hatte. Als dann die Flugzeuge zur Verstärkung eintrafen, tauchte U-584 zu spät und wurde von zwei »Fidos« gejagt. Beide trafen das Boot, das ohne Überlebende sank.

Die Amerikaner waren der Meinung, daß U-91 eine Milchkuh gewesen sei, und schickten deshalb den Zerstörer BORIE aus, um das Boot auf seiner Flucht zu jagen. Die BORIE »stolperte« statt dessen über U-256, das nach seinem vergeblichen Versuch, U-220 zu verteidigen, in dieses Gebiet geraten war (siehe S. 196). U-256 wurde von Wasserbomben schwer beschädigt, schaffte es aber doch, sich zu seinem Stützpunkt zurückzuschleppen. Am 1. November wurde auch U-405, das eigentlich U-91 versorgen sollte, von der BORIE entdeckt und in einem Geschütz- und Torpedogefecht versenkt, bei dem auch der amerikanische Geleitzerstörer verlorenging.

Der U-Minenleger U-219 (Korvkpt Burghagen) war am 5. Oktober von Deutschland aus zu einem ausgedehnten Mineneinsatz, der zunächst vor Kapstadt und dann vor Colombo (Ceylon) stattfinden sollte, in See gegangen. Zielhafen war Penang. U-219 war am 12. Dezember 1942 von dem zweiundfünfzigjährigen Burghagen in Dienst gestellt worden. Er hatte im Ersten Weltkrieg als U-Boot-Offizier gedient und bis dahin im Zweiten Weltkrieg Landkommandos gehabt. Es reicht nicht aus, wie schon Napoleon sagte, daß ein militärischer Führer seine Aufgaben beherrscht, er muß auch Glück haben. Bei Burghagen sollte sich zeigen, daß er beides in vollem Umfang hatte.

Zusammen mit U-967 begann U-219 seinen Einsatz mit einer Flakübung, bevor beide Boote mit einem kleinen Geleit ausliefen. Zwei Tage später kamen die U-Boote gemeinsam in Kristiansand an. Die Milchkuh führte hier Tauchversuche und andere Erprobungen durch. Dann lief U-219 wie geplant am 8. Oktober zu seinem Mineneinsatz aus, aber es stellte sich heraus, daß es eine Ölspur zog. Am nächsten Tag tauchte es vor einem Bomber mit »Leigh Light« und meldete, daß es nach Bergen zurückkehren würde. Zwischen dem 10. und 12. Oktober ging es ins Dock, wo seine Wellenbuchsen repariert wurden.

Burghagen lief am 17. Oktober wieder aus. U-219 war mit dem neuen »Naxos« sowie dem W. Anz-Funkmeß-Beobachtungsgerät ausgerüstet, und am 25., als das Boot im nördlichen Durchfahrtgebiet stand, gab die »Wanze« starken Alarm. Burghagen tauchte sofort, und es erfolgte kein Luftangriff. Als es nun auf Kurs Südwest zum Mittelatlantik war, erhielt U-219 den Befehl, zu »Grün AC00« (eine

Tarnbezeichnung für einen Treffpunkt) zu gehen und dort neue Befehle abzuwarten. Es lief unter dem Grummeln ferner Detonationen weiter in Richtung Westen und gab am 1. November seinen Standort weit südwestlich von Island durch. Schweres Wetter verhinderte die Durchführung normaler Instandhaltungsarbeiten. Das »Naxos«-Gerät gab während der Nacht einen lauten Alarm, aber wieder konnte der U-Minenleger unentdeckt tauchen.

U-219 war nun in dem nordatlantischen »Air Gap«, leicht erreichbar für die U-Boote, die mit Treibstoffmangel zu kämpfen hatten. Der BdU wies Burghagen am 2. November an, seinen Minenlegeeinsatz aufzugeben und mit höchster Geschwindigkeit den anderen Booten zu Hilfe zu kommen. Der vorsichtige Burghagen legte »höchste Geschwindigkeit« so aus, daß er über Wasser und etwas langsamer unter Wasser bei Tag und Nacht so vorankam, wie er es für sicher hielt, aber am 4. November erhielt er den Befehl, mit höchster Fahrt Kurs auf U-91 zu nehmen. Die Dinge wurden für U-219 auf seinem Rettungseinsatz schwierig, weil sowohl an diesem als auch am nächsten Tag starke Warnsignale vom »Naxos«-Gerät kamen. Am 5. jedoch fand man U-91 am Punkt »Grün SP4399« (was dem Planquadrat BD2399 entspricht) nördlich der Azoren. Beide Boote tauchten zunächst und tauchten kurz nach Mitternacht wieder auf, um mit der Versorgung zu beginnen. Es dauerte fast sechs Stunden, um 31,5 cbm Treibstoff zu übergeben, Starkwind und Seegang verhinderten die Übergabe von Proviant.

Die Brennstoffübergabe wurde zweimal gestört. Innerhalb einer Stunde (um 01.00 Uhr am 6. November) hatte der BdU allen U-Booten befohlen, ihre »W. Anz«-Funkmeß-Beobachtungsgeräte abzuschalten, weil man befürchtete, daß auch diese Geräte noch immer Eigenstrahlung abgeben könnten. Die »Wanze« wurde abgeschaltet und ein entsprechender Eintrag im Kriegstagebuch von U-219 vorgenommen. Dann gab es eine starke Radarwarnung vom »Naxos«-Gerät. Die Männer konnten nur ihre Geschütze besetzten und hoffen. Es fand jedoch kein feindlicher Angriff statt.

Als nächstes erhielt U-219 den Befehl, wiederum mit voller Fahrt, U-762 zur Hilfe zu eilen, das ohne Treibstoff in der See trieb. Die Treibstoffversorgung von U-762 wurde am 7. November beendet. U-219 suchte dann ohne Erfolg nach U-530 (Hille), brach die Suche aber ab, als es erfuhr, daß bereits ein anderes U-Boot U-530 geholfen hatte.

U-219 erhielt Anweisung, sich mit U-488 zu treffen, um dessen überschüssigen Treibstoff zu übernehmen, bevor der U-Tanker nach Frankreich zurückkehrte, doch der Befehl wurde kurze Zeit später widerrufen. U-219 wurde statt dessen zu einem Treffpunkt weit im Südosten, westlich der Kapverdischen Inseln, beordert, um andere U-Boote zu unterstützen. In den nächsten Tagen kam es gut voran, als es zeitweise unter Wasser, zeitweise über Wasser mit südwestlichem Kurs in das Gebiet westlich der Azoren lief. Sein weiterer Einsatz wird später beschrieben. Zwischenzeitlich hatte der BdU allen U-Booten im Südatlantik mitgeteilt, daß sie nicht mehr mit Versorgung in See rechnen konnten.

Als Ergebnis der Schwierigkeiten zur Versorgung im Mittelatlantik bestand für die U-Boote, die in entfernten Gewässern eingesetzt wurden, wieder die Gefahr, daß sie ohne Treibstoff liegenblieben. Feindfahrten, die für diese Gebiete geplant waren, mußten eingeschränkt werden, und nur wenige U-Boote konnten dem alliierten Druck auf die Versorgungsmöglichkeiten standhalten. Das waren hauptsächlich Boote des Typs IX, die bis zu vier Monate ohne Versorgung auf Feindfahrt bleiben konnten, obwohl ein großer Teil der Zeit für An- und Rückmarsch zum Einsatzgebiet verbraucht wurde. Trotz alledem beschäftigten diese U-Boote die Verteidigungskräfte der Alliierten in einem Ausmaß, das in keinem Verhältnis zu ihrer Zahl stand. U-516 (Kptlt Tillesson) machte seine Sache in der Karibik besonders gut, als es sechs Schiffe mit insgesamt 25.000 Tonnen versenkte. Es konnte sich dann einer wochenlangen Suche entziehen, wobei es jedoch so viel Treibstoff verbrauchte, daß es später doch noch versorgt werden mußte (siehe Kapitel »Der Druck bleibt«).

Die Deutschen schienen nie über die Möglichkeit eines »Doppelsystems« von Versorgung und Feindfahrt nachgedacht zu haben, bei dem zwei U-Boote desselben Typs gemeinsam aus dem Stützpunkt ausliefen. Sie hätten zusammen eine bestimmte Entfernung zu ihrem Einsatzgebiet zurückgelegt. U-Boot 1 hätte dann 30% seines Treibstoffs an U-Boot 2 abgegeben, so daß U-Boot 1 noch 40% Restbrennstoff gehabt hätte, genug, um zu seinem Stützpunkt zurückzukehren, während U-Boot 2 mit vollen Treibstoffbunkern seine Feindfahrt hätte durchführen können. Dieses System wäre ab Ende 1943 perfekt durchführbar gewesen, vorausgesetzt, daß alle U-Boot-Besatzungen nun für die Versorgung auf See ausgebildet worden wären. Außerdem wurden nur wenige U-Boote für den Einsatz in entfernten Gewässern benötigt.

Am 15. Oktober griff die neugebildete Gruppe »Schlieffen« den Geleitzug ON.206 an und versenkte aus diesem und dem kurz darauffolgenden ONS.20 nur ein einziges Schiff. Dafür wurden sechs U-Boote versenkt, von denen vier, mit Radar ausgerüst, Bombern zum Opfer fielen. Gegen Ende Oktober bildete Dönitz eine neue Vorpostenlinie aus zwanzig U-Booten, viele frisch aus den Stützpunkten, da die in See stehenden Boote zur Brennstoffergänzung zurückkehren mußten. Es gelang ihnen nicht, auch nur einen einzigen Geleitzug zu finden, aber drei der Boote wurden von alliierten See- und Seeluftstreitkräften versenkt.

Ende Oktober löste Dönitz die Wolfsrudel auf, die allem Anschein nach nicht mehr in der Lage waren, die Verteidigungskräfte der Geleitzüge zu überwinden, die aber statt dessen bequeme Ziele für die alliierten Verteidigungskräfte bildeten. Die Versorgung auf See war für die Rudel in jedem Fall zu gefährlich geworden, um noch als sinnvolle Unterstützung angesehen zu werden. Im September und Oktober hatten die Wolfsrudel im Nordatlantik nur neun Handelsschiffe versenkt und dabei fünfundzwanzig U-Boote verloren.

Von November 1943 bis Mai 1944 waren weiterhin kleine Gruppen von U-Booten im Nordatlantik ohne Unterstützung von Milchkühen im Einsatz. Ihr normales Einsatzgebiet lag nun viel näher an den Häfen der Biskaya, um Zeit und Treibstoff bei der An- und Rückfahrt zu sparen. Die U-Boote waren ursprünglich von ihren Stützpunkten aus immer weiter nach Westen gelaufen mit der Absicht, den starken englischen Verteidigungskräften auszuweichen, die 1941 noch nahe der englischen Küste operierten. Diese Überlegung war nun hinfällig, weil alliierte Verteidigungskräfte jetzt im gesamten Atlantik im Einsatz waren. Der Mangel an Erfolg verursachte eine wachsende Verärgerung des BdU über seine Kommandanten, aber die U-Boote erreichten weiterhin wenig bei sehr hohen Verlusten, so daß Dönitz sie, wie nach dem »Schwarzen Mai«, Ende März 1944 wieder aus dem Nordatlantik zurückzog. Er erklärte Hitler, daß nur die Einführung der erwarteten schnellen »Elektro-U-Boote« ihn in die Lage versetzen würde, wieder U-Boote in diese Gewässer zu entsenden. Zwischen September 1943 und März 1944 betrug die Verlustrate nicht weniger als sechs U-Boote für jedes aus einem Geleitzug versenkte.

Und noch immer wurden die Anweisungen des BdU entschlüsselt. Das Signal »Kammerarrest«, das am 25. November gefunkt wurde, befahl allen U-Booten im Südatlantik, Angriffe auf Einzelfahrer zu unterlassen, weil eine neue Welle von deutschen Blockadebrechern auf dem Weg vom Fernen Osten nach Frankreich in dem Gebiet erwartet wurde. Der Befehl wurde nur einen Tag später entschlüsselt und gab den Alliierten die nötigen Hinweise, so daß nur ein Blockadebrecher nach Frankreich durchkam.

Die Einsätze in den entfernten Gewässern im Dezember wurden von dem U-Minenleger U-219 unterstützt, den wir zuletzt westlich der Azoren verließen. Der BdU wies ihn an, sich zunächst mit U-170 (Pfeffer) und U-510 (Eick) zu treffen, und zwar im »Marine-Quadrat 80 des großen Quadrates östlich von Blau Nanni Jota«. Mit dieser schwerfälligen Ausdrucksweise sollte offensichtlich das Planquadrat für das Treffen unter Bezugnahme auf einen vorher festgelegten Punkt (Blau Nanni Jota) bezeichnet werden. Wenn aber eines der U-Boote auf dem Weg dorthin seinen Standort melden sollte, würde das »große Quadrat« dem englischen Geheimdienst durch Entschlüsselung oder H/F-D/F-Peilung bekannt werden. U-219 lief nun mit südöstlichen Kurs zu dem geplanten Treffpunkt westlich der Kapverdischen Inseln. Es kam schließlich am 29. November dort an, hatte noch immer die Minen für seinen abgebrochenen Minenlegeeinsatz an Bord und hatte unterwegs einigen Ärger mit seinen E-Maschinen gehabt. Am Treffpunkt begannen die versammelten U-Boote mit einem seltsamen Ritual, jeweils bei Sonnenaufgang und Sonnenuntergang für eine Stunde aufzutauchen, um sich zu finden. U-170 wurde mit 43 cbm Brennstoff versorgt, U-510 mit 46 cbm. Beide Boote erhielten Proviant sowie Ersatzteile, und ein Besatzungsmitglied wurde gegen eines von U-219 ausgetauscht. Das Treffen verlief ungestört.

Nun lief U-219 weiter nach Südosten und traf am 3. Dezember U-103 (Janssen). Dieses mittlerweile sehr heruntergekommene Boot erhielt 56 cbm Treibstoff und Proviant. Es war auf der Rückfahrt von seinem Minenlegeeinsatz vor Takoradi und sollte nun direkt nach Norwegen und dann nach Deutschland zurückkehren, wo es außer Dienst gestellt werden sollte.

Am nächsten Tag funkte Burghagen »Habe noch 114 cbm« (an Treibstoff). Am 7. Dezember wies der BdU Burghagen an, ein letztes Treffen durchzuführen und danach zurückzukehren. Das auslaufende U-172 (Oblt z. S. Hoffmann) sollte mit Brennstoff versorgt werden, bevor es seinen Weg in den Indischen Ozean fortsetzte. Aufgrund seiner Berechnungen stellte Burghagen fest, daß er den Treffpunkt nicht rechtzeitig erreichen würde, wenn er getaucht fuhr. U-219 tauchte auf und nahm Kurs auf den neuen Treffpunkt südlich der Azoren, westlich der Kapverdischen Inseln. Die Befehle des BdU waren jedoch von der amerikanischen »10. Flotte« entschlüsselt worden. Die Trägergruppe mit der BOGUE verließ seinen Geleitzug (GUS.23) und nahm Kurs auf den Treffpunkt.

U-172 schien offensichtlich nicht auf die Versorgung vorbereitet gewesen zu sein, als U-219 am 12. Dezember eintraf. Die Treibstoffübergabe ging nur sehr langsam voran. Burghagen machte seinem Ärger im Kriegstagebuch Luft: »Auslaufende Boote, die versorgt werden müssen, sollten Anweisungen erhalten, zunächst diejenigen Treibstoffbunker leerzufahren, die am schnellsten befüllt werden können. Boote, die versorgt werden wollen, sollten eine genaue schriftliche Liste der benötigten Güter für den Versorger bereithalten, die dem Versorger mit dem ersten Schlauchboot überbracht werden sollte.« Und so weiter. Nach Burghagens Bericht wollte U-172 immer andere Teile haben als die, die gerade geliefert wurden, was viele Rücktransporte mit den Schlauchbooten zur Milchkuh erforderlich machte.

Man reparierte die »Enigma« von U-172 auf U-219, und Burghagen wurde hellhörig, als er erfuhr, daß Hoffmann, zum Glück ohne Schäden, einen Luftangriff überstanden hatte, ohne daß es Warnungen durch die »Naxos«- oder »Borkum«-Funkmeß-Beobachtungsgeräte gegeben hatte. Schließlich hatte U-172 magere 25 cbm Brennstoff sowie Proviant bekommen, und U-219 ging auf Heimatkurs.

Die Milchkuh war gerade hinter dem Horizont verschwunden und U-172 getaucht, als ein Flugzeug der Trägergruppe der BOGUE auf der Bildfläche erschien und das Boot von Hoffmann auf Sehrohrtiefe entdeckte. Ein »Fido« wurde auf das ahnungslose U-Boot abgeworfen. U-172 wurde schwer getroffen, aber die Besatzung schaffte es irgendwie, das Boot wieder unter Kontrolle zu bekommen, und das Boot tauchte in einem Schwall von Öl auf. Es tauchte sofort wieder, wurde aber von den Wasserbomben der Begleitzerstörer der BOGUE durchgeschüttelt. Nach Einbruch der Dunkelheit tauchte U-172 auf, wurde aber sofort mit Radar entdeckt und mit Geschützfeuer belegt. Wieder schaffte es Hoffmann, sein Boot unter Wasser zu bringen, doch die Lage war hoffnungslos. Flugzeuge entdeckten den Ölstreifen im Morgengrauen, und die Zerstörer griffen erneut mit Wasserbomben an. Schließlich war Hoffmann gezwungen aufzutauchen. Einige der Besatzungsmitglieder verließen das Boot, aber andere erwiderten das Feuer der Zerstörer, was zu Verwundeten an Bord des Bootes führte. Das konnte nicht lange so weitergehen; U-172 sank unter einem Hagel von Granaten und explodierte unter Wasser. Hoffmann und 45 Mann seiner Besatzung wurden nach einem mutigen, aber aussichtslosen vierundzwanzigstündigen Kampf getötet.

Dieser Kampf war möglicherweise die Rettung für U-219. Es war schon weit weg, als die Flugzeuge der BOGUE die Jagd wiederaufnahmen, und wich allen weiteren Angriffen aus. U-219 war nun wieder unterwegs in Richtung Frankreich, am Tage getaucht und bei Nacht nur so lange aufgetaucht, wie es zum Nachladen seiner Batterien brauchte. Es legte am ersten Tag des Jahres 1944 in Bordeaux an. Admiral Godt hatte wenig anzumerken, außer, daß Burghagen auf seiner ersten Einsatzfahrt als Kommandant eines neuen Bootes gute Arbeit geleistet hatte. Burghagen selbst war so klug gewesen, nur sehr wenige Funksprüche von U-219 aus zu senden. Das hatte wohl seine Überlebenschancen und die seines Bootes und der Besatzung erheblich verbessert.

Die Fliegerabwehr der U-Boote wurde schließlich gegen Ende 1943 sehr wirkungsvoll. In seinem Lagebericht gab Dönitz einen Überblick über die Flugabwehr-Bewaffnung. Ab August waren alle U-Boote mit dem 20-mm-Vierlingsgeschütz ausgerüstet, aber es hatte sich als zu schwach in schwerer See erwiesen. Auch konnte ein Flugzeug, das von seinem Feuer getroffen wurde, kaum im Anflug abgeschossen werden. Das 20-mm-Zwillingsgeschütz war ab Oktober auf allen U-Booten eingebaut. Es war gut, handlich und beliebt, aber auch dieses Geschütz war zu leicht, und zusätzliche Schutzschilde waren erforderlich, was zu einer Modifikation des Geschützes selbst führte. Das neu entwickelte 37-mm-Geschütz, das zunächst im Juli auf dem Flak-U-Boot U-441 erprobt wurde, war ab Oktober auf mehreren U-Booten eingebaut worden und sollte bei allen anderen nachgerüstet werden. Anfang 1944 hatten 80% der U-Boote dieses Geschütz, aber es stellte sich heraus, daß es aus minderwertigem Material hergestellt war und in Seewasser leicht zu rosten begann. Diese Fehler wurden jedoch behoben. Die Flugzeugfallen wurden wieder zu Kampf-U-Booten umgebaut. Sie waren nicht seetüchtig genug gewesen, es war mittlerweile zu gefährlich, sie in der Biskaya einzusetzen, und sie hatten aber auch zu wenige Torpedos an Bord, um gegen Geleitzüge eingesetzt zu werden. Außerdem trugen die gewöhnlichen U-Boote jetzt eine Flugabwehrbewaffnung, die der auf den Flakfallen fast gleichkam.

Der Stand bei dem Radar gab auch zur Hoffnung Anlaß. Gegen Ende Oktober begann die Ausrüstung der U-Boote mit dem »Naxos«-U-Funkmeß-Beobachtungsgerät, das auch 10-cm-Radarwellen empfangen konnte. Bis Februar 1944 wurde die Leistungsfähigkeit des »Naxos« so weit gesteigert, daß es ein wirkungsvoller Empfänger für alle Radar-Ausstrahlungen der Alliierten war, auch für das neue 3-cm-Radar, das ab Mitte 1944 zum Einsatz kam. Dönitz hatte am 13. November eine erleichternde Meldung an alle U-Boote in See herausgegeben: »Naxos«, »Borkum« und »W.Anz-2« hatten keine Eigenstrahlung und funktionierten einwandfrei. Aber die Zweifel, die bei dem »Metox« und dem »W.Anz« entstanden waren, konnten nicht so schnell ausgeräumt werden. Die meisten U-Boot-Besatzungen befürchteten immer noch, daß Eigenstrahlungen ihrer Empfänger geortet werden könnten, und ließen sie die meiste Zeit ausgeschaltet.

DER DRUCK BLEIBT

Januar bis Mai 1944

Nach dem Zusammenbruch der U-Boot-Offensive im Nordatlantik war es wichtiger denn je, daß die U-Boote in der Lage blieben, so viele Angriffe wie möglich in möglichst vielen verschiedenen Gebieten durchzuführen. Auf diese Weise sollten die Alliierten gezwungen werden, ihr Geleitzugsystem beizubehalten, so daß eine riesige Anzahl von Flugzeugen und Kriegsschiffen gebunden blieb und bei dem viel wertvoller Transportraum verschwendet wurde. Die Boote des Typs VII mit ihrer mittleren Reichweite konnten entfernte Kriegsschauplätze jedoch ohne Versorgung in See nicht erreichen, und auch die Langstreckenboote des Typs IX konnten nur wirksam eingesetzt werden, wenn sie auf See versorgt wurden. Der BdU entschied sich, nur Boote des Typs IX für diese Feindfahrten einzusetzen, weil er damit rechnen mußte, daß die Boote des Typs VII hoffnungslos verloren waren, falls den überlebenden Milchkühen irgendetwas zustoßen sollte.

Die Verluste unter den Langstrecken-U-Booten des Typs IXB/IXC waren jedoch im März bis Juli 1943 so hoch gewesen, daß danach nie mehr als vier Boote gleichzeitig in entfernten Gebieten eingesetzt werden konnten. Es war unvermeidlich, daß die Strategie des Tonnagekriegs unter diesen Bedingungen aufgegeben werden mußte. An ihre Stelle trat die (in Dönitz'Augen) »minderwertige« Strategie, feindliche Kräfte zu binden.

Zu Beginn des Jahres 1944 standen als Versorger nur noch U-488 (Typ XIV) und U-219 (Typ XB) in Bordeaux sowie U-490 (Typ XIV) und U-233 (Typ XB) in deutschen Gewässern zur Verfügung. Alle waren mit der nun standardmäßigen schweren Flugabwehrbewaffnung ausgerüstet. Das letzte Boot der Serie vom Typ XB wurde im März in Dienst gestellt. Neben diesen Milchkühen war das erste Boot einer kleinen Serie von Torpedotransportern des Typs VIIF fertiggestellt worden. Vier U-Boote dieses Typs wurden insgesamt gebaut. Da die Vorräte an Torpedos im Indischen Ozean knapp wurden und dies einer der wenigen Kriegsschauplätze war, wo noch gute Erfolge erzielt werden konnten (siehe Kapitel »Versorgung an anderen Kriegsschauplätzen), entschieden sich die Deutschen, zwei dieser Transporter einzusetzen, um Torpedos in den Fernen Osten zu bringen. Ihre Reichweite war jedoch nicht ausreichend, um Penang zu erreichen.

Im Hinblick auf die Aufrechterhaltung einer wirksamen Präsenz in entfernten Gewässern mußten nur wenige U-Boote eingesetzt werden. Wenn man die Anzahl der U-Boote erhöht hätte, hätte dies vermutlich keine Auswirkungen auf die Anzahl der versenkten alliierten Schiffe gehabt, während es andererseits möglicherweise zu höheren Verlusten bei den beteiligten Booten geführt hätte. Je mehr Boote in einem Gebiet im Einsatz waren, desto höher war die Wahrscheinlichkeit, daß die Alliierten ihre Verteidigungsanstrengungen so weit erhöhen würden, daß kein U-Boot mehr sicher operieren konnte. Aus diesem Grund wurde zur Zeit stets nur eine Milchkuh ausgesandt, um zum einen die Reserven zu schonen und zum anderen, weil eine Milchkuh genug Brennstoff für alle U-Boote, die in entfernten Gebieten eingesetzt waren, an Bord hatte.

U-544 (Typ IXC 40) erhielt im Januar 1944 den Befehl, U-516 (Tillesson), auf dem Rückweg von Panama, und U-129 (befehligt von dem soeben beförderten Kptlt von Harpe) 500 Meilen westlich der Azoren zu versorgen. Zusätzlich sollten U-516 und U-129 mit dem »Naxos«-Gerät ausgerüstet werden. Diese Funksprüche wurden von der amerikanischen »10. Flotte« entschlüsselt. U-129 kam am 16. bei dem Treffpunkt an, hörte jedoch nur Geräusche von Zerstörern und Wasserbomben. Flugzeuge der Trägergruppe der GUADALCANAL hatten U-516 und U-544 am hellichten Tage überrascht, als die Boote aufgetaucht und mit Versorgungsschläuchen verbunden waren.

Die ersten Flugzeuge feuerten drei Salven zu je zwei Raketen ab. Die ersten beiden Raketen gingen vor U-516 ins Wasser, die zweiten schlugen in U-544 ein, auch die dritte Salve traf das Versorgungsboot, das gleichzeitig von Bomben der überfliegenden Flugzeuge eingedeckt wurde. In dieser Paniksituation tauchte U-516 mit dem Heck voran. Dieses ungewöhnliche Verschwinden führte dazu, daß die Piloten fälschlicherweise glaubten, das Boot schwer beschädigt zu haben. Die Besatzung von U-544 ging von Bord, als ihr Boot zu sinken begann. Etwa 25 Überlebende wurden im Wasser beobachtet. Man sah sie jedoch trotz der Bemühungen von zwei amerikanischen Zerstörern, die zu ihrer Rettung eintrafen, nie wieder.

Der BdU sorgte nun für einen neuen Treffpunkt zwischen U-516 und dem auslaufenden U-539. Beide Boote wurden am 19. Januar an dem neuen Treffpunkt von Trägerflugzeugen angegriffen, und U-516 hatte zusätzlich das Pech, von einem Zerstörer mit Wasserbomben belegt zu werden. Sein Bedarf an Brennstoff war nur dadurch entstanden, weil es in der Karibik ständig von Kriegsschiffen gejagt worden war, was ausgedehnte Ausweichbewegungen zur Folge gehabt hatte. Nach tagelanger vorsichtiger Suche in der Dämmerung fanden sich die Boote wieder, und U-539 übergab am 4. Februar bei schwerer See Treibstoff an U-516. Als Folge davon wurde das Einsatzgebiet für U-539 von der Ostküste der USA zum näher gelegenen Neufundland verlegt, und es mußte seinen Einsatz am 5. März wegen Treibstoffmangels vorzeitig abbrechen.

Kptlt Tillesson war ein fähiger und intelligenter U-Boot-Kommandant, der es schaffte, den Krieg nach drei erfolgreichen Feindfahrten mit U-516 zu überleben. Er hatte aus eigenem Antrieb die Positionen von jedem Versorgungstreffpunkt aufgezeichnet, der von alliierten Streitkräften angegriffen worden war, und war selbst zu der Erkenntnis gekommen, daß der kluge Kommandant nie in der Nähe einer U-Boot-Ansammlung funken sollte. U-129 hatte die Verabredungen zu früheren Treffen mit verschlüsselten Funksprüchen von einem Standort aus getroffen, der weit von allen drei beteiligten U-Booten entfernt war, und die endgültige Position war allen drei Booten in verschlüsselter Form vom U-Boot-Kommando in Frankreich gefunkt worden. Als Tillesson schließlich am 26. Februar Frankreich erreichte, berichtete er dem BdU seine Vermutung, daß die Marineschlüssel mit größter Wahrscheinlichkeit unsicher geworden seien. Man glaubte ihm nicht, obwohl die Nachrichtenabteilung es als notwendig erachtete, sein Kriegstagebuch zu kommentieren. Es sollte auch nicht vergessen werden, daß die Flugzeugbesatzungen der Träger nicht minder erstaunt darüber waren, mit welcher Genauigkeit sie über einen verlassenen weiten Ozean zu einem belebten Versorgungstreffpunkt geleitet wurden.

Der BdU verhielt sich nicht nur blind gegenüber der Tatsache, daß ein dauerhafter Einbruch in den deutschen Schlüssel erfolgt sein könnte. Er zog nicht einmal in Betracht, daß die Möglichkeit der Aufbringung eines U-Bootes mit funktionsfähigen Schlüsselunterlagen zu einer Reihe von weiteren geplanten Kaperungen führen könnte. So wurde eines der Boote im Atlantik, U-744, am 6. März zum Auftauchen gezwungen, nachdem es dreißig Stunden lang von einer kanadischen U-Jagd-Gruppe gehetzt worden war. Es war die längste erfolgreiche U-Boot-Jagd des Krieges. Männer der U-Jagd-Gruppe enterten das Boot und beschagnahmten die Schlüsselunterlagen. Das U-Boot wurde dann mit einem Torpedo von einem der Geleitfahrzeuge versenkt. Wie es sich ergab, hatten die alliierten Geheimdienste keine Verwendung für dieses neue Material, aber die Möglichkeit, daß erbeutete Schlüsselunterlagen dazu verwendet werden könnten, ein anderes U-Boot zu schnappen, blieb bestehen.

Der Minenleger des Typs VIID, U-218, der im Oktober 1943 Minen in der Karibik gelegt hatte, wurde im Februar 1944 erneut auf Feindfahrt geschickt. Er lief im März in die Karibik ein, wurde aber durch Flugzeuge von seinem vorgesehenen Zielgebiet Trinidad abgedrängt. U-218 legte dann am 23. März zwei Minen vor St. Lucia und die übrigen fünfzehn am 1. April vor San Juan de Puerto Rico. U-218 schaffte es, der anschließenden Suche zu entgehen, und kehrte nach Frankreich zurück. Die Minen richteten keinen Schaden an.

Der U-Tanker U-488 (jetzt unter dem Befehl von Oblt z. S. Studt) wurde von Frankreich aus (wahrscheinlich aus Brest) am 22. (oder 26.) Februar zu einer Position westlich der Kapverdischen Inseln entsandt. Hier sollte er sowohl die U-Boote auf ihrem Weg in den Indischen Ozean als auch die Boote, die im Südatlantik und vor Brasilien eingesetzt waren, unterstützen. U-1059, ein U-Transporter des Typs VIIF, wurde mit Torpedos von Deutschland nach Penang geschickt. Es ging am 4. Februar von Kiel nach Bergen und lief am 12. Februar aus Bergen aus.

Der BdU gab am 14. Februar über Funk die Befehle für die Operation »Maske« aus. Es war die Versorgung von U-843, U-801 und U-123 durch U-488 in verschiedenen Seegebieten zu verschiedenen Zeitpunkten. Der Tanker selbst mußte vollständige Funkstille einhalten. Aber inzwischen hatten die Alliierten genügend Geleitflugzeugträgergruppen, um einige von ihnen dauerhaft bei den Kapverdi-

schen Inseln, bei den Kanarischen Inseln und bei den Azoren einzusetzen. Am 16.
März fragte U-801 (Typ IXC40), das auf dem Weg nach Westafrika war, nach
Anweisungen für ein neues Treffen mit dem U-Tanker. Auf dem Boot hatte es bei
einem Luftangriff Verwundete gegeben. Sein Funkspruch wurde jedoch von der
Trägergruppe der BLOCK ISLAND mittels H/F-D/F eingepeilt. Nach einer langen
Jagd durch die Begleitzerstörer wurde U-801, nachdem es von einem »Fido« und
Wasserbomben schwer beschädigt worden war, gezwungen, aufzutauchen. Es
wurde dann mit Geschützfeuer und durch Luftangriffe versenkt, obwohl es »The-
tis«-Radarreflektorbojen ausgesetzt hatte. Zwischenzeitlich war die Operation
»Maske« um U-1059 für das Treffen mit U-123 erweitert worden.

Am 19. wurde U-1059 (Oblt z. S. Leupold), das unterwegs in den Indischen Ozean
war, südwestlich der Kapverdischen Inseln überrascht, als die Besatzung sich an
Deck sonnte oder im Meer badete. Gemäß den Berichten Überlebender hatte sein
Kommandant achtzehn Mitgliedern seiner Besatzung erlaubt, ins Wasser zu gehen
mit der Anweisung: »Paßt bei diesem guten Wetter auf Flugzeuge auf!« Die Mannschaft besetzten die Geschütze, aber der U-Transporter wurde bald von Flugzeugen
des Trägers versenkt. Offensichtlich hatten die ersten Bomben einen Munitionsraum
mit verheerenden Auswirkungen getroffen, obwohl ein Flugzeug abgeschossen
wurde. Zunächst trieben fünfzehn Überlebende im Wasser, sie hatten jedoch wegen
des Überraschungsangriffs keine Schwimmwesten anlegen können, und nur sieben
Mann, darunter der verwundete Kommandant und der einzige Überlebende des
abgeschossenen Flugzeuges, wurden gerettet. Beide Boote (U-801 und U-1059)
standen kurz vor ihrem Versorgungstreffen, das für den 20. geplant war.

Diese Vorfälle, zusammen mit dem Verlust der Überwassertanker BRAKE und
CHARLOTTE SCHLIEMANN im Indischen Ozean innerhalb von vierzehn Tagen
Ende Februar/Anfang März, sowie der Bericht von Tillesson gaben dem BdU
unangenehmen Stoff zum Nachdenken. Die Deutschen begannen, neue Ver-
schlüsselungen für die Anweisungen zum Treffen mit einer Milchkuh auf See zu
benutzen. Der Schlüssel für jedes U-Boot basierte auf seiner Besatzungsliste, und
es mußten sehr viele Treffen stattfinden, damit auslaufende Boote denen, die
schon in See waren, die neuen Schlüsselunterlagen aushändigen konnten. Die
Vorbereitungen waren am 11. April abgeschlossen.

Der neue Schlüssel wurde vom englischen Geheimdienst mit Schwierigkeiten
geknackt, obwohl sein erster Gebrauch während dieser Zeit schnell genug entdeckt wurde. Die deutschen Befürchtungen waren dem englischen Geheimdienst
sehr wohl bekannt, und als Maßnahme, seine geheimen Informationen zu schützen, empfahl er englischen Kriegsschiffen, ihre Angriffe auf U-Boote an entfernten
Treffpunkten für einige Zeit einzustellen. Die Amerikaner jedoch konnten nicht
von der Notwendigkeit der Zurückhaltung überzeugt werden. Nur das verbissene
Beharren der Deutschen darauf, daß ihre Funkschlüssel sicher seien, bewahrte dieses wertvolle Geheimnis der Alliierten.

Zusätzlich erging der Befehl, in der Ostsee wieder Versuche für die Brennstoff-
übernahme unter Wasser durchzuführen. Zwischenzeitlich hatte Dönitz das Ver-

sorgungsgebiet westlich von Madeira eingerichtet – und die Trägergruppen mit dorthin gezogen. Die Flugzeugträgergruppen waren seit Februar 1944 in der Lage, während der ganzen Nacht radargestützte Suchflüge durchzuführen.

Am 9. April wurde U-515 nördlich von Madeira von der Gruppe des Trägers GUA-DALCANAL versenkt. U-68, das in diesen Gewässern seit 1941 gute Arbeit geleistet hatte, wurde am folgenden Tag ebenfalls von Flugzeugen der GUADALCANAL versenkt. Beide Boote hatten auf die Milchkuh gewartet. Am selben Tag (10. April) wurde ein Minenleger des Typs VIID, U-214, in der Nähe mit Bomben angegriffen, konnte jedoch mit leichten Beschädigungen entkommen. Als U-214 wieder auftauchte, meldete es sich beim BdU, der daraufhin den Treffpunkt verlegte.

U-488 stand zu dieser Zeit in einem Gebiet etwa 700 Seemeilen westlich der Kapverdischen Inseln. Es versorgte vier U-Boote, darunter den U-Transporter U-1062, der anschließend sicher den Indischen Ozean erreichte. In der Nacht des 16./17. April wurden U-129, das auf dem Weg nach Brasilien war, und U-537, mit Kurs auf den Indischen Ozean versorgt.

U-129 war das erste U-Boot, das wieder vor Brasilien eingesetzt wurde, nachdem das Gebiet gegen Ende 1943 wegen starker Fliegertätigkeit verlassen worden war. Man war guter Hoffnung, daß sein neues »Naxos«-Funkmeß-Beobachtungs-gerät U-129 den nötigen Schutz verleihen würde.

U-537 mußte später wieder Brennstoff übernehmen, nachdem es sein Einsatz-gebiet erreicht hatte (siehe Kapitel »Versorgung an anderen Kriegsschauplätzen«). Drei andere U-Boote waren versenkt worden, bevor sie den Tanker erreichen konnten. Flugzeuge des Trägers TRIPOLI griffen nun U-543 an, als es auf U-488 wartete (am 19. April). Das U-Boot schaffte es, sowohl den Flugzeugen als auch den Zerstörern zu entkommen, und am nächsten Tag verlegte der BdU wiederum den Treffpunkt. U-488 selbst hatte sich seit dem 30. März nicht mehr beim Stützpunkt gemeldet (und auch dann nur, um über die Lage von U-123 zu berichten, dessen Funkanlage ausgefallen war). Funkstille auf See war bei den U-Booten zur Gewohnheit geworden.

U-66 (Oblt z. S. Seehausen) kam mit Erfolgen von der westafrikanischen Küste zurück, war aber knapp an Brennstoff und Proviant. In der Nacht des 20. April setzte es einen Statusbericht an den BdU ab und erhielt Anweisung, sich in der Nacht des 25./26. April weit westlich des Kapverdischen Inseln mit U-488 zu treffen. Diese Meldung wurde von der »10. Flotte« abgefangen und entschlüsselt, und in der Nacht des 25. April fanden Flugzeuge der Trägers CROATAN, die eigentlich U-66 suchten, statt dessen den U-Tanker 720 Seemeilen nördlich der Kapverdischen Inseln. U-488 tauchte und wich dem Asdic und den Sonobojen für eine Weile aus. Am 26. wurde es jedoch mit Hilfe von Asdic wiedergefunden, nachdem drei Begleitzerstörer des Trägers die Jagd aufgenommen hatten. Nach zwei Angriffen mit »Hedgehog« (Wasserbomben, die nur beim Auftreffen auf ein U-Boot detonierten) wurden drei Explosionen gehört, und der U-Tanker schien stillzustehen. In der Entfernung notierte man auf dem getauchten U-66, daß man Sinkgeräusche gehört hätte.

Am Nachmittag war ein Ölfleck zu sehen, der in den nächsten beiden Tagen immer größer wurde. Auf den Geleitfahrzeugen war man sich nicht sicher, ob man eine bestätigte Versenkung erzielt hatte, insbesondere, weil man ab und zu noch Asdic-Kontakte empfing. Die Zerstörer deckten am Morgen des 29. den verölten Bereich mit herkömmlichen Wasserbomben ein, die auf ein stilliegendes Ziel in 170 Metern Tiefe eingestellt waren. Es gab keine Anzeichen irgendeiner Auswirkung, aber irgendwann zwischen dem 26. und 29. wurde U-488 versenkt, ohne daß es Überlebende gab.

Das unglückliche U-66, das den Angriff miterleben mußte, lag nun verlassen mitten im Ozean ohne ausreichenden Brennstoff, um zum Heimatstützpunkt zurückkehren zu können. Der BdU wurde im Hinblick auf den Verlust seines letzten dort verfügbaren U-Tankers auf den neuesten Stand gebracht. Das IXC40-Boot U-188 (Lüdden), das aus dem Indischen Ozean zurückkam und dringend eine Überholung benötigte, erhielt am 30. April den Befehl, an einem anderen Treffpunkt Brennstoff zur Verfügung zu bekommen. Zwei Tage später schickte der BdU geänderte Befehle: U-66 und U-188 sollten Proviant und Brennstoff so untereinander aufteilen, daß es für drei Wochen reicht, um dann von U-198 und U-543 versorgt zu werden, die sie bei voller Fahrt in neun Tagen erreichen würden.

Und wieder wurden die Funksprüche mit H/F-D/F eingepeilt, und der Träger BLOCK ISLAND erhielt die Order, zusammen mit seinen vier Zerstörern auf die Suche zu gehen. U-66 wurde zum Tauchen gezwungen, mußte unter Wasser bleiben, bis all seine Luft verbraucht war. Dann, als es in der Nacht des 6. Mai wieder aufgetaucht war, schickte das verzweifelte U-66 eine weitere Meldung: »Versorgung nicht möglich wegen ständiger Bedrohung.« Auf der Trägergruppe hörte man auch diesen Funkspruch ab. U-66 wurde noch in derselben Nacht vor Kap Verde von Flugzeugen des Trägers ausfindig gemacht, und der Zerstörer BUCKLEY wurde zur Aufklärung abgestellt. Als der Schatten der BUCKLEY größer wurde, schoß die Besatzung, offenbar in dem Glauben, daß U-188 sich näherte, drei rote Signalsterne (mittlerweile wird es als wahrscheinlicher angesehen, daß U-66 auf ein hartnäckiges Flugzeug in der Nähe geschossen hatte).

Innerhalb von fünf Minuten war die BUCKLEY heran und eröffnete das Feuer. Nach einem kurzen Feuergefecht, während dessen Seehausen schwer verwundet wurde, drehte die BUCKLEY zum Rammstoß ein. Und nun ereignete sich eine der Tragödien des Seekrieges, denn als die BUCKLEY drehte, schrammte ihr Heck so dicht an dem U-Boot entlang, daß einige der deutschen Seeleute versuchten, an Bord zu springen. Sie wollten eigentlich nur ihr Boot verlassen und kamen mit erhobenen Händen an Bord (eine Tatsache, die später aus dem amerikanischen Gefechtsbericht gestrichen wurde), aber in der Dunkelheit und bei dem Durcheinander dachten die amerikanischen Seeleute, daß ihr Schiff geentert würde und eröffneten das Feuer mit Handwaffen und Handgranaten. Die meisten der »Enterer« wurden getötet, während man auf dem U-Boot mit Maschinengewehren um sich schoß. (Ein ähnlicher Vorfall ereignete sich im Juni 1944 im Ärmelkanal, diesmal jedoch am hellichten Tag. Ein tödlich getroffenes U-Boot tauchte so dicht bei einem englischen Zerstörer auf, daß die gesamte Bootsbesatzung einfach auf das Heck des Zerstörers übersteigen konnte und gefangengenommen wurde.) U-66 glitt in Flammen gehüllt noch ungefähr 100 Meter weiter und sank dann. Die BUCKLEY konnte später 36 Besatzungsmitglieder aus dem Wasser retten. Seehausen und zwei englische Kriegsgefangene an Bord des U-Bootes, die von ihrem sinkenden Schiff übernommen worden waren, konnten nicht gerettet werden. U-188 beobachtete die Vorgänge aus der Ferne und lief direkt nach Bordeaux, das es am 19. Juni erreichte. Unterwegs hielt es klugerweise Funkstille ein.

U-66 hatte eine glückhafte und ereignisreiche Laufbahn gehabt. Unter dem Kommando des erfahrenen Zapp hatte es eine große Rolle bei der Operation »Paukenschlag« gespielt. Unter Markworth und Seehausen unternahm es mehrere lange Feindfahrten, bei denen sein Treibstoffvorrat beinahe aufgebraucht worden war, und es war dabei gewesen, als zwei der Milchkühe, von denen es versorgt werden sollte (U-117 und U-488), versenkt wurden. Nun war seine Glückssträhne schließlich zu Ende gegangen.

Die Vergeltung kam am 29. Mai, als U-549 sowohl den Träger BLOCK ISLAND als auch einen ihrer Zerstörer torpedierte und versenkte. Jedoch wurde auch das U-Boot daraufhin von den verbliebenen Geleitfahrzeugen versenkt, ohne daß es Überlebende gab.

Diese mehrfache Katastrophe bereitete den Anstrengungen von Dönitz, in entfernten Gewässern Aktivität zu entfalten, ein vorzeitiges Ende. Es wurden sehr wenige Handelsschiffe bei schweren eigenen Verlusten versenkt. U-488 mußte als versenkt abgeschrieben werden, genau wie auch U-66, U-68, U-515, U-188 und U-198. Alle hatten sich nicht von den verschiedenen Treffpunkten gemeldet, obwohl sich später herausstellte, daß U-188 einfach nur Funkstille bewahrt hatte, während ein Ausfall der Funkanlage auf U-198 dazu führte, daß es überhaupt keine Anweisungen zu Treffen empfangen hatte. »Versorgung wird sogar im Mittelatlantik in Zukunft kaum noch möglich sein«, schrieb Dönitz im Kriegstagebuch. »Diese Lage wird so lange unverändert bleiben, bis die Treibstoffversorgung unter Wasser eingeführt ist. Bis dahin kann eine Versorgung nur in dringenden Fällen von U-Booten durchgeführt werden. Alle U-Boote haben Anweisung erhalten, ihre Heimreise so rechtzeitig anzutreten, daß sie problemlos ihren Heimathafen ohne Versorgung auf See erreichen können.« Die U-Boote waren nun also gezwungen, nach Frankreich zurückzukehren, wenn sie Treibstoff benötigten, und einige der Boote auf Auslaufkurs mußten sogar eingesetzt werden, um andere Boote, die aus amerikanischen Gewässern zurückkamen, mit Treibstoff zu versorgen. Dieses Vorgehen erforderte, daß sich die U-Boote mitten auf dem Ozean in der Nähe der Azoren treffen mußten, um Brennstoff zu übergeben. Das war den Besatzungen außerordentlich unangenehm, und sie taten alles mögliche, um ein derartiges Treffen zu vermeiden. In der Tat zeigt das Kriegstagebuch des BdU auf, daß in der ganzen Zeit zwischen September 1943 und Mai 1944 gerade mal sechs U-Boote von anderen Kampf-U-Booten versorgt wurden.

Die allgemein übliche Vorgehensweise war jetzt die, daß sich jedes U-Boot dem Treffpunkt getaucht näherte, um etwa eine Stunde vor Einbruch der Dunkelheit aufzutauchen und sich zu finden. Die Treibstoffübernahme fand dann im Schutz der Nacht statt. Häufig mußten die U-Boote entdecken, daß ihre Versorgungsgebiete scharf von alliierten Flugzeugen überwacht wurden. Dieser Umstand war natürlich darauf zurückzuführen, daß die Funksprüche, die zur Verabredung des Treffens erforderlich waren, entschlüsselt wurden. Kein U-Boot konnte mehr einen Funkspruch senden, der nicht sofort eingepeilt wurde.

Obwohl der BdU nie zugab oder wahrhaben wollte, daß sein Funkschlüssel kompromittiert worden war, vermuteten die U-Boot-Besatzungen, daß den Alliierten alle Treffen bekannt seien und daß jedes Funksignal den Standort eines U-Boots verraten könnte.

Der BdU konnte die Tatssche nicht mehr ignorieren, daß die Versorgung auf See dem Selbstmord nahe kam. Die neuen »Elektro«-Boote wurden so ausgelegt, daß sie bis vor Kapstadt eingesetzt werden konnten und dabei in der Lage waren, ohne Versorgung zum Stützpunkt zurückzukehren. Zusätzlich gab Dönitz am 12. Mai die Anweisung, daß die Boote des Typs VIIC im Nordatlantik grundsätzlich weniger als acht Wochen lang in See bleiben sollten, um »die Zeit auf See zu verkürzen und die Besatzungen von zu schweren Belastungen zu verschonen«. Zwischenzeitlich waren die Aufträge für den Bau von zwei weiteren Serien von U-Tankern des Typs XIV zurückgezogen worden. Die Arbeiten an U-491 bis U-493 wurden bei den Deutschen Werken im Juni 1944 eingestellt, als diese Boote zu etwa 75% fertiggestellt waren, und nie wiederaufgenommen. Weitere U-Tanker des Typs XIV (U-494 – U-500 und U-2201 – U-2204), die bei der Germania-Werft im Bau bzw. im Auftrag waren, wurden am 3. Juni verschoben und am 23. September storniert.

Für den Bau von Minenlegern des Typs XB waren keine neuen Aufträge erteilt worden, nachdem sich die ersten Boote als kaum geeignet für ihren eigentlichen Einsatzzweck erwiesen hatten.

DAS ENDE DER MILCHKÜHE
Juni 1944 bis Mai 1945

Dönitz entsandte Ende Mai 1944 weitere neun U-Boote in den Indischen Ozean, und der letzte U-Tanker, U-490, lief dafür von Deutschland zur Unterstützung aus. Gegen Mitte Mai stand er in der Zufahrt zum Nordatlantik. Neben diesen Booten waren nur fünf andere U-Boote an entfernten Kriegsschauplätzen (außer im Indischen Ozean) im Einsatz, um alliierte Kräfte zu binden. Am 4. Juni wurde eines von diesen, U-505, vor Dakar von der Trägergruppe der GUADALCANAL aufgebracht. Die Schlüsselunterlagen konnten unversehrt geborgen werden, aber das hatte zu diesem fortgeschrittenen Zeitpunkt des Krieges nur geringe Auswirkungen. Die »10. Flotte« stellt fest, daß die Schlüsselunterlagen und andere Dokumente an Bord von U-505 weniger aktuell waren als ihre eigenen Aufzeichnungen, da das U-Boot bereits einige Monate in See war.

Am 1. Juni gab Dönitz im Kriegstagebuch einen Überblick über den U-Boot-Krieg: »Unsere Bemühungen, feindliche Kräfte zu binden, sind bisher erfolgreich«, schrieb er, »die Anzahl feindlicher Flugzeuge und Geleitfahrzeuge, U-Jagd-Gruppen und Flugzeugträger, die den U-Boot-Abwehrkräften zugeteilt wurden, ist nicht geringer, sondern größer geworden. Für die Besatzungen der U-Boote selbst ist die Aufgabe, den Kampf ausschließlich mit dem Zweck der Bindung feindlicher Seestreitkräfte zu führen, außerordentlich hart.«

Zu dieser Zeit waren Dönitz und die deutsche militärische Führung höchst besorgt ob einer bevorstehenden Invasion in der Normandie. Viele U-Boote lagen in bombensicheren Bunkern entlang der französischen und norwegischen Küsten in Erwartung der drohenden Invasion eines der beiden Länder. Der Bau der »elektrischen« U-Boote war durch Bomben der Alliierten verzögert worden, und man erwartete, daß sie nicht vor Januar 1945 in Dienst gestellt werden konnten. Tatsächlich kam das erste große »Elektro-U-Boot« (Typ XXI) erst in den letzten Tagen des Krieges zum Einsatz.

Die Einführung des Schnorchels jedoch gab einigen Anlaß zur Hoffnung. Diese ursprünglich holländische Erfindung war im Grunde genommen ein Luftmast, der zur Wasseroberfläche ausgefahren wurde und es so einem getauchten U-Boot ermöglichte, unter Wasser seine Dieselmaschinen zu betreiben und seine Batterien nachzuladen. Diese Erfindung war selbstverständlich ein großer Fortschritt in einer Zeit, in der Flugzeuge so viele aufgetauchte U-Boote versenkten. Der Schnorchel war keinesfalls ein Allheilmittel. Er stieß eine Abgaswolke aus, die weithin sichtbar war, deshalb wurde das Schnorcheln nur bei

Nacht durchgeführt. Auch dann konnte der Schnorchelkopf mit dem neuen 3-cm-Radar, das bei den Alliierten zu der Zeit eingeführt wurde, entdeckt werden. Andererseits konnte man mit dem »Naxos«-Funkmeß-Beobachtungsgerät (die Empfängerantenne war am Schnorchelkopf angebracht) diese Radarstrahlen auffangen, was das U-Boot wiederum in die Lage versetzte, fast sofort auf große Tiefe zu gehen. Beim Gebrauch des Schnorchels war die Geschwindigkeit des U-Boots auf etwa sechs Knoten begrenzt, während es über Wasser siebzehn Knoten laufen konnte. Auch ein langsamer Geleitzug konnte einem schnorchelnden U-Boot entkommen. Der Schnorchel erwies sich jedoch als eine derartig gute Einrichtung zum Selbstschutz der Boote, daß Dönitz am 1. Juni befahl, daß kein U-Boot ohne Schnorchel seinen Einsatz fortsetzen sollte.

Der Schnorchel war für die Milchkühe hervorragend geeignet, weil diese ja keine Geleitzüge jagen sollten, sondern nur vor Luftangriffen sicher sein sollten. Diese Entwicklung kam für die U-Tanker jedoch zu spät. Am 1. Juni war der letzte überlebende U-Tanker, U-490, schon in See und lief mit südlichem Kurs durch den Nordatlantik. Er war noch nicht mit einem Schnorchel ausgerüstet. U-490 erhielt den Befehl, sofort nach Frankreich zu marschieren, um dort entsprechend nachgerüstet zu werden.

Der Kommandant von U-490 war der erfahrene Oblt z. S. Gerlach. Er war am 5. Mai aus Kiel ausgelaufen und hatte Anweisungen, in den Mittelatlantik vorzustoßen. Dann sollte er Kurs auf den Indischen Ozean nehmen, um dort die einzigen U-Boote zu versorgen, die möglicherweise noch Versenkungserfolge erzielen konnten. Der neununddreißigjährige Gerlach war aus dem Mannschaftsstand aufgestiegen, nachdem er von Juli 1940 bis September 1941 auf dem erfolgreichen U-124 gefahren war. Er hatte dann die Offiziersausbildung durchlaufen, nach der er als Wachoffizier auf U-124 zurückkam. Den Kommandantenlehrgang absolvierte er Ende 1942/Anfang 1943. Er hatte U-490 am 27. März in Dienst gestellt, und das Boot war zur Ausbildung in der Ostsee geblieben, bis seine Dienste nunmehr dringend erforderlich wurden.

U-490 kam gut von der Nordsee in den Nordatlantik und meldete am 4. Juni einen Geleitzug. Am 10. Juni wurde es allerdings mit H/F-D/F mitten im Ozean entdeckt, als es einen Wetterbericht funkte. Die amerikanischen Geleitflugzeugträger waren zu dieser Zeit dabei, einen gemeinsamen Einsatz gegen die wenigen U-Boote durchzuführen, die im Atlantik für die Abgabe von Wetterberichten stationiert waren. Am 11. Juni gab U-490 einen weiteren Wetterbericht ab. Es war sein letzter. Aufgetaucht wurde U-490 innerhalb weniger Stunden von Flugzeugen des Trägers CROATAN entdeckt, konnte aber tauchen und ging auf große Tiefe.

Es wurde dann von den Begleitzerstörern des Flugzeugträgers während der ganzen Nacht und am nächsten Tag gejagt. Die Zerstörer warfen insgesamt 239 Wasserbomben. U-490 hatte zur Erprobung einige Versuchseinrichtungen an Bord. Diese quietschten während der Angriffe fortwährend und mußten zerstört werden, um den Lärm zu mindern. Irgendwann wurde die Atemluft im Boot knapp, und es mußte auftauchen. Die Zerstörer hatten einen Trick angewandt, indem sie mit immer geringerer Geschwindigkeit in entgegengesetzten Richtungen abliefen. Das sollte den Eindruck erwecken, daß sie schnell auf Ablaufkurs gegangen wären. Dann fuhren sie mit Schleichfahrt zum Zielgebiet zurück. Der U-Tanker tauchte auf und wurde sofort mit schwerem Geschützfeuer angegriffen. Gerlach befahl die Selbstversenkung des Bootes. Alle sechzig Besatzungsmitglieder wurden gerettet.

U-490 hatte kein einziges U-Boot versorgt, bevor es versenkt wurde. Das machte wirklich die letzten Hoffnungen von Dönitz zunichte, Ferneinsätze durchführen zu können. Es gab nur noch ein oder zwei U-Boote, die in entfernten Gewässern eingesetzt werden konnten und die sich, wenn es erforderlich sein sollte, ihren Treibstoff miteinander teilen mußten. Aus dem Kriegstagebuch des BdU ist zu ersehen, daß zwischen Juni 1944 und Mai 1945 gerade einmal drei U-Boote erfolgreich von einem anderen U-Boot versorgt wurden.

Der Verlust von U-490 wurde nicht sofort bekannt. Noch am 27. Juni befahl der BdU U-490, mit voller Fahrt nach Penang zu marschieren. Das Boot sollte dort mit kriegswichtigen Gütern beladen werden, so kurz wie möglich im Hafen bleiben und dann zurückkehren. Auf dem Weg sollten alle Boote des Typs IX im Indischen Ozean (das waren U-510, U-592, U-183 und U-843) für ihre Heimreise versorgt werden.

Der Minenleger U-233 war am 22. September 1943 von dem sechsunddreißigjährigen Kapitänleutnant Steen in Dienst gestellt worden. Steen war vorher vom Oktober 1941 bis Februar 1943 IWO auf dem Schwesterboot U-117 gewesen und hatte dann die Kommandantenausbildung absolviert. Die meisten der Besatzungsmitglieder waren Neulinge. Nach den üblichen Ausbildungsfahrten in der Ostsee, die auch einen Minenlegeeinsatz dort im Winter 1943 umfaßte, bei dem 132 Minen gelegt wurden, genoß U-233 eine längere Ruhepause in deutschen Gewässern. Am 27. Mai lief es dann mit dem Befehl, Minen vor Halifax zu legen, aus Kiel zu seiner ersten Feindfahrt aus. Es war nicht mit einem Schnorchel ausgerüstet.

U-233 lief über die nördliche Route in den Atlantik, wobei es nur nachts zum Laden der Batterien auftauchte. Dieses Gebiet wurde zu der Zeit gründlich vom Coastal Command nach auslaufenden U-Booten durchsucht. U-233 war eines der wenigen glücklichen Boote, die durchbrechen konnten, wenn auch nach vielen Belästigungen. Am 1. Juni sichtete U-233 viele Flugzeuge, und am nächsten Tag wurde es plötzlich von einem viermotorigen Bomber angegriffen, als es schon zu spät zum Tauchen war. U-233 verteidigte sich mit seinem 37-mm- und beiden 20-mm-Geschützen und erzielte einige Treffer. Das Flugzeug konnte jedoch noch fünf Bomben werfen, die rund um das U-Boot einschlugen, bemerkenswerterweise aber keine Schäden anrichteten. Der U-Minenleger nutzte die Gelegenheit, um zu tauchen.

Kurz nach dem Auftauchen wurde U-233 von Flugzeugen, die seine vermutete Kurslinie absuchten, erneut unter Wasser gezwungen. Es änderte seinen Kurs und konnte so seine Verfolger in der Luft erfolgreich abschütteln. Steen setzte nun seinen Kurs auf die Ostküste der USA ab, wobei er nur nachts so lange auftauchte, wie er für das Nachladen der Batterien des Bootes benötigte. Sein 37-mm-Flakgeschütz hatte während des Gefechts mit dem Bomber wiederholt Ladehemmungen gehabt. Während eines Probeschießens zwei Wochen später ereignete sich bei dem Geschütz ein Rohrkrepierer, und es wurde somit endgültig unbrauchbar.

Schließlich war seine Glückssträhne zu Ende. U-233 stand dicht vor Nova Scotia und setzte einen Funkspruch ab. Dieser wurde mit eingepeilt, was zu einer Suche durch die Trägergruppe der CARD führte. Die Flugzeuge entdeckten am 2. Juli eine Ölspur und warfen Sonobojen ab, die eindeutig Unterwassergeräusche anzeigten. Dichter Nebel behinderte jedoch weitere Lufteinsätze. Die amerikanischen Begleitzerstörer konnten schließlich am 5. Juli passiven Sonarkontakt aufnehmen (das bedeutet, sie setzten nur Horchgeräte und nicht das aktive Asdic ein). Auf dem U-Minenleger bemerkte man die Verfolger nicht. Er lief auf 50 Metern Tiefe, während seine Hecktorpedos gewartet wurden. Plötzlich hörte die überraschte Besatzung das Kavitationsgeräusch der Schrauben des Zerstörers BAKER, gefolgt von den ohrenbetäubenden Einschlägen von Wasserbomben rund um das Boot.

U-233 wurde schwer durchgeschüttelt, die Lichter gingen aus, und das Boot sackte unkontrolliert auf 120 Meter Tiefe durch. Wasser drang durch ein Leck achtern ein, einer der schweren Hecktorpedos wurde aus seiner Halterung geschleudert und tötete einen Mann. Ein zweiter Teppich von Wasserbomben trieb U-233 auf 230 Meter Tiefe. Verzweifelt gab Steen den Befehl zum »Anblasen« und Auftauchen. Die Milchkuh schaffte es, an die Oberfläche zu kommen, wo sie sofort bei einer Entfernung von nur 500 Metern mit einem Feuerhagel empfangen wurde. Auch zwei Torpedos des Zerstörers trafen den U-Minenleger; sie waren aber aus so kurzer Entfernung abgefeuert worden, daß sie sich nicht scharf gestellt hatten und abprallten, ohne zu explodieren. Steen gab den Befehl zum Verlassen des Bootes, während der Leitende Ingenieur hinunterstieg, um das Boot zu versenken. Als die Besatzung außenbords sprang, schlugen weiterhin Granaten rundherum ein, und viele Männer verloren dabei ihr Leben. Nun lief ein anderer Zerstörer, die THOMAS, an und rammte das glücklose U-233, das daraufhin sank. Steen selbst war schwer verwundet, aber er kam mit Hilfe eines der überlebenden Besatzungsmitglieder ins Wasser. Die amerikanischen Zerstörer retteten Steen und 28 andere Überlebende der sechzigköpfigen Besatzung. Steen erlag seinen Verwundungen am nächsten Tag und wurde vom Deck des Flugzeugträgers CARD auf See beigesetzt. U-233 war versenkt worden, bevor es seine Minen legen konnte, und sein Verlust wurde erst am 11. August vom BdU bemerkt.

Aufgrund des frühen Verlustes der Milchkühe konnten die U-Boote, die in entfernten Regionen des Atlantiks im Einsatz waren, zwischen Januar und September nur zwanzig Schiffe versenken. Für dieses Ergebnis gingen dreizehn der U-Boote, die an diesen Einsätzen beteiligt waren, verloren.

Die Alliierten landeten am 6. Juni in Europa, und schon im August waren die Stützpunkte an der Biskaya in so akuter Gefahr, besetzt zu werden, daß alle U-Boote aus ihren Bunkern entweder nach Norwegen oder, im Falle der wenigen Langstreckenboote, in den Indischen Ozean verlegt wurden. Der BdU hatte die Boote in See schon am 12. Juni gewarnt, daß sie genügend Treibstoffreserven zurückbehalten sollten, um, falls notwendig, Norwegen erreichen zu können. Einige andere U-Boote waren noch nicht soweit instand gesetzt, daß man sie in See schicken konnte. Sie mußten in den französischen Häfen selbst versenkt werden. Darunter waren U-129, Typ IXC, das regelmäßig Versorgungsfahrten unternommen hatte und zuletzt sicher von seiner letzten erfolgreichen Feindfahrt vor Brasilien zurückgekehrt war, der U-Kreuzer U-178 aus Penang und U-188, das nach einer ereignisreichen Feindfahrt aus dem Indischen Ozean zurückgekehrt war (siehe Kapitel »Der Druck bleibt«). Alle Boote wurden zwischen dem 18. und 20. August selbst versenkt. Kptlt von Harpe von U-129 hatte eine außerordentlich gute Leistung vollbracht, indem er das Boot unter seinem Befehl (Juli 1943 bis Juli 1944) sicher und erfolgreich führte, während so viele andere um ihn herum versenkt wurden. Er bekam im Januar 1945 das Kommando über eines der ganz neuen »Elektro«-Boote des Typs XXI, U-3519, aber das Boot und der Kommandant gingen im März 1945 vor Warnemünde nach einem Luftangriff verloren.

Am 25. August gab es in Bordeaux keine einsatzbereiten U-Boote mehr. Die Besatzungen, die kein Boot mehr hatten, die Werftarbeiter, Heerestruppen und deutsche Zivilisten versammelten sich in La Rochelle, von wo aus 20.000 Leute versuchten, über Frankreich die Rückreise nach Deutschland machen zu können. Das ungeliebte, ehemals italienische UIT-21 war eines der Boote, die am 25. August in Bordeaux selbst versenkt wurden, und seine frühere Besatzung, auch Wilhelm Kraus, machten sich nun mit Fahrrädern auf den Weg nach Deutschland. Viele von ihnen wurden mitten in Frankreich von Partisanen gefangengenommen, und Kraus wurde erst Ende 1946 freigelassen.

Das allgemeine Durcheinander bei dem Versuch, die U-Boote von Frankreich nach Norwegen zurückzuverlegen, führte zu Komplikationen für die Boote, die aus entfernten Gewässern zurückkehrten. U-516 (Kptlt Tillesson) war auf Heimatkurs und knapp an Brennstoff, als unerwarteterweise von ihm verlangt wurde, Norwegen anstatt seines näher gelegenen französischen Stützpunktes anzusteuern. Das Boot wartete vom 4. September an zwei Tage lang südlich von Island auf einen Aushilfstanker (U-855), bevor es dem BdU meldete, daß das Versorgungsboot nicht erschien. U-245 (Typ VIIC) erhielt sofort Anweisung, U-516 mit voller Fahrt zur Hilfe zu kommen. Am 9. konnte U-516 jedoch berichten, daß es endlich doch von U-855 mit Treibstoff versorgt worden war. Beide Boote kehrten nach Norwegen zurück.

Nach seiner Rückkehr aus dem Nordatlantik war U-219 (Korvkpt Burghagen) für eine besondere Einsatzfahrt vorbereitet worden. Es sollte der erste U-Blockadebrecher für den Fernen Osten sein. Der Minenleger wurde mit Versorgungsgü-

215

tern anstatt mit Minen beladen (die Minenschächte boten viel Raum). Acht Torpedos für die beiden Heckrohre gewährleisteten eine gewisse Kampfkraft. Die Planung des Vorhabens beanspruchte drei bis vier Monate. Während dieser Zeit wurden Funkausrüstungen, Maschinenteile, Torpedoteile, medizinische Güter, Einsatzbefehle, Ersatzteile für das ARADO-196-Wasserflugzeug in Penang (ein Relikt aus den Tagen der deutschen Hilfskreuzer), Duraluminium, Quecksilber und optische Bauteile für die Japaner an Bord genommen. Allerdings gab es, im Gegensatz zu früheren Berichten, keine Bauteile für eine mutmaßliche japanische Atombombe und auch kein fremdes Personal an Bord.

Niemand wußte, wie sich der U-Minenleger mit einer derartigen Beladung verhalten würde, und so war das erste Auslaufen von U-219 im April von großem Interesse begleitet. Erfahrene Ingenieure der 12. U-Boot-Flottille gingen an Bord, um zu helfen, wo es ihnen möglich war. Beim ersten Trimmtauchversuch sackte U-219 wie ein Stein weg, aber die Ingenieure konnten es abfangen und wieder nach oben bringen. Nach der Rückkehr in den Bunker wurde alles, was möglich war, getan, um Gewicht zu sparen. Dies umfaßte auch den Ausbau des großen 105-mm-Decksgeschützes sowie die Abgabe seiner gesamten Munition.

Die Schnorchelerprobung begann am 1. Mai. Während der alliierten Invasion lagen die Bunker unter ständigen Luftangriffen, aber U-219 lag gut geschützt in seinem Dock. Die Ausrüstung des U-Minenlegers wurde jedoch wegen des Mangels an Versorgungsgütern lange verzögert. U-219 war unter anderem mit einer neu entwickelten Hochdruck-Bordtoilette ausgerüstet. Diese konnte auch in großen Tiefen nach außenbords entleert werden, verlangte aber Sorgfalt bei der Bedienung. Falsche Handhabung sollte später im Krieg zum versehentlichen Fluten und dem Verlust eines U-Bootes führen.

Die beiden U-Transporter des Typs IXD1, U-180 (Oblt. z. S. Reisen) und U-195 (Oblt. z. S. Steinfeldt), wurden in Bordeaux ebenfalls als U-Blockadebrecher für den Indischen Ozean wieder in Dienst gestellt. Beide benötigten neue Dieselmaschinen, um diese Reise zu bewältigen. U-219 sollte sich ihnen anschließen.

Die eingeschlossenen U-Boot-Stützpunkte an der französischen Westküste wurden von Hitler zu »Festungen« erklärt, die bis zum letzten Mann verteidigt werden sollten. Das bedeutete, daß sie irgendwie mit Munition versorgt werden mußten. Man wählte U-Boote als Transportmittel aus. Zwei kleine Kampf-U-Boote hatten schon einen Einsatz als Transporter hinter sich. U-180 und U-195 schienen dem Heer besonders gut geeignet zu sein. Sie wurden für einen geplanten Transporteinsatz nach St. Malo und Lorient mit Dynamit und Munition beladen, aber die Marine war insgesamt nicht begeistert, genausowenig wie die Besatzungen, und schließlich wurde der Mangel an Versorgungsgütern in Bordeaux als Vorwand benutzt, um die Boote nicht zu diesem Einsatz auslaufen zu lassen.

U-180 und U-195 liefen am 22. August von Bordeaux aus. U-219 folgte ihnen und erreichte am 23. Le Verdon an der Mündung der Gironde. Aufgrund des Mangels an Geleitfahrzeugen mußte die Gruppe dann warten. Als diese wertvolle Ansammlung von Blockadebrechern auf einen günstigen Augenblick wartete, um in die schwerbewachte Biskaya auszubrechen, beobachten die Besatzungen, wie die Zerstörer Z-24 und T-24 von einem Schwarm von etwa 40 Mosquito-Kampfbombern angegriffen wurden. Beide Schiffe wurden am 24. bzw. am 25. durch Luftangriffe vor Le Verdon versenkt. Der Funkspruch, der das bevorstehende Auslaufen von U-180 und U-219 ankündigte, war von dem englischen Geheimdienst entschlüsselt worden.

Am Abend des 24. August schließlich tauchte die U-Boot-Gruppe auf und ging mit Befehlen, Kurs auf den Fernen Osten (Penang) zu nehmen, in See. Es gab nur ein kümmerliches Geleit von zwei M-Booten. Die offenbar erdrückende alliierte Luftüberlegenheit veranlaßte die Boote dazu, bereits bei 50 Metern Wassertiefe zu tauchen, anstatt bei 200 Metern, wie es eigentlich üblich war.

Es muß etwa zu dieser Zeit gewesen sein, als U-180 auf eine Mine lief und sank (gemäß der Berichte des englischen Geheimdienstes, als es versuchte, in den Hafen einzulaufen). Der Untergang soll sich am 22. August ereignet haben, aber das stimmt nicht mit den oben aufgeführten Informationen überein, die von den Überlebenden von U-219 stammen. Das Geleit hatte U-180 in tiefem Wasser spät am 23. August entlassen, so daß ein Minentreffer ziemlich unwahrscheinlich ist. Die naheliegende Erklärung für den Verlust des Bootes ist (aus Sicht des Verfassers) ein Fehler beim Schnorcheleinsatz. Schlechte Erfahrung wurde hierbei auch von U-219 gemacht. Erfahrungen anderer U-Boote machen ebenfalls deutlich, daß ein ausreichend schwerer Fehler beim Schnorcheln die gesamte Besatzung innerhalb von sechzig Sekunden töten konnte. Der BdU führte weiter die geschätzten Positionen von U-180 auf, bis es am 3. Oktober als Verlust eingestuft wurde.

U-219 begann trotz der fehlenden Erfahrung am 26. damit, seinen Schnorchel einzusetzen. Die nächsten Tage wurden dazu genutzt, mehr Erfahrung mit dem Schnorcheln zu sammeln, während das Boot nach Westen lief. Am 2. September hatte U-219 den Atlantik erreicht und tauchte kurz auf, um das Boot durchzulüften und seine Position zu bestimmen. Dann schnorchelte es wieder weiter. Zwölf Tage später fiel der Schnorchel plötzlich aus, weil er in einem Winkel von 45 Grad klemmte. U-219 fuhr danach in der Nacht gerade so lange aufgetaucht, wie es zum Nachladen seiner Batterien benötigte, die übrige Zeit blieb es unter Wasser.

Mittlerweile benötigte der heimkehrende U-Transporter U-1062 mehr Treibstoff, damit er Norwegen erreichen konnte. U-1062 kam mit einer Ladung Gummi und anderer kriegswichtiger Materialien aus Penang zurück und hatte schon eine ereignisreiche Versorgung hinter sich (siehe Kapitel »Versorgung an anderen Kriegsschauplätzen«). Nun war es jedoch von seinem ursprünglichen Stützpunkt in Frankreich abgeschnitten worden, weil die Alliierten im Vormarsch auf die Häfen der Biskaya waren. U-219 stand als einziges Boot in erreichbarer Nähe, und der BdU funkte ihm am 21. September Anweisungen für eine Versorgung von U-1062 bei Sonnenuntergang südwestlich der Kapverdischen Inseln auf einer Position von etwa 11°30'N, 34°30'W.

Das Treffen war den Alliierten jedoch schon bekannt, nachdem der Funkverkehr zwischen dem BdU und U-1062 bereits am 18. entschlüsselt wurde und die getarnte Angabe des Planquadrats durch örtliche H/F-D/F-Peilung des Standorts von U-1062 aufgedeckt worden war. Die Trägergruppen der MISSION BAY und der TRIPOLI wurden in das Gebiet verlegt, und sie richteten laufende Luftüberwachungen für die Suche nach den U-Booten ein. Als es rechtzeitig am 28. September am Treffpunkt ankam, wurde U-219 durch entfernte Explosionsgeräusche alarmiert. Es tauchte bei Einbruch der Dunkelheit auf, und die Mannschaft besetzte die Flugabwehrwaffen. Unbemerkt von seiner Mannschaft war der U-Minenleger schon von dem großen Radargerät des Flugzeugträgers MISSION BAY geortet worden.

In der Dunkelheit überflog plötzlich ein Trägerflugzeug das Boot in einer Höhe von nur 70 Metern. Es sah die Milchkuh zu spät, kehrte um und griff an. Die Milchkuh konnte das Flugzeug mit schwerem Flakfeuer seiner 20-mm- und 37-mm-Geschützen abschießen, aber es hatte noch mehrere Bomben abgeworfen, die rund um das Boot explodierten. Als die Gischt verschwunden war, stellte die verdutzte Besatzung von U-219 fest, daß ihr Boot zwar bewegungslos im Wasser lag, aber keine schweren Schäden erlitten zu haben schien. Ein zweites Flugzeug sah das Geschützfeuer, kam heran und feuerte mehrere Raketen ab, von denen aber keine traf. U-219 blieb zunächst an der Oberfläche und wurde mit Bordwaffenbeschuß und Bomben belegt, bevor es tauchte. Burghagen überlegte, was zu tun sei. Er hielt es für klug, das Treffen aufzugeben, aber der BdU befahl ihm, die Suche fortzusetzen. Während der ganzen Nacht konnte die Besatzung Geräusche entfernter Detonationen hören. Sie befand sich in seliger Unwissenheit über die Tatsache, daß U-219 soeben von einem »Fido« gejagt worden war, der aber sein Ziel verfehlt hatte, und auch jetzt noch mit Sonobojen verfolgt wurde.

Als es am nächsten Tag, am 29., hell wurde, sichtete Burghagen die suchenden Zerstörer, aber U-219 wartete weiter hoffnungsvoll auf U-1062. Am 30. tauchte U-219 auf, um seine Batterien nachzuladen, und tauchte dann wieder vor der Geräuschkulisse entfernter Flieger- und Wasserbomben.

U-1062 war inzwischen am 30. September mit Sonobojen entdeckt und wiederholt ohne Erfolg mit »Fidos« gejagt worden. Schließlich versenkten Begleitzerstörer der MISSION BAY das Boot durch Angriffe mit Wasserbomben und »Hedgehog«, als es in der Nähe des Treffpunkts südwestlich der Kapverdischen Inseln stand. Es gab keine Überlebenden.

Der erste Tag des Oktobers war gekommen, und U-219 ortete eine weitere alliierte Suchgruppe, die an dem Treffpunkt nach der Milchkuh suchte. Die Alliierten hatten den Verdacht, daß die Milchkuh immer noch dort war. Am nächsten Tag waren die Batterien wieder erschöpft, und der BdU gab keine weiteren Anweisungen oder Erklärungen an U-219. Der Grund dafür ist nicht bekannt. Der BdU erkannte erst am 2. Dezember, daß U-1062 versenkt worden war. Zu dieser Zeit behauptete der Stab auch, keine Meldung von U-219 erhalten zu haben. U-219 lief mehrere Tage getaucht mit Schleichfahrt, und viele seiner Besatzungsmitglieder zeigten Erschöpfungserscheinungen. Am 4. Oktober mußte U-219 auftauchen, um das Boot zu durchlüften. Es wurde sehr schnell von einem Flugzeug der hartnäckigen Trägergruppe der MISSION BAY entdeckt, aber die vorgesehenen Bomben fielen zu früh. Sonobojen wurden abgesetzt, und nach einigen Stunden warf man noch einen »Fido«. Eine Detonation war zu hören, aber U-219 wurde nicht beschädigt.

Am nächsten Tag kamen die Asdic-Signale zu dicht, als daß Burghagen sie noch länger ertragen konnte, und er entschloß sich endlich dazu, das Treffen aufzugeben und in Richtung Süden zu laufen. Die Trägergruppe der TRIPOLI hatte aber die Jagd auf diesen wertvollen U-Minenleger noch immer nicht aufgegeben. U-219 überschritt den Äquator am 11. unter Wasser, ohne die übliche Zeremonie der Äquatortaufe durchgeführt zu haben. Danach lief es bei Nacht zumeist aufgetaucht weiter, auch wenn es oft wegen Radaralarms tauchen mußte. Burghagen wußte es zwar nicht, aber die TRIPOLI lag immer noch auf der Lauer. Am 30. Oktober konnte ein Flugzeug des Trägers TRIPOLI U-219 schließlich mit Hilfe von Sonobojen vor Südafrika wiederfinden und griff den Geräuschkontakt mit Wasserbomben an. Man konnte Detonationen unter Wasser hören, aber U-219 entkam (seine Besatzung schien diesen Angriff überhaupt nicht bemerkt zu haben).

Ein Treffen zwischen U-219 und dem U-Kreuzer U-181, der am 19. Oktober Batavia mit Kurs Heimat verlassen hatte, mußte abgesagt werden, und U-181 war gezwungen, von Südafrika aus den langen Weg nach Batavia zurückzumarschieren. Unterwegs versenkte U-181 am 2. November ein amerikanisches Handelsschiff.

U-219 erreichte den südlichsten Punkt seiner Reise am 11. November, nachdem es endlich seine zähen Verfolger abgeschüttelt hatte. Hier mußte es mit einigen Maschinenproblemen kämpfen, bevor es mit Kurs Nordost in den Indischen Ozean in Richtung Penang steuerte. Der BdU änderte den Zielhafen im Batavia mit der Begründung, daß die Luftbedrohung in Penang mittlerweile zu hoch geworden war.

Am 26. November, als das Boot schon weit im Indischen Ozean war, wurden Masten gesichtet. Burghagen fuhr einen Unterwasserangriff und feuerte zwei Torpedos ab. Man konnte eine Detonation hören, und nach dem Auftauchen war von dem Ziel nichts mehr zu sehen. U-219 nahm dieses Schiff aufgrund dieser fadenscheinigen Beweislage als Versenkung für sich in Anspruch, doch tatsächlich war kein Handelsschiff versenkt worden.

U-219 erreichte letztendlich pünktlich am 12. Dezember den Treffpunkt mit seinem japanischen Geleit in der Sundastraße. Es wartete und dümpelte nervös herum, alle entbehrlichen Leute waren an Deck, weil man in diesen gefährlichen Gewässern Angriffe durch alliierte Unterseeboote befürchtete. Burghagen war nicht unbedingt erleichtert, als sich das »Geleit« als ein japanischer Fischkutter herausstellte, der zufällig nach Batavia lief, und dem der unbeholfene U-Minenleger langsam folgte. Trotz alledem erreichte U-219 den Hafen ohne besondere Vorkommnisse.

Im Dezember befahl der BdU allen U-Booten im Indischen Ozean, nach Deutschland zurückzukehren und dabei soviel Fracht, wie sie unterbringen konnten, mitzubringen. Der U-Transporter des Typs IXD1, U-195, hatte Bordeaux mit 250 Tonnen Ladung mit Kurs auf den Fernen Osten verlassen. Seine Ladung bestand aus optischen Geräten, Quecksilber, zerlegten V-Waffen, Torpedos, Radargeräten, Konstruktionszeichnungen. An Bord war auch ein japanischer Technischer Offizier. U-195 traf sich am 28. Dezember mit dem ersten Boot, das auf Heimatkurs war (U-843, Typ IXC). U-195 legte dann am 29. Dezember ohne Probleme in Batavia an. Zwei U-Kreuzer trafen zur gleichen Zeit ein.

Durch die Ankunft von U-219 und U-195 konnten alle U-Boote, die zu der Zeit im Fernen Osten stationiert waren, mit der neuen Funkmeß-Beobachtungsausrüstung versehen werden. Die Meldung der deutschen Funkstation in Penang über die Ausführung der Umrüstung wurde von einer australischen Abhörstation aufgefangen und entschlüsselt, aber man war dort nicht in der Lage, weitere Maßnahmen zu treffen. Es war beabsichtigt von U-219 und U-195, eine Ladung von Gummi, Zinn, Wolfram und anderer kriegswichtiger Rohstoffe und Güter an Bord zu nehmen und dann in die Heimat zurückzukehren. Die geplante Verlegung von U-219 nach Surabaja, um dort mit diesen kriegswichtigen Materialien beladen zu werden, wurde am 27. Dezember abrupt unterbrochen. Ein großes japanisches Munitionsschiff flog in Batavia in die Luft; offenbar war es torpediert worden. Die Explosion erschütterte den Hafen und beschädigte U-219. Die Besatzung des Bootes sah viele treibende Leichen im Hafen – und kurz darauf die unvermeidlichen Haie. Spezialisten wurden zu dem angeschlagenen U-Minenleger abgestellt und erhielten Anweisungen, das Boot für eine Rückkehr nach Deutschland im Februar 1945 vorzubereiten. In der Zwischenzeit genoß seine Besatzung einen ausgedehnten Aufenthalt in dem Erholungsheim von Tjikopo, hoch in den Bergen, während U-219 im Januar ins Trockendock ging.

U-195 traf nach der Explosion in Batavia ein. Nachdem es entladen worden war, lief es im Januar 1945 mit Heimatkurs wieder aus, obwohl es dringend eine Überholung nötig gehabt hätte. Bald stellten sich ernsthafte technische Defekte ein, U-195 versorgte daraufhin das zurückkehrende U-532 mit Treibstoff und lief dann nach Batavia zurück, wo es am 3. März eintraf.

Burghagen erwartete, daß U-219 im März 1945 seeklar sein würde, aber die Überholung der Batterien und andere Mängel verursachten weitere Verzögerungen und eine Verlegung nach Surabaja. Die sich verschlechternde Lage in Europa beunruhigte die Besatzungen von U-219, U-195 und der wenigen U-Kreuzer, die noch in Südostasien lagen. Sie befürchteten, daß der Krieg jeden Tag zu Ende sein könnte, und daß sie von den Japanern gefangengenommen und eingesperrt werden könnten. An den beschädigten Booten wurden nur noch die notwendigsten Arbeiten ausgeführt.

Endlich kam die Erlösung aus der Ungewißheit. Im April befahl der BdU U-219, U-195 und den verbliebenen UIT-Booten, im Fernen Osten zu bleiben, wo diese Boote den Japanern zur Verfügung gestellt werden sollten.

Nach dem Fehlschlag zwischen U-219 und U-1062 führten die dafür vorgesehenen Milchkühe keine weiteren Versorgungsaktionen im Atlantik mehr durch. Die Kampf-U-Boote wurden nun in den Küstengewässern um England eingesetzt. U-1062 war das letzte U-Boot, das von amerikanischen Trägergruppen bis April 1945 versenkt wurde. Es war kein U-Tanker mehr übriggeblieben, und das einzige U-Boot des Typs XB außerhalb des Indischen Ozeans, U-234 (Kptlt Fehler), blieb in deutschen Gewässern.

Fehler war vorher als Offizier auf dem Hilfskreuzer ATLANTIS gefahren. Nachdem dieses Schiff versenkt worden war, ging er freiwillig zur U-Boot-Waffe und stellte U-234 am 2. März 1944 in Dienst. U-234 war besonders gut im Hinblick auf seine Flugabwehrbewaffnung ausgerüstet, weil es das große Glück hatte, daß sich einer seiner Offiziere an Bord außerordentlich gut auf das »Organisieren« von Dingen »auf dem kleinen Dienstweg« verstand. Ursprünglich war das Boot mit drei 20-mm Flugabwehrgeschützen ausgerüstet. Besagter Offizier vermochte es mit Hilfe offizieller und weniger offizieller Unterstützung, die Bewaffnung auf zwei 37-mm-Geschütze der neuen Bauart (siehe Kapitel »Rückkehr in den Nordatlantik«), ein 20-mm-Vierling und zwei 20-mm-Kanonen aufzurüsten. Später kam dann auch noch ein 37-mm-Zwillingsgeschütz dazu.

Für den Rest des Jahres führte U-234 seine Ausbildungsfahrten und dann andere Erprobungen in der Ostsee durch. Das Boot hatte nun einen Schnorchel und wurde zu einem Blockadebrecher zwischen Deutschland und dem Fernen Osten umgerüstet. Allerdings gab es in der Ostsee erhebliche Schwierigkeiten bei den Erprobungsfahrten mit dem Schnorchel. Die Versuche wurden unter der Aufsicht von Kpt z. S. Valentiner, einem alten U-Boot-»As« aus dem Ersten Weltkrieg, durchgeführt. Er stellte hierbei fest: »Wir waren der Meinung, daß derjenige, der schnorchelt, eigentlich länger leben sollte. Nun müssen wir sagen, daß derjenige, der schnorchelt, versehentlich schneller sterben kann.«

Da keine Zeit mehr für weitere Versuche verblieb, wurde U-234 angewiesen, seine Schnorchelausbildung in Norwegen fortzusetzen. Wegen Schwierigkeiten bei der Ausrüstung des Bootes konnte es Kiel erst am 25. März 1945 verlassen, nachdem es mit einem aktiven Radargerät und großen Mengen an Material für Japan ausgerüstet worden war. Zusätzlich waren mehrere wichtige Persönlichkeiten an Bord gekommen. Das Boot lief zuerst nach Kristiansand und begann am 28. März im Hortenfjord wieder mit seinen Schnorchelerprobungen. Drei Tage später wurde U-234 auf Schnorcheltiefe von U-1302 am Heck gerammt. Ein Treibstoffbunker und eine Tauchzelle wurden eingedrückt, bei U-1302 waren die Torpedorohre so stark beschädigt, daß es im Krieg nicht mehr zum Einsatz kam. U-234 wurde in Kristiansand repariert.

Am 24. April ging U-234 wieder in See und lief dann, meist aufgetaucht, bei schwerer See in Richtung Atlantik (es gab wieder Schwierigkeiten mit dem

Schnorchel). Fehler hatte sich entschieden, jedem Zerstörer, der ihn ausmachen sollte, davonzulaufen, anstatt bei geringer Geschwindigkeit unter Wasser erwischt zu werden. U-234 hatte Anweisungen, bis zum Äquator zu schnorcheln und dann aufgetaucht nach Japan weiterzumarschieren. Dabei sollte es sich auf Funksignale aus Norwegen und Spanien für seine Standortbestimmung verlassen. Dieses System funktionierte tatsächlich auch recht gut, als der U-Minenleger auf seinem Kurs zwischen Island und den Färöer war. Man rechnete in etwa einem Jahr mit der Rückkehr von U-234 nach Deutschland. Es mußte also noch Optimisten in deutschen Stäben gegeben haben.

U-234 kapitulierte am 14. Mai 1945 auf See, sechs Tage nach der Einstellung der Feindseligkeiten. Die beiden japanischen Passagiere begingen Selbstmord. Als seine Ladung von 163 Tonnen in den USA entladen wurde, fand man an Bord auch zehn Kisten mit »Uranoxyd« für die »japanische Armee« in schweren, bleigeschützten Behältern. Es stellte sich heraus, daß diese im Gegensatz zu gewöhnlichem Uranoxyd derart radioaktiv waren, daß man einen der deutschen Offiziere dazu zwang, diese Behälter zu handhaben. Der wirkliche Inhalt wurde erst 1995 aus freigegebenen amerikanischen Geheimunterlagen ersichtlich. Neben anderen Teilen führte U-234 angereichertes Uran mit sich, um die Japaner bei der Entwicklung einer Atombombe zu unterstützen. Das Material wurde statt dessen in den USA entladen, es scheint noch ausgeschlossen, daß es zur Behebung des Mangels an angereichertem Uran für die Bomben verwendet wurde, die von den USA auf Japan abgeworfen wurden. Dies wurde allerdings nie bestätigt.

U-218 führte am 2. Juli 1944 und am 18. August 1944 im Ärmelkanal sowie später noch in den nördlichen Minches (westlich von Schottland) einige Minenlege-Einsätze durch. Es war in See und nach einem Mineneinsatz im Clyde auf dem Rückmarsch nach Norwegen, als der Krieg im Mai 1945 beendet wurde. U-218 ergab sich in Bergen. Es war der einzige Minenleger des Typs VIID, der den Krieg überstanden hat.

Die beiden Torpedotransporter des Typs VIIF, U-1060 (Oblt z. S. Brammer) und U-1062 (Oblt z. S. Hinrichs), waren am 5. Mai bzw. am 25. August 1943 in Dienst gestellt worden. Nach den üblichen Ausbildungs- und Versuchsfahrten wurden beide Boote zwischen Dezember 1943 und Juli 1944 erfolgreich als tauchfähige Transporter für den »Liniendienst« zwischen Kiel und dem U-Boot-Stützpunkt Narvik eingesetzt, wobei sie Zwischenstopps in Kristiansand, Bergen, Trondheim und anderen Häfen machten. Im Juli hatten beide Boote vier dieser Fahrten durchgeführt und kehrten nach Kiel zurück. Beide Boote wurden nun umgerüstet und erhielten als wichtigste Verbesserung den Schnorchel. Im Oktober 1944 wurden sie nach Horten zur Schnorchelausbildung geschickt.

Am 27. Oktober 1944 lief U-1060, von dem Minensucher M-433 geleitet, nach Trondheim. Es hatte Besatzungsmitglieder von einem U-Boot aufgefischt, das vorher versenkt worden war. U-1060 selbst wurde von Trägerflugzeugen angegriffen, die über der Nordsee im Einsatz waren. Während des Gefechts fing M-433 Feuer und schoß eines der Flugzeuge ab, der Pilot wurde von dem

U-Boot gerettet. Nach einem zweiten Luftangriff wurde M-433 aufgegeben und ein zweites Flugzeug abgeschossen, während das U-Boot zwölf Mann, darunter den Kommandanten, verlor. Die Besatzung setzte das beschädigte U-Boot auf den Strand, wo es dann am 29. von anderen Flugzeugen mit Raketen und Wasserbomben zerstört wurde.

Der letzte Torpedotransporter, U-1061, wurde gleich am nächsten Tag bei einem Angriff von zwei Bombern beschädigt, als er auf dem Weg nach Bergen war. Er kehrte nach Trondheim zurück, wo er bis zum 29. Januar 1945 repariert wurde. Dann lief U-1061 wieder aus, mußte jedoch nach Bergen einlaufen, wo es bis zum 26. April blieb. Unter seinem neuen Kommandanten (Jäger, lief es nochmals aus, kehrte aber am 4. Mai nach Bergen zurück, wo es sich am Ende des Krieges ergab. Das ehemals holländische Boot U. D-5 war der Vernichtung in der Ostsee entgangen und kapitulierte gleichfalls in Bergen.

Als der Krieg in Europa am 8. Mai 1945 beendet war, wurden die im Fernen Osten verbliebenen U-Boote von den Japanern übernommen, obwohl keines von ihnen zum Einsatz kam. U-219 (Typ XB) und U-195 (Typ IXD1) gehörten dazu. Die anderen waren UIT-24, UIT-25 und die U-Kreuzer U-181 und U-862. Alle Boote waren in einem schlechten Instandhaltungszustand. Die Besatzung von U-219 (Korvkpt Burghagen) arbeitete, wie üblich, an Bord, als japanische Soldaten aufmarschierten und erklärten, daß die japanische Marine das Boot als I-505 übernommen hätte. Die deutsche Besatzung wurde aufgefordert, das Boot sofort zu verlassen und sich internieren zu lassen. Man kam jedoch schnell zu einem »Gentleman's Agreement«, einer Übereinkunft, nach der es den deutschen Besatzungen erlaubt war, als Freiwillige auf ihren Booten zu bleiben und den Japanern zu helfen, die U-Boote wieder in Ordnung zu bringen. Die überschüssigen Besatzungsmitglieder konnten in dem Erholungsheim Tjikopo bleiben. Die Besatzungen ignorierten einen Befehl des BdU vom 16. Mai (!), sich den Alliierten zu ergeben. Sie sollten ihre Häfen verlassen, sich bei einer alliierten Funkstation melden und den nächsten alliierten Hafen anlaufen. Der Befehl trug den Zusatz: »Der Großadmiral (Dönitz) erwartet es von euch.« Die Disziplin wurde bis zur japanischen Kapitulation im August 1945 aufrechterhalten, obwohl die Besatzungen jetzt weder Kriegsgefangene noch Kriegsteilnehmer waren. U-219 wurde bis zur vollständigen Einsatzbereitschaft wiederhergestellt, aber kam nie zum Einsatz.

U-219 und die anderen U-Boote, die noch in Batavia waren, ergaben sich am 10. September dem Kreuzer HMS CUMBERLAND. Tjikopo wurde am 2. November von englischen Soldaten besetzt. Dort verhandelte Burghagen für die Deutschen. Alle U-Boot-Besatzungen blieben bis 1946 in Gefangenschaft.

Alle U-Boote, die von den Japanern übernommen worden waren, hatten bis zum Ende des Krieges im Pazifik im August 1945 überlebt. UIT-24 und UIT-25 scheinen noch eingesetzt worden zu sein, und beide kapitulierten im August in dem japanischen Hafen Kobe. Alle übernommenen U-Boote wurden bis zum Jahr 1947 abgewrackt.

NACHWORT

Die Milchkühe waren während aller entscheidenden Phasen des Seekrieges am U-Boot-Krieg beteiligt. Das ging vom »Paukenschlag« gegen Amerika über den »Schwarzen Mai« und die Offensiven des Coastal Command in der Biskaya bis zur Unterstützung von Einsätzen in entfernten Gebieten, um alliierte Kräfte zu binden, auch bis in die Schlußphase des U-Boot-Krieges.

Es ist schwierig abzuschätzen, wie viele U-Boote die Milchkühe versorgt haben, denn einige Boote wurden während einer einzigen Feindfahrt mehrfach versorgt, während andere nur ärztliche Unterstützung und keinen Treibstoff oder Proviant benötigten. Die Aufzeichnungen wurden ab Mitte 1943 unklar, da viele U-Boote vor ihrer Rückkehr in den Heimathafen versenkt wurden. Deshalb kann man die echten Daten nicht anhand ihrer Kriegstagebücher nachvollziehen. Jedenfalls kann man sagen, daß zwischen März 1942 und Juni 1944 ungefähr 500 U-Boote auf See versorgt wurden, etwa 400 davon wurden von den eigentlichen U-Tankern bedient. Die U-Minenleger des Typs XB haben die restlichen Versorgungen durchgeführt, obwohl U-A für sich in Anspruch nahm, drei Boote versorgt zu haben. Diese Berechnung umfaßt jedoch nicht die Treibstoffversorgungen, die von Kampf-U-Booten untereinander durchgeführt wurden. Diese wurden eingesetzt, wenn die Milchkühe versenkt oder wegen Überlastung nicht verfügbar waren.

Es ist häufig behauptet worden, daß die Motivation der Besatzungen der U-Tanker weniger gut war als die der Männer der Front-U-Boote. Das kann sicher nicht nachgewiesen werden, denn alle Besatzungen waren Freiwillige, und es muß schon eine besondere Sorte Männer gewesen sein, die ihren Dienst auf einer Milchkuh verrichteten, insbesondere gegen Ende des Krieges, als Boote und Besatzungen ständiger Bedrohung und Angriffen aus der Luft ausgesetzt waren, und ohne Hoffnung auf Ruhm oder Erfolg. Die Anzahl der verwundeten und verletzten Besatzungsmitglieder der Milchkühe war erschreckend hoch. Die durchschnittliche Lebenserwartung einer Milchkuh lag bei drei Einsatzfahrten, und es gab nur wenige Überlebende von den versenkten U-Booten. Nach dem Mai 1943 überlebten nur wenige der Versorger mehr als eine Einsatzfahrt, und drei der zehn U-Tanker wurden versenkt, bevor sie überhaupt eine Versorgung durchgeführt hatten. Die Entschlüsselung der deutschen »Enigma«-Schlüssel war sicherlich die Hauptursache für diese Katastrophe.

Alle Typ XIV U-Tanker wurden vernichtet, von den U-Minenlegern des Typs XB, die für Versorgungsaufgaben eingesetzt waren, wurde lediglich einer nicht versenkt. Ohne die Milchkühe wären die Wolfsrudel jedoch niemals in der Lage gewesen, so lange in See zu stehen, wie sie es zeitweise taten. Auch hätten U-Boote nicht so lange in Gebieten operieren können, wo die alliierte Abwehr noch schwach war.

Obwohl es nicht möglich ist, den Anteil der Milchkühe an dem Erfolg der U-Boote gegen die alliierte Handelsschiffahrt genau zu beziffern, kann es jedoch keinen Zweifel darüber geben, daß sie indirekt in erheblichem Umfang für die 14 Millionen Tonnen alliierten Schiffsraums mitverantwortlich waren, die während des Zweiten Weltkrieges von U-Booten versenkt wurden.

Die Ergebnisse, die unmittelbar von Milchkühen erzielt wurden, sind im Anhang 1 dargestellt. Eine Einschätzung von Versenkungen, die den Milchkühen indirekt zugeordnet werden können, läßt sich auf folgende Art ermitteln: Zwischen Juni 1942 und Dezember 1943 waren ausreichend Milchkühe in See, um die Anzahl der in See stehenden Kampf-U-Boote spürbar zu beeinflussen. In diesem Zeitraum versenkten U-Boote allein im Nordatlantik 4.845.000 Tonnen alliierten Schiffsraums. Nach Dönitz' eigenen Angaben verdoppelte die Versorgung auf See die Zeit, die ein U-Boot auf Feindfahrt bleiben konnte. Wenn man davon ausgeht, daß die Hälfte der Kampf-U-Boote von ihnen versorgt wurden, dann waren die Milchkühe für ein Viertel der in diesem Zeitraum erzielten Versenkungen mitverantwortlich, also etwa 1,2 Millionen Tonnen. Dazu kämen 250.000 Tonnen der 635.000 Tonnen Schiffsraums, die in diesem Zeitraum vor Kapstadt und im Indischen Ozean versenkt wurden, die den Gruppen Eisbär und Seehund zugeschrieben werden. Diese Gruppen bestanden aus U-Booten, die ihr Einsatzgebiet nur erreichen konnten, weil sie von Milchkühen versorgt wurden. So waren die Milchkühe indirekt an der Versenkung von etwa 1,4 Millionen Tonnen Schiffsraums beteiligt, das sind etwa 10% der gesamten Schiffsverluste, die während des gesamten Krieges von U-Booten verursacht worden waren. Es gab nur 18 Milchkühe (2,4%) unter den etwa 750 Booten, die von der U-Boot-Waffe eingesetzt wurden. Um es von einer anderen Seite zu betrachten, kann man ohne Übertreibung sagen, daß eine Milchkuh für den BdU etwa den Wert von vier Kampf U-Booten besaß. Bei dieser überschlägigen Berechnung wurde die strategische Bedeutung der Milchkühe bei der Bindung feindlicher Streitkräfte noch nicht einmal berücksichtigt, denn nur durch Versorgung auf See konnten U-Boote in Gebieten angreifen, die sie normalerweise nicht erreichen konnten.

Es ist unwahrscheinlich, daß aus den Versorgungsoperationen gültige Erfahrungen für die Gegenwart gewonnen wurden. Moderne Unterseeboote haben größere Reichweiten als die U-Boote von 1939–1945 – nahezu unbegrenzt im Fall der Atom-U-Boote. Allerdings bedeutet die wesentlich kleinere Zahl an Schiffszielen, daß moderne Unterseeboote wesentlich längere Feindfahrten unternehmen müßten. Die Handelsschiffe sind heutzutage zwar größer, doch es sind auch weniger geworden. Im allgemeinen werden die Unterseeboote der NATO-Staaten darüber hinaus wahrscheinlich immer Überwassertanker oder

Landstützpunkte zur Verfügung haben.

Es gab eine Zeit, in der die große Unterseebootflotte der Sowjetunion eine ernste Gefahr für die Schiffahrt auf dem Nordatlantik darstellte, aber auch die sowjetische Marine sah nie die Notwendigkeit, tauchfähige Tanker zur Versorgung ihrer Unterseeboote bereitzustellen.

Die andere Seite der Medaille ist, daß die Reichweite von Flugzeugen und die Ortungssysteme, insbesondere die in den Satelliten, so weit entwickelt sind, daß die Versorgung der kleinen Anzahl von Unterseebooten in Gewässern, auch wenn sie von der NATO kontrolliert werden, schnell entdeckt werden würde. So würde in Zukunft jede Versorgung von U-Booten durch tauchfähige Tanker sicherlich am besten vollständig unter Wasser durchgeführt werden. Es erscheint heute erstaunlich, daß die Milchkühe diese Vorgehensweise nicht öfter angewandt haben. Die Milchkühe waren dann am verwundbarsten, wenn sie und das zu versorgende Boot mit Schläuchen verbunden waren und mit langsamer Fahrt aufgetaucht fuhren.

Die wirkliche Erkenntnis aus der Geschichte der Milchkühe ist, daß man nie so naiv sein sollte, übergroßes Vertrauen in Codes und Schlüsselmittel zu setzen. Es ist vielleicht bezeichnend, daß man bei modernen militärischen Nachrichtensystemen sich stark auf scharf gebündelte Strahlen verläßt, die zu einem Satelliten gesendet und von dort zum Empfänger geschickt werden, so daß diese nicht einfach abgefangen werden können.

Die U-Boot-Kommandanten, die den Krieg überlebten, waren nicht die, die funkten: »Wir kommen zur Versorgung zum Planquadrat XYZ.« Die klugen Kommandanten funkten: »Wir treffen uns zur Versorgung in dem Planquadrat, von dem ich Dir kurz vorm Auslaufen erzählt habe« (oder die ganz einfach alle Anweisungen des BdU ignorierten). Der Ausdruck »das Planquadrat, von dem ich Dir erzählt habe« stellt ein Beispiel für das »Einzelcode«-System dar, das noch immer allgemein als das einzig absolut sichere Verschüsselungssystem angesehen wird. Es sind nur zwei Teilnehmer eingeweiht, und beide beziehen sich auf eine Quelle (meist ein Buch oder eine Bedienungsanleitung), die nur ihnen für die Umsetzung der verschiedenen Worte bekannt ist. Ein entsprechendes Beispiel mag sein, daß der eine Teilnehmer dem andern mitteilt, das siebente Wort auf Seite acht, das zwanzigste Wort auf Seite fünfzehn und so weiter zu finden. Für jede Botschaft wurde ein anderes Buch verwendet, so daß Kryptographen nie ein Muster herausfinden konnten, indem sie gleich lautende Worte der Botschaften miteinander verglichen. Das große Problem mit dem »Einzelcode«-System liegt darin, daß nicht gleichzeitig alle Einheiten einer Armee, Marine oder Luftwaffe sofort angesprochen werden können. Es wurde allerdings benutzt, um die Erkenntnisse über die deutschen »Enigma«-Meldungen zwischen den alliierten Dienststellen auszutauschen.

Die zunehmende Verbreitung des Internet für die Computer-Kommunikation bringt spezielle Sicherheitsprobleme mit sich. Der ursprüngliche Grund für das

Internet lag darin, daß man in den USA ein Kommunikationssystem auf der Basis der Telefonleitungen zur Verfügung haben wollte, falls andere Kommunikationsmöglichkeiten insgesamt zusammenbrechen sollten, wie es in einem Atomkrieg für wahrscheinlich gehalten wurde. Aufgrund seiner Bestimmung kann jeder, der einen Telefonanschluß und die entsprechende Computer-Ausrüstung hat, auf das Internet zurückgreifen. Der Gedanke, über das Internet jegliche Art von sicherheitsrelevanten oder auch vertraulichen Daten zu übertragen, birgt zahlreiche Gefahren. Allerdings werden mehr und mehr Anwender dazu bewegt, finanzielle Transaktionen über diesen Weg zu tätigen, wobei eine Computer-Verschlüsselungstechnologie zum Einsatz kommt, die wahrscheinlich erst dann lizensiert wird, wenn die Regierungen im Besitz des Codes sind. Zu viele Hacker haben bereits viele Computer-Code-Systeme geknackt. Wie schon dargestellt, besteht die Entschlüsselung einfach nur aus dem systematischen Versuchen und Fehlervergleich mit Meldungen von bekanntem Inhalt, gelegentlich auch beschleunigt durch den Erhalt einiger Hinweise. So kann jeder, der weiß, daß eine Internetverbindung zur Zahlung z. B. einer Gasrechnung per Kreditkarte benutzt wird, schon einen guten Einstieg haben, um die Nummer der Kreditkarte herauszufinden.

Der Autor empfiehlt, nie irgendwelche vertraulichen Daten über das Internet oder ein mobiles Telefon preiszugeben. Telefone im Kabelnetz sind sicherer, können aber auch angezapft werden. So wurde etwa vor zwei Jahrzehnten bekannt, wie sich gelangweilte Mitarbeiter von Telefonzentralen damit die Zeit vertrieben, Telefongespräche mitzuhören.

Eine Schlußfolgerung aus dem Schicksal der Milchkühe ist diese: Man muß immer davon ausgehen, daß andere die eigenen Meldungen lesen und entziffern können, seien sie direkt oder auf elektonischem Weg übermittelt. Man sollte sich sicher sein, daß seine Nachricht auch dann, wenn sie abgehört wurde, nur für den verständlich ist, der sie erhalten soll.

ANHANG

ANHANG 1

Erfolge von Milchkühen

Da die Milchkühe nur für die Versorgung anderer U-Boote vorgesehen waren und keine Angriffe durchführen sollten, waren jegliche Ergebnisse, die sie erzielten, zusätzliche Erfolge für den BdU)
Diese Ergebnisse waren:

Schiffe

U-Boot	Typ	Versenkte Schiffe (Tonnen)	Beschädigte Schiffe (Tonnen)
U-116	XB	2 (11.377)	–
U-180	IXD1	2 (13.298)	–
U-195	IXD1	2 (14.391)	1 (6797)

Flugzeuge

U-Boot	Typ	Anzahl Flugzeuge
U-219	XB	1
U-459	XIV	2
U-461	XIV	$^1/_2$
U-462	XIV	$1\,^1/_2$
U-487	XIV	1
U-489	XIV	1
U-1059	VIIF	1
U-1060	VIIF	2

Versenkungserfolge durch Minen (nur durch Typ XB)

Datum	U-Boot	Gebiet	Vers. Schiffe (Tonnen)	Besch. Schiffe (Tonnen)
10.42	U-117	Nordöstlich Island	0	0
02.43	U-118	Bei Gibraltar	3 (14.064)+ 1 Korvette	2 (11.269)+ 1 Zerstörer
02.43	U-119	Reykjavik	0	0
04.43	U-117	Casablanca	1 (3777)	2 (14.269)
06.43	U-119	Halifax	1 (2937)	1 (7176)
09.43	U-220	St. John's	2 (7199)	0

(Anmerkung: Die Minen, die von anderen U-Boot-Typen gelegt wurden, sind in dieser Aufstellung nicht enthalten.)

Insgesamt wurden dreizehn Handelsschiffe (67.043 Tonnen) und eine Korvette versenkt. Sechs Handelsschiffe (39.511 Tonnen) und ein Zerstörer wurden beschädigt. Zehn Flugzeuge wurden abgeschossen.

ANHANG 2
Die Zusammenarbeit mit Spanien 1940–1942

Drei deutsche Überwassertanker, die in spanischen Häfen lagen, wurden in frühen Zeiten des Krieges dazu eingesetzt, um U-Boote mit Treibstoff und Proviant zu versorgen. Dies geschah mit der ausdrücklichen Billigung der spanischen Behörden. Die U-Boote schlichen sich in der Dunkelheit der Nacht in die Häfen und liefen vor Tagesanbruch wieder aus.

Laut den Kriegstagebüchern der U-Boote wurden folgende Versorgungen in spanischen Häfen durchgeführt:

Vom Tanker BESSEL, Tarnname BERNADO, im Hafen von Vigo:
U-43 am 19. 6 .40, U-29 am 21. 6. 40, U-52 am 1.–2. 7. 40, U-77 am 8. 11. 41, U-96 am 27.–28. 11. 41, U-574 am 11.–12. 12. 41, U-575 am 12.–13. 12. 41, U-434 am 15. 12. 41.

Vom Tanker THALIA, Tarnname GATA, im Hafen von Cadiz (im Südwesten von Spanien):
U-25 am 30. 1. 40, U-109 am 22. 7. 41, U-331 am 01.–2. 8. 41, U-564 am 14.–15. 10. 41, U-204 am 16. 10. 41, U-652 am 27.–28. 11. 41.

Vom Tanker CORRIENTES, Tarnname CULEBRA, im Hafen von Las Palmas:
U-124 am 04. 3. 41, U-105 am 05. 3. 41, U-106 am 06. 3. 41, U-123 am 25. 6. 41, U-69 am 30. 6. 41, U-103 am 06. 7. 41.

Hauptsächlich für Notreparaturen und Notversorgung:
Vom Tanker MAX ALBRECHT, im Hafen von El Ferrol:
U-30 im Juni 1940 versorgt, U-68 am 17. 5. 42 Reparatur am Abgasventil und Versorgung, U-66 im September 1942 für Treibstoff, nachdem es vorher von U-460 versehentlich neun Tonnen Wasser statt Treibstoff übernommen hatte, U-105 am 12.–28. 6. 42, U-193 am 10.–20. 2. 44.

Durch diplomatischen Druck von britischen Regierungsstellen wurde der Einsatz der CORRIENTES im Juli 1941 beendet. Gegen Ende 1941 waren jedoch U-Tanker in ausreichender Anzahl verfügbar, so daß der Gebrauch von »neutralen« Häfen nicht mehr unbedingt erforderlich war. Drei der U-Boote, die nach El Ferrol einliefen, mußten jeweils nach Gefechten mit Flugzeugen für Reparaturen dorthin gehen. Am 9. Juli 1942 wurden mit der spanischen Marine Vorkehrungen für die Unterstützung eines U-Boots getroffen, das sich in Not befand, während englische Zerstörer schon die Zufahrt nach El Ferrol absperren wollten.

U-760 lief am 7. September in Vigo ein, weil seine beiden Diesel ausgefallen waren. Man begann mit diplomatischen Verhandlungen und schickte Ersatzteile, aber mittlerweile hatte das Kriegsglück die Deutschen verlassen, und die Spanier internierten das U-Boot. Danach erhielten U-Boote in ähnlicher Lage den Befehl, sich vor der spanischen Küste selbst zu versenken, den spanischen Behörden jedoch mitzuteilen, daß sie durch Feindeinwirkung versenkt worden seien. Gemäß internationalem Recht mußten die Besatzungen nicht unbedingt interniert werden. Die U-Boote wurden auch daran erinnert, daß sie das internationale Recht in Anspruch nehmen konnten, zu Reparaturen für bis zu 24 Stunden einen neutralen Hafen anlaufen zu können.

ANHANG 3

Bekannte Einsatzfahrten

(Eine durchschnittliche Einsatzfahrt dauerte zwei bis drei Monate, danach folgte ein Monat Aufenthalt im Hafen.)

Die unten angegebenen Daten sind den Kriegstagebüchern der U-Boote entnommen. Die Angaben im Kriegstagebuch des BdU hinken in der Regel, aufgrund der Informationslaufzeiten einen Tag hinter den Ereignissen her. Einige Daten im Kriegstagebuch des BdU unterscheiden sich deutlich von denen, die in den Kriegstagebüchern der Boote stehen.

U-Minenleger des Typs XB

U-116 (Korvkpt von Schmidt, Kptlt Grimme)

Kriegstagebücher 26. 7. 41–22. 9. 42

4.4.42– 5. 5.42:	Nach Lorient über Bergen (10 Tage) von Kiel
16.5.42– 9. 6.42:	Nach Bermuda von Lorient (als Versorger)
27.6.42–23. 8.42:	Zu den Kapverdischen Inseln von Lorient (als Versorger)
22.9.42–15.10.42:	Im Nordatlantik (Air Gap) von Lorient (als Versorger).

Am 15. 10. 1942 aus ungeklärten Gründen im Atlantik gesunken. Grimme gefallen, keine weiteren Überlebenden.

U-117 (Korvkpt Neumann)

Kriegstagebücher 25.10.41–18.8.43

6.10.42–22.11.42:	Zu den Azoren von Kiel (als Minenleger und Versorger)
24.12.42– 7. 2.41:	Zum Nordwesten der Azoren von Bordeaux (als Versorger)
8. 2.43– 8. 2.43:	Verlegung von Lorient nach Brest.
31. 3.43–14. 5.43:	Zu den Kanarischen Inseln von Brest (als Minenleger und Versorger)
22. 7. 43–7. 8. 43:	Zum nördlichen und westlichen Gebiet der Azoren von Bordeaux (als Versorger).

Am 7.8.43 von Flugzeugen des Geleitträgers CARD (mit »Fido«) bei den Azoren (auf 39°32'N, 38°21'W) versenkt. Neumann gefallen, keine weiteren Überlebenden.

U-118 (Korvkpt Czygan)

Kriegstagebücher 6. 12. 41–27. 2. 43)

19. 9.42–16.10.42:	Nach Madeira von Kiel (als Versorger)
12.11.42–13.12.42:	Zu den Kanarischen Inseln von Lorient (als Versorger).
7. 1.43– 8. 1.43:	Verlegung von Brest nach Lorient

26.1. 43–27.2.43:   Nach Madeira von Brest (als Minenleger und Versorger)

27.5. 43–12.6.43:   Zu den Azoren von Frankreich (als Versorger)

Am 12. 6. 43 vom Geleitflugzeugträger BOGUE auf 30°49'N, 33°49'W (westlich der Kanarischen Inseln) versenkt. Czygan gefallen, 16 Überlebende.

U-119 (Kptlt Zech, Kptlt von Kameke)

Kriegstagebücher 1.8.42–27.6.43 (keine Eintragungen zwischen dem 9.8.42 und 31.1.43)

4. 8. 42–10. 8. 42: Ins Skagerrak von Kiel (als Minenleger)

6. 2. 43– 1. 4. 43: Island (Air Gap) von Kiel (Minenleger, Versorger).

25. 4. 43–24. 6. 43: Nach Halifax von Bordeaux (Minenleger, Versorger).

Am 24. 6. 43 von HMS STARLING (2nd Escort Group) auf 45°N, 12°W (westlich der Biskaya) versenkt. Von Kameke gefallen, keine weiteren Überlebenden.

U-219 (Korvkpt Burghagen)

Kriegstagebücher 5.10.43–01.1.44

05.10.43– 1. 1.44: Kapverdische Inseln von Kiel (als Versorger, Mineneinsatz abgebrochen).

23. 8.44–11.12.44: Zum Indischen Ozean von Bordeaux (als Transporter).

Im Mai 1945: aufgegeben. Von Japan als I-505 übernommen. Das Boot hat den Krieg überstanden. Kommandant und Besatzung haben überlebt.

U-220 (Oblt z. S. Barber)

Kriegstagebücher 27.3.43–29.10.43

1.8.43–27.10.43:   Nach Amerika, dann zum Mittelatlantik von Bergen (als Minenleger und Versorger).

Am 27. 10. 43 durch den Geleitflugzeugträger BLOCK ISLAND auf 48°53'N, 33°30W (nördlich der Azoren) versenkt. Barber gefallen, keine weiteren Überlebenden.

U-233 (Kptlt Steen)

Kriegstagebücher 22.9.43–27.5.44

28.5.44–6.7.44:   Nach Halifax, Kanada, von Deutschland (als Minenleger, auf dem Weg versenkt)

Am 7. 7. 44 durch die Geleitgruppe CARD auf 42°16'N, 59°49'W (vor Halifax) versenkt. Steen gefallen, 29 Überlebende.

U-234 (Kptlt Fehler)

Kriegstagebücher 2. 3. 44–7. 4. 45

18. 4. 45 bis Mai 1945: Nach Japan von Deutschland (als Transporter)

Im Mai 1945 im Mittelatlantik kapituliert und an die USA übergeben. Fehler und die Besatzung überlebten.

Die U-Minenleger des Tps XB waren normalerweise mit fünf Offizieren (darunter ein Arzt) sowie 47 Unteroffizieren und Mannschaftsdienstgraden besetzt; insgesamt 52 Mann. Die gebrachte Aufstellung gibt in etwa die Reihenfolge wieder, in der die U-Minenleger in ihrer Versorgungsaufgabe zwischen April 1942 und Oktober 1943 eingesetzt wurden.

Die U-Tanker des Typs XIV

U-459 (Kptlt von Wilamowitz-Möllendorf, später zum Korvkpt befördert)
      Kriegstagebücher 15. 11. 42–27. 7. 43
22. 3.42–15. 5.42: Nach Bermuda von Kiel
 6. 6.42–19. 7.42: Zum Gebiet nördlich der Azoren von St. Nazaire
18. 8.42– 4.11.42: In den Südatlantik von St. Nazaire
19.12.42– 7. 3.43: In den Südatlantik von St. Nazaire
20. 4.42– 3. 6.43: Zum Gebiet nördlich der Azoren von Bordeaux
22. 7.42–25. 7.43: Zum Mittelatlantik von Bordeaux
Am 25.7.43 nach Angriff von Bombern auf 45°53'N, 10°38'W (westlich der Azoren) gesunken. Von Wilamowitz gefallen, 44 Überlebende.

U-460 (Kptlt Schäfer, Oblt z. S. Schnoor, später zum Kptlt befördert)
      Kriegstagebücher 24.12.41–04.10.43
7. 6.42–31. 7.42: Nach Bermuda von Kiel
27. 8.42–12. 10.42: Zu den Kapverdischen Inseln von St. Nazaire
11.11.42–19. 12.42: Zum Gebiet westlich der Kapverdischen Inseln von
               St. Nazaire
26. 1.43– 5. 3.43: Zum Gebiet nördlich der Azoren von Bordeaux
24. 4.43–25. 6.43: Zum mittleren Atlantik von Bordeaux
30. 8.43– 4.10.43: Zum Gebiet nordwestlich der Azoren von Bordeaux.
Am 4. 10. 43 durch die Geleitflugzeugträgergruppe der CARD auf 43°13'N, 28°58'W versenkt. Schnoor gefallen, keine Überlebenden.

U-461 (Kptlt Stiebler, später zum Korvkpt befördert)
      Kriegstagebücher 21.6.42–01.8.43
21. 6.42–16. 8.42: In den Nordatlantik von Kiel (mit Sonderauftrag).
 7. 9.42–17.10.42: Zum Gebiet östlich St. Johns von St. Nazaire
19.11.42–03. 1.43: Zu den Kapverdischen Inseln von St. Nazaire
13. 2.43–22. 3.43: Zu den Azoren von St. Nazaire
20. 4.43–30. 5.43: In den Nordatlantik von St. Nazaire
27. 7.43–30. 7.43: Zum mittleren Atlantik von Bordeaux
Am 30. 7. 43 auf 45°42'N, 11°00'W (in der Biskaya) durch Flugzeuge versenkt. Stiebler und 15 Mann der Besatzung haben überlebt.

U-462 (Oblt z. S. Vowe, später zum Kptlt befördert)
      Kriegstagebücher 5.3.42–01.8.43
23. 7.42–21. 9.42: Zum Gebiet südöstlich St. Johns von Kiel
18.10.42–07.12.42: Zu den Kapverdischen Inseln von St. Nazaire

20.1.43–22. 1.43:	Zum Gebiet nördlich der Azoren von St. Nazaire (Rückmarsch).
1.4.43–24.4.43:	Zum Gebiet nördlich der Azoren von St. Nazaire.
17.6.43–17.6.43:	Verlegung nach La Pallice von Bordeaux
19.6.43–23.6.43:	Zu den Azoren (?) von La Pallice
28.6.43– 6.7.43:	Zu den Azoren (?) von Bordeaux
27.7.43–30.7.43:	Zum mittleren Atlantik von Bordeaux

Am 30. 7. 43 auf 45°0'N, 10°57'W gesunken (in der Biskaya, Selbstversenkung nach schweren Beschädigungen durch Flugzeugangriffe). Vowe und 64 Besatzungsmitglieder haben überlebt.

U-463 (Korvkpt Wolfbauer)
   Kriegstagebücher 2.4.42–18.5.43

11. 7.42– 3. 9.42:	Zum Mittelatlantik von Kiel
28. 9.42–11.11.42:	Zum Gebiet nördlich der Azoren von St. Nazaire.
6.12.42–26. 1.43:	Zum Gebiet südwestlich der Azoren von Brest.
4. 3.43–17. 4.43:	Zum Gebiet nördlich der Azoren von St. Nazaire.
12. 5.43–15. 5.43:	Nach dem Auslaufen aus St. Nazaire versenkt

Am 15. 5. 43 auf 45°57'N, 11°40'W (Biskaya) durch Flugzeuge versenkt. Wolfbauer gefallen, keine weiteren Überlebenden.

U-464 (Kptlt Harms)
   Kriegstagebücher 30.4.42–24.8.42

4.8.42–20.8.42:	In den Nordatlantik von Kiel über Bergen

Am 20. 8. 42 auf 61°25'N, 14°40'W (südlich von Island) durch Flugzeuge versenkt. Harms und 53 Besatzungsmitglieder haben überlebt.

U-487 (Oblt z. S. Metz)
   Kriegstagebücher 21.12.42–18.7.43

27.3.43–12.5.43:	Zum Gebiet nördlich der Azoren von Kiel
15.6.43–13.7.43:	Zum Gebiet südwestlich der Azoren von Bordeaux.

Am 13. 7. 43 durch die Geleitflugzeugträgergruppe der CORE auf 27°15'N, 34°18'W (bei den Azoren) versenkt. Metz gefallen, 32 Überlebende.

U-488 (Oblt z. S. Bartke, Oblt z. S. Studt)
   Kriegstagebücher 18.5.43–12.12.43

18.5.43–10. 7.43:	Zum Gebiet südwestlich der Azoren von Kiel
8.9.43–12.12.43:	Zu den Azoren von Bordeaux
26.2.44–26. 4.44:	Zu den Kapverdischen Inseln von Bordeaux

Am 26. 4. 44 auf 17°54'N, 38°05'W (in der Nähe der Kapverdischen Inseln) von der amerikanischen U-Jagdgruppe der CROATAN versenkt.
Studt gefallen, keine Überlebenden.

U-489 (Oblt z. S. Schmandt)
        Kriegstagebücher 8.3.43–5.8.43
22.7.43–4.8.43:   Zum Gebiet nördlich der Azoren von Kiel
Am 4. 8.44 auf 61°11'N, 14°38'W (westlich der Färöer, südlich von Island) durch
Bomber versenkt. Schmandt, 53 Besatzungsmitglieder und drei gerettete deutsche
Flieger überlebten.

U-490 (Oblt z. S. Gerlach)
        Kriegstagebücher 27.3.43–04.5.44
4.5.44–12.6.44:   Zu den Kapverdischen Inseln von Kiel
Am 12. 6. 44 auf 42°47'N, 40°08'W (mittlerer Atlantik) von der amerikanischen
U-Jagdgruppe der CROATAN versenkt. Gerlach und 60 Besatzungsmitglieder
überlebten.

   Die Besatzung bestand normalerweise aus sechs Offizieren sowie 47 Unteroffizieren und Mannschaftsdienstgraden, insgesamt 53 Mann. Manchmal wurden
zusätzliche Leute als Ersatz für andere U-Boote eingeschifft. Die Aufzählung der
U-Tanker entspricht in etwa der Reihenfolge der Indienststellung der Boote. Die
erste Serie von sechs U-Tankern war 1942 einsatzbereit, und alle wurden im
August in Dienst gestellt. Die zweite Serie von vier U-Tankern wurde gegen Mitte
1943 in Dienst gestellt.

Zusammenfassung für die Milchkühe
Von 18 Milchkühen wurden etwa 50 Einsatzfahrten durchgeführt.
   (Quelle: U. S. Sub Losses in World War II. Naval Historical Division. Office
Chief Naval Operations. Aufgeführt in U-333, Cremer)

Typ IXD1 (U-Transporter)
U-180 Korvkpt Musenberg, Oblt z. S. Steinfeldt)
        Kriegstagebücher 16.5.42–30.9.43
 9.2.43– 2.7.43:   Zum Indischen Ozean von Kiel (am 30. 9. 43 außer Dienst
                        gestellt)
20.8.44–22(?).8.44:   Zum Indischen Ozean von Bordeaux
Gesunken in der Biskaya, möglicherweise durch Minentreffer, vermutlich am
22. 8. 44. Steinfeldt gefallen, keine Überlebenden

U-195 (Korvkpt Buchholz, Oblt z. S. Reisen)
        Kriegstagebücher 5.9.42–23.7.43
20.3.43–23.7.43:   Zum Indischen Ozean von Kiel (am 30.9.43 außer Dienst
                    gestellt).
20.8.44–28.12.44:   Zum Indischen Ozean von Bordeaux
26.1.45–04.3.45:   Nach Norwegen von Penang. Nach Beschädigung Umkehr
                    nach Penang.

Im Mai 1945 in Batavia von Japan als I-506 übernommen. Das Boot überlebte den Krieg.

Typ VIIF (Torpedotransporter)
U-1059 (Leupold) am 19. 3. 44 von der BLOCK ISLAND auf 13°10'N, 33°44'W versenkt.

U-1060 (Brammer, gefallen) am 27. 10. 44 von der IMPLACABLE auf 65°24'N, 12°00'W versenkt.

U-1061 (Hinrichs, Jäger) im Mai 1945 von den Alliierten im Rahmen »Operation Deadlight« versenkt.

U-1062 (Albrecht, gefallen) am 30. 9. 44 auf 11°36'N, 34°44'W von der MISSION BAY versenkt.

Typ VIID (Minenleger)
U-213 (von Varendorff, gefallen) am 31. 7. 42 auf 36°45'N, 22°50'W gesunken.

U-214 (Conrad, gefallen) am 26. 7. 44 auf 49°55'N, 03°31'W von HMS COOKE versenkt.

U-215 (Hoeckner, gefallen) am 3. 7. 42 auf etwa 48°N, 38°W von HMS LE TIGER versenkt.

U-216 (Schulz, gefallen) am 20. 10. 42 auf 48°21'N, 19°25'W von Flugzeugen versenkt.

U-217 (Reichenberg-Klinke, gefallen) am 5.6.43 auf 30°18'N, 42°50'W von der Geleitflugzeugträgergruppe der BOGUE versenkt.

U-218 (Becker, Stock) von den Alliierten im Rahmen der »Operation Deadlight« versenkt.

Ausländische Unterseeboote

Ehemals italienische Boote:
UIT-22 (Wunderlich, gefallen) am 11. 3. 44 auf 41°28'S, 17°40'O durch Flugzeuge versenkt.

UIT-23 (Striegler, überlebte) am 14. 2. 44 auf 04°25'N, 100°09'O von HMS TALLYHO versenkt.

Ehemals türkisches Boot:
U-A (Kptlt Cohauß vom 21. 9. 39–29. 8. 40, Korvkpt Eckermann vom 30. 8. 40–16.2.42, Kptlt Cohauß vom 16. 2. 42–24. 4. 42)

27.4.40–10.5.40:	Versorgungsfahrten nach Norwegen.
02.6.40–30.8.40:	Nach Freetown von Kiel, Kampfeinsatz.
25.2.41–18.3.41:	In den Nordatlantik von Kiel, Kampfeinsatz.
14.4.41–26.4.41:	In den Nordatlanik von Lorient, Kampfeinsatz.
04.5.41–30.7.41:	Nach Freetown von Lorient, Kampfeinsatz.
04.10.41–25.12.41:	In den Südatlantik von Lorient, Kampfeinsatz.

21.2.42–22.2.42: Einsatz abgebrochen mit Maschinenschaden.
14.3.42–24.4.42: Zu den Bermudas von Lorient, Versorgungseinsatz als Milchkuh. Danach Rückkehr nach Deutschland.

Ehemals holländische Boote:
U. D-3 (Fregkpt Rigele)
Kriegstagebücher 8.6.41–03.3.41.
03.10.42–22.10.42: Nach Lorient von Kiel, Überführungsfahrt.
01.11.42– 6. 3.43: Zu den Kapverdischen Inseln. Einsatz als Torpedotransporter.
10. 2.43– 3. 3.43: Nach Gotenhafen von Lorient, Überführungsfahrt.

U. D-5 (Kpt. z. S. Mahn, Oblt z. S. König seit dem 21. 12. 42)
Kriegstagebücher vom 1. 11. 41–9. 1. 43.
27. 8.42–12.11.73: Zu den Kapverdischen Inseln von Kiel. Kampfeinsatz.
21.12.42– 9. 1.43: Nach Deutschland von Lorient. Überführungsfahrt.

ANHANG 4

Die wichtigsten U-Boot-Typen in diesem Buch

Typ	Aufgabe	Verdrängung, aufgetaucht mit voller Ausrüstung (Tonnen)	Höchst-Geschw., aufgetaucht (Knoten)	Reichweite, maximal (Seemeilen)	Bewaffnung ohne Flugabwehrgeschütze	Torpedorohre (cm)
IIC	Küsteneinsatz	341	12	3.800	–	3–53,3
VIIC	Hochsee-U-Boot	769	18	8.500	1–88 mm	5–53,3
VIID	Hochsee-Minenleger	965	17	11.200	–	5–53,3
VIIF	kleinerer Transporter	1181	18	14.700	–	5–53,3
IXC	U-Boot für ozeanische Verwendung	1120	18	13.450	1–105 mm	6–53,3
IXC40	Weiterentwickelter Typ IXC	1144	18	13.850	1–105 mm	6–53,3
IXD1	U-Transporter	1610	16	12.750	–	–
IXD2	U-Kreuzer	1616	19	31.500	1–105 mm	6–53,3
XB	U-Minenleger für Ferneinsätze	1763	17	18.450	1–105 mm	2–53,3
XIV	U-Tanker	1688	15	12.350	–	–

ANHANG 5

U-Boot-Planquadratkarte

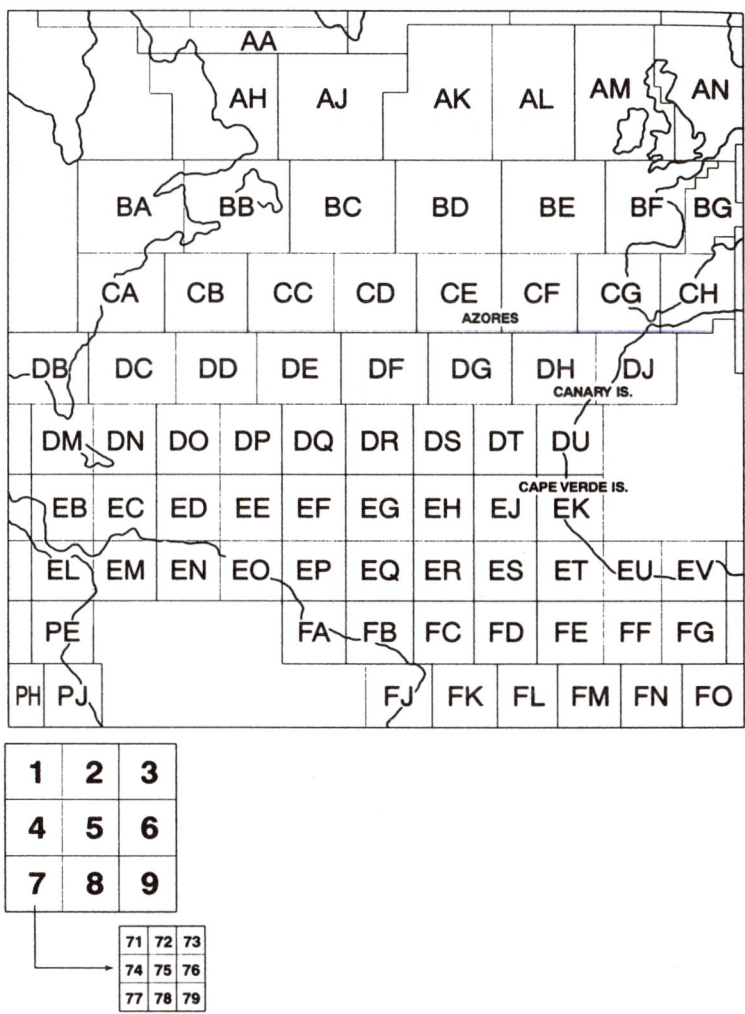

Jedes Planquadrat, das mit Buchstaben bezeichnet ist, wurde in neun weitere Quadrate aufgeteilt, jedes dieser kleinen Quadrate wieder in neun keinere Quadrate. Diese kleinen Quadrate selbst wurden nochmals in 99 Unterquadrate aufgeteilt. So konnte ein Treffpunkt als »Planquadrat BD 1234« bezeichnet werden.

ANHANG 6

Deutsche Marine-Dienstgrade

Die Deutsche Marine hatte eine etwas größere Anzahl unterschiedlicher Dienstgrade für jüngere Offiziere auf See, als es bei der englischen Navy der Fall war. Deshalb gibt es kaum direkte Vergleichsmöglichkeiten zwischen englischen und deutschen Dienstgraden. Dies sind die üblichen Dienstgrade für Offiziere im Seedienst.

Kpt z. S.   Kapitän zur See
(entspricht etwa dem englischen Captain)

Fregkpt   Fregattenkaptitän
(entspricht etwa dem englischen Commander)

Korvkpt   Korvettenkapitän
(entspricht etwa dem englischen Lieutnant-Commander)

Kptlt   Kapitänleutnant
(entspricht etwa dem englischen Lieutnant)

Oblt z. S.   Oberleutnant zur See
(entspricht etwa dem englischen Sub-Lieutnant)

Lt z. S.   Leutnant zur See
(entspricht etwa dem englischen Junior Sub-Lieutnant)

ANHANG 7

Entdeckung und Schicksal der U-Tanker

In seinem Buch »Hitler's U-Bootkrieg (Bd. II, veröffentlicht 1999) zitiert Clay Blair eine streng geheime amerikanische Studie von 1952. In dieser Studie wird behauptet, daß von 12 Angriffen auf Milchkühe (also U-Tankern des Typs XIV und U-Minenlegern des Typs XB), die zwischen Mai und August 1943 zu Beschädigungen geführt haben, nur zwei auf »echte« Enigma-Entschlüsselungen zurückzuführen seien. Dieser Autor schloß dann daraus, daß die gezielte Vernichtung der U-Tankerflotte durch die Alliierten auf der Basis entschlüsselter Meldungen ein Mythos sei.

Diese Analyse ist in zweierlei Hinsicht falsch. Erstens enthalten die Originalunterlagen einen Fehler, da behauptet wird, daß die Geheimdienstarbeit bei der Versenkung von U-487, U-461, U-462 und U-119 keine Rolle gespielt hätte. Das Versorgungsgebiet von U-487 wurde jedoch durch Entschlüsselung bekannt, bevor der Geheimdienst einen »Blackout« bei den Enschlüsselungen hatte. Die Rückkreiseroute von U-119 nach Frankreich und die Auslaufrouten von U-461 und U-462 aus Frankreich waren den Alliierten durch Entschlüsselung der entsprechenden Meldungen bekannt. Das führte dazu, daß Flugzeuge und Kriegsschiffe entlang ihrer Kurse patrouillierten.

Grundsätzlich ist aber festzustellen, daß einige U-Tanker beim Auslaufen von Frankreich mehr oder weniger zufällig gesichtet und angegriffen wurden, was die wichtigste Tatsache verschleiert, nämlich, daß die Milchkühe gezielt entdeckt und angegriffen wurden (wenn auch nicht immer erfolgreich). Die Milchkühe, die auf ihrem Kurs zum Versorgungspunkt angegriffen wurden, erlitten zumeist ein ähnliches Schicksal.

Die Auswirkungen der Enschlüsselungsarbeit der alliierten Geheimdienste auf den Verlust der Milchkühe ist im Hauptteil dieses Buches dargestellt. Zur Übersicht sind die Versenkungen und Art der Entdeckung hier als Liste aufgeführt.

Milchkuh	Datum	Ort	Angriffsart und Art der Entdeckung
U-116	10.42	Atlantik	Ursache unbekannt
U-117	08.43	Nähe Azoren	»Fido«, Entschlüsselung der Treffpunktdaten
U-118	06.43	westlich der Kanarischen Inseln	Fliegerbomben, Entschlüsselung der Treffpunktdaten
U-119	06.43	westliche Biskaya	Wasserbomben, Entschlüsselung der Kursdaten
U-219	–	–	überlebte den Krieg in Japan (jedoch fast versenkt wegen Entschlüsselung Treffpunktdaten)
U-220	10.43	nördlich der Azoren	Fliegerbomben, Entschlüsselung der Treffpunktdaten
U-233	07.44	vor Kanada	Wasserbomben, H/F-D/F-Funkpeilung
U-234	–	–	überlebte den Krieg, nicht als Milchkuh eingesetzt
U-459	07.43	Biskaya	Fliegerbomben, zufällig gesichtet
U-460	10.43	Nähe Azoren	Fliegerbomben, Entschlüsselung der Treffpunktdaten
U-461	07.43	Biskaya	Fliegerbomben, Entschlüsselung der Kursdaten
U-462	07.43	Biskaya	Fliegerbomben, Entschlüsselung der Kursdaten
U-463	05.43	Biskaya	Fliegerbomben, zufällig gesichtet
U-464	08.42	nördlich England	Fliegerbomben, zufällig gesichtet
U-487	07.43	Nähe Azoren	Fliegerbomben, Entschlüsselung der Treffpunktdaten
U-488	04.44	Nähe Kapverdische Inseln	Wasserbomben, Entschlüsselung Treffpunktdaten
U-489	08.43	westlich der Färöer	Fliegerbomben, zufällig gesichtet
U-490	06.44	Mittelatlantik	Wasserbomben, H/F-D/F-Funkpeilung

LITERATURVERZEICHNIS

Der größte Teil des Informationsmaterials, das in diesem Buch verwendet wurde, stammt aus der privaten Datensammlung des Verfassers, eine Zusammenstellung der Operationen der deutschen Marine zwischen 1926 und 1945. Andere allgemeine Daten wurden den folgenden Quellen entnommen:

Böddeker, G.: »Die Boote im Netz«, Bastei-Lübbe-Verlag

Busch, R. & Röll, H. J.: »Die deutschen U-Boot-Kommandanten« (Liste der Kommandanten)

Dönitz, K.: »Ten Years and Twenty Days«, Weidenfels & Nicolson (Original: Karl Dönitz: »Zehn Jahre und zwanzig Tage«, Athenäum Verlag)

Frank, W.: »The Sea Wolves)«, George Mann (Maidstone), 1973 (englische, überarbeitete Ausgabe)

Jones, G.: »Autumn of the U-Boats«, William Kimber

M. O. D., Naval Historical Branch: »War with Japan«, Volume 4, H.S.M.O. (enthält einige Informationen über die U-Boote im Fernen Osten)

Morison, S. E.: »History of United States Naval Operations in World War II«, Volume X: »The Atlantic Battle Won«, Little, Brown & Co., Boston, USA.

Rössler, E.: »The U-Boat – The Evolution and Technical History of German Submarines«, Arms and Armour Press Ltd., 1981

Rohwer, J.: »U-Boote«, Gerhard Stalling Verlag.

Rohwer, J. & Hümmelchen, G.: »Chronology of the War at Sea«, Parts I & II, Ian Allen (Original: »Chronik des Seekrieges«, Pawlak-Verlag)

Roskill, Capt S.W.: »The War at Sea«, Vol 2 + 3 (Teil 1), H. M. S. O.

Taylor, J. C.: »German Warships of World War II«, Ian Allen

»Führer Conferences on Naval Affairs«, Brassey's Naval Annual (1948), William Clowes & Sons Ltd.

Ausgezeichnete Beschreibungen des Lebens auf U-Booten sind enthalten in:

Brennecke, J.: »The Hunters and the Hunted«, Corgi Paperbacks (Original: »Jäger, Gejagte«, Koehlers Verlagsgesellschaft).

Cremer, P.: »U-333«, Bodley Head

Sellwood, A.V.: »The Warring Seas« (über U-234), Universal Tandem Publishing Co.

Werner, H. A.: »Iron Coffins«, Pan Books

Der andauernde Kampf zwischen Flugzeugen und U-Booten ist anschaulich dargestellt in:

Poolman, K.: »The Sea Hunters«, Sphere Books

Price, A.: »Aircraft versus Submarine«, William Kimber

Y'Blood, W. T.: »Hunter-Killer«, Naval Institute Press, USA

Der Kampf der Geheimdienste ist beschrieben in:

Beesly, P.: »Very Special Intelligence«, Sphere Books

Hinsley, F. H.: »British Intelligence in the Second World War« (3 Bände), H.M.S.O.

Das Britische Nationalarchiv (Public Records Office) in Kew (London, England) hat viele wertvolle Dokumente des englischen Geheimdienstes. Ein großer Teil der Originalaufzeichnungen wurde nach dem Kriege vernichtet, aber es sind noch Zusammenfassungen der Daten des Coastal Commands der RAF und der Admiralität verfügbar. Einige der wichtigsten sind:

Coastal Command Reviews Vols. I – IV, Air. 15.

U-Boat dispositions 9.39 – 5.45, AIR.15.861

Air Historical Branch – »The R. A. F. in Maritime War«, Vol III–V, AIR.14.47,48,74.

Admirality Intelligence summaries, ADM.223. 15,16,17.

Raw Ultra B transcripts sind niedergelegt in DEFE 3.

Die Kriegstagebücher (KTB's) der U-Boote sind an mehreren Stellen verfügbar. Die Originalausgaben waren lange Zeit unter Verschluß der britischen Admiralität, wurden aber 1977 zur öffentlichen Einsichtnahme freigegeben. Es ist nicht ganz verständlich, warum sie so lange geheimgehalten wurden. Es steht nichts darin, was nicht schon aus Roskills »War at Sea« (erschienen Mitte der 50er Jahre) zu ersehen wäre. Die Abzüge auf Mikrofilm, die während der Zeit gemacht wurden, können auf Anfrage eingesehen werden in der Abteilung Naval Staff Duties, Foreign Documents Section (Abteilung ausländische Dokumente), Ministry of Defence, Room 303, 3–5 Great Scotland Yard, London SW1A2HW. Diese Unterlagen dürfen allerdings nicht kopiert werden. Kopien von Mikrofilmen kann man vom N.A.R.A., Washington, USA, erhalten, allerdings kann das für Anforderungen aus dem Ausland länger dauern. Man kann auch Kopien von Originalunterlagen bekommen, die nun in Freiburg gelagert sind. Auch im U-Boot-Museum in Cuxhaven kann man unter folgender Adresse Kopien erhalten: Traditionsarchiv Unterseeboote, Bahnhofstraße, D-27487 Cuxhaven, Deutschland. Auch die Kriegstagebücher des BdU sind bei den oben genannten Stellen als Mikrofilm verfügbar. Englische Übersetzungen können im Büro der Naval Staff Duties (Foreign Documents Office) eingesehen werden, Anschrift siehe oben.

»The U-Boat War in the Atlantic 1939–45« vom M.O.D., Navy (Verteidigungsministerium), H.M.S.O. (1989) ist eigentlich die aufgearbeitete Geschichte für die Admiralität, die Fregkpt Hessler direkt nach Ende des Krieges anhand der Kriegstagebücher des BdU erarbeitet hat. Das wurde noch lange nach Freigabe der Kriegstagebücher geheimgehalten.

Im U-Boot-Archiv von Horst Bredow sind auch viele persönliche Berichte von Überlebenden der U-Boote vorhanden, die man sonst nirgendwo finden kann. Die Einzelheiten der Fahrt von U-219 in den Fernen Osten stammen aus dieser Quelle.

Die »Schaltung Küste« ist die Zeitschrift für ehemalige U-Boot-Fahrer und enthält viele Erzählungen von Überlebenden. Kontakt über Fregattenkapitän Günther Hartmann, Neugartenstr. 36, 88709 Hagnau a. B.

INDEX

INDEX